"十二五"普通高等教育本科国家级规划教材
高等学校规划教材

工程项目管理

（第四版）

北京建筑工程学院	丛培经	主　编
重庆大学	曹小琳	副主编
山东科技大学	贾宏俊	副主编
西安建筑科技大学	张书行	主　审

中国建筑工业出版社

图书在版编目（CIP）数据

工程项目管理/丛培经主编. —4版. —北京：中国建筑工业出版社，2011.7
"十二五"普通高等教育本科国家级规划教材　高等学校规划教材
ISBN 978-7-112-13434-2

Ⅰ.①工… Ⅱ.①丛… Ⅲ.①工程项目管理-高等学校-教材 Ⅳ.①F284

中国版本图书馆CIP数据核字（2011）第151428号

本教材以培养学生具有工程项目管理的能力为目标，全面地、系统地讲述了工程项目管理的思想、理论、方法、实务和实例，其中包括了建设项目管理、工程监理和施工项目管理，而以施工项目管理为主。围绕施工项目管理，深入讲述了流水施工方法、工程网络计划技术、施工组织总设计、单位工程施工组织设计、施工项目管理实务和施工项目管理收尾等。本教材吸收了国内外的工程项目管理科学的传统内容和最新成果，紧密结合我国建筑业、建筑施工企业和工程建设的改革以及项目管理创新实际，着力培养学生的工程项目管理能力。本书内容丰富，系统性和实用性强，是工程管理本科专业的主干教材，可作为土建类其他专业学习工程项目管理知识的教材，还可作为建造师、工程项目经理、工程技术人员和工程管理人员学习工程项目管理知识、进行工程项目管理工作的参考书籍。

为更好地支持相应课程的教学，我们向采用本书作为教材的教师提供教学课件，有需要者可与出版社联系，邮箱：cabpkejian@126.com。

责任编辑：张　晶　向建国
责任设计：李志立
责任校对：肖　剑　刘　钰

"十二五"普通高等教育本科国家级规划教材
高等学校规划教材
工程项目管理
（第四版）

北京建筑工程学院　　丛培经　主　编
重庆大学　　　　　　曹小琳　副主编
山东科技大学　　　　贾宏俊　副主编
西安建筑科技大学　　张书行　主　审

*
中国建筑工业出版社出版、发行（北京西郊百万庄）
各地新华书店、建筑书店经销
霸州市顺浩图文科技发展有限公司制版
北京云浩印刷有限责任公司印刷
*

开本：787×1092毫米　1/16　印张：26¾　字数：647千字
2012年1月第四版　2016年7月第四十二次印刷
定价：45.00元
ISBN 978-7-112-13434-2
（21171）

版权所有　翻印必究
如有印装质量问题，可寄本社退换
（邮政编码　100037）

第四版前言

《工程项目管理》教材是主编人在 1997 年根据"全国高等学校建筑与房地产管理学科指导委员会"讨论通过的工程管理专业工程项目管理教学大纲编写的，目的是为工程管理专业提供一部专业主干课程教材，培养学生掌握工程项目管理的理论和方法，具有建设工程项目管理知识，具有进行施工企业项目管理的能力，具有从事建设工程项目管理的初步能力，具有有关其他工程实践的能力。

本书成书后，于 2003 年出版了修订版，2006 年出版了第三版。第三版出版 5 年以来，又产生了许多变化，由于以下原因需要出版第四版。

第一，实施了一些与本书有密切关系的新的标准和规范，包括：《质量管理体系　基础和术语》GB/T 19000—2008/ISO 9000：2005，《质量管理体系　要求》GB/T 19001—2008/ISO 9001：2008，《建筑施工企业质量管理规范》GB/T 50430—2007，《网络计划技术　第 2 部分：网络图画法的一般规定》GB/T 13400.2—2009，《网络计划技术　第 3 部分：在项目管理中应用的一般程序》GB/T 13400.3—2009，《建筑施工组织设计规范》GB/T 50502—2009。《工程网络计划技术规程》JGJ/T 121—1999 的修订工作已经启动一年有余，主要内容基本确定。

第二，2008 年北京奥运会工程全面成功投入运营后，中国建筑业协会编辑出版了《北京奥运工程项目管理创新》一书推广了其项目管理经验，尤其是"科技、绿色、人文"三大理念在工程项目管理中的成功应用，引起了国内外业界人士的高度关注。

第三，广大科技人员在大量的国家重点工程建设中，创新和应用了大量的高新施工技术，把我国的施工技术推向了世界先进水平。相应的，工程项目技术管理水平得到了快速提升，丰富了工程项目管理的内容。强化工程项目技术管理并纳入工程项目管理教材中是十分必要的。

第四，为了实现科学发展和可持续发展战略，节约资源，保护环境，我国把绿色建筑和绿色施工作为工程建设的重要指导方针，大力推进研究和创新，并在北京奥运工程、上海世博会工程和其他的国家重点工程上取得了成功经验。住房和城乡建设部发布了《绿色施工导则》，各地发布并修订了一批与绿色施工有关的管理规程，如北京市建委发布了《绿色建筑评估标准》、《建设工程施工现场安全防护、场容卫生环境保护及保卫消防标准》、《建设工程施工现场生活区设置和管理标准》等，这些都对绿色施工起到了倡导、引导和规范作用。一大批绿色施工示范工程建设成功并取得了经验。这些，要求我们在工程项目管理教材中必须增加绿色施工的内容。

第五，我国推进工程项目管理国际化和职业化的研究和实践有了新发展，国际国内的工程总承包管理取得了许多新经验，连续多年的全国优秀工程项目管理成果发布把大量的工程项目管理优秀成果呈现在工程项目管理者的面前，工程项目管理发展方向更加明确。

第六，我国教育改革更加深入；本教材在 10 多年的使用中，得到了广大师生和读者的厚爱，也提出了与时俱进的更高要求和改进意见。

教育要与经济发展的需要相结合，工程项目管理教材要与工程项目管理人才的培育需要相结合；教材的内容必须反映学科的先进思想、理论和方法，并满足学生工作后具有专业实践能力和创新能力的需要。因此，本版在保持第三版框架和主要内容的前提下，在第一章中增加了"我国工程项目管理在改革中发展与创新"；在第二章中精练了项目管理规划的内容，贯彻了《建筑施工组织设计规范》GB/T 50502—2009，增加了绿色施工的项目管理指导思想和工程项目安全监理，附录了《建筑施工组织设计规范》GB/T 50502—2009（节录）；第三章中增加了多层建筑的流水施工；第四章按照网络计划国家标准和将即将发布的新《网络计划技术规程》做了较大改动；第五章和第六章按照《建筑施工组织设计规范》GB/T 50502—2009 和北京市的《建筑工程施工组织设计管理规程》DB11/T 363—2006 做了全面修改，更换了新的单位工程施工组织设计实例；第七章增加了施工项目技术管理、施工项目文化建设和附件五《2010 年住房城乡建设部发布的建筑业 10 项新技术》；第八章的附件六更新为《大跨度马鞍型钢结构支撑卸载工法》YJGF 016—2006，这也是北京奥运工程技术和管理的经验总结。这样，本教材进一步坚持了主要为施工项目管理服务的方向，具备了工程项目管理学科内容的全面性、基本理论的先进性、专业方法的适用性、应用范围的系统性、学科发展的前瞻性、与经济体制改革结合的紧密性、基本框架和内容的稳定性等特点，从而使它在未来较长时期内既能满足在校学生学习专业性课程的需要，又能满足工程项目管理专业人员继续教育的需要。

在第四版的内容中，引入了由北京建筑工程学院穆静波教授撰写的多层建筑工程流水施工的内容；北京城建集团有限责任公司张义昆高级工程师、中国建筑业协会工程项目管理委员会陈立军副秘书长、中国核电工程有限公司李庆梅高级工程师为本书的修订提供了宝贵的资料；参阅了大量的文献。在此，对以上老师和专家以及参考文献的作者，表示衷心的感谢。

我非常感谢重庆大学曹小琳教授和山东科技大学贾宏俊教授对本教材的一贯支持并承担本版的副主编，非常感谢西安建筑科技大学张书行教授承担每版的主审。三位老师长期不辞辛劳地为本教材撰写、指导和把关，保证和提高了教材质量。本教材是我们这个集体的共同成果。

尽管我们做了最大努力，但是项目管理科学发展很快，实践经验和成果大量问世，改革中新的规范、标准不断发布，而我们的知识和视野有限，教材中难免会有不少偏见、疏漏或错误，希望业内的老师、专家、同学、读者多多批评指正，使本书不断提高质量。

丛培经

2011 年 8 月

第三版前言

《工程项目管理》教材是主编人在1997年根据"全国高等学校建筑与房地产管理学科指导委员会"讨论通过的工程管理专业工程项目管理教学大纲编写的，目的是为工程管理专业提供一部专业主干课程教材，培养学生掌握工程项目管理的理论和方法，具有建设工程项目管理知识，具有进行施工企业项目管理的能力，具有从事建设工程项目管理的初步能力，具有有关其他工程实践的能力。

本书成书于1997年。2003年进行了修改，出版了修订版，原因有四：一是我国工程项目管理发展很快，原书相对滞后；二是2001年实施了《建设工程监理规范》GB/T 50319—2000，2002年实施了《建设工程项目管理规范》GB/T 50326—2001，使我国的工程项目管理走上了规范化的道路；三是1999年修改了《工程网络计划技术规程》JGJ/T 121—99，2000年我国等同采用了ISO的《质量管理——项目管理质量指南》GB/T 19016—2000；四是从2000年以后，国际上的工程项目管理理论和方法大举输入我国并进行资质认证与发展专业人员。因此，本书的关键内容要按新情况和新标准（规程）进行修改，以适应新的需要。

修订版出版后的三年来，工程项目管理的形势又有了很大的变化，主要表现在以下四个方面：

第一，涉及工程项目管理的法规进一步完善。新发布的法规有：2002年12月发布《建造师执业资格制度暂行规定》；2003年2月发布《关于培育发展工程总承包和工程项目管理企业的指导意见》；2003年11月份发布《建设工程安全生产管理条例》；2004年7月发布《国务院关于投资体制改革的决定》并开始实施代建制；2004年11月发布《建设工程项目管理试行办法》；2006年12月1日实施《建设工程项目管理规范》修订版 GB/T 50326—2006等。这些法规，丰富了工程项目管理的理论，指明了工程项目管理的方向。

第二，按照《建设工程项目管理试行办法》的有关规定，我国的工程项目管理正在向着以业主为核心的全过程管理的方向发展；按照《关于培育发展工程总承包和工程项目管理企业的指导意见》，我国的工程总承包企业和工程项目管理企业正在迅速发展并不断积累经验；按照《建造师执业资格制度暂行规定》，建造师的队伍正在建立并不断扩大，2008年将由注册建造师担任大中型工程项目的项目经理，由建造师制度代替政府主管部门对项目经理的资质核准。

第三，项目管理国际化的力度增大。主要表现在四个方面：一是建造师制度是一种国际习惯做法，它的建立，拉近了我国与国际习惯做法的距离；二是IPMA和PMI队伍在我国不断扩大，架起了我国工程项目管理与国际习惯做法融通的桥梁；三是我国连续四年举办国际工程项目管理高峰论坛，实际地进行了国际工程项目管理理论和实践的沟通与结合；国际杰出项目经理数量不断增加，形成了国际工程项目管理的骨干队伍；四是我国实施"走出去"的战略大见成效，国际工程承包发展迅速，国际工程项目管理实践经验不断积累，并产生了更新更高的需求。

第四，项目经理职业化建设全面开展。2006年2月28日，中国建筑业协会等7个协会联合发布《关于进一步加强项目经理职业化建设的指导意见》（建协〔2006〕7号），提出抓好项目经理职业化建设的四个环节：素质培养、考核评价、行业服务、完善提高。同时发布《建设工程项目经理职业资质管理导则》，对A、B、C、D四个级别项目经理的标准和职业范围做出了规定。

教育要与经济发展的需要相结合，工程项目管理教材要与工程项目管理人才的培育需要相结合；教材的内容必须反映学科的先进理论和方法，并满足学生工作后具有专业实践能力和创新能力的需要。基于这个前提，本教材便根据上述四项变化，在保持修订版框架的前提下，进行了较大的修改，增加了学生必须学习的许多新内容，形成了《工程项目管理》（第三版）。第三版教材在坚持主要为施工项目管理服务的前提下，具备了工程项目管理学科内容的全面性、基本理论的先进性、专业方法的适用性、应用范围的系统性，学科发展的前瞻性，与经济体制改革结合的紧密性，基本框架和内容的稳定性等特点；从而使它在较长时期内，既能满足在校学生学习专业性课程的需要，又能满足工程项目管理专业人员继续教育的需要。

第三版的内容中，参考了许多文献，保留了修订版中由曹小琳教授和贾宏俊教授参与修改的内容，仍由张书行教授主审。谨对文献的作者和三位教授表示衷心感谢。

无论在国际上和在我国国内，项目管理的理论和实践的发展都是很快的。由于作者知识和能力有限，第三版的不足是在所难免的。切望在校的老师、学生、项目管理的专家和同仁们批评、指正。

丛培经
2006年9月

修订版前言

《工程项目管理》教材是主编人在1997年根据"全国高等学校建筑与房地产管理学科指导委员会"讨论通过的"工程管理专业"《工程项目管理》教学大纲编写的，目的是为工程管理专业提供一部专业主干课程教材，培养学生掌握工程项目管理的理论和方法，具有从事工程建设的项目管理知识，具有进行建筑业企业项目管理的能力，具有从事建设工程项目管理的初步能力，以及具有有关其他工程实践的能力。

为了达到上述目的，本教材的内容是这样安排的：第一章除了对工程项目管理的概念和分类、内容和方法进行概述以外，还对建设项目管理和建设监理作了简要讲解，以便使该学科具有完整性和系统性，使学生具有建设项目管理的初步能力。从第二章开始至第八章的全部内容，都是围绕施工项目管理讲述的。也就是说，本课程的核心是施工项目管理。施工项目管理的关键方法是施工组织设计。施工组织设计的科学原理是流水作业和网络计划技术。因此，首先讲述流水作业和网络计划技术，再讲述施工组织总设计、单位工程施工组织设计，之后讲述施工项目管理的核心内容——施工项目目标控制，包括施工项目的进度控制、质量控制、成本控制、安全控制、风险管理和组织协调。在对工程项目的后期管理中，突出发三点：竣工验收、工法和回访保修。施工组织总设计、单位工程施工组织设计和工法各附了一个实例，有利于学生学习操作技能。理论、实例、作业、课程设计及实习等各个环节相结合，构成了培养学生上述能力的完整学科体系。本教材具有学科独立性，恰当处理了与其他学科的关系。

本教材成书于1997年，在这之后的近6年时间里，我国的工程项目管理得到很大发展，尤其是2001年实施了《建设工程监理规范》GB 50319—2000、2002年实施了《建设工程项目管理规范》GB/T 50326—2001，使我国的工程项目管理走上了规范化的道路。1991年发布实施的《工程网络计划技术规程》，1999年重新修订发布（编号JGJ/T 121—99），使本书中对这一关键部分的论述必须进行修订。从2000年以后，国际上项目管理的两大体系PMI和IPMA以现代项目管理知识体系和项目管理人员资质认证标准的内容，在我国掀起了学习和应用项目管理科学的强大浪潮。2000年我国等同采用ISO的《质量管理——项目管理质量指南》，发布了GB/T 19016—2000。以上这些，就是我们出版本书修订版的理由。修订版根据新的情况对全书进行了较大修改和补充。第一、第二章由山东科技大学贾宏俊老师修改，第四章由重庆大学曹小琳教师修改，谨此对两位老师表示感谢。

目　　录

绪论 ………………………………………………………………………………………… 1
第一章　工程项目管理概论 ……………………………………………………………… 4
　第一节　工程项目管理的概念与分类 …………………………………………………… 4
　第二节　工程项目管理的基本内容和方法 ……………………………………………… 7
　第三节　建设项目管理 …………………………………………………………………… 15
　第四节　工程项目监理 …………………………………………………………………… 30
　第五节　建设工程项目管理企业与建造师执业资格制度 ……………………………… 39
　第六节　我国工程项目管理在改革中的创新与发展 …………………………………… 42
　附件一　《建设工程项目管理规范》GB/T 50326—2006 ……………………………… 53
第二章　施工项目管理概述 ……………………………………………………………… 90
　第一节　施工项目管理的全过程和目标管理 …………………………………………… 90
　第二节　施工项目管理组织 ……………………………………………………………… 97
　第三节　施工项目管理规划与施工组织设计 …………………………………………… 114
　附件二　《建筑施工组织设计规范》GB/T 50502—2009（节录） …………………… 124
第三章　流水施工方法 …………………………………………………………………… 135
　第一节　流水施工原理 …………………………………………………………………… 135
　第二节　流水施工的组织方法 …………………………………………………………… 144
　第三节　工程项目流水施工进度计划 …………………………………………………… 154
第四章　工程网络计划技术 ……………………………………………………………… 158
　第一节　网络计划技术概述 ……………………………………………………………… 158
　第二节　双代号网络计划 ………………………………………………………………… 162
　第三节　单代号网络计划 ………………………………………………………………… 177
　第四节　工程网络计划的编制和应用 …………………………………………………… 182
　第五节　网络计划优化 …………………………………………………………………… 200
　第六节　网络计划实施中的调整与控制 ………………………………………………… 214
第五章　施工组织纲要和施工组织总设计的编制 ……………………………………… 219
　第一节　施工组织纲要的编制 …………………………………………………………… 219
　第二节　施工组织总设计的编制概述 …………………………………………………… 221
　第三节　总体施工部署的编制 …………………………………………………………… 223
　第四节　施工总进度计划的编制 ………………………………………………………… 225
　第五节　总体施工准备和主要资源配置计划的编制 …………………………………… 227
　第六节　施工总平面布置图设计和技术经济指标 ……………………………………… 229
　附件三　施工组织总设计实例（公寓小区施工组织总设计） ………………………… 240

第六章　单位工程施工组织设计及施工方案编制 ………………………………… 258
第一节　单位工程施工组织设计编制综述 ………………………………………… 258
第二节　施工部署和施工方案的编制 ……………………………………………… 259
第三节　单位工程施工进度计划的编制 …………………………………………… 266
第四节　施工准备工作和资源配置计划的编制 …………………………………… 269
第五节　单位工程施工平面图设计和技术经济指标 ……………………………… 271
附件四　单位工程施工组织设计实例（电信大厦工程施工组织设计）…………… 275

第七章　施工项目管理实务 ………………………………………………………… 300
第一节　施工项目进度管理 ………………………………………………………… 300
第二节　施工项目质量与技术管理 ………………………………………………… 307
第三节　施工项目安全管理 ………………………………………………………… 332
第四节　施工项目环境管理 ………………………………………………………… 345
第五节　施工项目成本管理 ………………………………………………………… 361
第六节　施工项目风险管理 ………………………………………………………… 373
第七节　施工项目沟通管理与组织协调 …………………………………………… 377
第八节　施工项目文化建设 ………………………………………………………… 390
附件五　2010年住房城乡建设部发布的建筑业10项新技术 …………………… 393

第八章　工程项目收尾管理 ………………………………………………………… 397
第一节　工程项目竣工验收 ………………………………………………………… 397
第二节　工法及其管理 ……………………………………………………………… 403
第三节　工程项目的用后管理 ……………………………………………………… 406
附件六　《大跨度马鞍型钢结构支撑卸载工法》YJGF 016—2006 ……………… 409

参考文献 ……………………………………………………………………………… 416

绪　论

工程项目管理是指工程建设者运用系统工程的理论和方法，对工程项目进行全过程的计划、组织、指挥、协调、控制等专业化活动。其基本特征是面向工程，实现生产要素在工程项目上的优化配置，为用户提供优质产品（服务）。由于管理主体和管理内容的不同，工程项目管理又可分为建设项目管理（由建设单位进行管理）、工程设计项目管理（由设计单位进行管理）、工程施工项目管理（由施工企业进行管理）和工程建设监理（由工程监理单位受建设单位的委托进行项目管理）。本教材以讲述工程施工项目管理为主，亦涉及其他各类工程项目管理。

本课程是工程管理专业的专业主干课程，具有很强的理论性和实践性。学习本课程是学生掌握专业理论知识和培养业务能力的主要途径，是学生毕业后从事专业工作的知识源泉。

本课程的任务是培养学生具有从事工程建设的项目管理知识，掌握工程项目管理的理论和方法，具有进行工程施工项目管理的能力，具有从事建设项目管理的初步能力，以及具有其他有关工程实践的能力。

"项目"的最显著特征是它的一次性，即有具体的开始日期和完成日期。一次性决定了项目的单件性和管理的复杂性。"工程项目"是"项目"中最主要的一大类，它除了具有"项目"的共性外，还具有流动性、露天性、项目产品固定性、体形庞大性等特点，对它的管理要求实现科学化、规范化、程序化、法制化和国际化。工程项目管理具有系统性和市场性，既是市场经济的产物，又要在市场中运行。项目管理作为一门学科，是从 20 世纪 60 年代以后在西方发展起来的。当时，大型建设项目、复杂的科研项目、军事项目和航天项目大量出现，国际承包事业大发展，竞争非常激烈，使人们认识到，由于项目的一次性和约束条件的多样性，要取得成功，必须加强项目管理，引进和开发科学的管理方法，于是项目管理学科作为一种客观需要被提出来了；另外，从第二次世界大战以后，科学管理方法大量出现，逐步形成了管理科学体系，广泛被应用于生产和管理实践，产生了巨大的效益；网络计划技术在 20 世纪 50 年代末的产生、应用和迅速推广，在管理理论和方法上是一次突破，它特别适用于项目管理，有大量极为成功的应用范例，引起了世界性的轰动；人们把成功的管理理论和方法引进到项目管理之中，作为动力，使项目管理越来越具有科学性，终于作为一门学科迅速发展起来了，跻身于管理科学的殿堂。项目管理学科是一门综合学科，应用性很强，很有发展潜力。它与计算机的应用相结合，更使这门年轻学科呈现出了勃勃生机，成为人们研究、发展、学习和应用的热门学科。20 世纪 90 年代以后发展起来的现代项目管理科学具有四大特点：运用高科技；应用领域扩展到各行业；各种科学理论（组织论、信息论、系统论、控制论等）被广泛采用；向职业化、标准化和集成化发展。可以得出这样的结论：理论的不断突破，技术方法的开发与运用，使项目管理发展成为一门完整的学科；工程项目管理是这门学科的一个重要分支。

我国进行工程项目管理的实践源远流长，至今有2000多年的历史，许多伟大的工程，如都江堰工程、宋朝丁渭修复皇宫的工程、修筑京杭大运河工程、北京故宫工程等，都是名垂史册的工程项目管理实践活动，并运用了许多科学的思想和组织方法，反映了我国古代工程项目管理的水平和成就。新中国成立以后，随着国民经济和建设事业的发展，进行了数量庞大、规模宏伟、成就辉煌的工程项目管理实践活动，如第一个五年计划的156项重点工程，国庆十周年北京的十大建筑工程，大庆石油化工工程，南京长江大桥工程，上海宝钢工程等，都进行了成功的工程项目管理实践活动，只是没有系统地上升为工程项目管理理论和学科的高度，是在不自觉地进行"工程项目管理"。在计划经济体制下，许多做法违背了项目管理的规律而导致效益低下。长时间以来我国在工程项目管理学科理论上是一片盲区，谈不上按项目管理模式组织建设。

在改革开放的大潮中，作为市场经济下适用的工程项目管理理论，根据我国建设领域改革的需要从国外引进，是十分自然和合乎情理的事。20世纪80年代初，工程项目管理理论首先从原联邦德国传入我国。之后，其他发达国家，特别是美国、日本和世界银行的项目管理理论和实践经验，随着文化交流和工程建设，陆续传入我国。1987年，由世界银行投资的鲁布革引水隧洞工程进行工程项目管理和工程监理取得成功，迅速在我国形成了鲁布革冲击波。1988~1993年，在原建设部的领导下，对工程项目管理和工程监理进行了5年试点，于1994年在全国全面推行，取得了巨大的经济效益、社会效益、环境效益和文化效益。2001年和2002年，分别实施了《建设工程监理规范》GB 50319—2000和《建设工程项目管理规范》GB/T 50326—2001，使工程项目管理实现了规范化。纵观将近30年来我国推行工程项目管理的实践，可以看出，我国的这一项事业或学科发展体现了以下特点：

第一，项目管理理论引进的时候，正是改革开放已经起步，开始向纵深发展的时候。探求项目管理与企业体制改革相结合，在改革中发展我国的项目管理科学，这就是当时的现实。

第二，由于实行开放政策，国外投资者和承包商给我国带来了项目管理经验，又做出了项目管理的典范，使我们少走许多弯路。我们自己的队伍也走出国门，迈入世界建筑市场，在国外进行项目管理的学习和实践。

第三，我国推行项目管理，是在政府的统一领导和推动下，有规划、有步骤、有法规、有制度、有号召地进行，故我们用了十几年就走出了国外用了30多年走过的路程。

第四，项目管理学术活动非常活跃（包括学会和协会的学术活动、学者的研究活动，学校开设课程，国际与国内的学术交流活动），一批批很有价值的项目管理研究成果开花结果，形成了我国的工程项目管理学科体系。

第五，迅速产生了许多工程项目管理的成功典型，并带动了全面性的工程项目管理活动的开展，形成科学管理促进生产实践和提高效益的良好态势，理论和实践得到了有效的结合。

第六，教育与培训先导。我国推行工程项目管理，把教育与培训放到了先导的位置，编写教材，培训师资，设立培训点，进行有计划的岗前培训，并坚持对项目经理、注册建造师进行培训和继续教育，故有力地促进了项目管理人员水平的提高。

我国工程项目管理正沿着科学化的方向发展，具体表现在六个方面：一是实现了工程项目管理规范化；二是大力开展工程项目管理自主创新和实践经验总结；三是坚持使用科学的工程项目管理方法；四是努力推行工程项目管理集成化；五是广泛深入学习和吸收国外的先进项目管理理论、思想、知识、方法和人员认证标准，并努力实现国际化；六是把工程项目管理与建立社会主义建筑市场紧密结合起来，与建立新的建设体制和模式结合起来，相互协调发展，以项目管理推动生产力不断发展。

本教材是以工程项目为对象，系统地研究其管理活动中的各种规律性的科学，共分八章：第一章是对工程项目管理理论的综合阐述，概述建设项目管理和工程建设监理的内容与方法，介绍工程项目管理企业和建造师执业资格制度，综述我国工程项目管理在改革中的发展与创新。第二章至第八章围绕施工项目管理进行理论、思想、内容、方法的详细阐述，包括：施工项目管理概述，流水施工方法，工程网络计划技术，施工组织纲要和施工组织总设计编制，单位工程施工组织设计和施工方案编制，施工项目管理实务，工程项目收尾管理；其中，施工组织设计和工法还附有实例供学员参考。从而，形成了工程项目管理的完整体系，使学生通过本门课程的学习，既了解了工程项目管理的全部理论知识，又掌握了主要的管理方法，可以有能力进行工程项目管理的实践活动。

本课程的性质和任务决定了它在工程管理专业中的地位。工程项目管理课程必须在学完了建筑经济学、建筑技术经济学、建筑施工技术等主干课程之后才能学习；在它之后（或可部分搭接）进行学习的是建筑企业经营管理、建筑工程造价管理、建筑工程合同管理，以及国际工程管理等。这样才能保证学习的系统性、渐进性、连贯性，取得良好的学习效果。

要求学生在学习这门课程的时候，一定要用系统的观点，把工程管理专业的这一学习环节牢牢把握住，特别要注意在以前所学主干课程的基础上进行深化学习。对于理论问题，要融会贯通；对于方法问题，要结合实际牢固掌握；尤其是在毕业前的实践环节中，要进行本门课程所学内容的强化。在学习的过程中，必须完成足够的作业题和练习题，最后还要完成一个大作业，以真正具备解决实际问题的能力。由于在国际上、在我国国内，项目管理这门学科处在蓬勃发展时期，新的理论、方法、实践经验和成功案例会不断出现，希望学生要多多学习成功案例，多看参考书、有关杂志和资料，在掌握本书内容的同时，跟上这门学科应用和发展的步伐。

第一章 工程项目管理概论

第一节 工程项目管理的概念与分类

一、项目与工程项目

1. 项目

项目是由一组有起止时间的、相互协调的受控活动所组成的特定过程,该过程要达到符合规定要求的目标,包括时间、成本和资源的约束条件。项目具有以下共同的特征:

(1) 项目的特定性。项目的特定性也可称为单件性或一次性,是项目最主要的特征。每个项目都有自己的特定过程,都有自己的目标和内容,都有开始时间和完成时间,因此也只能对它进行单件处置(或生产),不能批量生产,不具有重复性。只有认识到项目的特定性,才能有针对性地根据项目的具体特点和要求进行科学管理,以保证项目一次成功。

(2) 项目具有明确的目标和一定的约束条件。项目的目标有成果性目标和约束性目标。成果性目标指项目应达到的功能性要求,如兴建一所学校可容纳的学生人数、医院的床位数、宾馆的房间数等;约束性目标是指项目的约束条件,凡是项目都有自己的约束条件,包括时间、质量、成本和资源。项目只有满足约束条件才能成功,因而约束条件是项目成果性目标实现的前提。

(3) 项目具有特定的生命期。项目过程的一次性决定了每个项目都具有自己的生命期,任何项目都有其产生时间、发展时间和结束时间,在不同的阶段都有特定的任务、程序和工作内容。如建设项目的生命期包括项目建议书、可行性研究、设计工作、建设准备、建设实施、竣工验收与交付使用;施工项目的生命期包括:投标与签订合同、施工准备、施工、交工验收、用后服务。概括地说,项目的生命期一般包括:决策阶段、规划设计阶段、实施阶段和结束阶段。

(4) 项目作为管理对象的整体性。一个项目,是一个整体管理对象,在按其需要配置生产要素时,必须以总体效益的提高(增值)为标准,做到数量、质量、结构的整体优化。由于内外环境是变化的,所以管理和生产要素的配置是动态的。项目中的一切活动都是相关的,构成一个整体。

(5) 项目的不可逆性。项目按照一定的程序进行,其过程不可逆转,必须一次成功,失败了便不可挽回,因而项目的风险很大,与批量生产过程(重复的过程)有着本质的区别。

2. 项目的分类

项目的种类应当按其最终成果或专业特征为标志进行划分,包括:投资项目,科学研究项目，开发项目，工程项目，航天项目，维修项目，咨询项目和IT项目等。分类的目的是为了有针对性地进行管理，以提高完成任务的效果水平。对每类项目还可以进一步分类。工程项目是项目中数量最大的一类，既可以按专业分为建筑工程、公路工程、水电工程等类项目，又可以按管理者的不同划分为建设项目和施工项目等。凡最终成果是"工程"的项目，均可称为工程项目。原建设部曾将工程项目按专业划分为10余类，把工程项目的专业施工企业划分为60类。

3. 建设项目

一个建设项目就是一个固定资产投资项目。固定资产投资项目又包括基本建设项目（新建、扩建等扩大生产能力的项目）和技术改造项目（以改进技术、增加产品品种、提高质量、治理"三废"、劳动安全、节约资源为主要目的的项目）。建设项目的定义是：需要一定量的投资，按照一定程序，在一定时间内完成，应符合质量要求，以形成固定资产为明确目标的特定性任务。建设项目有以下特征：

（1）建设项目在一个总体设计或初步设计范围内，是由一个或若干个互相有内在联系的单项工程所组成的，在建设中实行统一核算、统一管理的建设单位。

（2）建设项目在一定的约束条件下，以形成固定资产为特定目标。约束条件有以下三方面：一是时间约束，即一个建设项目有合理的建设工期目标；二是资源约束，即一个建设项目有一定的投资总量目标；三是质量约束，即一个建设项目都有预期的生产能力、技术水平或使用效益目标。

（3）建设项目需要遵循必要的建设程序和经过特定的建设过程。即一个建设项目从提出建设的设想、建议、方案拟订、可行性研究、评估、决策、勘察、设计、施工，一直到竣工、试运行和交付使用，是一个有序的系统过程。

（4）建设项目按照特定的要求，进行一次性组织。表现为建设机构的一次性设置，建设过程的一次性实施，建设地点的一次性固定，项目经理的一次性任命。

（5）建设项目具有投资限额标准。只有达到一定限额投资的才作为建设项目，不满限额标准的称为零星固定资产购置。

4. 工程施工项目

工程施工项目（后文简称施工项目）是施工企业自施工承包投标开始到保修期满为止的全过程中完成的项目。施工项目具有下述特征：

（1）施工项目是建设项目或其中的单项工程或单位工程的施工任务。

（2）施工项目是以施工企业为管理主体的。

（3）施工项目的范围是由工程施工合同界定的。

从上述特征来看，只有单位工程、单项工程和建设项目的施工任务，才称得上施工项目。由于分部分项工程的结果不是施工企业的最终产品，故不能称作施工项目，而是施工项目的组成部分。

二、项目管理与工程项目管理

1. 项目管理

项目管理是为使项目取得成功（实现所要求的质量、所规定的时限、所批准的费用预算）进行的计划、组织、协调和控制等专业化活动。项目管理的对象是项目，项目管理的职能同所有管理的职能均是相同的。需要特别指出的是，项目的一次性，要求项目管理具有程序性、全面性和科学性，主要是用系统工程的观念、理论和方法进行管理。项目管理是知识、智力、技术密集型的管理。

2. 工程项目管理

工程项目管理是项目管理的一大类，其管理对象是有关种类的工程项目。工程项目管理的本质是工程建设者运用系统的观点、理论和方法，对工程的建设进行全过程和全面的管理，实现生产要素在工程项目上的优化配置，为用户提供优质产品。它是一门综合学科，实用性强，有很强的应用性和发展潜力。

三、工程项目管理的分类

由于工程项目可分为建设项目、工程设计项目、工程咨询项目和工程施工项目，故工程项目管理亦可据此分类，分成为建设项目管理、工程设计项目管理、工程咨询项目管理和工程施工项目管理，它们的管理者分别是建设单位、设计企业、咨询（监理）企业和施工企业。建设工程项目管理企业可以接受建设单位的委托进行建设项目管理。

1. 建设项目管理

建设项目管理是站在项目法人（建设单位）的立场对项目建设进行的综合性管理工作。建设项目管理是通过一定的组织形式，采取各种措施、方法，对投资建设的一个项目的所有工作的系统实施过程进行计划、协调、监督、控制和总结评价，以达到保证建设项目质量、缩短工期、提高投资效益的目的。广义的建设项目管理包括投资决策的有关管理工作，狭义的建设项目管理只包括项目立项以后至交付使用的全过程的管理。

2. 工程设计项目管理

工程设计项目管理是由设计单位对自身参与的建设项目设计阶段的工作进行自我管理。设计项目管理同样需进行质量管理、进度管理、投资管理，对工程的实施在技术上和经济上进行全面而详尽地安排，引进先进技术和科研成果，形成设计图纸和说明书以供实施，并在实施的过程中进行监督和验收。所以工程设计项目管理包括以下阶段：设计投标、签订设计合同、设计条件准备、设计计划、设计实施阶段的目标控制、设计文件验收与归档、设计工作总结、建设实施中的设计控制与监督、竣工验收。工程设计项目管理不仅仅局限于设计阶段，而是延伸到了施工阶段和竣工验收阶段。

3. 工程施工项目管理

工程施工项目管理（后文简称施工项目管理）有以下特征：

（1）施工项目管理的主体是工程施工企业。由建设单位或监理单位进行的工程项目管理中涉及的施工阶段管理仍属建设项目管理，不能算作施工项目管理。

（2）施工项目管理的对象是施工项目。施工项目管理的周期也就是施工项目的生命期，包括工程投标、签订工程项目施工合同、施工准备、施工、交工验收及用后服务等。施工项目管理的任务包括进度管理、质量管理、成本管理、安全管理、环境管理、合同管理、资源管理、信息管理、沟通管理、风险管理、组织协调等。施工项目的特点给施工项目管理带来了特殊性，主要是生产活动与市场交易活动同时进行；先有交易活动，后有"产成品"（竣工项目）；买卖双方都投入管理，生产活动和交易活动很难分开。所以施工项目管理是对特殊的生产活动、在特殊的市场上进行的特殊的交易活动的管理，其复杂性和艰难性都是一般生产管理难以比拟的。

（3）施工项目管理要求强化组织协调工作。施工项目具有生产活动的单件性，对产生的问题难以补救或虽可补救但后果严重；参与施工人员不断在流动，需要采取特殊的流水方式，组织工作量很大；施工在露天进行，工期长，需要的资金多；施工活动涉及复杂的经济关系、技术关系、法律关系、行政关系和人际关系等。以上原因使施工项目管理中的组织协调工作艰难、复杂、多变，必须通过强化组织协调的办法才能保证施工顺利进行。主要强化方法是优选项目经理，建立调度机构，配备称职的调度人员，努力使调度工作科学化、信息化，建立起动态的控制体系。

施工项目管理与建设项目管理在管理主体、管理任务、管理内容和管理范围方面都是不同的。第一，建设项目的管理主体是建设单位或受其委托的建设工程项目管理企业；施工项目管理的主体是施工企业。第二，建设项目管理的结果是取得符合要求的、能发挥应有效益的固定资产；施工项目管理的结果是把项目施工搞好并取得利润。第三，建设项目管理的内容是涉及投资周转和建设的全过程的管理；而施工项目管理的内容涉及从投标开始到回访保修为止的全部生产组织管理。第四，建设项目管理的范围是一个建设项目，是由可行性研究报告确定的所有工程；而施工项目管理的范围是由工程施工合同约定的承包范围，是建设项目或单项工程或单位工程施工过程的管理。

4. 工程咨询（监理）项目管理

工程咨询项目是由咨询单位进行中介服务的工程项目。咨询单位是中介组织，它具有相应的专业服务知识与能力，可以接受建设单位的委托进行项目管理，也就是进行智力服务。通过咨询单位的智力服务，提高工程项目管理水平，并作为政府、市场和企业之间的联系纽带。在市场经济体制中，由咨询单位进行工程项目管理已经形成了一种国际惯例。

工程监理项目管理是由监理企业进行的项目管理。一般是监理企业受建设单位的委托，签订监理委托合同，为建设单位进行建设项目管理。监理企业也是中介组织，是依法成立的专业化的、高智能型的组织，它具有服务性、科学性与公正性，按照有关监理法规进行项目管理。监理企业是一种特殊的工程咨询机构，它受建设单位的委托，对设计、施工单位在承包服务活动中的行为和责权利进行必要的协调与约束，对建设项目进行投资管理、进度管理、质量管理、合同管理、信息管理与组织协调。实行建设监理制度，是我国为了发展生产力、提高工程建设质量和投资效益、建立市场经济、对外开放与加强国际合作的需要。

第二节　工程项目管理的基本内容和方法

一、工程项目管理的基本内容

（一）工程项目范围管理

工程项目范围是指工程项目各过程的活动总和，或指组织为了成功完成工程项目并实现工程项目各项目标所必须完成的各项活动。工程项目的范围既包括其产品的范围，又包括项目工作范围。工程项目产品范围决定了工程项目的工作范围，包括各项设计活动、施工活动和管理活动的范围。工程产品范围要求的深度和广度，决定了工程项目范围的深度和广度。

工程项目范围管理就是对从项目建议书开始到竣工验收交付使用为止的全过程中所涉及的活动范围进行界定和管理的过程。它主要包括5个过程：

（1）启动一个新的项目，或启动项目的一个新的阶段。

（2）编制范围计划（或规划），即指工程项目可行性研究报告推荐的方案、各种项目合同、设计、各种任务书、有关范围说明书等。

（3）界定项目范围，即工程项目范围定义。该过程把范围计划中确定的可交付成果分解成便于管理的组成单元。

（4）由投资人或建设单位等客户或利益相关者确定工程项目范围，也称为范围核实，即对工程项目范围给予正式认可或同意。

（5）控制项目范围的变更，即在工程项目实施的过程中，控制工程变更，包括建设单位提出的变更、设计变更和计划变更等。

以上过程是相互联系和相互影响的，甚至发生一定程度的搭接。在工程项目启动后，以上工作会从大到小不断反复进行，形成大环套小环、小环、大环一起转的工程项目实施过程。在这个过程中，范围的控制是重要的，通过控制及时纠偏或及时确定（或调整）各项活动范围，直至工程项目交付使用。

（二）工程项目组织管理

"组织"有两种含义，即组织机构和组织行为。组织机构是按一定的领导体制、部门设置、层次划分、职责分工、规章制度和信息系统等构成的有机整体，是社会人的结合形式，可以完成一定的任务，并为此而处理人与人、人与事、人与物的关系。组织行为也即组织活动，指通过一定的权力和影响力，为达到一定目标所进行的活动过程。组织职能是通过两种含义的有机结合而实现的。

工程项目组织管理，是指为实现工程项目组织职能而进行的组织系统的设计、建立、运行和调整。组织系统的设计与建立，是指经过筹划与设计，建成一个可以完成工程项目管理任务的组织机构，建立必要的规章制度，划分并明确岗位、层次、部门、责任和权力，通过一定岗位和部门内人员的规范化的活动和信息流通，实现组织目标。高效率的组织体系的建立是工程项目管理取得成功的组织保证。组织运行就是按分担的责任完成各自的工作。组织运行有三个关键：一是人员配置；二是业务联系；三是信息反馈。组织调整是指根据工作的需要和环境的变化，分析原有的项目组织系统的缺陷、适应性和效率，对原有组织系统进行调整或重新组合，包括组织形式的变化，人员的变动，规章制度的修订和废止，责任系统的调整，以及信息流通系统的调整等。

工程项目管理组织机构的建立程序是：首先采用适当的方式选聘称职的项目经理；其次是根据工程项目组织原则和工程任务（目标），选用适当的组织形式，在企业的支持下组建工程项目管理机构，明确责任、权限和利益；再次，在遵守企业制度的前提下，制订工程项目管理制度。不同的工程项目管理，其组织机构是不相同的，且具有一次性，任务完成后即行解体。

（三）工程项目管理规划与决策

规划是制定目标及安排如何完成这些目标的过程。通常规划应形成书面文件。进行规划的目的是指出努力的方向和标准，降低环境变化对任务的完成造成冲击，最大限度地减少浪费。规划可以导致较高的绩效。工程项目管理者必须很好利用规划的手段，编制科学、严密、有效的工程项目管理规划，通过实施该规划达到提高工程项目管理绩效的目的。在进行工程项目管理规划时，大致应按下列内容和程序进行工作：

（1）进行工程项目分解，形成由大到小的项目分解体系，以便由细部到整体地确定管理目标及阶段控制目标。

（2）建立工程项目组织体系，绘制工程项目组织体系图和信息流程图。

（3）编制工程项目管理规划文件，确定管理内容、方式、手段、目标和标准，明确管理点。

工程项目管理规划既是对合同目标的贯彻，又是进行管理决策的依据。决策的工程项目管理目标是工程项目管理控制的依据。工程项目目标控制的目的，就是确保决策的工程项目管理规划目标的实现。

（四）工程项目目标控制与组织协调

目标控制是工程项目管理的核心内容。控制的目标是工程项目管理规划决策的目标。

1. 工程项目控制目标的内容

（1）施工项目管理控制目标包括：进度、质量、成本、安全和环境目标。

（2）建设项目管理与工程建设监理控制目标包括：功能、投资、质量和进度目标。

2. 工程项目目标控制的基本理论

（1）工程项目目标控制的概念。所谓目标控制，是指在实现计划目标的过程中，行为主体通过检查，收集实施状态的信息，将它与原计划（标准）比较，发现偏差，采取措施纠正这些偏差，从而保证计划的正常实施，达到预定目标。从这个定义可以看出，工程项目目标控制问题的要素包括：工程项目、控制目标、控制主体、实施计划与信息、偏差数据、纠偏措施、纠偏行为。工程项目控制的直接目的是实现规划目标或计划目标，其最终目的是实现合同目标。因此可以说，工程项目目标控制是排除干扰、实现目标的手段，是工程项目管理的核心，如果没有控制，便谈不上工程项目管理。

（2）工程项目控制原理。控制的需要产生于社会化的生产活动。法约尔把它作为管理的职能之一，其原意是指：注意是否一切都按制定的规章和下达的命令进行。1948年，美国的诺伯特·维纳创立了控制论，并应用于蓬勃发展的自动化技术、信息论和计算机，使控制论发展成为一门应用广泛、效果显著的现代科学理论。控制的基本理论如下：

1）控制者进行控制的过程是：从反馈过程得到控制系统的信息后，便着手制定计划，采取措施，输入受控系统，在输入资源转化为产品的过程中，对受控系统进行检查、监督，并与计划或标准进行比较，发现偏差进行直接修正，或通过（报告等）信息反馈修正计划或标准，开始新一轮控制循环。这个循环就是我们通常所说的 PDCA 循环（见图 1-1）。

2）要实现最优控制，必须有两个先决条件：一是要有一个合格的控制主体；二是要有明确的系统目标。

3）控制是按事先拟订的计划或标准进行的。控制活动就是要检查实际发生的情况与计划（或标准）是否存在偏差，偏差是否在允许范围之内，是否应采取控制措施及采取何种措施来纠正偏差。

4) 控制的方法是检查、监督、分析、指导和纠正。

5) 控制是针对被控制系统而言的，既要对被控制系统进行全过程的控制，又要对其所有要素进行全面控制。要素控制包括人力、物力、财力、信息、技术、组织、时间、信誉等的控制。

6) 提倡主动控制，即在偏差发生之前，预先分析发生偏差的可能性，采取预防措施，防止发生偏差。

7) 控制是动态的，见图 1-2 所示。在控制过程中会不断受到各种干扰，各种风险因素有随时发生的可能，故应通过组织协调和风险管理进行动态控制。

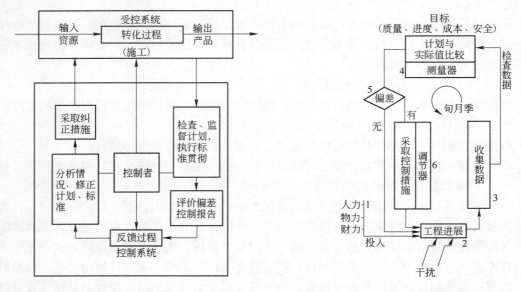

图 1-1　控制模式　　　　　　　　图 1-2　动态控制原理图

8) 控制是一个大系统。工程项目控制系统见图 1-3。该系统包括组织、程序、手段、措施、目标和信息 6 个分系统。其中信息分系统贯穿于工程项目实施的全过程。

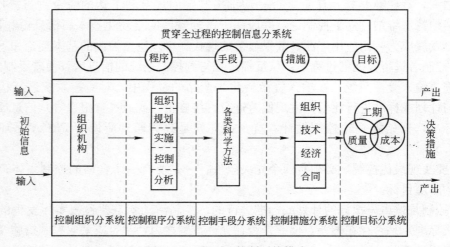

图 1-3　工程项目控制系统模式

3. 工程项目的沟通管理与组织协调
(1) 工程项目沟通管理

沟通就是信息的交流。沟通是管理活动和管理行为中最重要的组成部分，也是企业和其他一切管理者最为重要的职责之一。

项目沟通管理就是确保通过正式的结构和步骤，及时和适当地对项目信息进行收集、分发、储存和处理，并对非正式的沟通网络进行必要的控制，以利于项目目标的实现。

项目利益相关者之间良好有效的沟通是组织效率的切实保证，而管理者与被管理者之间的有效沟通是各种管理艺术的精髓。

沟通可以是口头的或书面的，也可以是面对面的，还可以使用媒介，如电话、传真、E-mail 等。在传统的项目管理中，项目进展报告、备忘录是基本的交流方式。而在电子通信技术如此发达的今天，沟通方式更是多种多样。

沟通过程就是发送者将信息通过选定的渠道传递给接收者的过程。项目沟通管理包括以下过程：

1) 沟通计划编制——确定项目利益相关者的信息需求和沟通需求；
2) 信息发布——项目利益相关者可以及时得到所需要的信息；
3) 绩效报告——收集并发布绩效信息，包括状态报告，进度测量和预测；
4) 管理收尾——产生、收集和发布阶段或项目完成的信息。

(2) 工程项目组织协调

组织协调是沟通的一种手段，是指正确处理各种关系。组织协调为目标控制服务。组织协调的内容包括：人际关系、组织关系、配合关系、供求关系及约束关系的协调。工程项目管理的协调范围是根据与工程项目管理组织的关系的松散与紧密状况决定的，大致有三层：一层是内部关系，是紧密的自身机体关系，应通过行政的、经济的、制度的、信息的、组织的和法律的等多种方式进行协调；二层是近外层关系，指直接的和间接的合同关系，如施工项目经理部与建设单位、监理单位及设计单位等单位的关系，都属于近外层关系，因此，合同就成为近外层关系协调的主要工具；第三层关系是远外层关系，这是比较松散的关系，如项目经理部与政府部门、与现场环境相关单位的关系就是这一类。这些关系的处理没有定式，协调困难，应按有关法规、公共关系准则、经济联系规章等处理。如与政府部门的关系是请示、报告、汇报、接受领导与监督的关系；与现场环境单位的关系则是力求和谐，讲信誉，遵守有关规定，争取给予支持等。

(五) 资源、合同、信息和风险管理

1. 工程项目资源管理

工程项目资源是工程项目得以实现的保证，主要包括人力资源、材料、设备、资金和技术（即 5M）。工程项目资源管理的内容包括三项：

(1) 分析各项资源的特点。
(2) 按照一定原则、方法对工程项目资源进行优化配置，并对配置状况进行评价。
(3) 对工程项目的各项资源进行动态管理，使资源与项目的需求始终保持平衡和相互适应。

2. 工程项目合同管理

由于工程项目管理是在市场条件下进行的特殊交易活动的管理，且交易活动持续于工程项目管理的全过程，因此必须依法签订合同，进行履约经营。由于合同管理是一项执法、守法活动，市场有国内市场和国际市场，因此合同管理势必涉及国内及国际上有关法规和合同文本、合同条件，在合同管理中应予高度重视。为了取得经济效益，还必须搞好索赔，讲究索赔的方法和技巧，提供充分的索赔证据。

3. 工程项目信息管理

现代化管理要依靠信息。工程项目管理是一项复杂的现代化管理活动，更要依靠大量信息及大量的信息管理活动。而信息管理又要依靠计算机辅助进行。

人类正在步入信息时代，我们必须注意和研究信息时代的经营管理的变化及其对工程项目管理的影响。信息时代的管理要有两项基础建设，一个是设备的信息化建设，一个是人和组织的知识化建设，一个硬件，一个软件，两者缺一不可。信息时代的管理要建立在两个基本变化之上，一个是企业战略和策略的变化，一个是企业价值观和文化的变化，一个外变，一个内变，两者缺一不可。所谓战略和策略的变化也有两个方面，一个是从单纯的技术驱动转变为市场、技术双重驱动，一个是从追求利润最大化转变为利润最大化及企业价值最大化同市场份额之间找平衡点；再一个是从单纯追求规模效益转变为在追求效益中处理好多快好省的关系，寻找新的效益突破口。信息时代的管理需要用重新构建公司的观念对衡量当代企业的基本范畴进行重新审视。这些范畴包括质量、服务、技术、效率和社会责任等。信息时代的企业，应具备以下基本特点：

第一，它有一个以市场为中心的明确的目标和策略。信息化使企业可以直接从市场的每一个顾客那里得到需求信息，以便明确地提高设计、生产、供给和服务水平。需求和供给之间明确而直接，规模无比巨大。它将是有史以来最节省的需求与供给的关系，也是最有效率和效益的关系。

第二，它将有一个以人为本的价值观和企业文化。

第三，它将有一个以效率和效益为中心的不断变革的制度和程序，因为市场的变化不断地通过信息化通道促使企业不断变化。

总之，市场、人、效率、效益和社会责任，这些就是信息时代企业管理的核心，工程项目管理也应当围绕这个核心进行变革。

4. 工程项目风险管理

项目风险是发生之后对于项目欲创造的成果产生不利后果的不确定性事件或者条件。风险管理是系统地识别和分析项目风险，并采取应对措施的过程。项目风险管理主要有风险管理规划、风险识别、定性风险分析、定量风险分析、风险应对规划和风险监视与控制六个过程，这六个过程彼此之间相互影响，而且还与项目其他方面的管理过程，例如范围管理、进度管理、费用管理、质量管理、采购与合同管理、人力资源管理、沟通与信息管理有关。风险管理的各个过程在实践中交叉重叠，互相影响。项目要想获得成功，公司和项目经理部必须在整个项目进程中投入力量进行风险管理。风险管理的宗旨是采取主动行动，创造条件，尽量扩大风险事件的有利结果，妥善地处理风险事故造成的不利后果，以最小的代价实现项目的目标。

（六）工程项目收尾管理

从管理的循环原理来说，管理的收尾阶段是对工程收尾期工作的管理，是对计划、执行、检查阶段的经验和问题的回顾和提炼，是进行新的管理所需信息的来源，其经验可作为新的管理制度和标准的源泉，其问题有待于下一循环的管理予以解决。由于工程项目的一次性，其管理更应注意总结，依靠总结不断提高管理水平并发展工程项目管理学科。收尾管理的内容如下：

（1）工程项目的竣工检查、验收及资料整理（即工程收尾）。
（2）工程项目的竣工结算或决算（即经济收尾）。
（3）工程项目管理活动总结（工作收尾）。
（4）工程项目管理质量及效益的分析（管理收尾）。

二、工程项目管理方法

（一）工程项目管理方法的应用特征

1. 选用方法的广泛性

工程项目管理的发展过程，实际上是其管理理论和方法的继承、研究、创新和应用过程。工程项目管理方法的选用，带有时代的特点。管理理论发展到现在，已经形成了以经营决策为中心，以信息资源和信息技术的应用为手段，应用运筹学和系统理论的方法，结合行为科学的应用，把管理对象看作由人和物组成的完整系统的综合管理，即现代化管理。还应注意，人类进入信息时代以后，管理方法必然产生巨大的变革。因此，工程项目管理所选用的方法必然是现代化的、信息化的，范围非常广泛。凡是现代化的管理方法和信息化的方法，均可在工程项目管理中有针对性地选用。现代化管理方法具有科学性、综合性和系统性，可以适应工程项目管理的需要。这里所说的科学性，是指现代化管理方法是生产、技术和管理知识体系在管理中的具体应用方法，它本身就是为各种管理服务的。这里所说的综合性有两层含义，一是某种管理方法可以应用到不同的专业中，甚至全部管理工作中；二是某一管理领域可以综合运用各种现代化管理方法，使之互相补充，发挥系统配套的整体功能。这里所说的系统性是指各种科管理方法形成一个大系统，各项专业管理活动的管理方法形成子系统，大系统和子系统都是由许多种现代化管理方法形成的组合，并且互相联系和依存。工程项目管理方法自成体系，其方法又包括在大体系之中。

2. 工程项目管理方法服从于项目目标管理的需要

工程项目的一次性产生了工程项目管理方法的特殊性，这些方法必须满足目标管理的需要。各种目标管理有各自的专业系统方法。但是某种方法由于有综合性，可以被几种目标管理方法系统纳入。例如合同管理方法，适用于所有的目标管理。我们在对某种目标进行管理时，必须首先选用适用的方法体系。

3. 工程项目管理方法与企业管理方法紧密相关

企业的管理方法是针对企业的生产和经营活动的需要而选用的方法体系。企业的主业是生产与经营，其经营管理必须以工程项目为中心，于是企业的管理方法与工程项目管理的方法就变得关系密切。但这不等于说企业经营管理方法全部适用于工程项目管理。企业经营管理的对象是企业这个组织及其全部活动，而工程项目管理的对象是工程项目及由项目组织进行的工程管理活动。所以就管理方法而言，既是母体系和子体系的关系，又是不同体系的交叉关系。项目管理方法和企业管理方法之间有结合部，只有结合部才表示了两个体系的相关性。例如量本利方法就处在结合部之中，而网络计划方法应在项目管理方法体系之内，市场预测和决策方法应在企业管理方法体系之中。

(二) 工程项目管理方法的分类

(1) 按管理目标划分，工程项目管理方法有进度管理方法、质量管理方法、成本管理方法、安全管理方法、环境管理方法等。

(2) 按管理方法的量性分，工程项目管理方法有定性方法、定量方法和综合管理方法。其中定性方法是经验方法；综合管理方法是定性方法和定量方法兼容。

(3) 按管理方法的专业性质分，工程项目管理方法有行政管理方法、经济管理方法、管理技术方法和法规管理方法等。这是最常用的具体分类方法。

所谓行政管理方法，是指上级单位及上级领导人，包括项目经理和职能部门，利用其行政上的地位和权力，通过发布指令、进行指导、协调、检查、考核、激励、审批、监督、组织等手段进行管理的方法。它的优点是直接、迅速、有效，但应注意科学性，防止武断、主观、官僚主义和命令主义的瞎指挥。一般地说，用行政方法进行工程项目管理，指令要少些，指导要多些。项目经理应主要使用行政管理方法。

工程项目管理的经济方法是指用经济类手段进行管理，如实行经济责任制，编制项目资金收支计划，制订经济分配与激励办法以调动积极性，物资管理办法等。

工程项目的法规管理方法主要是通过贯彻有关工程法律、法规、制度、标准等加强管理。合同是依法签订的明确双方权利、义务关系的协议，广泛用于工程项目管理进行履约经营，故亦属于法规方法。在市场经济中，合同管理是最重要的法规管理方法。

工程项目管理中可用的管理技术方法是大量的。最重要的适用方法有：经济评价方法，TQC方法，网络计划方法，价值工程方法，数理统计方法，信息管理方法，线性规划方法，ABC分类方法，目标管理方法，系统分析方法等。管理技术方法是管理中的硬方法，以定量方法居多，有少量定性方法，其科学性更高，能产生的管理效果会更好。

(三) 工程项目管理方法的应用原则和步骤

1. 工程项目管理方法应用的原则

工程项目管理方法是工程项目管理的动力，在应用时应贯彻四项原则：

(1) 适用性原则。即首先要明确管理的目标，不同的管理目标分别选用不同的、有针对性的方法，并且要对管理环境调查分析，以判断管理方法应用的可行性，可能产生的干扰和效果。

(2) 灵活性原则。即为了达到一定的管理目的，必须灵活运用各种有效的管理方法，必须根据变化了的内部和外部情况，灵活运用管理方法，防止盲目、教条和僵化。

(3) 坚定性原则。在应用管理方法时，并非一帆风顺，会遇到各种干扰和困难。如习惯性会产生对应用新方法的抵触；应用某种方法时可能受许多条件的限制而产生干扰或制约等。这时，项目管理人员就应该有坚定性，克服困难以取得效果。

(4) 开拓性原则。即进行工程项目管理方法创新。既要创造新方法，又应对成熟方法的应用方式进行创新，用出新水平，产生更大效果。

2. 工程项目管理方法的应用步骤

成功应用某种管理方法，必须按下列步骤实施：

第一步，研究管理任务，明确其专业要求和管理方法应用目的。

第二步，调查进行该项管理所处的环境，以便对选择管理方法提供决策依据。

第三步，选择适用、可行的管理方法。选择的方法应专业对路，条件允许，能实现任务目标。

第四步，对所选方法在应用中可能遇到的问题进行分析，找出关键，制订保证措施。

第五步，在实施该选用方法的过程中加强动态控制，解决矛盾，使之产生实效。

第六步，在应用过程结束之后，进行总结，以不断提高管理方法的应用水平。

第三节　建设项目管理

一、建设程序

工程项目按照程序运行是社会经济运行规律的要求，是工程项目的技术经济规律的要求，也是工程项目的复杂性（环境复杂、涉及面广、相关环节多、多行业多部门配合）决定的。我国的建设程序分为六大阶段，即项目建议书阶段、可行性研究阶段、设计工作阶段、建设准备阶段、建设实施阶段和竣工验收交付使用阶段。这六个阶段的关系如图1-4所示。其中项目建议书阶段和可行性研究阶段称为"前期工作阶段"或"决策阶段"，其他阶段合称为"实施阶段"。

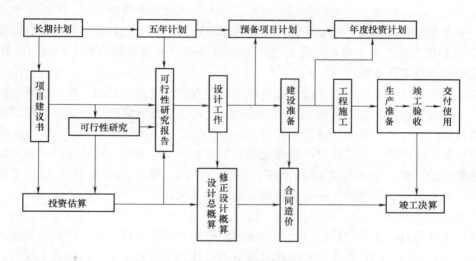

图1-4　建设程序图

1. 项目建议书阶段

项目建议书是项目法人向国家提出要求建设某一建设项目的建议文件，是对建设项目的轮廓设想，是从拟建项目的必要性及可能性加以考虑的。在客观上，建设项目要符合国民经济长远规划，符合部门、行业和地区规划的要求。它实际上是一个机会研究文件。

2. 可行性研究阶段

项目建议书经批准后，应紧接着进行可行性研究。可行性研究是对建设项目在技术上和经济上（包括微观效益和宏观效益）是否可行进行科学分析和论证工作，是技术经济的深入论证阶段，为项目决策提供依据。可行性研究的主要任务是通过多方案比较，提出评价意见，推荐最佳方案。可行性研究的内容可概括为市场（供需）研究、技术研究和经济研究三项。具体说来，工业项目的可行性研究的内容是：项目提出的背景、必要性、经济意义、工作依据与范围，需要预测和拟建规模，资源和公用设施情况，建厂条件和厂址方案，环境保护，企业组织定员及培训，实际进度建议，投资估算数和资金筹措，社会效益及经济效益。在可行性研究的基础上，编制可行性研究报告。

可行性研究报告经批准后，是初步设计的依据，不得随意修改和变更。如果在建设规模、产品方案、建设地区、主要协作关系等方面有变动以及突破投资控制数时，应经原批准机关同意。可行性研究报告经批准，项目才算正式"立项"。

按照现行规定，大中型和限额以上项目可行性研究报告经批准之后，项目可根据实际需要组成筹建机构，即组织项目法人。但一般改、扩建项目不单独设筹建机构，仍由原企业负责筹建。

3. 设计工作阶段

一般项目进行两阶段设计，即初步设计和施工图设计。技术上比较复杂而又缺乏设计经验的项目，在初步设计阶段后加技术设计。

（1）初步设计。是根据可行性研究报告的要求所做的实施方案，目的是为了阐明在指定的地点、时间和投资控制数额内，拟建项目在技术上的可能性和经济上的合理性，并通过对工程项目所作出的基本技术经济规定，编制项目总概算。

初步设计不得随意改变被批准的可行性研究报告所确定的建设规模、产品方案、工程标准、建设地址和总投资等控制指标。如果初步设计提出的总概算超过可行性研究报告总投资的10%以上或其他主要指标需要变更时，应说明原因和计算依据，并报可行性研究报告原审批单位重新审批。

（2）技术设计。是根据初步设计和更详细的调查研究资料编制的，进一步解决初步设计中的重大技术问题，如工艺流程、建筑结构、设备选型及数量确定等，以使建设项目的设计更具体，更完善，技术经济指标更好。

（3）施工图设计。施工图设计根据批准的扩大初步设计或技术设计绘制建筑安装图纸和非标准设计图纸，完全表现工程的形状、构造、结构、尺寸、细部内容、设备型号、安装要求、材料品种、构件型号等，满足施工和计价要求。

4. 建设准备阶段

（1）预备项目。初步设计已经批准的项目，可列为预备项目。国家投资的预备项目计划，是对列入部门、地方编报的年度建设预备项目计划中的大中型和限额以上项目，经过从建设总规模、生产力总布局、资源优化配置以及外部协作条件等方面进行综合平衡后安排和下达的。预备项目在进行建设准备过程中的投资活动，不计算建设工期，统计上单独反映。

（2）建设准备的内容。建设准备的主要工作内容包括：1）征地、拆迁和场地平整；2）完成施工用水、电、路等工程；3）组织设备、材料订货；4）准备必要的施工图纸；5）组织施工招标投标，择优选定施工承包单位。

（3）报批开工报告。按规定进行了建设准备和具备了开工条件以后，便应组织开工。建设单位申请批准大中型工程项目开工要经国家发改委统一审核后编制年度大中型建设项目开工计划报国务院批准。部门和地方政府无权自行审批大中型建设项目的开工报告。年度大中型新开工项目经国务院批准，国家发改委下达项目计划。按《建筑法》第七条规定，建筑工程开工前，建设单位应当按照国家有关规定向工程所在地县级以上人民政府建设行政主管部门申请领取施工许可证；但是国务院建设行政主管部门确定的小型工程除外。按照国务院规定的权限和程序批准开工报告的建筑工程,不再领取施工许可证。

5. 工程施工阶段

建设项目经批准开工建设,项目便进入了工程施工阶段。这是项目决策的实施、建成投产发挥投资效益的关键环节。新开工建设的时间,是指建设项目设计文件中规定的任何一项永久性工程第一次破土开槽开始施工的日期。不需要开槽的,正式开始打桩日期就是开工日期。铁道、公路、水库等需要进行大量土、石方工程的,以开始进行土、石方工程日期作为正式开工日期。分期建设的项目,分别按各期工程开工的日期计算。施工活动应按设计要求、合同条款、预算投资、施工程序和顺序、施工组织设计,在保证质量、工期、成本计划等目标的前提下进行,达到竣工标准要求,经过验收后,移交给建设单位。

在工程施工阶段还要进行生产准备。生产准备是项目投产前由建设单位进行的一项重要工作。它是衔接建设和生产的桥梁,是建设阶段转入生产经营的必要条件。建设单位应适时组成专门班子或机构做好生产准备工作。

生产准备工作的内容根据工程项目的不同而异,一般包括下列内容:

(1) 组建管理机构,制定管理制度和有关办法。
(2) 招收并培训人员,组织生产人员参加设备的安装、调试和工程验收。
(3) 签订原料、材料、协作产品、燃料、水、电等供应及运输的协议。
(4) 进行工具、器具、备品、备件等的制造或订货。
(5) 其他必须的生产准备。

6. 竣工验收交付使用阶段

当建设项目按设计文件的规定内容全部施工完成以后,便可组织验收。它是建设全过程的最后一道程序,是投资成果转入生产或使用的标志,是建设单位、设计单位和施工单位向国家汇报建设项目的能力、质量、成本、收益等全面情况及交付新增固定资产的过程。竣工验收对促进建设项目及时投产、发挥投资效益及总结建设经验,都有重要作用。通过竣工验收,可以检查建设项目实际形成的生产能力或效益,也可避免项目建成后继续消耗建设费用。

二、建设项目法人责任制

我国于1996年4月开始推行"建设项目法人责任制",用以建立投资约束机制,规范项目法人行为,明确其责、权、利,提高投资效益。该责任制规定,国有单位经营性基本建设大中型项目在建设阶段必须组建项目法人。项目法人按《公司法》的规定设立有限责任公司(包括国有独资公司)或股份有限公司,实行项目法人责任制,由项目法人对项目的策划、资金筹措、建设实施、生产经营、债务偿还和资产的保值增值,实行全过程负责。

(一)项目法人的设立

项目建议书被批准后,由项目的投资方派代表组成项目法人筹备组,具体负责项目法人的筹建工作。在申报项目可行性研究报告时,同时提出项目法人的组建方案,否则,可行性研究报告不被审批。在项目可行性研究报告被批准后,正式成立项目法人,确保资本金按时到位,及时办理公司设立登记。

由原有企业负责建设的基建大中型项目,新设立子公司的,重新设立项目法人;只设分公司或分厂的,原企业法人即是项目法人,由原企业法人向分公司或分厂派遣专职管理人员，并实行专项考核。

（二）项目法人的组织形式和职责

1. 组织形式

国有独资公司设立董事会。董事会由投资方组建。国有控股或参股的有限责任公司、股份有限公司设立股东会、董事会和监事会。董事会在建设期间应至少有一名董事常驻现场。董事会建立例会制度，讨论建设中的重大事宜，对资金支出严格管理，并以决议形式予以确认。

2. 项目董事会的职权

（1）负责筹措建设资金。

（2）审核、上报项目初步设计和概算文件。

（3）审核、上报年度投资计划并落实年度资金。

（4）提出项目开工报告。

（5）研究解决建设过程中出现的重大问题。

（6）负责提出项目竣工验收申请报告。

（7）审定偿还债务计划和生产经营方针，并负责按时偿还债务。

（8）聘任或解聘项目总经理，并根据总经理的提名，聘任或解聘其他高级管理人员。

3. 项目总经理的职权

（1）组织编制项目初步设计文件，对项目工艺流程、设备选型、建设标准、总图布置提出意见，提交董事会审查。

（2）组织工程设计、施工、监理、施工队伍和设备材料采购的招标工作，编制和确定招标方案、标底和评标标准，评选和确定投、中标单位。

（3）编制并组织实施项目年度投资计划、用款计划、建设进度计划。

（4）组织编制项目财务预、决算。

（5）编制并组织实施归还贷款和其他债务计划。

（6）组织工程建设实施，负责控制工程投资、工期和质量。

（7）在项目建设过程中，在批准的概算范围内，对单项工程的设计进行局部调整。

（8）根据董事会授权，处理项目实施中的重大紧急事件，并及时向董事会报告。

（9）负责生产准备工作和培训有关人员。

（10）负责组织项目试生产和单项工程预验收。

（11）拟订生产经营计划、企业内部机构设置、劳动定员定额方案及工资福利方案。

（12）组织项目后评价，提出项目后评价报告。

（13）向有关部门报送项目建设、生产信息和统计资料。

（14）提请董事会聘任或解聘项目高级管理人员。

（三）考核和奖罚

（1）项目董事会负责对总经理进行定期考核。各投资方负责对董事会成员进行定期考核。

（2）国务院各有关部门、各地发改委负责对有关项目进行考核。

（3）考核的主要内容包括：

1）固定资产投资与建设的法律、法规执行情况。

2）国家年度投资计划和批准设计文件的执行情况。

3) 概算控制、资金使用和工程组织管理情况。
4) 建设工期、安全和工程质量控制情况。
5) 生产能力和国有资产形成及投资效益情况。
6) 土地、环境保护和国有资源利用情况。
7) 精神文明建设情况。
8) 其他需要考核的事项。

(4) 建立对项目董事长、总经理的任职和离职审计制度。

(5) 凡应实行项目法人责任制而没有实行的建设项目，投资计划主管部门不批准开工，也不予安排年度投资计划。

三、建设项目投资控制

（一）投资构成

"投资"有多种含义：第一，为了将来获得收益或避免风险而进行的资金投放活动；第二，用于投放的资金；第三，固定资产投资。固定资产投资包括基本建设投资和更新改造投资两类。基本建设投资是指新建、改建和扩建各种生产性和非生产性固定资产所用的资金；更新改造投资是指用于旧企业更新或改造其固定资产的资金。两者均由于再生产的需要而进行投资。

投资按其投放的途径可分为直接投资和间接投资，或称实物投资和金融投资。"直接投资"（实物投资）一般不经过金融中介，主要包括：固定资产投资，实际经营投资，租赁、承包、收购企业等，一般不受通货膨胀的影响，风险较小，但需投资者亲自经营管理。"间接投资"指投资购买股票、债券及其他特权票据，所以也称金融投资或证券投资，即要通过金融中介把资金由供方传给需方，这种投资受通货膨胀影响，风险很大，但不需投资者亲自从事实物资产的经营管理，流动性较好。

建设项目投资属于固定资产投资，即用于基本建设项目和更新改造项目的投资。包括投资项目从酝酿、决策、建设实施到竣工投产的全过程活动和投资的筹集、运用及其相关的工作。投资量是以货币形式表现的"投资额"。

建设项目总投资构成见图1-5。

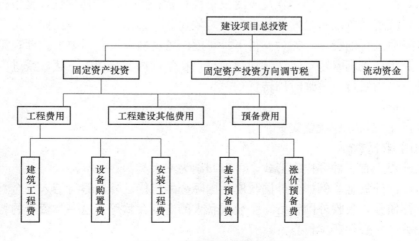

图1-5 建设项目总投资构成

总投资中包括固定资产投资、固定资产投资方向调节税和流动资金。其中，固定资产投资是指用于拟建项目的工程费用（建筑工程费、设备购置费、安装工程费），预备费用和工程建设其他费用。

工程建设其他费用的内容比较广泛，主要包括以下内容：土地使用费（土地出让金、土地补偿、青苗补偿和安置补偿费）；建设单位管理费；科研试验费；勘察设计费；监理、咨询费；可行性研究费；项目评估费；生产职工培训费；办公和生活家具购置费；负荷联合试车费；施工机构迁移费；样品样机购置费；矿山巷道维修费；引进技术和进口设备的其他费用；与建筑安装、设备购置无关但又必须支出的其他建设费用。

预备费用是指难以预料的工程费用，即基本预备费（不可预见费或用包干系数所计算的费用）及涨价预备费。这些费用用于以下方面：在批准的初步设计和概算范围内所增加的工程和费用；设备、材料的差价；由于一般自然灾害所造成的损失和预防自然灾害所采取的措施费用；在上级主管部门组织竣工验收时，验收者为鉴定工程质量，必须开挖和修复隐蔽工程的费用等。

总投资中的固定资产投资方向调节税是指国家对单位和个人用于固定资产投资的各种资金征收的一种税。这是从1991年起开始征收的一个新税种，目的是加强固定资产投资管理，贯彻国家产业政策，控制投资规模，引导投资方向，调整投资结构，加强国家重点工程建设。投资方向调节税根据国家产业政策和项目经济规模实行差别比例税率。税率分为0、5%、10%、15%、30%等5个档次，分别适用于基本建设项目投资和更新改造项目投资。这项费用已从1997年停止收取，至今没有恢复。

总投资中的流动资金，是指维持生产所占用的全部周转资金，它是流动资产与流动负债的差额（即流动资金=流动资产-流动负债）。其中，流动资产=应收账款+存货+现金；流动负债=应付账款=年外购原材料、燃料、动力费÷周转次数。

（二）建设项目投资的来源

建设项目投资有以下几种来源：

（1）国家建设拨款。这些资金用于没有偿还能力的建设单位的项目。

（2）建设贷款。它有以下几种：第一，国家预算内基本建设投资贷款；第二，基本建设信用贷款，指银行利用长期存款发放的投资性贷款；第三，特种贷款，是银行为支持重点项目建设，缓解其资金不足发放的投资性贷款业务；第四，基本建设储备贷款，是指为企业进行储备而进行的贷款，如为支付下一年度储备材料及设备需要的款项；第五，临时周转贷款，是指列入国家基本建设计划的项目，在年度内资金尚未下达、或进度加快资金临时不足的，可向银行申请临时周转贷款。

（3）自有资金。

（4）发行建设债券和股票集资。

（5）利用国外资金。

利用国外资金有多种多样的形式，可以归纳为三大类：

一是借用国外资金。例如向外国政府、国际金融机构、外国银行借入资金，在国际债券市场上发行债券，吸收外国银行、企业或私人的定期存款等。这一类资金的特点是发生债权、债务关系，必须还本付息。

二是吸收国外投资。如与外商共同投资经营，合作开发，合作经营、吸引外商来华举办独资企业等。还可将本国企业的股票出售给外商。这类形式的特点是外商直接投资进行生产经营，并采取股利等形式获得利润。

三是接受国外援助。这主要是接受国外的馈赠，不需还本付息。有时政府间贷款中馈赠成分占25%以上，也属于这一类。

（三）我国的现行投资体制

国务院于2004年7月25日发布《关于投资体制改革的决定》，确立了我国现行的投资新体制。

（1）确立企业在投资活动中的主体地位。按照谁投资、谁决策、谁受益、谁承担风险的原则，落实企业投资自主权，最终建立起市场引导投资、企业自主决策、银行独立审贷、融资方式多样、中介服务规范、宏观调控有效的新型投资体制。

对于企业不使用政府投资建设的项目，一律不再实行审批制，区别不同情况实行核准制和备案制。其中，政府仅对重大项目和限制类项目从维护社会公共利益角度进行核准，其他项目无论规模大小，均改为备案制。项目的市场前景、经济效益、资金来源和产品技术方案等均由企业自主决策、自担风险，并依法办理环境保护、土地使用、资源利用、安全生产、城市规划等许可手续和减免税确认手续。对于企业使用政府补助、转贷、贴息投资建设的项目，政府只审批资金申请报告。

（2）规范政府核准制。严格限定实行政府核准制的范围，并根据变化的情况适时调整。《政府核准的投资项目目录》（以下简称《目录》）由国务院投资主管部门会同有关部门研究提出，报国务院批准后实施。

企业投资建设实行核准制的项目，仅需向政府提交项目申请报告，不再经过批准项目建议书、可行性研究报告和开工报告的程序。政府对企业提交的项目申请报告，主要从维护经济安全、合理开发利用资源、保护生态环境、优化重大布局、保障公共利益、防止出现垄断等方面进行核准。对于外商投资项目，政府还要从市场准入、资本项目管理等方面进行核准。

（3）健全备案制。对于《目录》以外的企业投资项目，实行备案制，除国家另有规定外，由企业按照属地原则向地方政府投资主管部门备案。

（4）扩大大型企业集团的投资决策权。基本建立现代企业制度的特大型企业集团，投资建设《目录》内的项目，可以按项目单独申报核准，也可编制中长期发展建设规划，规划经国务院或国务院投资主管部门批准后，规划中属于《目录》内的项目不再另行申报核准，只须办理备案手续。企业集团要及时向国务院有关部门报告规划执行和项目建设情况。

（5）鼓励社会投资。允许社会资本进入法律法规未禁入的基础设施、公用事业及其他行业和领域。逐步理顺公共产品价格，通过注入资本金、贷款贴息、税收优惠等措施，鼓励和引导社会资本以独资、合资、合作、联营、项目融资等方式，参与经营性的公益事业、基础设施项目建设。对于涉及国家垄断资源开发利用、需要统一规划布局的项目，政府在确定建设规划后，可向社会公开招标选定项目业主。鼓励和支持有条件的各种所有制企业进行境外投资。

（6）进一步拓宽企业投资项目的融资渠道。允许各类企业以股权融资方式筹集投资资金，逐步建立起多种募集方式相互补充的多层次资本市场。

(7) 规范企业投资行为。各类企业都应严格遵守国土资源、环境保护、安全生产、城市规划等法律法规，严格执行产业政策和行业准入标准，不得投资建设国家禁止发展的项目；应诚信守法，维护公共利益，确保工程质量，提高投资效益。国有和国有控股企业应按照国有资产管理体制改革和现代企业制度的要求，建立和完善国有资产出资人制度、投资风险约束机制、科学民主的投资决策制度和重大投资责任追究制度。严格执行投资项目的法人责任制、资本金制、招标投标制、工程监理制和合同管理制。

(8) 完善政府投资体制，规范政府投资行为。

1) 政府投资主要用于关系国家安全和市场不能有效配置资源的经济和社会领域，包括加强公益性和公共基础设施建设，保护和改善生态环境，促进欠发达地区的经济和社会发展，推进科技进步和高新技术产业化。能够由社会投资建设的项目，尽可能利用社会资金建设。合理划分中央政府与地方政府的投资事权。中央政府投资除本级政权等建设外，主要安排跨地区、跨流域以及对经济和社会发展全局有重大影响的项目。

2) 政府投资项目一般都要经过符合资质要求的咨询中介机构的评估论证；特别重大的项目还应实行专家评议制度；逐步实行政府投资项目公示制度，广泛听取各方面的意见和建议。

3) 规范政府投资资金管理。政府投资资金按项目安排，根据资金来源、项目性质和调控需要，可分别采取直接投资、资本金注入、投资补助、转贷和贷款贴息等方式。以资本金注入方式投入的，要确定出资人代表。要针对不同的资金类型和资金运用方式，确定相应的管理办法，逐步实现政府投资的决策程序和资金管理的科学化、制度化和规范化。

4) 简化和规范政府投资项目审批程序，合理划分审批权限。按照项目性质、资金来源和事权划分，合理确定中央政府与地方政府之间、国务院投资主管部门与有关部门之间的项目审批权限。对于政府投资项目，采用直接投资和资本金注入方式的，从投资决策角度只审批项目建议书和可行性研究报告，除特殊情况外不再审批开工报告，同时应严格政府投资项目的初步设计、概算审批工作；采用投资补助、转贷和贷款贴息方式的，只审批资金申请报告。

5) 加强政府投资项目管理，按项目建设进度下达投资资金计划。加强政府投资项目的中介服务管理，对咨询评估、招标代理等中介机构实行资质管理，提高中介服务质量。对非经营性政府投资项目加快推行"代建制"，即通过招标等方式，选择专业化的项目管理单位负责建设实施，严格控制项目投资、质量和工期，竣工验收后移交给使用单位。增强投资风险意识，建立和完善政府投资项目的风险管理机制。

6) 引入市场机制，充分发挥政府投资的效益。各级政府要创造条件，利用特许经营、投资补助等多种方式，吸引社会资本参与有合理回报和一定投资回收能力的公益事业和公共基础设施项目建设。对于具有垄断性的项目，试行特许经营，通过业主招标制度，开展公平竞争，保护公众利益。已经建成的政府投资项目，具备条件的经过批准可以依法转让产权或经营权，以回收的资金滚动投资于社会公益等各类基础设施建设。

(四) 代建制

1. 代建制的含义

《关于投资体制改革的决定》定义的代建制是："代建制"是在非经营性政府投资项目

中推行的制度，通过招标等方式选择专业化的项目管理单位负责建设实施，严格控制项目投资、质量和工期，竣工验收后移交给使用单位。

"代建制"作为一项制度，其重要意义是依靠专业化组织和人士实行社会化管理，降低管理成本，提高建设工程投资效益，增加投资实施情况的透明度，方便监督管理，解决"外行业主、分散管理、重复设置机构"等问题，体现了现代化的生产发展规律要求，有利于推进政府部门职能转变。

代建单位是中介组织，是法人单位，其收益办法是收取代理费或咨询费，从节约的投资中提成。其工作性质是工程管理和咨询。只承担管理和咨询风险，而不承担工程风险。

代建制对业主的好处有二：一是代建单位从投资决策阶段就参与投资管理，基本上实现了工程的全过程管理；二是由代建单位代理业主，补充了业主单位在管理知识和管理技能方面的不足，有利于提高管理绩效。

2. 政府主管部门的职责

实行代建制以后政府主管部门的职责如下：投资决策、市场选择和监管评估。具体指审批项目建议书、可行性研究报告，审查设计方案，审批工程预算和建设计划，通过公开招标方式确定代建单位，安排项目年度投资计划，协调财政部门按工程进度拨付建设资金，监督工程管理公司履行合同，组织工程竣工验收和移交。

3. 投资公司的职责

在代建制中，投资公司的职责是：对项目投资与还贷、设施经营进行全过程管理。具体如下：

(1) 在项目前期组织编制可行性研究报告、设计方案，并报政府主管部门（发改委）审批；

(2) 确定项目融资方式及项目管理方式；

(3) 选择财务监理公司；

(4) 项目实施中进行投资控制；

(5) 根据有关规定对竣工验收进行项目内部审计；

(6) 初审财务决算，组织单项工程验收；

(7) 资产管理与运作。

4. 工程管理公司的职责

进行代建的工程管理公司是业主的代理人，但是不能代替业主，不对投资收益负责，不承担项目的开发管理。它在项目建议书通过后介入项目管理，在政府委托的职责范围内对项目建设进行全方位、全权制、全责制的管理。具体职责如下：

(1) 在项目策划、方案设计、前期准备、工程预算、施工招标及材料设备采购等过程中，对项目的投资、质量、进度进行专业化管理，确保合同目标顺利实现；

(2) 负责管理建设资金，保证资金专款专用，接受政府有关部门的审查和监督；

(3) 依法行使法人职权，承担经济责任和法律责任。

5. 使用单位的职责

代建制中使用单位的职责是：

(1) 提出项目建议书；

(2) 在项目的方案设计阶段提出项目的具体使用条件、建筑物的功能要求；

(3) 提出对建筑物有关专业和技术的具体要求与指标；
(4) 在设计、施工、设备和材料采购等过程中提出意见和建议；
(5) 监督代理单位的行为；
(6) 参与工程验收，接收建筑物；
(7) 使用和维护。

6. 代建制的工作程序

代建制的工作程序如下：

(1) 使用单位提出项目的使用功能要求、专业技术要求、建设内容和标准，初步投资估算，编制项目建议书，向政府计划部门申报。

(2) 国家（省、市）发改委批复项目建议书，在批复中明确使用代建制建设方式。

(3) 国家（省、市）发改委通过公开招标确定代建单位。

(4) 代建单位编制项目可行性研究报告，报发改委审批；发改委批复后，代建单位进行项目的勘查、市政方案、设计、环境评估、规划方案设计等前期准备工作。

(5) 代建单位做出初步设计后，报发改委审查。发改委同意后，作为代建单位总概（预）算，包干使用。

(6) 由代建单位按照建设程序进行规划申报，办理开工手续，组织项目的施工建设。

(7) 项目竣工后，组织验收；验收合格后，按合同规定，交付使用单位使用。

(五) 工程项目投资控制的全过程

投资控制的全过程应贯穿于工程项目建设的全过程或建设程序的所有步骤。每个阶段投资控制的重要性不一样。越是前期，投资控制越重要。越是后期，投资控制的影响作用越小。因此控制重点在决策阶段和设计阶段。它与进度控制和质量控制的控制重点阶段为实施期是不同的。

1. 项目建议书阶段的投资控制

在项目建议书阶段要进行投资估算和资金筹措设想。如果项目是打算利用外资的，应分析利用外资的可能性，初步测算偿还贷款的能力。还要对项目的经济效益和社会效益作初步估计。项目建议书编制时，伴随着进行机会研究和初步可行性研究。

2. 可行性研究阶段的投资控制

在可行性研究阶段，即在项目建议书获得批准后，对项目进行评估，为项目决策提供主要依据。其任务虽然涉及市场、工艺技术和经济等多方面，但投资控制却是最主要的。这个阶段要在完成市场需求预测、厂址选择、工艺技术方案选择等可行性研究的基础上，对拟建项目的各种经济因素进行调查、研究、预测、计算及论证，运用定量分析与定性分析相结合、动态分析与静态分析相结合的方法，计算内部收益率、净现值率、投资利润率等指标，完成财务评价；大中型项目还利用影子价格、影子汇率、社会折现率等经济参数进行国民经济评价，从而考察投资行为的宏观经济合理性。可行性研究报告是进行投资决策的主要依据。

3. 编制设计文件阶段的投资控制

初步设计根据批准的可行性研究报告和有关设计基础资料，拟订工程建设实施的初步方案，从技术上、经济上做出合理安排，通过初步设计概算具体确定建设投资。技术设计是对复杂的工程的重大技术问题进一步深化设计，作为施工图设计的依据，编制修正概算，修正投资控制额。施工图设计则根据初步设计（或技术设计）进行编制。通过施工图预算，确定建设项目的造价。因此，整个设计阶段是实施投资控制的关键阶段，建设项目具体投资多少，是在这个阶段确定的。在设计中，必须始终具有经济观念，不浪费投资，根据功能的要求进行设计，使资金用在实处。

4. 工程施工招标阶段的投资控制

在工程施工招标阶段，项目法人要通过编制招标文件、工程量清单，发布招标文件，合理评标与决标进行投资控制。标底是评标与决标的依据，标价是签订合同时确定合同价的依据，合同价又是实施阶段投资控制的最高限价。

5. 施工阶段的投资控制

施工阶段是投资活动的物化过程，是大量投资支出阶段。这个阶段投资控制的任务是，按设计要求实施，使实际支出控制在合同价之内，合同价控制在初步设计概算之内。因此，要减少设计变更，努力降低造价，竣工后做好结算和决算。

四、建设项目进度控制

建设项目进度控制是指对建设项目各个阶段的工作顺序和持续时间进行规划、实施、检查、协调及信息反馈等一系列活动的总称。建设项目进度控制的最终目的是确保项目动用的时间目标的实现。建设项目进度控制的总目标是建设工期。建设项目进度控制的意义在于：第一，保证建设项目按预定的时间交付使用，及时发挥投资效益；第二，维护国家良好的建设秩序和经济秩序；第三，提高建筑施工企业的经济效益。

（一）建设项目进度控制的相关因素

建设项目进度控制是一个动态过程，影响因素多，风险大，应当进行认真地分析总结，以便采取措施，适应变化，使不平衡变为相对的平衡，在动态中实现进度控制目标。

（1）来自建设单位的影响因素包括：建设单位提出的项目动用目标，资金、材料和设备的供应进度，各项准备工作的进度，建设单位管理的有效性等。

（2）来自勘察设计单位的影响因素包括：勘察设计进度目标的确定，可投入的勘察设计力量及其工作效率，各设计专业的配合状况，设计的速度，对设计文件审查的进展速度，建设单位与设计单位的协作状况等。

（3）来自施工单位的影响因素包括：施工进度目标的确定，施工项目管理规划的编制，施工企业的生产能力和管理素质，投入的人力及装备规模，分包施工单位的进度保证能力等。

（4）来自于环境的影响因素包括：上级领导部门的指令和指导意见，建筑市场和物资供应市场的状况，国家财政状况，政治的影响，气候的影响，使用要求及建设目标变更的可能性，改革的影响，偶发性不可抗力等。

以上诸多的影响因素既是客观存在的，许多又是人为的，可以预测和控制。工程监理单位参与进度控制，既构成了影响进度的重要因素，又可以通过签订合同接受建设单位的委托，采用有效的方法和手段，对各种进度控制的影响因素实施干预，确保进度控制目标的实现。

（二）建设项目进度控制的全过程

建设项目的各个阶段，都与进度控制有密切关联。各阶段的工作进度固然需要控制，而前期工作阶段所进行的进度决策工作，又给实施阶段的进度控制以重大影响，表1-1所列，就是建设全过程与进度控制全过程的关系。这里必须强调，进度控制的重点阶段是项目的建设准备和施工阶段。

进度控制的全过程表　　　　　　　　　　　　　　　表1-1

建设过程	项目建议书	可行性研究	项目设计	建设准备	建设施工	竣工验收交付使用
进度控制阶段	进度决策阶段				进度实施阶段	
进度控制描述	进度建议	进度预测建议、规划	设计进度控制，施工进度预测	编制施工进度计划	实施进度控制，实现工期目标	收尾进度控制，及时验收、交工

在项目建议书的内容中，按规定有"项目进度建议"，是对项目进度的轮廓设想，是上级对项目建议书进行审批的重要依据。

在可行性研究报告中，按规定有"实施进度的建议"，是对项目建议书中项目进度建议的具体化，是对建设项目进行评估的时间依据，是对项目进度进行决策的依据。

在设计的过程中，必须实施设计进度控制，并对设计方案的施工进度做出预测，与可行性研究报告中的建设工期对比，从而对设计文件做出评价。

在建设准备阶段，编制施工进度计划，进行进度决策，为施工中的进度控制提供依据。

在建设施工阶段，严格按计划进度实施，是进度控制的"操作过程"，必须对造成计划偏离目标的各种干扰因素予以排除，保证进度目标的实现。

在竣工验收交付使用阶段，要加快收尾，尽量缩短验收进程，使竣工后的工程要及时验收，交付使用。

（三）建设项目进度控制的计划系统

为了使工程建设符合国家宏观投资计划的要求，遵循建设程序，按合理工期建成投产，实现项目进度目标，使工程造价低、投资少、工期短、质量好，就需要编制各种计划作为进度控制的基础。按照我国的计划体制，大中型项目应当编制下列各种计划。

（1）建设项目前期工作计划。前期工作计划是指对可行性研究及初步设计的工作进行安排，通过这个计划，使建设前期各项工作相互衔接，时间得到控制。计划表格见表1-2。表中的"建设性质"指的是改建、扩建或新建；"建设规模"指生产能力、使用规模或建筑面积等。前期工作计划表由建设单位在预测的基础上进行编制。

建设项目前期工作计划表　　　　　　　　　　　　表1-2

项目名称	建设性质	建设规模	可行性研究		可行性研究报告		初步设计	
			进度要求	负责单位负责人	进度要求	负责单位负责人	进度要求	负责单位负责人

（2）建设项目总进度计划。建设项目总进度计划是指初步设计被批准后、编制上报年度计划以前，根据初步设计对建设项目从开始建设（设计、施工准备）至竣工投产（动用）全过程的统一部署，以安排各单项工程和单位工程的建设进度，合理分配年度投资，

组织各方面的协作，保证初步设计确定的各项建设任务的完成。它对于保证项目建设的连续性、增强建设工作的预见性、确保项目按期动用等具有重要作用，是编制上报年度计划的依据。它由以下几个部分组成。

1）文字部分。包括建设项目的概况和特点，安排建设总进度的原则和依据，投资的来源和年度安排情况，技术设计、施工图设计、设备交付和施工力量进场时间的安排，道路、供电、供水等方面的协作配合及进度的衔接，计划中存在的主要问题及采取的措施，需要上级及有关部门解决的重大问题。

2）表格部分，包括：工程项目一览表；工程项目总进度计划表；投资计划年度分配表；工程建设项目进度平衡表。

（3）建设项目年度计划。建设项目年度计划依据建设项目总进度计划、国家年度计划和批准的设计文件，由建设单位进行编制。该计划既要满足建设项目总进度计划的要求，又要与当年可投入资金和融资获得的资金、设备、材料、施工力量相适应，根据分批配套投产或交付使用的要求，合理安排年度建设的项目。建设项目年度计划的内容如下：

1）文字部分。说明编制年度计划的依据和原则；建设进度和各项主要技术经济指标；施工图、设备、材料、施工力量等建设条件的落实情况；动员内部资源情况；对外部协作配合项目建设的进度安排或要求；需要上级主管部门协助解决的问题；计划中存在的其他问题；为完成计划采取的各项措施。

2）表格部分。包括：年度计划项目表；年度竣工投产交付使用计划表；年度项目计划综合平衡表（含资金平衡表和设备平衡表）。

（4）设计单位的计划系统。包括：设计准备工作计划；施工总进度计划；设计工作分专业进度计划。

（5）施工单位的进度控制计划系统。包括：施工准备工作计划；施工总进度计划；单位工程进度计划；分包工程进度计划；分部分项工程进度计划；施工项目年度（季度或月度）进度计划。

（四）建设项目进度控制的实施系统

建设项目进度控制实施系统可用图1-6表示。图中所反映的系统关系是：建设单位委托工程监理单位进行进度控制。监理单位根据工程监理合同分别对建设单位、设计单位、施工单位的进度控制实施监督。各单位都按本单位编制的各种计划实施，并接受监理单位的监督，实施进度控制，实现所承担的进度控制目标。各单位的进度控制实施相互衔接和联系，进行合理而协调的运行，从而保证进度控制总目标的实现。

五、建设项目质量控制

（一）质量和质量控制的相关概念

1. 质量

按照GB/T 19000—2008/ISO 9000：2005，《质量管理体系基础和术语》的定义，"质量"是"一组固有特性满足要求的程度"。其中"固有"就是指在某事或某物中本来就有的，尤其是那种永久的特性。"特性"就是可以区分的特征；既可以是固有的，也可以是赋予的；既可以是定性的，也可以是定量的。"质量特性"是指"产品、过程或体系与要求有关的固有特性"。"要求"是指明示的、通常隐含的或必须履行的需求或期望。"通常

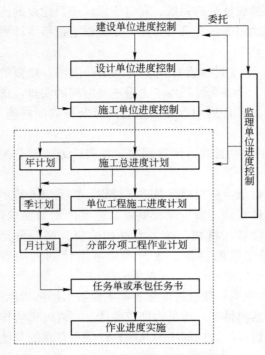

图 1-6 建设项目进度控制实施系统

隐含"是指组织、顾客和其他相关方的惯例或一般做法,所考虑的需求或期望是不言而喻的。

2. 质量管理

"质量管理"是指"在质量方面指挥和控制组织的协调的活动"。通常包括质量目标和质量方针,以及质量策划、质量控制、质量保证和质量改进。"质量策划"是质量管理的一部分,致力于制定质量目标并规定必要的运行过程和相关资源以实现质量目标。质量计划可以是质量策划的一部分。"质量控制"是质量管理的一部分;"质量保证"致力于提供质量要求会得到满足的信任;"质量改进"致力于增强满足质量要求的能力。

3. 质量管理体系

"质量管理体系"是在质量方面指挥和控制组织的管理体系(建立方针和目标并实现这些目标的体系)。"质量方针"是由组织的最高管理者正式发布的关于质量方面的全部意图和方向;"质量目标"是在质量方面所追求的目的。

4. 建设项目质量

"建设项目质量"是指建设项目作为过程的一组固有特性满足要求的程度。这些要求主要是建设单位的要求,设计要求,标准或规范要求,社会要求,环境要求及组织自身的要求等。

(二)建设项目质量形成的全过程

建设项目质量形成的全过程,就是建设程序的全过程。不同的建设阶段,对建设项目的质量有不同的影响,正如不同建设阶段对投资和进度有不同的影响一样。需要指出的是,质量与投资、进度三项目标是相互制约的,不能脱离投资和进度的制约而孤立地对待质量。

1. 项目建议书阶段对建设项目质量形成的影响

由于项目建议书对建设项目提出轮廓设想,其中包括产品方案、拟建规模、建设地点、投资估算等,故对建设项目的功能和建设决策产生重要影响,为可行性研究提供依据。所以这个阶段起着机会研究和初步可行性研究的作用,对建设项目质量有潜在的影响。

2. 可行性研究阶段对建设项目质量形成的影响

在可行性研究阶段,要对建设项目技术上、经济上和对国家及社会影响上进行论证,并作多方案比较,从而推荐最佳方案,为设计提供依据。根据可行性研究报告作出的项目决策,是对项目质量的决定性影响,是项目成败的关键。与建设项目质量相关的论证工作主要有以下几项：
（1）生产能力、产品类型是否满足市场需求。
（2）建设地点（或厂址）的选择是否符合城市、地区总体规划要求，有无发展余地。
（3）资源来源是否可靠，有无充足的水源、能源。
（4）工程地质、水文地质、气象等自然条件是否良好。
（5）交通、运输条件是否有利于生产，方便于生活。
（6）如何治理"三废"，如何保护文物、环境以减少公害。
（7）生产工艺、技术是否先进、成熟，设备是否配套。
（8）对设计和施工有哪些要求，如何获得较好的社会效益、经济效益和环境效益。

3. 设计阶段对建设项目质量的影响

可行性研究阶段提出的质量要求，要通过设计工作具体化。设计的质量决定着建设项目建成后的使用价值和功能。所以，设计阶段是影响建设项目质量的决定性环节。为此，应对设计质量进行严格的监督和管理。

4. 施工阶段对建设项目质量的影响

施工阶段根据设计文件的要求进行实施，形成工程实体。施工阶段的质量要求与前几个阶段的质量要求是不相同的，如果说可行性研究阶段解决"能否做"和"做什么"的问题，设计阶段解决的是"如何做"的问题，而施工阶段要解决的是"做出来"的问题。前几个阶段都与决策有关，施工阶段则是生产实践，是生产与操作的质量问题。质量控制工作量最大的阶段就是施工阶段。所有与建设活动有关的单位都在此时参与质量形成的活动。所以施工阶段是质量控制的最重要阶段。

5. 项目竣工验收对建设项目质量的影响

在项目竣工验收阶段，要对施工阶段的质量效果进行试运转、检查、评定与考核，看是否达到了决策阶段和设计阶段的质量目标。这个阶段对工程投入使用后能否正常发挥作用（即使用质量）有重大影响。

（三）建设项目质量控制的主体及其责任

建设项目质量控制体现了主体多元化的特点，建设单位、监理单位、质量监督单位、设计单位、建筑材料、构件及设备供应单位、施工单位等，均对建设项目的质量控制负有责任。建设项目质量控制好比是一个舞台，各相关单位好比剧目的角色，各个角色都要在舞台上进行表演（质量控制），而且各个角色又是相互联系和制约的，在质量控制上，既要独立地承担责任，又要相互支持，还要按规定接受应有的监督。

1. 建设单位的质量控制责任

建设单位是质量控制贯穿建设全过程的管理者和组织者，对质量负决策、监督、帮助、考核、验收责任。

2. 设计单位的质量控制责任

设计单位对建设项目质量负设计责任。设计单位亦应实行项目管理，设计总负责人实际上就是项目经理，组成项目管理班子，进行设计目标控制。为此，应建立设计质量管理体系，健全设计质量的校对、审核制度。所有设计图纸都要经审核人员签字，否则不得出图。设计文件必须符合国家和地区的有关法规、技术标准，必须符合当地建设主管部门确定的规划位置、标高、建筑密度、层数、建筑物与室外工程的衔接、与环境协调等要求。

务必使功能满足可行性研究报告的要求,各种设计内容和质量符合设计合同的要求,保证结构安全、防火、卫生和环境保护等方面的要求。在施工中,设计单位负有监督与参加验收的责任。

3. 施工单位的质量责任

施工单位对建设项目质量负有制造责任。要通过实行施工项目管理和建立施工项目质量保证体系确保每个分项、分部工程和单位工程质量达到标准和合同要求,按竣工标准要求交工。达不到合格标准的要进行返修,确保安全和使用功能。交工后实行回访和保修。在施工中还要接受建设单位、设计单位、监理单位按规定进行的监督和检查。

4. 建筑构配件生产单位的质量责任

建筑构配件生产单位应建立有效的质量体系,对外、对内进行质量保证。车间、科室、班组都要有明确的产品质量责任。建立质量检查、测试机构进行质量把关。要做到出厂的产品达到国家标准规定的合格标准,具有产品标准编号等文字说明,在构配件上标明出厂的合格标志、厂名、产品型号、出厂日期、检查编号等。

5. 建筑材料、设备供应单位的质量责任

建筑材料、设备供应单位对所供应的产品质量负责。供应的产品必须符合下列要求:达到国家有关法规、技术标准和购销合同规定的质量要求;有产品检验合格证、说明书及有关技术资料;实行生产许可证制度的产品,要有许可证主管部门颁发的许可证编号、批准日期和有效期限;产品包装符合国家有关规定和标准;使用商标或分级分等的产品,在产品包装上有标记。建筑设备除符合上述要求外,还应有产品详细的使用说明书,电气产品应附有线路图。厂家负责售后服务。供应单位售出的产品发生质量问题时,供应单位对使用单位负保修、保换、保退、赔偿经济损失责任。

6. 质量监督部门的质量责任

质量监督部门代表政府对建设项目的质量负监督和评定等级责任。在监督中要做到:未经持证设计单位设计或设计不合格的工程,一律不准施工;无出厂合格证明和没有按规定复试的原材料,一律不准使用;不合格的建筑构件,一律不准出厂和使用;所有工程都必须按照国家规范、标准施工和验收,一律不准降低标准;质量不合格的工程及构件,一律不准报竣工面积和产量,也不计算产值;没有持证单位进行认真勘探,不准进行设计。这就是有名的"六不准"。

7. 监理单位的质量责任

监理单位受建设单位的委托对建设项目的实施(设计和施工)进行监理。为了履行监理合同,监理单位应进行质量目标控制,按质量标准、设计承包合同、施工合同和设计要求实现质量目标。

第四节 工程项目监理

一、工程项目监理的概念

(一)工程项目监理的定义

工程项目监理是指监理单位受建设单位的委托,依据国家批准的工程项目建设文件、有关工程建设的法律、法规和工程建设监理合同及其他建设合同,对工程项目实施的监督管理。这就是说，工程项目监理的主体是监理单位；客体是工程项目；其依据包括国家批准的工程项目建设文件，有关工程建设的法律和法规，建设监理合同，其他合同（如承包单位与项目业主签订的工程承包合同）等。

实行工程项目监理已经成为我国的一项重要制度。我国的工程项目监理制指的是国家把工程项目监理作为建设领域的一项制度提出来。这项制度把原来工程管理由项目法人和承建单位承担的体制，变为建设单位、监理单位和承建单位三者共同承担的管理体制。在一个工程项目上，投资的使用和建设的重大问题实行项目法人责任制，监理单位实行总监理工程师负责制，工程施工实行项目经理责任制。监理单位作为市场主体之一，对规范建筑市场的交易行为、充分发挥投资效益、发展建筑业的生产能力等，都具有不可忽视的重大作用。

（二）工程项目监理的范围

工程项目监理的范围包括下列各项：

(1) 国家重点建设工程。
(2) 大、中型公用事业工程。
(3) 成片开发建设的住宅小区工程。
(4) 利用外国政府或者国际组织贷款、援助资金的工程。
(5) 国家规定必须实行监理的其他工程。

国家规定必须实行监理的其他工程是指：项目总投资额在3000万元以上关系社会公共利益、公众安全的基础设施项目，包括能源项目、交通运输业项目、信息产业项目、水利建设项目、城市基础设施项目、生态环境保护项目；学校、影剧院、体育场馆项目。

（三）工程项目监理的主要内容

工程建设监理的主要内容是控制工程建设的投资、建设工期和工程质量，进行工程建设安全管理、信息管理、合同管理，协调有关单位间的工作关系。

(1) 投资控制

投资控制主要是在建设前期进行可行性研究，协助业主正确地进行投资决策，控制好估算投资总额；在设计阶段对设计方案、设计标准、总概算（或修正总概算）和概（预）算进行审查；在建设准备阶段协助确定标底和合同造价；在施工阶段审核设计变更，核实已完工程量，进行工程进度款签证和控制索赔；在工程竣工阶段审核工程结算。

(2) 进度控制

进度控制首先要在建设前期通过周密分析研究确定合理的工期目标，并在施工前将工期要求纳入承包合同；在建设实施期通过运筹学、网络计划技术等科学手段，审查、修改施工组织设计和进度计划，并在计划实施中紧密跟踪，做好协调与监督，排除干扰，使单项工程及其分阶段目标工期逐步实现，最终保证建设项目总工期的实现。

(3) 质量控制

质量控制要贯穿在项目建设从可行性研究、设计、建设准备、施工、竣工动用及用后维修的全过程。主要包括组织设计方案比选，进行设计方案磋商及图纸审核，控制设计变更；在施工前通过审查承包人资质，检查建筑物所用材料、构配件、设备质量和审查施工组织设计等实施质量预控；在施工中通过重要技术复核，工序操作检查，隐蔽工程验收和工序成果检查，认证监督标准、规范的贯彻，以及通过阶段验收和竣工验收，把好质量关。

(4) 安全管理

安全管理包括职业健康管理，是工程建设以人为本、对职工安全与健康负责的具体体现。《建设工程安全生产条例》中把监理单位作为安全生产责任体系的一方，规定，"工程监理单位和监理工程师应当按照法律、法规和工程建设强制性标准实行监理，并对建设工程安全生产承担监理责任。"监理单位的安全管理主要是在施工阶段进行的。

(5) 合同管理

合同管理是进行投资控制、工期控制和质量控制的手段。因为合同是监理单位站在公正立场上，采取各种控制、协调与监督措施，履行纠纷调解职责的依据，也是实施目标控制的出发点和归宿。

(6) 组织协调

组织协调指监理单位在监理的过程中，对相关单位的协作关系进行协调，使相互之间加强合作，减少矛盾，共同完成项目目标。这些单位主要是建设单位、施工单位、设计单位、供应单位。另外，还有政府部门、金融部门、相关管理部门等。

(7) 信息管理

监理信息是在整个工程建设监理过程中发生的反映着工程建设的状态和规律的信息。它有其自身的特点：来源广、信息量大；动态性强；有一定的范围和层次。监理信息的这些特点，要求监理工程师必须加强信息管理，把信息管理作为工程建设监理的一项主要内容，作为实现监理目标的手段。

二、工程项目设计阶段的监理

监理单位接受项目法人的设计阶段监理委托书以后，任命一名总监理工程师，组成项目监理机构，进行以下监理工作。

1. 开展设计前的监理准备工作

(1) 向建设单位和有关单位收集有关开展设计的必要资料。

(2) 拟订工程项目设计监理规划，其内容包括：明确监理工作的领导和组织体制；明确设计监理各阶段的工作目标；明确设计方案选择和设计工作所应遵循的基本要求，如投资规模的限定，采用的设计标准，使用功能要求等。

(3) 编制"设计要求"文件。

项目总监理工程师根据与建设单位商定的基本要求，组织各专业人员提出各专业设计的指导原则和具体要求，形成"设计要求"文件，提交建设单位审阅确认，在设计单位选定后，连同监理负责人名单一起提交给设计单位，作为商签工程设计合同的重要组成文件。工程设计合同签订后，它就是监督设计工作和审核设计文件的依据。工业与民用建筑的"设计要求"文件包括下列内容：编制设计文件的依据；技术经济指标要求；城市规划方面的要求；建筑造型及立面的构图要求；使用空间设计方面的要求；平面布局要求；建筑剖面要求；室内装修的设计要求；结构设计要求；设备设计要求；消防设计要求；其他必要的要求。

2. 工程设计方案比选的组织

为了选择设计单位，一般采用设计方案比选方式。作为监理工程师，必须协助建设单位组织好方案比选工作。由总监理工程师提出设计方案比选规划或方案比选可行性报告，组织设计方案评审委员会，拟定参赛邀请函，组织设计方案的预选和评选。项目监理组织的这项工作属咨询性质。

3. 使用功能和技术方面的监理

在不同的设计阶段其监理重点不同。初步设计、技术设计或扩初设计时，主要监督设备选型、生产工艺、总平面与运输布置、建筑与设施的布置、采用的设计标准和主要的技术参数等。在施工图设计阶段，主要看计算是否有误，选用的材料和做法是否合适，标注的各部分设计标高和尺寸是否有错误，各专业设计之间是否有矛盾。

在监理过程中，监理人员要事先和设计人员磋商并作中间审查，发现问题，及时提供给设计人员修正；对重大问题，由总监理工程师写出书面意见，提交设计单位改正。

4. 投资方面的监理

在设计的过程中，要通过监督限额设计执行情况使设计方案控制在估算投资总额之内。协助设计单位进行不同设计方案的比选，对确定的设计方案的设计概算要加强审查。审查设计概算是监理工作的重点之一，主要内容如下：

（1）编制依据是否正确。
（2）工程量计算是否正确。
（3）各分部分项工程单价是否合理。
（4）费用单价取值是否合理。
（5）各种取费项目是否符合规定，是否符合工程实际，有无遗漏或在规定之外的取费；如有问题要找出原因，帮助有关人员修正。

5. 工程设计进度控制

监理机构要检查设计合同规定进度的执行情况，如发现重要环节延误，要敦促设计单位找出原因，或加强设计力量、或改进协作配合以加快进度，保证按期出图。当出现重大问题时，要进行设计、法人、监理三方磋商，及时解决，以免影响进度。设计文件全部完成后，监理班子要写出"审核工程设计监理工作报告"交监理单位和设计单位。

6. 设计文件验收

设计文件验收的主要工作是检查设计文件是否齐全。应有下列设计文件：

（1）整体工程项目的设计文件要有设计总说明，包括各子项的总平面图、建筑物一览表，各子项的各专业图纸。
（2）单体工程项目设计文件也要有目录、总说明、总平面布置、各专业图纸。
（3）建筑、结构、给水、排水、暖通、空调、电气等专业图纸，均要有专业的设计说明和设备选型、设备安装图、材料汇总表。
（4）设计中采用的通用图及项目专用图需有图集目录。
（5）设计概算要有编制说明、总概算书、综合概算书、单位工程概算书、设备材料汇总表。

上述文件应签字盖章齐全。监理机构在验收时按交图目录及规定份数，逐一点清，代表监理单位法人签收。施工图还要经过会审及交底，经总监理工程师签认后，方可交施工单位按图施工。

三、工程项目施工阶段的监理

（一）监理程序

1. 总程序

（1）参加投标，取得工程项目监理任务。

（2）监理单位与建设单位签订工程项目监理合同。

（3）编制工程项目监理规划。

（4）按工程建设进度，分专业编制工程项目监理细则。

（5）按监理细则进行监理。

（6）参与竣工验收，签署监理单位意见。

（7）向建设单位提交工程监理档案。

2. 签订工程项目监理合同的程序

监理单位与建设单位签订工程项目监理合同的程序如下：

建设单位提供工程的有关资料→参选监理单位编制工程项目监理规划大纲→建设单位选定监理单位→监理单位与建设单位拟订合同细节→正式签订监理委托合同或先签订委托协议。

3. 招标阶段的咨询程序

在工程招标阶段，为了协助建设单位选定工程承包单位，依次按以下步骤进行咨询：

协助建设单位编制工程招标文件及标底→协助建设单位对投标单位进行资格审查→协助建设单位召开招标会议和进行现场勘察→协助建设单位开标评标→协助建设单位发出中标通知→协助建设单位签订工程承包合同。

4. 工程施工阶段的监理程序

在工程施工阶段，监理单位按以下程序依次开展工作：

建立监理机构并进驻施工现场→编制监理规划和监理细则→组织工程交底会及监理交底会，配合建设单位召开各方协调会→实施工程监理→积累监理资料、及时整理归档→组织工程初验→组织竣工验收交付使用→监理工作总结。

其中"实施工程监理"阶段进行以下监理工作：工程施工组织设计审批→工程材料、构配件及设备审批→分包单位资审→单位工程开工审批→分项、分部工程质量控制→工程进度控制→工程投资控制→定期召开工地会议及技术会议→单位工程的验收→积累管理资料。

5. 工程保修阶段（即缺陷责任期）的监理程序

工程保修阶段监理单位按以下程序依次开展工作：定期对工程回访→督促维修，确定缺陷责任→责任期结束时的检验→协助建设单位与承包单位办理终止合同手续。

6. 结束监理合同的程序

结束监理合同的程序是：承包合同已终止→监理单位与建设单位商签合同结束事宜→签署协议，终止监理委托合同。

（二）开工前期的监理工作内容

（1）签订工程项目监理合同。

（2）成立项目监理组织。

（3）编制监理规划和监理细则，送交监理单位技术负责人批准后执行；批准后的监理规划应分送项目法人和施工单位。

（4）项目总监理工程师下达开工令，在下达开工令之前应完成下列工作：明确工程有关各方的组织机构、人员及职责分工；协商确定联络方式和渠道；确定行政例会程序，如经常性工地会议的周期、地点、每日工地协调会议制度等；落实建设单位和驻地监理人员双方的授权情况；检查施工单位的动员情况。

（5）组织设计图纸交底。由设计单位按照施工图向施工单位、监理单位、建设单位进行交底。规模大、施工周期长的工程，可根据实际需要分阶段进行。

（6）监理单位和施工单位在施工图设计交底前，应组织有关人员熟悉施工图纸，了解工程特点及工程关键部位的质量要求，并对施工图进行会审。施工单位应将图纸中影响施工及影响质量的问题及图纸差错等汇总填写图纸会审记录，提交设计单位，在设计交底时，协商出统一意见。施工图交底和会审应有文字记录，交底后由施工单位整理会议纪要，经设计单位、监理单位、建设单位各方会签后，作为施工依据。

（7）施工组织设计审批。在施工单位自审手续齐全的基础上，由施工单位填写施工组织设计报审表报监理单位，由监理工程师进行审查，总监理工程师批准后返回施工单位。涉及增加工程措施费的项目要征得建设单位同意，并将已审批的施工组织设计送建设单位备案。施工组织设计实施完毕后要由监理单位做出评价。

（三）质量控制

1. 原材料、构配件及设备的订货与认定

工程所需的主要原材料、构配件及设备，应由监理单位进行质量认定。对工程所需原材料、半成品的质量控制要点如下：

（1）审核工程所用原材料、构配件及设备的出厂证明、技术合格证或质量保证书。

（2）对工程原材料、构配件及设备在使用前需进行抽检或试验的，其范围按有关规定的要求确定。

（3）凡采用新材料、新型制品的，应检查技术鉴定文件。

（4）对重要原材料、构配件及设备的生产工艺、质量控制、检测手段，必要时应到生产厂家实地考察，以确定订货单位。

（5）所有设备，在安装前应按相应技术说明书的要求进行质量检查。必要时，还应由法定检测部门进行检测。

2. 分项、分部工程的检查和竣工验收

（1）主要的分项工程施工前，施工单位应将施工工艺、原材料使用、劳动力配置、质量保证措施等基本情况，填写施工条件准备情况表报监理单位。监理机构应调查核实，经同意后方可开工。

（2）分项工程施工过程中，应对关键部位随时进行抽检，抽检不合格的应通知施工单位整改，并要做好复查和记录。

（3）所有分项工程施工，施工单位应在自检合格后，填写分项工程报验申请表，并附上分项工程评定表。属隐蔽工程的，应有隐检单报监理单位，监理工程师必须严格对每道工序进行检查。经检查合格后，签发分项工程认可书。不合格的，下达监理通知，给施工单位指明整改项目。

（4）基础和主体结构分部工程，施工单位要填写相应的验收申请表，并附上有关技术资料，报监理单位审查，监理单位审查合格后，同建设单位及施工单位履行正式验收手续。

（5）单位工程竣工。在施工单位自检合格的基础上，监理单位应组织建设单位、施工单位和设计单位对工程进行验收检查。检查合格后，由监理单位签发竣工移交证书，并按有关规定由质量监督部门核定合格后，工程进入保修阶段，期满及时办理终止监理合同手续。

（四）进度控制

工程监理进度控制的主要工作如下：

1. 审核施工单位编制的工程项目实施总进度计划

项目实施总进度计划，是对项目实施起控制作用的工期目标，是审核施工单位提交的月度施工计划的依据，也是确定材料设备供应进度、资金、资源计划是否协调的依据。

2. 审核施工单位提交的施工进度计划

主要审核是否符合总工期控制目标的要求；审核施工进度计划与施工方案的协调性和合理性等。

3. 审核施工单位提交的施工总平面图。

4. 审定材料、构配件及设备的采购供应计划。

5. 工程进度的检查

（1）计划进度与实际进度的差异。

（2）形象进度，实物工程量与工作量指标完成情况的一致性。

6. 组织现场协调会。

（五）投资控制

工程监理投资控制的主要工作如下：

（1）审核施工单位编制的工程项目各阶段及各年、季、月度资金使用计划，并监督其执行。

（2）熟悉设计图纸、招标文件、标底（合同造价），分析合同价的构成因素，找出工程费用最易突破的部分，从而明确投资控制的重点。

（3）预测工程风险及可能发生索赔的诱因，制定防范性对策。

（4）严格执行付款审核签认制度，及时进行工程投资实际值与计划值的比较、分析。

（5）严格履行计量与支付程序。

1）及时对质量合格工程进行计量。

2）及时审核签发付款证书。

（6）工程变更洽商。未经监理工程师签认的工程变更洽商不得施工。设计单位的设计变更，应通知监理单位，监理工程师应核定费用及工期的增减，列入工程结算。

（7）严格审核施工单位提交的工程结算书。

（8）公正地处理施工单位提出的索赔。

（9）支付签认。根据施工合同拟定的工程价款结算方式，由施工单位按已完工程进度填写工程价款有关账单报送监理单位，由项目总监理工程师对已完工程的数量和质量核实签认后，经建设单位同意，送开户银行作为支付价款的依据，按合同规定时间向施工单位支付工程进度款。

（六）安全管理

1.《建设工程安全生产管理条例》的规定

监理单位和监理工程师对工程安全生产承担监理责任：审查施工组织设计的安全技术措施或专项施工方案是否符合工程建设强制性标准；在监理过程中进行安全监督，如果发现安全事故隐患，要求施工单位整改；情况严重的，要求施工单位停止施工并报告建设单位；如果施工单位拒不整改或不停止施工，及时向主管部门报告。

2. 安全监理工作职责

（1）总监理工程师安全监理工作职责如下：

对项目的安全监理工作全面负责；确定项目监理部安全监理人员并明确其职责；主持编写监理规划中的安全监理方案，审批安全监理实施细则；审批施工组织设计和专项施工方案；组织审查施工单位的安全技术措施和项目安全事故应急预案；检查安全监理工作的落实情况等。

（2）总监理工程师代表的职责如下：

根据总监理工程师的授权，行使总监理工程师的部分职责。

（3）安全监理人员的职责如下：

编写安全监理方案和监理实施细则；审查施工企业的安全生产许可证、安全生产管理的组织机构、安全生产管理人员的安全生产考核合格证、各级管理人员和特种作业人员的上岗资格证书；审核施工组织设计中的安全技术措施和专项施工方案；核查安全技术交底情况；主持召开安全生产监理会议等。

3. 安全监理方案

监理规划中应包括安全监理方案，该方案确定安全监理工作的目标、重点、制度、方法和措施，明确给出应编制安全监理实施细则的分部分项工程或施工部位。

4. 安全监理实施细则

危险性较大的分部分项工程施工前，必须编制安全监理实施细则。安全监理实施细则根据安全监理方案编制，应具有可操作性，明确监理人员安全监理工作的分工、职责、方法、手段、安全监理检查重点、检查频率和检查记录的要求等。

（七）组织协调

工程项目施工阶段监理机构的协调工作按下列方式进行：

1. 召开第一次工地会议

第一次工地会议是项目尚未全面展开前，履约各方相互认识，确定联络方式的会议，也是检查开工前各项准备工作是否就绪、明确监理程序的会议。第一次工地会议应在项目总监理工程师下达开工令之前举行。第一次工地会议由总监理工程师和建设单位联合主持召开，总承包单位的授权代表参加，也可邀请分包单位参加，必要时邀请有关设计人员参加。

2. 监理例会

（1）监理例会是由驻地监理工程师组织与主持，按一定程序召开的、研究工地出现的计划、进度、质量及工程款支付等许多问题的工地会议。监理工程师将会议讨论的问题和决定记录下来，形成会议纪要，供与会者确认和落实。

（2）监理例会应当定期召开，宜每周召开一次。

(3) 监理例会的参加人员包括：项目总监理工程师（一般为驻地监理工程师代表），其他有关监理人员，工程项目经理，承包单位有关人员，监理单位的代表。需要时，还可邀请其他有关单位代表参加。

(4) 监理例会的主要议题如下：

1) 对上次会议存在问题的解决和纪要的执行情况进行检查。
2) 对工程进展情况进行检查。
3) 对下月（或下周）的进度进行预测。
4) 施工单位投入人力设备情况。
5) 施工质量、加工订货、材料的质量与供应情况。
6) 有关技术问题。
7) 索赔工程款支付。
8) 建设单位对施工单位提出的违约罚款要求。

(5) 会议记录（或会议纪要）

会议记录由监理工程师形成纪要，经与会各方认可，然后分发给有关单位。会议记录内容下：

1) 会议地点及时间。
2) 出席者姓名、职务及他们代表的单位。
3) 会议中发言者的姓名及主要内容。
4) 决定事项。
5) 诸事项分别由何人何时执行。

3. 专业性监理会议

除定期召开工地监理例会以外，还应根据需要组织召开一些专业性协调会议，例如加工订货会、建设单位直接分包的项目与总承包单位之间的划项会、专业性较强的分包单位进场协调会等，均由监理工程师主持会议。

（八）旁站监理

1. 旁站监理的概念

工程施工旁站监理是指监理人员在工程施工阶段监理中，对关键部位、关键工序的施工质量实施全过程现场跟班的监督活动。

房屋建筑工程的关键部位、关键工序，在基础工程方面包括：土方回填，混凝土灌注桩浇筑，地下连续墙、土钉墙、后浇带及其他结构混凝土、防水混凝土浇筑，卷材防水层细部构造处理，钢结构安装；在主体结构工程方面包括：梁柱节点钢筋隐蔽过程，混凝土浇筑，预应力张拉，装配式结构安装，钢结构安装，网架结构安装，索膜安装。

2. 旁站监理方案

监理企业在编制监理规划时，应当制定旁站监理方案，明确旁站监理的范围、内容、程序和旁站监理人员职责等。

施工企业根据监理企业制定的旁站监理方案，在需要实施旁站监理的关键部位、关键工序进行施工前 24 小时，书面通知监理企业派驻工地的项目监理机构。项目监理机构应当安排旁站监理人员按照旁站监理方案实施旁站监理。

3. 旁站监理人员的主要职责

（1）检查施工企业现场质检人员到岗、特殊工种人员持证上岗以及施工机械、建筑材料准备情况。

（2）在现场跟班监督关键部位、关键工序施工执行施工方案以及工程建设强制性标准的情况。

（3）核查进场建筑材料、建筑构配件、设备和商品混凝土的质量检验报告等，并可在现场监督施工企业进行检验或者监督有资格的第三方进行复验。

（4）做好旁站监理记录和监理日记，保存旁站监理原始资料。

4. 旁站监理的实施

（1）旁站监理人员应当认真履行职责，对需要实施旁站监理的关键部位、关键工序在施工现场跟班监督，及时发现和处理旁站监理过程中出现的质量问题，如实准确地做好旁站监理记录。凡旁站监理人员和施工企业现场质检人员未在旁站监理记录上签字的，不得进行下一道工序施工。

（2）旁站监理人员实施旁站监理时，发现施工企业有违反工程建设强制性标准行为的，有权责令施工企业立即整改；发现其施工活动已经或者可能危及工程质量的，应当及时向监理工程师或者总监理工程师报告，由总监理工程师下达局部暂停施工指令或者采取其他应急措施。

（3）旁站监理记录是监理工程师或者总监理工程师依法行使有关签字权的重要依据。对于需要旁站监理的关键部位、关键工序的施工，凡没有实施旁站监理或者没有旁站监理记录的，监理工程师或者总监理工程师不得在相应文件上签字。

第五节 建设工程项目管理企业与建造师执业资格制度

一、建设工程项目管理企业

（一）建设工程项目管理企业的性质

建设工程项目管理企业是指专门进行工程项目管理咨询或服务的企业（以下简称项目管理企业），属于中介组织。它接受工程项目业主方委托，对工程建设全过程或分阶段进行专业化管理和服务活动。

项目管理企业应当具有工程勘察、设计、施工、监理、造价咨询、招标代理等一项或多项资质。相应的，工程勘察、设计、施工、监理、造价咨询、招标代理等企业可以在本企业资质以外申请其他资质。企业申请资质时，其原有工程业绩、技术人员、管理人员、注册资金和办公场所等资质条件可合并考核。

从事工程项目管理的专业技术人员，应当具有城市规划师、建筑师、工程师、建造师、监理工程师、造价工程师等一项或者多项执业资格。

（二）项目管理企业的项目管理业务范围

项目管理企业的项目管理业务范围如下：

（1）协助业主方进行项目前期策划，经济分析、专项评估与投资确定。

（2）协助业主方办理土地征用、规划许可等有关手续。

（3）协助业主方提出工程设计要求、组织评审工程设计方案、组织工程勘察设计招标、签订勘察设计合同并监督实施，组织设计单位进行工程设计优化、技术经济方案比选并进行投资控制。

（4）协助业主方组织工程监理、施工、设备材料采购招标。

（5）协助业主方与工程项目总承包企业或施工企业及建筑材料、设备、构配件供应等企业签订合同并监督实施。

（6）协助业主方提出工程实施用款计划，进行工程竣工结算和工程决算，处理工程索赔，组织竣工验收，向业主方移交竣工档案资料。

（7）生产试运行及工程保修期管理，组织项目后评估。

（8）项目管理合同约定的其他工作。

（三）项目管理企业的经营方式

1. 签约承揽业务

工程项目业主方可以通过招标或委托等方式选择工程项目管理企业，并与选定的项目管理企业以书面形式签订委托项目管理合同。合同中应当明确履约期限，工作范围，双方的权利、义务和责任，项目管理酬金及支付方式，合同争议的解决办法等。

工程勘察、设计、监理等企业同时承担同一工程项目管理和其资质范围内的工程勘察、设计、监理业务时，依法应当招标投标的应当通过招标投标方式确定。施工企业不能在同一工程从事项目管理和工程承包业务。

2. 实行项目经理责任制

项目管理企业根据委托项目管理合同约定，选派具有相应执业资格的专业人员担任项目经理，组建项目管理机构，建立与管理业务相适应的管理体系，配备满足工程项目管理需要的专业技术管理人员，制定各专业项目管理人员的岗位职责，履行委托项目管理合同。

项目管理企业实行项目经理责任制。项目经理不得同时在两个及以上工程项目中从事项目管理工作。

二、建造师执业资格制度

（一）实施建造师执业资格制度的目的

我国自 2003 年开始，实施建造师执业资格制度，分为一级建造师和二级建造师（Constructor 或 Associate Constructor），目的是加强建设工程项目管理，提高工程项目总承包及施工管理专业技术人员素质，规范施工管理行为，保证工程质量和施工安全。

国家实行的这项制度，适用于从事建设工程项目总承包、施工管理的专业技术人员。对建设工程项目总承包和施工管理关键岗位的专业技术人员，实行这项执业资格制度。

（二）考试取证

1. 一级建造师

（1）考试组织

一级建造师执业资格实行统一大纲、统一命题、统一组织的考试制度，由人事部、建设部共同组织实施。分综合知识与能力和专业知识与能力两个部分。其中，专业知识与能力部分的考试，按照建设工程的专业要求进行。

（2）考试条件

具备下列条件之一者，可以申请参加一级建造师执业资格考试：

1）取得工程类或工程经济类大学专科学历，工作满6年，其中从事建设工程项目施工管理工作满4年。

2）取得工程类或工程经济类大学本科学历，工作满4年，其中从事建设工程项目施工管理工作满3年。

3）取得工程类或工程经济类双学士学位或研究生班毕业，工作满3年，其中从事建设工程项目施工管理工作满2年。

4）取得工程类或工程经济类硕士学位，工作满2年，其中从事建设工程项目施工管理工作满1年。

5）取得工程类或工程经济类博士学位，从事建设工程项目施工管理工作满1年。

（3）执业资格证书

参加一级建造师执业资格考试合格，由各省、自治区、直辖市人事部门颁发人事部统一印制，人事部、建设部用印的《中华人民共和国一级建造师执业资格证书》。该证书在全国范围内有效。

2. 二级建造师

（1）考试组织

二级建造师执业资格实行全国统一大纲，各省、自治区、直辖市命题并组织考试的制度，由建设部负责拟定考试大纲，人事部负责审定考试大纲，各省、自治区、直辖市人事厅（局），建设厅（委）按照该考试大纲和有关规定，在本地区组织实施二级建造师执业资格考试。

（2）考试条件

凡遵纪守法并具备工程类或工程经济类中等专科以上学历并从事建设工程项目施工管理工作满2年，可报名参加二级建造师执业资格考试。

（3）执业资格证书

二级建造师执业资格考试合格者，由省、自治区、直辖市人事部门颁发由人事部、建设部统一格式的《中华人民共和国二级建造师执业资格证书》。该证书在所在行政区域内有效。

（三）注册

1. 注册机构

取得建造师执业资格证书的人员，必须经过注册登记，方可以建造师名义执业。建设部或其授权的机构为一级建造师执业资格的注册管理机构。省、自治区、直辖市建设行政主管部门或其授权的机构为二级建造师执业资格的注册管理机构。

2. 注册条件

申请注册的人员必须同时具备以下条件：取得建造师执业资格证书；无犯罪记录；身体健康，能坚持在建造师岗位上工作；经所在单位考核合格。

3. 注册程序

（1）一级建造师执业资格注册：由本人提出申请，由各省、自治区、直辖市建设行政主管部门或其授权的机构初审合格后，报建设部或其授权的机构注册；准予注册的申请人，由建设部或其授权的注册管理机构发放由建设部统一印制的《中华人民共和国一级建造师注册证》。

(2) 二级建造师执业资格注册:由省、自治区、直辖市建设行政主管部门制定,颁发辖区内有效的《中华人民共和国二级建造师注册证》,并报建设部或其授权的注册管理机构备案。

4. 注册有效期

建造师执业资格注册有效期一般为3年,有效期满前3个月,持证者应到原注册管理机构办理再次注册手续。在注册有效期内,变更执业单位者,应当及时办理变更手续。再次注册者,除应符合上述注册规定外,还须提供接受继续教育的证明。

(四)注册建造师的执业资格和范围

(1) 建造师经注册后,有权以建造师名义担任建设工程项目施工的项目经理及从事其他施工活动的管理。

(2) 一级建造师可以担任特级、一级建筑业企业资质的建设工程项目施工的项目经理;二级建造师可以担任二级及以下建筑业企业资质的建设工程项目施工的项目经理。

(3) 建造师的执业范围:

1) 担任建设工程项目施工的项目经理。

2) 从事其他施工活动的管理工作。

3) 法律、行政法规或国务院建设行政主管部门规定的其他业务。

(五)建造师的执业技术能力

1. 一级建造师的执业技术能力

(1) 具有一定的工程技术、工程管理理论和相关经济理论水平,并具有丰富的施工管理专业知识。

(2) 能够熟练掌握和运用与施工管理业务相关的法律、法规、工程建设强制性标准和行业管理的各项规定。

(3) 具有丰富的施工管理实践经验和资历,有较强的施工组织能力,能保证工程质量和安全生产。

(4) 有一定的外语水平。

2. 二级建造师的执业技术能力:

(1) 了解工程建设的法律、法规、工程建设强制性标准及有关行业管理的规定。

(2) 具有一定的施工管理专业知识。

(3) 具有一定的施工管理实践经验和资历,有一定的施工组织能力,能保证工程质量和安全生产。

第六节 我国工程项目管理在改革中的创新与发展

一、工程项目管理在改革中的发展历程及成就

1. 我国工程项目管理在改革中的发展历程

1965年,著名数学大师华罗庚先生最早从国外引进了网络计划技术,结合我国当时的"统筹兼顾,全面安排"的指导思想,创立了"统筹法",开启了我国项目管理科学的发展历程。

我国建筑业推行工程项目管理服务于体制改革，是从1984年建设工程实行招标投标制开始的，到目前为止共经历了四个阶段：

第一阶段是探索研究阶段。从1984年我国工程建设实行招标投标制开始，到1986年国务院领导提出学习、推广鲁布革经验为止。

鲁布革水电站的引水系统是利用世界银行贷款的工程项目，1982年国际上有8家大承包商进行投标，最后，日本大成公司以8463万元的标价中标，比标底价（14958万元）低43%。这与我国参加投标的水电十四局形成了相当大的反差。该工程项目于1984年开工，1986年7月竣工。日本大成公司只用了30人组成的"鲁布革工程事务所"进行管理，施工任务由我国的水电十四局承担。该项目创造了著名的"鲁布革效应"，在质量上和速度上都为我国的建筑业企业做出了示范。国务院指示原国家计委总结鲁布革经验，改变当时建筑业企业体制中不适应生产力发展的弊端，并要求借鉴国外先进经验对中国的建筑施工管理体制进行改革。鲁布革工程的经验包括：工程项目管理、国际招标、先进施工技术、劳务管理与配置等；它在我国第一次把国际竞争机制引入工程建设领域，实行招投标、进行工程项目总承包管理，科学地组织施工、组织精干高效的现场管理机构和作业队伍等。

第二阶段是项目法施工试点与推广阶段。从1987年五部委联合颁布文件决定进行项目法施工试点起，到1993年在内蒙古呼和浩特市开会总结为止。

这期间原建设部先后多次召开试点工作会议。1993年原建设部在内蒙古召开的试点工作总结交流会上作出决定：在全国推广项目法施工，将原18家试点企业扩大到50家；会上还提出了"分类指导，专题突破，分步实施，全面深化施工管理体制改革"的指导意见。

第三阶段是全面推广和完善项目管理体制阶段。以1994年原建设部在九江召开的工程项目管理工作会议为起点，到1997年在西安召开项目管理工作会议推出学习全国优秀项目经理范玉恕先进事迹为止。

这一阶段原建设部颁发了《关于推行项目管理的指导意见》，对推行项目管理做了大量的调查研究和系统的、科学的总结，从理论与实践相结合的高度上明确了推行项目管理的意义、目的、指导思想及运作方式。

第四阶段是项目管理理论提升和运作规范化阶段。

这个阶段从1998年原建设部提出全面运用项目管理创建优质工程开始，直到现在。中国建筑业协会工程项目管理专业委员会（后文简称"项目管理委员会"）受原建设部委托连续三次召开专题研讨会，对深化和规范项目管理进行了深入研讨；编制了《建设工程项目管理规范》，于2002年5月1日起施行（2006年修订发行新版）。

通过以上对历史的追溯我们可以了解到，国有大中型建筑业企业在国家经济体制改革的大潮中为了求得生存发展和解除困境，经多方面探索形成了组织施工的新思路，其内涵有两点：一点是以项目管理进行企业组织施工方式的变革和企业内部进行配套改革；另一点是按项目的内在规律组织施工。

我国传统的管理体制的弊端可以概括为"三个落后"：一是对生产要素的占有方式（全部公有制）落后；二是对生产资料的分配方式（计划分配）落后；三是施工企业的组

织方式（固化）落后。在计划经济体制下，国有施工企业按照行政层次进行"三级管理，三级核算"，采用固定建制，企业"拖家带口"，浪费资源，不利于发展生产力，不能适应市场竞争，更无法同国际承包商竞争。1986年以后一系列与项目管理相配套的改革措施的出台，国内市场与国际市场接轨，便逐渐明确了国有企业改革的方向，即：建立现代企业制度，使企业改革进入"机制转换、制度创新、配套改革"的新阶段。

2. 我国以工程项目管理促改革取得的成效

（1）形成了系统的工程项目管理理论和方法。

经过理论研究和实践创造，我国已经把工程项目管理变成为一种可操作的新型组织工程建设模式，既有中国特色，又与国际习惯接轨，适应市场经济环境，操作性强。在理论上有较大突破，这些理论包括：推行工程项目管理必须进行企业内部配套改革；工程项目管理是加快企业经营机制转换的有效途径；工程项目管理的基本特征是动态管理和生产要素优化组合；推行工程项目管理必须实行管理层和劳务层两层分离；工程项目管理必须以"两制"（项目经理责任制，项目成本核算制）建设为中心，建立以项目经理部为主体的施工项目管理责任系统；工程项目管理必须实行业务工作系统化管理；工程项目管理要着力创造企业层次、项目层次和劳务作业层次的新型关系；在工程项目管理中必须把培养造就一支项目经理队伍作为战略任务；工程项目管理必须适应市场环境；工程项目管理必须加强企业全面建设，坚持党政工团协同运作，等等。总结巩固这些已经形成并通过实践证明行之有效、具有操作性的理论和做法，对进一步深化工程项目管理有非常重要的作用。

（2）围绕政府职能转变，建立企业管理体系。

围绕政府的职能转变，工程建设领域建立了以资质管理为手段的三个层次的企业管理体系：以智力密集型的工程总承包企业为龙头，以专业施工企业为骨干，以劳务分包企业为依托，全民与集体、总包与分包、前方与后方、分工协作、互为补充、具有中国特色的企业组织结构体系。

这个组织结构体系分为三个层次。第一个层次是工程总承包企业，这类企业数量不多，但能量很大，处于龙头地位，故称为"龙头企业"。第二个层次是具有独立承包能力的专业承包企业，这类企业数量大，门类多，既是第一个层次的依靠力量，又是第三个层次的带动力量，处于整个组织结构的主体地位。第三个层次是劳务分包企业，为第一层次和第二层次提供劳务，既可面向企业，又可面向社会。从总体上讲，中国施工企业都处于第一个层次和第二个层次之间。要把组织结构从劳务密集型的单一层次调整为三个层次，需要培育和建立第一个层次，巩固和提高第二个层次，完善和健全第三个层次。

实现这个调整目标需要做好两个方面的工作：一是造就一批科研、设计、融资、开发、施工、管理、采购一体化的智力密集型工程总承包企业或企业集团，它们不仅具有科研开发能力、设计能力、投资能力，而且具有很高的技术水平和很强的经营管理能力，真正能起到"龙头"作用，带动全行业的发展；另一方面需要抓好建筑劳务基地的建设，建筑业的劳务人员主要来自农村，大多数省、市、自治区都建立了自己的建筑劳务基地，并实施培训、输出和科学管理。

（3）进行建筑业企业内部两层分离的实践，促进了企业经营机制的转换和行业结构的调整。

广大建筑业企业按照国家施工管理体制综合改革试点经验的要求，紧密联系本地区和本系统实际，解放思想，转变观念，研究市场，适应竞争，积极改革旧的管理体制和经营模式，努力探求一条新路，使国有建筑业企业既精于施工，又多元开拓，实施符合市场经济发展规律的企业经营战略，进入市场，一业为主，多种经营。

（4）进行了项目经理职业化建设，项目经理在建筑业企业中发挥了重要作用。

工程项目经理在企业中处在举足轻重的地位，承担了项目管理责任，其素质的高低直接影响到项目的成败和企业的发展，企业必须在项目经理人才的培养上下功夫。原建设部从1991年就提出加强企业经理和项目经理的培训工作，将项目经理资格认证工作纳入企业资质管理之内。1992年原建设部委托"项目管理委员会"负责组织项目经理培训，全国的项目经理培训点达到140个，有70多万名项目经理通过培训取得合格证和上岗证。到2001年全国取得资质的项目经理已达45万人，其中具有一级资质证书的达8万人，具有二级资质证书的达30多万人；全国31个省、市、自治区，25个部门全部实现了项目经理资质就位。到2002年，项目经理资质认证工作全面实现了制度化、规范化、科学化管理。原建设部和中国建筑业协会还于1991年开始评选全国优秀项目经理，一直延续到现在，对促进项目经理队伍的建设和发展起了重要的推动作用。

（5）工程项目管理加快建筑业企业与国际惯例接轨，迈向国际市场。

鲁布革经验不仅对我国传统的企业管理模式产生了巨大冲击，而且影响到建设领域的各个方面。在工程建设领域中建立了项目法人责任制、招投标责任制、工程监理制与合同管理制；学习了FIDIC条件；走向国际市场开展国际工程承包；学习了国际上的许多做法，结合实际应用；施行了《建设工程项目管理规范》。

（6）工程项目管理促进了行业发展。

理论来自实践，又指导实践，我国研究形成一套具有中国特色并与国际惯例接轨的工程项目管理理论和方法，培养和造就了一支项目管理人才队伍。工程项目管理在解放和发展建筑业生产力、指导企业走向市场方面越来越显示了强大的生命力。出色地完成了我国快速发展的经济社会交给建筑业的艰巨任务。

二、我国建设工程项目管理的创新发展

中国建设工程项目管理如何适应新形势的需要，做到与时俱进，开拓创新，继承发展？在实践中形成了以下经验。

1. 统一思想，认识高起点

建设工程项目管理促进体制改革，符合建筑业社会化大生产和建筑施工的特点，适应市场经济和与国际接轨的需要，方向是正确的。统一思想，认识高起点，就是要从发展的观点把工程项目管理应遵循的基本原则，进一步提高到"两个转变"的高度来认识：即经济体制从传统的计划经济向社会主义市场经济转变；经济增长方式从粗放型向集约型转变。

工程项目管理是国际通用的工程管理模式和做法，有着丰富的内涵。我们学习和应用它，不仅仅把它当作一种方法，而是把它当作与国家的经济发展、与建筑业的改革、与建筑市场的建立等有密切关系的一项经济战略。工程项目管理是建筑业成为支柱产业的支撑，是工程建设和建筑业改革的出发点、立足点和着眼点，是建立和规范建筑市场的突破口，是建筑业企业能量和竞争实力的体现，是建筑业企业管理实现科学化、程序化、制度化、规范化和提高综合经济效益的最佳途径。正是由于有了这样高度的统一认识，工程项目管理才受到政府建设行政主管部门、各建筑业企业的高度重视，才有大规模地投入，也才有今天工程项目管理的快速发展。

2. 坚持把管理层与劳务层分开，处理好企业层次、项目层次和劳务作业层次的关系，建立适应工程项目管理的新型组织体系

由于建筑产品的固定性、施工队伍的流动性、项目构成的层次性、组织施工的社会性，决定了工程项目管理班子应相对稳定，施工队伍要按需进出，形成"铁打的营盘，流动的兵"。两层分开只是手段，两层合力才是目的。两层分开的前提是两层建设，首先是使劳务作业层能独立运作，通过承包工程劳务走向社会开展经营，并不断提高专业化技术水平和管理能力，形成机制灵活，形式多样，适应性强，有竞争能力的新的劳务承包企业组织。建筑业企业逐步实现项目管理科学化、劳务来源基地化、施工队伍专业化、后勤服务社会化的组织结构。

这就要求企业按照三个层次进行改组，即公司总部为经营决策层，项目经理部为施工管理层，劳务队伍为施工作业层。处理好企业管理层次、项目管理层次、劳务作业层次三者的关系，处理好项目经理与企业法定代表人之间的关系至关重要。

(1) 企业层次与项目层次的关系，应是服务与服从、监督与执行的关系。即企业层次生产要素的调控要服务于项目层次生产要素的优化配置；项目层次生产要素的动态管理要服从于企业层次的全局调控；企业要对项目管理全过程进行必要的监督、调控；项目经理部则要按照与企业签订的责任状，抓好项目的运作。

(2) 项目层次与作业层次是平等的经济合同关系。劳务作业层既可面向企业、也可面向社会，是具有独立法人资格的劳务承包企业。

(3) 企业法定代表人与项目经理之间的关系，是授权与被授权的关系，而不是集权和分权的关系。授权时间的长短、范围大小以及授权的具体内容由四个因素决定：一是项目经理的素质高低，二是工程项目地点的远近，三是企业对项目控制力的强弱，四是企业职能部门的管理跨度大小。

3. 全面实行项目经理责任制

在企业法人与项目经理部之间应实行"经理负责、全员管理、标价（标底和报价）分离、指标考核、项目核算、确保上缴、集约增效、超额奖励"的复合性指标考核责任制，它是符合建立现代企业制度和市场经济需求的。随着建筑市场经济的建立和项目管理的不断深化，建筑业企业已经形成了"两点一线"的承包经营体系。"两点"是企业和项目经理部，"一线"是项目管理。企业通过投标竞争签订合同承包到项目，然后授权项目经理组建项目经理部完成任务。实施项目经理责任制，由项目经理全面组织生产诸要素在项目上优化配置，将责任、权力、利益和风险统一承担起来，用强有力的项目管理实现工期、质量、成本、安全各项目标。

项目经理责任制有四个特点：一是对象终一性（项目的全过程管理）；二是内容全面性（各项目标）；三是主体（项目经理部与作业队伍）直接性；四是责任风险性（承担项目管理技术风险和经济风险）。

4. 建立项目成本核算制

在推行项目管理中必须坚持"企业是承担利润的中心,项目是负责成本的中心"的原则,以此来合理划分企业与项目经理部的职责、权限和经济利益。

企业建立项目核算体系,坚持按每个项目单独核算,外对业主负责,对内承担盈利责任,控制成本。项目经理对企业经理负责,承担成本管理责任。项目经理部以成本核算为中心,进行成本动态控制,做到干前有预算,干中有核算,干后有决算。企业对项目经理部进行成本考核,考核降低成本状况,根据考核结果进行奖罚。为此,就要围绕项目成本核算制对企业进行配套改革,把企业过去以行政层次为核算单位转变为以项目为核算单位上来。

5. 企业实行业务工作系统化管理

企业围绕工程项目实行业务工作系统化管理,施工技术、工程质量、预算合同、财务会计、安全生产、测试计量、物资设备、劳动定额、计划统计、生活服务十大业务工作均实行系统化管理,建立业务系统化责任制体系,实行"三双管理制"。

(1) 业务工作"双负责",即各业务系统派出上岗人员,为工程项目管理提供服务,受项目经理领导,对项目经理负责。项目经理部接受业务人员指导,向业务部门负责。

(2) 业绩考核"双控制",即业务上岗人员的工作质量、劳动纪律、服务态度、现场工作业绩要受项目经理部控制。业务部门按照业务系统的要求,对项目经理部各项工作进行督促、检查与考核。

(3) 经济利益"双挂钩"。即业务上岗人员的考核,由项目经理部和业务部门负责,分配额与本人当月的效益工资(奖金)和基本工资(责任抵押金)挂钩,以此确定所得工资总额。

6. 坚持"三个结合",实现"三个升级"

(1) 三个结合

1) 推行项目管理与建立现代制度相结合。推行项目管理为建立现代制度创造条件,建立现代企业制度为项目管理注入改革动力。

2) 项目管理与企业管理相结合。项目管理是企业管理的重要组成部分,要服从于企业管理的总体目标;企业管理的基点是项目管理,企业必须为项目管理创造良好的运作条件,提供优质服务,促进实现项目管理目标。

3) 继承与发展、借鉴与创新相结合。鼓励不同类型的企业依据各自的具体情况和工程项目的实际,把握项目管理的内涵,既保持工作的连续性和改革的递进性,又要在实践中不断创新和发展。

(2) 三个升级

以"三个结合"促进工程项目管理发展,实现"三个升级"。

1) 技术进步与科学管理升级。要按照"科技支撑创新,创新促进发展,发展重在管理"的方针,瞄准特种、大型和特大型工程项目和高技术含量项目,采用项目管理的方式,应用新技术、新材料、新工艺和新设备,加快科技开发,促进科技成果向现实生产力转化。

2) 总承包管理能力升级。建立具有科研设计、建筑施工、物资采购、融资服务、项目管理综合配套能力的企业。除了提高现有工程项目管理水平外,还要进行企业重组,实施集约化和规模化经营。

3) 智力结构和资本运营升级。要全面提高企业员工、尤其是高层工程项目管理人员的综合素质，使企业智力结构不断优化和升级。加大改革力度，企业内部资产重组，使企业组织结构合理化，进行资本运营。建筑业企业不仅要成为服务的提供者，而且要成为资本的运营者和投资者。

7. 项目经理部的组建进行"三个一次性"定位

项目经理部的组建必须按照"精干高效"、优化、动态管理的原则，进行"三个一次性"定位，即项目经理部是一次性的施工生产组织；项目是一次性的成本管理中心；项目经理是一次性的授权管理者。如此，便能做到组织机构层次减少，人员配备精干高效，管理直接到位。按照项目的所在地域、规模、结构、技术复杂程度，合理选择项目经理部的组织形式。如果项目与公司总部在同一区域内，应选择矩阵式组织，管理人员由企业各职能部门配置，项目经理部成员在接受项目经理领导的同时，接受企业职能部门的指导、检查、监督和考核。如此，项目经理部是有弹性的、动态的，人员可随项目管理的需要而有序流动；如果项目所在地远距公司总部，可实行事业部制管理或工作队制管理，由企业法定代表人授予项目经理较大的人、财、物管理权限。

8. 加强施工现场、质量与安全管理

施工现场管理、质量管理和安全管理是项目管理的重要内容，也是企业管理的基点，是反映企业管理水平的窗口，是项目经理进行生产要素优化配置和管理的平台。进行文明施工、安全作业和标准化管理，做到优质、安全、高效、文明，动态管理，优化配置资源，形成过程精品。项目经理部建立健全质量保证体系，积极推行全面质量管理，做到培训上岗、技术交底、材料检验、样板引路、操作挂牌、过程三检（预检、隐检、交接检），文件记录、成品保护、等级评定、服务承诺、质量否决、质量事故处理"四不放过"。

9. 推进项目经理职业化建设

项目经理是建筑施工企业法定代表人在项目上的委托授权代理人，是项目生产要素合理投入和优化组合的组织者，是项目施工责、权、利的主体，是协调各方面关系在项目上密切协作配合的桥梁和纽带，代表企业承担着履约责任，履行合同义务，执行合同条款，处理合同纠纷，对项目管理目标进行控制，是工程质量、安全生产、成本盈亏的责任人，是各种信息的集散的中心。因此项目经理必须由企业法定代表人选派任命。项目经理班子的组建应由项目经理提名，企业人事部门配置。项目经理一旦产生，在项目组织实施过程中无重大失误，企业一般不能随意撤换。项目经理的权力应和责任相匹配，并且应根据项目的不同而有所区别。为了继续提高项目经理队伍的素质，坚持做好以下几项工作：

（1）加强知识更新和再教育力度，不断提高项目经理的知识层次和管理素质，使其成为具有一定技术水平，懂法律、会经营、善管理、敢负责、有能力、可进行国际项目管理的管理人才。

（2）完善项目经理资质管理，使其资格认证既满足提升企业资质的要求，又逐步向社会化方向发展。

（3）提高项目经理的国际化水平。加强对项目经理国际工程承包知识的学习，逐步实现项目管理人才市场执业准入制度，使我国现有的项目经理资质认证制度与国际惯例接轨，与发达国家互认。

10. 建立与项目管理相适应的企业基层党、工、团组织，实行民主管理

企业既是经济组织又是社会组织，负有培养"四有"新人的任务。党对经济工作的领导主要是通过企业党、工、团组织实现的。这就要求企业在探索新型管理体制中，必须按照党的组织原则，使党、政、工、团协同工作，实行民主管理。

综上所述，我国创新的工程项目管理模式可作如下描述：

第一，主要特征是："动态管理，优化配置，目标控制，节点考核"；

第二，运行机制是：企业层全面调控，项目层授权管理，劳务层作业保障，社会劳务协调；

第三，组织结构是"两层分离，三层关系"，即管理层与作业层分离；处理好项目层次与企业层次的关系，项目经理与企业法定代表人的关系，项目经理部与劳务作业层关系；

第四，创新主题是"两制建设，三个升级"，即：项目经理责任制和项目成本核算制；技术进步、科学管理升级，总承包管理能力升级，智力结构和资本运营升级；

第五，基本内容是"三控制，四管理，一协调"即：进度、质量、成本目标控制，安全管理、现场（要素）管理、信息管理、合同管理；组织协调；

第六，实现目标是"四个一"，即：形成一套具有中国特色并与国际惯例接轨、适应市场经济要求、操作性强、成系统的工程项目管理理论和方法；造就一支具有一定专业知识、懂法律、懂经营、善管理、敢负责、作风硬的项目管理人才队伍；开发应用一代能较快促进建筑生产力水平发展、提高企业技术和经济含量的新材料、新设备、新工艺和新技术；建设和总结推广一大批高质量、高速度、高效益，能充分展示建筑业企业科技水平和管理能力的具有国际水平的代表性工程。

三、建设工程项目管理的发展趋势

在建筑业改革的 20 多年中，工程项目管理实现了跨越式发展。奥运工程及其配套设施的建设，进行了大规模、大体量、高难度工程的项目管理，为中国工程项目管理翻开了新的一页，促进了中国建筑业的发展。中国工程项目管理的发展趋势可以归纳为"三个竞争、三个体现、三个建设、三个提升"。

1. 三个竞争

（1）由消耗竞争转向费用竞争

中国建筑业在 20 世纪 80 年代以前一直按照计划经济模式运行，由国有企业使用国家的资金、建设国家的项目，按照国家计划实施；没有项目管理，没有项目目标，不存在竞争，经常出现工期马拉松，投资无底洞，质量无保证的局面。自 1984 年实行招投标制以后，把竞争机制引入建筑业，实施了"设定标底，限制报价"的运作模式。由于受量价合一定额的制约，使得以定额为依据计算的标底和报价均严重偏离市场规则。虽然也曾采用调价系数，但价格调整也很难适应市场的动态需求，导致市场竞争不是企业的实力竞争、中标的企业不是真正优秀的企业、中标价也不一定是合理价的状况，市场竞争性不真实。

2003 年原建设部发布了《建设工程工程量清单计价规范》，提出了"无标底招标、清单计量、市场定价、企业竞耗"的市场运作模式，把企业间的竞争点集中在降低消耗、提高效率上。工程项目管理重点抓现场管理，以原材料、劳动力投入和机械使用台班节约为

管理主线，而措施费和管理费用按费率计取，故不能真正体现企业竞争。2008年12月1日新的《建设工程工程量清单计价规范》实施以后，鼓励措施项目按费用竞争，企业把工程项目管理的重点集中在管理措施、技术措施等的竞争上。企业通过改进工艺，使用新技术、新工艺和新的管理方法，全面降低各项措施费用，以提高竞争实力，使市场竞争由消耗竞争转向了费用竞争，既刺激了技术进步，又使得竞争更具有活力。

(2) 由管理竞争转变为技术竞争

建筑业企业在投标中由于价格竞争空间相对狭小，就把经营战略定向为低消耗、高管理，在企业管理和项目管理中努力追求资源消耗和管理费用的降低上，以取得竞争优势。在综合单价的构成中，管理费用导致了报价的弹性空间。项目中标之后，通常单纯地通过加强管理确保其经营目标的实现。

随着建筑业生产力的提高，工程总承包和代建制的推行，逐渐把企业间的竞争引向技术竞争。原有的施工承包模式把竞争时间限制在施工图设计完成之后，投标和施工必须严格符合既定的施工图设计，因而使技术的竞争完全固化于施工图设计之中，企业的技术优势和知识产权无法体现在投标竞争和项目实施中。实施工程总承包以后，用初步设计（或方案设计）招标，扩展了竞争的空间和时间，使拥有一流技术和科学理念的企业可以发挥技术竞争优势得到项目，并以技术优势完成项目。

(3) 由单一的市场竞争转化为综合的经营竞争

奥运工程的实施翻开了建筑业企业竞争崭新的一页，过去单一的市场竞争逐步向综合的经营竞争转化。企业不仅重视降低消耗和现场管理，而且越来越重视品牌铸造和文化建设，重视人才的培育和储备，重视企业的形象和社会地位，重视承担社会责任，重视双赢互惠的竞争理念，加强了诚信意识，树立了积极向上的企业经营理念，投入了公平、公正竞争的市场，从而推动了建筑市场有序、健康的发展。

2. 三个体现

(1) 节约是保障项目目标实现的体现

建设节约型社会理念的提出，使得建筑业企业在传统的节约竞争的基础上，更加注重社会资源节约。无论是投标方案还是技术、管理方案，均突出节水、节地、节材、节能和环境保护等绿色指标，广泛采取措施以实现循环经济和可持续发展的要求。这样，既可确保企业的经营目标和经济目标实现，又可确保社会效益目标实现，保持与国家的政策和市场导向一致，也可实现企业发展的可持续性。

(2) 高效是企业运营高水平的体现

高效既包括效率，也包括效益。现代建筑业企业一方面通过人才教育、制度建设、管理水平提升来提高个体和团体的效率；另一方面通过信息手段、有效沟通和考核评价来提升运营效率。高效率是低成本和高品质的基础，是企业抵御风险、增强竞争实力和内涵发展力的基础，也是生产进步、管理水平提升的体现。高效率和高效益是企业运营水平提高的直接反映，是企业长足发展的坚实基础。

(3) 创新是企业发展动力的体现

科技创新、管理创新和经营创新是企业发展的动力，因此企业既要重视科技创新，也要重视管理创新和经营创新。没有创新就没有发展。建筑业企业在新的发展阶段应当加强创新教育和创新激励，充分挖掘创新潜力，展示创新实力，丰富创新成果。把新技术、新工艺、新方法，新思维、新理念、新模式通过创新，合理运用到生产、管理和经营之中，增强企业发展的动力，强化企业的核心竞争力。

3. 三个建设

（1）内涵建设成为必然

现代建筑业企业应当强化企业内涵建设。抓好内涵建设，就是提高企业层次，为后续发展提供强力支撑。内涵建设应以制度建设为核心，理顺机制、用对模式、塑造形象、彰显特色，加强组织建设和文化建设。

（2）团队建设成为支撑

建筑业企业不仅要加强内部团队建设，而且还要重视外围团队建设。所谓内部团队建设，就是要在企业内部形成职工心齐力足、令行禁止、团结互助、相互激励、和谐合作的有机整体，高效地完成任务，成功地实现目标。所谓外围团队建设，是在市场运行中与相关团队、相关单位、竞争对手、行政部门、社会监督单位以及普通民众建立融洽和谐的工作关系，以诚实信用原则相互理解，以公平公正原则处理矛盾，实现以项目顺利运行为中心的外围环境，规避项目风险，确保项目正常运行。所以，内外团队建设是项目管理和企业健康发展的组织支撑。

（3）文化建设成为动力

随着经济发展和社会进步的步伐加快，文化建设已成为强化企业素质的动力，文化竞争成为未来企业竞争的关键之一。

企业文化建设应以"以人为本，和谐发展"为宗旨，着力形成规范化、制度化、法制化的文化体系。加强文化底蕴和文化内涵建设，展现积极、奋进、和谐、创新的文化形象。重视项目文化，加强文明、安全、健康的现场管理。先进文化既是企业自我形象的展示，又是企业有序管理的基础，能促进质量管理、进度管理和成本管理。住房和城乡建设部已经把企业文化建设和项目文化建设作为建筑业重点强化的工作范畴。

4. 三个提升

（1）提升以人为本的管理理念

以人为本是社会风尚的主流。强调以人为本的管理和经营理念，能够充分做到关怀人、重视人、保护人、以人的利益为重、保障人身安全、保证人民利益、改善工作条件、治理工作环境。尊重人才能调动人，理解人才能利用人，关心人才能满足人。以人为本既能提升企业运行效率，又能营造和谐环境，实现顺畅的管理，提升企业的层次。

（2）提升和谐融洽的运营效率

落实科学发展观，创建和谐社会，核心在于和谐。和谐社会的主要成分是和谐企业。企业和谐的重点是现场和谐。企业管理层与劳务层之间的和谐，劳务层与劳务层之间的和谐是提升效率的保证。

建筑业实行项目管理20多年，管理机制基本成熟，管理人员的素质和技术能力已基本到位。但是管理层与劳务层之间的配合机制以及劳务层的教育机制还是薄弱环节，是需要强化的重点。劳务层出现的安全事故、质量事故、聚众闹事等，原因是素质教育跟不上、管理氛围不和谐、人员素质低。现场和谐至关重要，要充分发挥党、政、工、团以及群众组织的作用，充分利用文体、卫生、教育等民间活动方式，以人为本，实实在在地加强管理、增进沟通，营造和谐的现场、和谐的项目，以提升运营效率。

（3）提升诚信共赢的经营素质

诚信本是中华民族的优良传统，但随着市场经济的发展，传统教育跟不上，社会风气出现了不少症结，经营中失于诚信现象不少，所以应当加强诚信文化建设。诚信包括诚和信两个方面，诚，是诚恳、诚挚、诚实；信，是信用、信誉、信心。无论是企业组织还是项目组织，无论是经营管理人员还是劳务作业人员，都应当诚信，以义取利，言必信，行必果，满足合作双方的需求，共同营造和谐共赢、互惠互利的经营环境，提升企业的经营素质。

附件一

《建设工程项目管理规范》
GB/T 50326—2006
施行日期：2006年12月1日

1 总 则

1.0.1 为提高建设工程项目管理水平，促进建设工程项目管理的科学化、规范化、制度化和国际化，制定本规范。

1.0.2 本规范适用于新建、扩建、改建等建设工程有关各方的项目管理。

1.0.3 本规范是建立项目管理组织、明确企业各层次和人员的职责与工作关系，规范项目管理行为，考核和评价项目管理成果的基础依据。

1.0.4 建设工程项目管理应坚持自主创新，采用先进的管理技术和现代化管理手段。

1.0.5 建设工程项目管理应坚持以人为本和科学发展观，全面实行项目经理责任制，不断改进和提高项目管理水平，实现可持续发展。

1.0.6 建设工程项目管理除遵循本规范外，还应符合国家法律、法规及有关技术标准的规定。

2 术 语

2.0.1 建设工程项目 construction project

为完成依法立项的新建、扩建、改建等各类工程而进行的、有起止日期的、达到规定要求的一组相互关联的受控活动组成的特定过程，包括策划、勘察、设计、采购、施工、试运行、竣工验收和考核评价等。简称为项目。

2.0.2 建设工程项目管理 construction project management

运用系统的理论和方法，对建设工程项目进行的计划、组织、指挥、协调和控制等专业化活动。简称为项目管理。

2.0.3 项目发包人 project employer

按招标文件或合同中约定、具有项目发包主体资格和支付合同价款能力的当事人以及取得该当事人资格的合法继承人。简称为发包人。

2.0.4 项目承包人 project contractor

按合同中约定、被发包人接受的具有项目承包主体资格的当事人，以及取得该当事人资格的合法继承人。简称为承包人。

2.0.5 项目承包 project contracting

受发包人的委托，按照合同约定，对工程项目的策划、勘察、设计、采购、施工、试运行等实行全过程或分阶段承包的活动。简称为承包。

2.0.6 项目分包 project subcontracting

承包人将其承包合同中所约定工作的一部分发包给具有相应资质的企业承担。简称为分包。

2.0.7 项目范围管理 project scope management

对合同中约定的项目工作范围进行的定义、计划、控制和变更等活动。

2.0.8 项目管理目标责任书 document of project management responsibility

企业的管理层与项目经理部签订的明确项目经理部应达到的成本、质量、工期、安全和环境等管理目标及其承担的责任，并作为项目完成后考核评价依据的文件。

2.0.9 项目管理组织 organization of project management

实施或参与项目管理工作，且有明确的职责、权限和相互关系的人员及设施的集合。包括发包人、承包人、分包人和其他有关单位为完成项目管理目标而建立的管理组织。简称为组织。

2.0.10 项目经理 project manager

企业法定代表人在建设工程项目上的授权委托代理人。

2.0.11 项目经理部（或项目部） project management team

由项目经理在企业法定代表人授权和职能部门的支持下按照企业的相关规定组建的、进行项目管理的一次性的组织机构。

2.0.12 项目经理责任制 responsibility system of project manager

企业制定的、以项目经理为责任主体，确保项目管理目标实现的责任制度。

2.0.13 项目进度管理 project progress management

为实现预定的进度目标而进行的计划、组织、指挥、协调和控制等活动。

2.0.14 项目质量管理 project quality management

为确保工程项目的质量特性满足要求而进行的计划、组织、指挥、协调和控制等活动。

2.0.15 项目职业健康安全管理 project occupational health and safety management

为使项目实施人员和相关人员规避伤害或影响健康风险而进行的计划、组织、指挥、协调和控制等活动。

2.0.16 项目环境管理 project environment management

为合理使用和有效保护现场及周边环境而进行的计划、组织、指挥、协调和控制等活动。

2.0.17 项目成本管理 project cost management

为实现项目成本目标所进行的预测、计划、控制、核算、分析和考核等活动。

2.0.18 项目采购管理 project procurement management

对项目的勘察、设计、施工、资源供应、咨询服务等采购工作进行的计划、组织、指挥、协调和控制等活动。

2.0.19 项目合同管理 project contract administration

对项目合同的编制、签订、实施、变更、索赔和终止等的管理活动。

2.0.20 项目资源管理 project resources management

对项目所需人力、材料、机具、设备、技术和资金所进行的计划、组织、指挥、协调和控制等活动。

2.0.21 项目信息管理 project information management

对项目信息进行的收集、整理、分析、处置、储存和使用等活动。

2.0.22 项目风险管理 project risk management

对项目的风险所进行的识别、评估、响应和控制等活动。

2.0.23 项目沟通管理 project communication management

对项目内、外部关系的协调及信息交流所进行的策划、组织和控制等活动。

2.0.24 项目收尾管理 project closing stage management

对项目的收尾、试运行、竣工验收、竣工结算、竣工决算、考核评价、回访保修等进行的计划、组织、协调和控制等活动。

3 项目范围管理

3.1 一 般 规 定

3.1.1 项目范围管理应以确定并完成项目目标为根本目的，通过明确项目有关各方的职责界限，以保证项目管理工作的充分性和有效性。
3.1.2 项目范围管理的对象应包括为完成项目所必需的专业工作和管理工作。
3.1.3 项目范围管理的过程应包括项目范围的确定、项目结构分析、项目范围控制等。
3.1.4 项目范围管理应作为项目管理的基础工作，并贯穿于项目的全过程。组织应确定项目范围管理的工作职责和程序，并对范围的变更进行检查、分析和处置。

3.2 项目范围确定

3.2.1 项目实施前，组织应明确界定项目的范围，提出项目范围说明文件，作为进行项目设计、计划、实施和评价的依据。
3.2.2 确定项目范围应主要依据下列资料：
 1 项目目标的定义或范围说明文件。
 2 环境条件调查资料。
 3 项目的限制条件和制约因素。
 4 同类项目的相关资料。
3.2.3 在项目的计划文件、设计文件、招标文件和投标文件中应包括对工程项目范围的说明。

3.3 项目结构分析

3.3.1 组织应根据项目范围说明文件进行项目的结构分析。项目结构分析应包括下列内容：
 1 项目分解。
 2 工作单元定义。
 3 工作界面分析。
3.3.2 项目应逐层分解至工作单元，形成树形结构图或项目工作任务表，进行编码。
3.3.3 项目分解应符合下列要求：
 1 内容完整，不重复，不遗漏。
 2 一个工作单元只能从属于一个上层单元。
 3 每个工作单元应有明确的工作内容和责任者，工作单元之间的界面应清晰。
 4 项目分解应有利于项目实施和管理，便于考核评价。
3.3.4 工作单元应是分解结果的最小单位，便于落实职责、实施、核算和信息收集等工作。
3.3.5 工作界面分析应达到下列要求：

  1 工作单元之间的接口合理，必要时应对工作界面进行书面说明。
  2 在项目的设计、计划和实施中，注意界面之间的联系和制约。
  3 在项目的实施中，应注意变更对界面的影响。

3.4 项目范围控制

3.4.1 组织应严格按照项目的范围和项目分解结构文件进行项目的范围控制。

3.4.2 组织在项目范围控制中，应跟踪检查，记录检查结果，建立文档。

3.4.3 组织在进行项目范围控制中，应判断工作范围有无变化，对范围的变更和影响进行分析与处理。

3.4.4 项目范围变更管理应符合下列要求：
  1 项目范围变更要有严格的审批程序和手续。
  2 范围变更后应调整相关的计划。
  3 组织对重大的项目范围变更，应提出影响报告。

3.4.5 在项目的结束阶段，应验证项目范围，检查项目范围规定的工作是否完成和交付成果是否完备。

3.4.6 项目结束后，组织应对项目范围管理的经验进行总结。

4 项目管理规划

4.1 一般规定

4.1.1 项目管理规划作为指导项目管理工作的纲领性文件,应对项目管理的目标、依据、内容、组织、资源、方法、程序和控制措施进行确定。

4.1.2 项目管理规划应包括项目管理规划大纲和项目管理实施规划两类文件。

4.1.3 项目管理规划大纲应由组织的管理层或组织委托的项目管理单位编制。

4.1.4 项目管理实施规划应由项目经理组织编制。

4.1.5 大中型项目应单独编制项目管理实施规划;承包人的项目管理实施规划可以用施工组织设计或质量计划代替,但应能够满足项目管理实施规划的要求。

4.2 项目管理规划大纲

4.2.1 项目管理规划大纲是项目管理工作中具有战略性、全局性和宏观性的指导文件。

4.2.2 编制项目管理规划大纲应遵循下列程序:
  1 明确项目目标。
  2 分析项目环境和条件。
  3 收集项目的有关资料和信息。
  4 确定项目管理组织模式、结构和职责。
  5 明确项目管理内容。
  6 编制项目目标计划和资源计划。
  7 汇总整理,报送审批。

4.2.3 项目管理规划大纲可依据下列资料编制:
  1 可行性研究报告。
  2 设计文件、标准、规范与有关规定。
  3 招标文件及有关合同文件。
  4 相关市场信息与环境信息。

4.2.4 项目管理规划大纲可包括下列内容,组织应根据需要选定:
  1 项目概况。
  2 项目范围管理规划。
  3 项目管理目标规划。
  4 项目管理组织规划。
  5 项目成本管理规划。
  6 项目进度管理规划。
  7 项目质量管理规划。
  8 项目职业健康安全与环境管理规划。
  9 项目采购与资源管理规划。

10 项目信息管理规划。
11 项目沟通管理规划。
12 项目风险管理规划。
13 项目收尾管理规划。

4.3 项目管理实施规划

4.3.1 项目管理实施规划应对项目管理规划大纲进行细化，使其具有可操作性。

4.3.2 编制项目管理实施规划应遵循下列程序：
1 了解项目相关各方的要求。
2 分析项目条件和环境。
3 熟悉相关的法规和文件。
4 组织编制。
5 履行报批手续。

4.3.3 项目管理实施规划可依据下列资料编制：
1 项目管理规划大纲。
2 项目条件和环境分析资料。
3 工程合同及相关文件。
4 同类项目的相关资料。

4.3.4 项目管理实施规划应包括下列内容：
1 项目概况。
2 总体工作计划。
3 组织方案。
4 技术方案。
5 进度计划。
6 质量计划。
7 职业健康安全与环境管理计划。
8 成本计划。
9 资源需求计划。
10 风险管理计划。
11 信息管理计划。
12 项目沟通管理计划。
13 项目收尾管理计划。
14 项目现场平面布置图。
15 项目目标控制措施。
16 技术经济指标。

4.3.5 项目管理实施规划应符合下列要求：
1 项目经理签字后报组织管理层审批。
2 与各相关组织的工作协调一致。
3 进行跟踪检查和必要的调整。
4 项目结束后，形成总结文件。

5 项目管理组织

5.1 一般规定

5.1.1 项目管理组织的建立应遵循下列原则：
  1 组织结构科学合理。
  2 有明确的管理目标和责任制度。
  3 组织成员具备相应的职业资格。
  4 保持相对稳定，并根据实际需要进行调整。
5.1.2 组织应确定各相关项目管理组织的职责、权限、利益和应承担的风险。
5.1.3 组织管理层应按项目管理目标对项目进行协调和综合管理。
5.1.4 组织管理层的项目管理活动应符合下列规定：
  1 制定项目管理制度。
  2 实施计划管理，保证资源的合理配置和有序流动。
  3 对项目管理层的工作进行指导、监督、检查、考核和服务。

5.2 项目经理部

5.2.1 项目经理部是组织设置的项目管理机构，承担项目实施的管理任务和目标实现的全面责任。
5.2.2 项目经理部由项目经理领导，接受组织职能部门的指导、监督、检查、服务和考核，并负责对项目资源进行合理使用和动态管理。
5.2.3 项目经理部应在项目启动前建立，并在项目竣工验收、审计完成后或按合同约定解体。
5.2.4 建立项目经理部应遵循下列步骤：
  1 根据项目管理规划大纲确定项目经理部的管理任务和组织结构。
  2 根据项目管理目标责任书进行目标分解与责任划分。
  3 确定项目经理部的组织设置。
  4 确定人员的职责、分工和权限。
  5 制定工作制度、考核制度与奖惩制度。
5.2.5 项目经理部的组织结构应根据项目的规模、结构、复杂程度、专业特点、人员素质和地域范围确定。
5.2.6 项目经理部所制订的规章制度，应报上一级组织管理层批准。

5.3 项目团队建设

5.3.1 项目组织应树立项目团队意识，并满足下列要求：
  1 围绕项目目标而形成和谐一致、高效运行的项目团队。
  2 建立协同工作的管理机制和工作模式。

  3 建立畅通的信息沟通渠道和各方共享的信息工作平台，保证信息准确、及时和有效地传递。

5.3.2 项目团队应有明确的目标、合理的运行程序和完善的工作制度。

5.3.3 项目经理应对项目团队建设负责，培育团队精神，定期评估团队运作绩效，有效发挥和调动各成员的工作积极性和责任感。

5.3.4 项目经理应通过表彰奖励、学习交流等多种方式和谐团队氛围，统一团队思想，营造集体观念，处理管理冲突，提高项目运作效率。

5.3.5 项目团队建设应注重管理绩效，有效发挥个体成员的积极性，并充分利用成员集体的协作成果。

6 项目经理责任制

6.1 一般规定

6.1.1 项目经理责任制应作为项目管理的基本制度，是评价项目经理绩效的依据。

6.1.2 项目经理责任制的核心是项目经理承担实现项目管理目标责任书确定的责任。

6.1.3 项目经理与项目经理部在工程建设中应严格遵守和实行项目管理责任制度，确保项目目标全面实现。

6.2 项目经理

6.2.1 项目经理应由法定代表人任命，并根据法定代表人授权的范围、期限和内容，履行管理职责，并对项目实施全过程、全面管理。

6.2.2 大中型项目的项目经理必须取得工程建设类相应专业注册执业资格证书。

6.2.3 项目经理应具备下列素质：
 1 符合项目管理要求的能力，善于进行组织协调与沟通。
 2 相应的项目管理经验和业绩。
 3 项目管理需要的专业技术、管理、经济、法律和法规知识。
 4 良好的职业道德和团结协作精神，遵纪守法、爱岗敬业、诚信尽责。
 5 身体健康。

6.2.4 项目经理不应同时承担两个或两个以上未完项目领导岗位的工作。

6.2.5 在项目运行正常的情况下，组织不应随意撤换项目经理。特殊原因需要撤换项目经理时，应进行审计并按有关合同规定报告相关方。

6.3 项目管理目标责任书

6.3.1 项目管理目标责任书应在项目实施之前，由法定代表人或其授权人与项目经理协商制定。

6.3.2 编制项目管理目标责任书应依据下列资料：
 1 项目合同文件。
 2 组织的管理制度。
 3 项目管理规划大纲。
 4 组织的经营方针和目标。

6.3.3 项目管理目标责任书可包括下列内容：
 1 项目管理实施目标。
 2 组织与项目经理部之间的责任、权限和利益分配。
 3 项目设计、采购、施工、试运行等管理的内容和要求。
 4 项目需用资源的提供方式和核算办法。
 5 法定代表人向项目经理委托的特殊事项。

6　项目经理部应承担的风险。
  7　项目管理目标评价的原则、内容和方法。
  8　对项目经理部进行奖惩的依据、标准和办法。
  9　项目经理解职和项目经理部解体的条件及办法。
6.3.4　确定项目管理目标应遵循下列原则：
  1　满足组织管理目标的要求。
  2　满足合同的要求。
  3　预测相关的风险。
  4　具体且操作性强。
  5　便于考核。
6.3.5　组织应对项目管理目标责任书的完成情况进行考核，根据考核结果和项目管理目标责任书的奖惩规定，提出奖惩意见，对项目经理部进行奖励或处罚。

6.4　项目经理的责、权、利

6.4.1　项目经理应履行下列职责：
  1　项目管理目标责任书规定的职责。
  2　主持编制项目管理实施规划，并对项目目标进行系统管理。
  3　对资源进行动态管理。
  4　建立各种专业管理体系并组织实施。
  5　进行授权范围内的利益分配。
  6　收集工程资料，准备结算资料，参与工程竣工验收。
  7　接受审计，处理项目经理部解体的善后工作。
  8　协助组织进行项目的检查、鉴定和评奖申报工作。
6.4.2　项目经理应具有下列权限：
  1　参与项目招标、投标和合同签订。
  2　参与组建项目经理部。
  3　主持项目经理部工作。
  4　决定授权范围内的项目资金的投入和使用。
  5　制定内部计酬办法。
  6　参与选择并使用具有相应资质的分包人。
  7　参与选择物资供应单位。
  8　在授权范围内协调与项目有关的内、外部关系。
  9　法定代表人授予的其他权力。
6.4.3　项目经理的利益与奖罚：
  1　获得工资和奖励。
  2　项目完成后，按照项目管理目标责任书规定，经审计后给予奖励或处罚。
  3　获得评优表彰、记功等奖励。

7 项目合同管理

7.1 一般规定

7.1.1 组织应建立合同管理制度，应设立专门机构或人员负责合同管理工作。

7.1.2 合同管理应包括合同的订立、实施、控制和综合评价等工作。

7.1.3 承包人的合同管理应遵循下列程序：
1 合同评审。
2 合同订立。
3 合同实施计划。
4 合同实施控制。
5 合同综合评价。
6 有关知识产权的合法使用。

7.2 项目合同评审

7.2.1 合同评审应在合同签订之前进行，主要是对招标文件和合同条件进行的审查、认定和评价。

7.2.2 合同评审应包括下列内容：
1 招标内容和合同的合法性审查。
2 招标文件和合同条款的合法性和完备性审查。
3 合同双方责任、权益和项目范围认定。
4 与产品或过程有关要求的评审。
5 合同风险评估。

7.2.3 承包人应研究合同文件和发包人所提供的信息，确保合同要求得以实现；发现问题应与发包人及时澄清，并以书面方式确定；承包人应有能力完成合同要求。

7.3 项目合同实施计划

7.3.1 合同实施计划应包括合同实施总体安排，分包策划以及合同实施保证体系的建立等内容。

7.3.2 合同实施保证体系应与其他管理体系协调一致，须建立合同文件沟通方式，编码系统和文档系统。承包人应对其同时承接的合同作总体协调安排。承包人所签订的各分包合同及自行完成工作责任的分配，应能涵盖主合同的总体责任，在价格、进度、组织等方面符合主合同的要求。

7.3.3 合同实施计划应规定必要的合同实施工作程序。

7.4 项目合同实施控制

7.4.1 合同实施控制包括合同交底、合同跟踪与诊断、合同变更管理和索赔管理等工作。

7.4.2 在合同实施前，合同谈判人员应进行合同交底。合同交底应包括合同的主要内容、合同实施的主要风险、合同签订过程中的特殊问题、合同实施计划和合同实施责任分配等内容。

7.4.3 组织管理层应监督项目经理部的合同执行行为，并协调各分包人的合同实施工作。

7.4.4 进行合同跟踪和诊断应符合下列要求：

 1 全面收集并分析合同实施的信息，将合同实施情况与合同实施计划进行对比分析，找出其中的偏差。

 2 定期诊断合同履行情况，诊断内容应包括合同执行差异的原因分析、责任分析以及实施趋向预测。应及时通报实施情况及存在问题，提出有关意见和建议，并采取相应措施。

7.4.5 合同变更管理应包括变更协商、变更处理程序、制定并落实变更措施、修改与变更相关的资料以及结果检查等工作。

7.4.6 承包人对发包人、分包人、供应单位之间的索赔管理工作应包括下列内容：

 1 预测、寻找和发现索赔机会。

 2 收集索赔的证据和理由，调查和分析干扰事件的影响，计算索赔值。

 3 提出索赔意向和报告。

7.4.7 承包人对发包人、分包人、供应单位之间的反索赔管理工作应包括下列内容：

 1 对收到的索赔报告进行审查分析，收集反驳理由和证据，复核索赔值，起草并提出反索赔报告。

 2 通过合同管理，防止反索赔事件的发生。

7.5 项目合同终止和评价

7.5.1 合同履行结束即合同终止。组织应及时进行合同评价，总结合同签订和执行过程中的经验教训，提出总结报告。

7.5.2 合同总结报告应包括下列内容：

 1 合同签订情况评价。

 2 合同执行情况评价。

 3 合同管理工作评价。

 4 对本项目有重大影响的合同条款的评价。

 5 其他经验和教训。

8 项目采购管理

8.1 一般规定

8.1.1 组织应设置采购部门，制定采购管理制度、工作程序和采购计划。

8.1.2 项目采购工作应符合有关合同、设计文件所规定的数量、技术要求和质量标准，符合进度、安全、环境和成本管理等要求。

8.1.3 产品供应和服务单位应通过合格评定。采购过程中应按规定对产品或服务进行检验，对不符合或不合格品应按规定处置。

8.1.4 采购资料应真实、有效、完整，具有可追溯性。

8.1.5 采购管理应遵循下列程序：
  1 明确采购产品或服务的基本要求、采购分工及有关责任。
  2 进行采购策划，编制采购计划。
  3 进行市场调查、选择合格的产品供应或服务单位，建立名录。
  4 采用招标或协商等方式实施评审工作，确定供应或服务单位。
  5 签订采购合同。
  6 运输、验证、移交采购产品或服务。
  7 处置不合格产品或不符合要求的服务。
  8 采购资料归档。

8.2 项目采购计划

8.2.1 组织应依据项目合同、设计文件、项目管理实施规划和有关采购管理制度编制采购计划。

8.2.2 采购计划应包括下列内容：
  1 采购工作范围、内容及管理要求。
  2 采购信息，包括产品或服务的数量、技术标准和质量要求。
  3 检验方式和标准。
  4 供应方资质审查要求。
  5 采购控制目标及措施。

8.3 项目采购控制

8.3.1 采购工作应采用招标、询价或其他方式。

8.3.2 组织应对采购报价进行有关技术和商务的综合评审，并应制定选择、评审和重新评审的准则。评审记录应保存。

8.3.3 组织应对特殊产品（特种设备、材料、制造周期长的大型设备、有毒有害产品）的供应单位进行实地考察，并采取有效措施进行重点监控。

8.3.4 承压产品、有毒有害产品、重要机械设备等特殊产品的采购，应要求供应单位提供有效的安全资质、生产许可证及其他相关要求的资格证书。

8.3.5 项目采用的设备、材料应经检验合格，并符合设计及相应现行标准要求。检验产品使用的计量器具，产品的取样、抽验应符合规范要求。

8.3.6 进口产品应按国家政策和相关法规办理报关和商检等手续。

8.3.7 采购产品在检验、运输、移交和保管等过程中，应按照职业健康安全和环境管理要求，避免对职业健康安全、环境造成影响。

9 项目进度管理

9.1 一般规定

9.1.1 组织应建立项目进度管理制度，制订进度管理目标。

9.1.2 项目进度管理目标应按项目实施过程、专业、阶段或实施周期进行分解。

9.1.3 项目经理部应按下列程序进行进度管理：

    1 制定进度计划。

    2 进度计划交底，落实责任。

    3 实施进度计划，跟踪检查，对存在的问题分析原因并纠正偏差，必要时对进度计划进行调整。

    4 编制进度报告，报送组织管理部门。

9.2 项目进度计划编制

9.2.1 组织应依据合同文件、项目管理规划文件、资源条件与内外部约束条件编制项目进度计划。

9.2.2 组织应提出项目控制性进度计划。控制性进度计划可包括下列种类：

    1 整个项目的总进度计划。

    2 分阶段进度计划。

    3 子项目进度计划和单体进度计划。

    4 年（季）度计划。

9.2.3 项目经理部应编制项目作业性进度计划。作业性进度计划可包括下列内容：

    1 分部分项工程进度计划。

    2 月（旬）作业计划。

9.2.4 各类进度计划应包括下列内容：

    1 编制说明。

    2 进度计划表。

    3 资源需要量及供应平衡表。

9.2.5 编制进度计划的步骤应按下列程序：

    1 确定进度计划的目标、性质和任务。

    2 进行工作分解。

    3 收集编制依据。

    4 确定工作的起止时间及里程碑。

    5 处理各工作之间的逻辑关系。

    6 编制进度表。

    7 编制进度说明书。

    8 编制资源需要量及供应平衡表。

9 报有关部门批准。

9.2.6 编制进度计划可使用文字说明、里程碑表、工作量表、横道计划、网络计划等方法。作业性进度计划必须采用网络计划方法或横道计划方法。

9.3 项目进度计划实施

9.3.1 经批准的进度计划，应向执行者进行交底并落实责任。

9.3.2 进度计划执行者应制定实施计划措施。

9.3.3 在实施进度计划的过程中应进行下列工作：
1 跟踪检查，收集实际进度数据。
2 将实际数据与进度计划进行对比。
3 分析计划执行的情况。
4 对产生的进度变化，采取措施予以纠正或调整计划。
5 检查措施的落实情况。
6 进度计划的变更必须与有关单位和部门及时沟通。

9.4 项目进度计划的检查与调整

9.4.1 对进度计划进行的检查与调整应依据其实施结果。

9.4.2 进度计划检查应按统计周期的规定进行定期检查，并应根据需要进行不定期检查。

9.4.3 进度计划的检查应包括下列内容：
1 工程量的完成情况。
2 工作时间的执行情况。
3 资源使用及与进度的匹配情况。
4 上次检查提出问题的整改情况。

9.4.4 进度计划检查后应按下列内容编制进度报告：
1 进度执行情况的综合描述。
2 实际进度与计划进度的对比资料。
3 进度计划的实施问题及原因分析。
4 进度执行情况对质量、安全和成本等的影响情况。
5 采取的措施和对未来计划进度的预测。

9.4.5 进度计划的调整应包括下列内容：
1 工程量。
2 起止时间。
3 工作关系。
4 资源提供。
5 必要的目标调整。

9.4.6 进度计划调整后应编制新的进度计划，并及时与相关单位和部门沟通。

10 项目质量管理

10.1 一般规定

10.1.1 组织应遵照《建设工程质量管理条例》和《质量管理体系 GB/T 19000》族标准的要求，建立持续改进质量管理体系，设立专职管理部门或专职人员。

10.1.2 质量管理应坚持预防为主的原则，按照策划、实施、检查、处置的循环方式进行系统运作。

10.1.3 质量管理应满足发包人及其他相关方的要求以及建设工程技术标准和产品的质量要求。

10.1.4 组织应通过对人员、机具、设备、材料、方法、环境等要素的过程管理，实现过程、产品和服务的质量目标。

10.1.5 项目质量管理应按下列程序实施：
 1 进行质量策划，确定质量目标。
 2 编制质量计划。
 3 实施质量计划。
 4 总结项目质量管理工作，提出持续改进的要求。

10.2 项目质量策划

10.2.1 组织应进行质量策划，制定质量目标，规定实施项目质量管理体系的过程和资源，编制针对项目质量管理的文件。该文件可称为质量计划。质量计划也可以作为项目管理实施规划的组成部分。

10.2.2 质量计划的编制应依据下列资料：
 1 合同中有关产品（或过程）的质量要求。
 2 与产品（或过程）有关的其他要求。
 3 质量管理体系文件。
 4 组织针对项目的其他要求。

10.2.3 质量计划应确定下列内容：
 1 质量目标和要求。
 2 质量管理组织和职责。
 3 所需的过程、文件和资源。
 4 产品（或过程）所要求的评审、验证、确认、监视、检验和试验活动，以及接收准则。
 5 记录的要求。
 6 所采取的措施。

10.2.4 质量计划应由项目经理部编制后，报组织管理层批准。

10.3 项目质量控制与处置

10.3.1 项目经理部应依据质量计划的要求，运用动态控制原理进行质量控制。

10.3.2 质量控制主要控制过程的输入、过程中的控制点以及输出，同时也应包括各个过程之间接口的质量。

10.3.3 项目经理部应在质量控制的过程中，跟踪收集实际数据并进行整理，并应将项目的实际数据与质量标准和目标进行比较，分析偏差，并采取措施予以纠正和处置，必要时对处置效果和影响进行复查。

10.3.4 质量计划需修改时，应按原批准程序报批。

10.3.5 设计的质量控制应包括下列过程：
   1 设计策划。
   2 设计输入。
   3 设计活动。
   4 设计输出。
   5 设计评审。
   6 设计验证。
   7 设计确认。
   8 设计变更控制。

10.3.6 采购的质量控制应包括确定采购程序、确定采购要求、选择合格供应单位以及采购合同的控制和进货检验。

10.3.7 对施工过程的质量控制应包括：
   1 施工目标实现策划。
   2 施工过程管理。
   3 施工改进。
   4 产品（或过程）的验证和防护。

10.3.8 检验和监测装置的控制应包括：确定装置的型号、数量，明确工作过程，制定质量保证措施等内容。

10.3.9 组织应建立有关纠正和预防措施的程序，对质量不合格的情况进行控制。

10.4 项目质量改进

10.4.1 项目经理部应定期对项目质量状况进行检查、分析，向组织提出质量报告，提出目前质量状况、发包人及其他相关方满意程度、产品要求的符合性以及项目经理部的质量改进措施。

10.4.2 组织应对项目经理部进行检查、考核，定期进行内部审核，并将审核结果作为管理评审的输入，促进项目经理部的质量改进。

10.4.3 组织应了解发包人及其他相关方对质量的意见，对质量管理体系进行审核，确定改进目标，提出相应措施并检查落实。

11 项目职业健康安全管理

11.1 一般规定

11.1.1 组织应遵照《建设工程安全生产管理条例》和《职业健康安全管理体系》GB/T 28000标准，坚持安全第一、预防为主和防治结合的方针，建立并持续改进职业健康安全管理体系。项目经理应负责项目职业健康安全的全面管理工作。项目负责人、专职安全生产管理人员应持证上岗。

11.1.2 组织应根据风险预防要求和项目的特点，制定职业健康安全生产技术措施计划，确定职业健康及安全生产事故应急救援预案，完善应急准备措施，建立相关组织。发生事故，应按照国家有关规定，向有关部门报告。在处理事故时，应防止二次伤害。

11.1.3 在项目设计阶段应注重施工安全操作和防护的需要，采用新结构、新材料、新工艺的建设工程应提出有关安全生产的措施和建议。在施工阶段进行施工平面图设计和安排施工计划时，应充分考虑安全、防火、防爆和职业健康等因素。

11.1.4 组织应按有关规定必须为从事危险作业的人员在现场工作期间办理意外伤害保险。

11.1.5 项目职业健康安全管理应遵循下列程序：
1 识别并评价危险源及风险。
2 确定职业健康安全目标。
3 编制并实施项目职业健康安全技术措施计划。
4 职业健康安全技术措施计划实施结果验证。
5 持续改进相关措施和绩效。

11.1.6 现场应将生产区与生活、办公区分离，配备紧急处理医疗设施，使现场的生活设施符合卫生防疫要求，采取防暑、降温、保暖、消毒、防毒等措施。

11.2 项目职业健康安全技术措施计划

11.2.1 项目职业健康安全技术措施计划应在项目管理实施规划中编制。

11.2.2 编制项目职业健康安全技术措施计划应遵循下列步骤：
1 工作分类。
2 识别危险源。
3 确定风险。
4 评价风险。
5 制定风险对策。
6 评审风险对策的充分性。

11.2.3 项目职业健康安全技术措施计划应包括工程概况，控制目标，控制程序，组织结构，职责权限，规章制度，资源配置，安全措施，检查评价和奖惩制度以及对分包的安全管理等内容。策划过程应充分考虑有关措施与项目人员能力相适宜的要求。

11.2.4 对结构复杂、实施难度大、专业性强的项目，应制定项目总体、单位工程或分部、分项工程的安全措施。

11.2.5 对高空作业等非常规性的作业，应制定单项职业健康安全技术措施和预防措施，并对管理人员、操作人员的安全作业资格和身体状况进行合格审查。对危险性较大的工程作业，应编制专项施工方案，并进行安全验证。

11.2.6 临街脚手架、临近高压电缆以及起重机臂杆的回转半径达到项目现场范围以外的，均应按要求设置安全隔离设施。

11.2.7 项目职业健康安全技术措施计划应由项目经理主持编制，经有关部门批准后，由专职安全管理人员进行现场监督实施。

11.3 项目职业健康安全技术措施计划的实施

11.3.1 组织应建立分级职业健康安全生产教育制度，实施公司、项目经理部和作业队三级教育，未经教育的人员不得上岗作业。

11.3.2 项目经理部应建立职业健康安全生产责任制，并把责任目标分解落实到人。

11.3.3 职业健康安全技术交底应符合下列规定：
1 工程开工前，项目经理部的技术负责人应向有关人员进行安全技术交底。
2 结构复杂的分部分项工程实施前，项目经理部的技术负责人应进行安全技术交底。
3 项目经理部应保存安全技术交底记录。

11.3.4 组织应定期对项目进行职业健康安全管理检查，分析影响职业健康或不安全行为与隐患存在的部位和危险程度。

11.3.5 职业健康的安全检查应采取随机抽样、现场观察、实地检测相结合的方法，记录检测结果，及时纠正发现的违章指挥和作业行为。检查人员应在每次检查结束后及时提交安全检查报告。

11.3.6 组织应及时识别和评价其他承包人或供应单位的危险源，与其进行交流和协商，并制定控制措施，以降低相关的风险。

11.4 项目职业健康安全隐患和事故处理

11.4.1 职业健康安全隐患处理应符合下列规定：
1 区别不同的职业健康安全隐患类型，制定相应整改措施并在实施前进行风险评价。
2 对检查出的隐患及时发出职业健康安全隐患整改通知单，限期纠正违章指挥和作业行为。
3 跟踪检查纠正预防措施的实施过程和实施效果，保存验证记录。

11.4.2 项目经理部进行职业健康安全事故处理应坚持事故原因不清楚不放过，事故责任者和人员没有受到教育不放过，事故责任者没有处理不放过，没有制定纠正和预防措施不放过的原则。

11.4.3 处理职业健康安全事故应遵循下列程序：
1 报告安全事故。
2 事故处理。
3 事故调查。

  4 处理事故责任者。
  5 提交调查报告。

11.5　项目消防保安

11.5.1　组织应建立消防保安管理体系，制定消防保安管理制度。

11.5.2　项目现场应设有消防车出入口和行驶通道。消防保安设施应保持完好的备用状态。储存、使用易燃、易爆和保安器材时，应采取特殊的消防保安措施。

11.5.3　项目现场的通道、消防出入口、紧急疏散通道等应符合消防要求，设置明显标志。有通行高度限制的地点应设限高标志。

11.5.4　项目现场应有用火管理制度，使用明火时应配备监管人员和相应的安全设施，并制定安全防火措施。

11.5.5　需要进行爆破作业的，应向所在地有关部门办理批准手续，由具备爆破资质的专业机构进行实施。

11.5.6　项目现场应设立门卫，根据需要设置警卫，负责项目现场安全保卫工作。主要管理人员应在施工现场佩带证明其身份的标识。严格现场人员的进出管理。

12 项目环境管理

12.1 一般规定

12.1.1 组织应遵照《环境管理体系要求及使用指南》GB/T 24000 的要求，建立并持续改进环境管理体系。

12.1.2 组织应根据批准的建设项目环境影响报告，通过对环境因素的识别和评估，确定管理目标及主要指标，并在各个阶段贯彻实施。

12.1.3 项目的环境管理应遵循下列程序：
1 确定项目环境管理目标。
2 进行项目环境管理策划。
3 实施项目环境管理策划。
4 验证并持续改进。

12.1.4 项目经理负责现场环境管理工作的总体策划和部署，建立项目环境管理组织机构，制定相应制度和措施，组织培训，使各级人员明确环境保护的意义和责任。

12.1.5 项目经理部应按照分区划块原则，搞好项目的环境管理，进行定期检查，加强协调，及时解决发现的问题，实施纠正和预防措施，保持现场良好的作业环境、卫生条件和工作秩序，做到污染预防。

12.1.6 项目经理部应对环境因素进行控制，制定应急准备和响应措施，并保证信息通畅，预防可能出现非预期的损害。在出现环境事故时，应消除污染，并应制定相应措施，防止环境二次污染。

12.1.7 项目经理部应保存有关环境管理的工作记录。

12.1.8 项目经理部应进行现场节能管理，有条件时应规定能源使用指标。

12.2 项目文明施工

12.2.1 文明施工应包括下列工作：
1 进行现场文化建设。
2 规范场容，保持作业环境整洁卫生。
3 创造有序生产的条件。
4 减少对居民和环境的不利影响。

12.2.2 项目经理部应对现场人员进行培训教育，提高其文明意识和素质，树立良好的形象。

12.2.3 项目经理部应按照文明施工标准，定期进行评定、考核和总结。

12.3 项目现场管理

12.3.1 项目经理部应在施工前了解经过施工现场的地下管线，标出位置，加以保护。施工时发现文物、古迹、爆炸物、电缆等，应当停止施工，保护现场，及时向有关部门报告，并按照规定处理。

12.3.2 施工中需要停水、停电、封路而影响环境时，应经有关部门批准，事先告示。在行人、车辆通过的地方施工，应当设置沟、井、坎、洞覆盖物和标志。

12.3.3 项目经理部应对施工现场的环境因素进行分析，对于可能产生的污水、废气、噪声、固体废弃物等污染源采取措施，进行控制。

12.3.4 建筑垃圾和渣土应堆放在指定地点，定期进行清理。装载建筑材料、垃圾或渣土的运输机械，应采取防止尘土飞扬、洒落或流溢的有效措施。施工现场应根据需要设置机动车辆冲洗设施，冲洗污水应进行处理。

12.3.5 除有符合规定的装置外，不得在施工现场熔化沥青和焚烧油毡、油漆，亦不得焚烧其他可产生有毒有害烟尘和恶臭气味的废弃物。项目经理部应按规定有效地处理有毒有害物质。禁止将有毒有害废弃物现场回填。

12.3.6 施工现场的场容管理应符合施工平面图设计的合理安排和物料器具定位管理标准化的要求。

12.3.7 项目经理部应依据施工条件，按照施工总平面图、施工方案和施工进度计划的要求，认真进行所负责区域的施工平面图的规划、设计、布置、使用和管理。

12.3.8 现场的主要机械设备、脚手架、密封式安全网与围挡、模具、施工临时道路、各种管线、施工材料制品堆场及仓库、土方及建筑垃圾堆放区、变配电间、消火栓、警卫室、现场的办公、生产和生活临时设施等的布置，均应符合施工平面图的要求。

12.3.9 现场入口处的醒目位置，应公示下列内容：
 1 工程概况。
 2 安全纪律。
 3 防火须知。
 4 安全生产与文明施工规定。
 5 施工平面图。
 6 项目经理部组织机构图及主要管理人员名单。

12.3.10 施工现场周边应按当地有关要求设置围挡和相关的安全预防设施。危险品仓库附近应有明显标志及围挡设施。

12.3.11 施工现场应设置畅通的排水沟渠系统，保持场地道路的干燥坚实。施工现场的泥浆和污水未经处理不得直接排放。地面宜做硬化处理。有条件时，可对施工现场进行绿化布置。

13 项目成本管理

13.1 一般规定

13.1.1 组织应建立、健全项目全面成本管理责任体系,明确业务分工和职责关系,把管理目标分解到各项技术工作和管理工作中。项目全面成本管理责任体系应包括两个层次:
　　1 组织管理层。负责项目全面成本管理的决策,确定项目的合同价格和成本计划,确定项目管理层的成本目标。
　　2 项目经理部。负责项目成本的管理,实施成本控制,实现项目管理目标责任书中的成本目标。

13.1.2 项目经理部的成本管理应包括成本计划、成本控制、成本核算、成本分析和成本考核。

13.1.3 项目成本管理应遵循下列程序:
　　1 掌握生产要素的市场价格和变动状态。
　　2 确定项目合同价。
　　3 编制成本计划,确定成本实施目标。
　　4 进行成本动态控制,实现成本实施目标。
　　5 进行项目成本核算和工程价款结算,及时收回工程款。
　　6 进行项目成本分析。
　　7 进行项目成本考核,编制成本报告。
　　8 积累项目成本资料。

13.2 项目成本计划

13.2.1 项目经理部应依据下列文件编制项目成本计划:
　　1 合同文件。
　　2 项目管理实施规划。
　　3 可研报告和相关设计文件。
　　4 市场价格信息。
　　5 相关定额。
　　6 类似项目的成本资料。

13.2.2 编制成本计划应满足下列要求:
　　1 由项目经理部负责编制,报组织管理层批准。
　　2 自下而上分级编制并逐层汇总。
　　3 反映各成本项目指标和降低成本指标。

13.3 项目成本控制

13.3.1 项目经理部应依据下列资料进行成本控制:

1 合同文件。
　　2 成本计划。
　　3 进度报告。
　　4 工程变更与索赔资料。
13.3.2 成本控制应遵循下列程序：
　　1 收集实际成本数据。
　　2 实际成本数据与成本计划目标进行比较。
　　3 分析成本偏差及原因。
　　4 采取措施纠正偏差。
　　5 必要时修改成本计划。
　　6 按照规定的时间间隔编制成本报告。
13.3.3 成本控制宜运用价值工程和赢得值法。

13.4 项目成本核算

13.4.1 项目经理部应根据财务制度和会计制度的有关规定，建立项目成本核算制，明确项目成本核算的原则、范围、程序、方法、内容、责任及要求，并设置核算台账，记录原始数据。

13.4.2 项目经理部应按照规定的时间间隔进行项目成本核算。

13.4.3 项目成本核算应坚持形象进度、产值统计、成本归集三同步的原则。

13.4.4 项目经理部应编制定期成本报告。

13.5 项目成本分析与考核

13.5.1 组织应建立和健全项目成本考核制度，对考核的目的、时间、范围、对象、方式、依据、指标、组织领导、评价与奖惩原则等作出规定。

13.5.2 成本分析应依据会计核算、统计核算和业务核算的资料进行。

13.5.3 成本分析应采用比较法、因素分析法、差额分析法和比率法等基本方法；也可采用分部分项成本分析、年季月（或周、旬等）度成本分析、竣工成本分析等综合成本分析方法。

13.5.4 组织应以项目成本降低额和项目成本降低率作为成本考核主要指标。项目经理部应设置成本降低额和成本降低率等考核指标。发现偏离目标时，应及时采取改进措施。

13.5.5 组织应对项目经理部的成本和效益进行全面审核、审计、评价、考核与奖惩。

14 项目资源管理

14.1 一般规定

14.1.1 组织应建立并持续改进项目资源管理体系，完善管理制度、明确管理责任、规范管理程序。

14.1.2 资源管理包括人力资源管理、材料管理、机械设备管理、技术管理和资金管理。

14.1.3 项目资源管理的全过程应包括项目资源的计划、配置、控制和处置。

14.1.4 资源管理应遵循下列程序：
 1 按合同要求，编制资源配置计划，确定投入资源的数量与时间。
 2 根据资源配置计划，做好各种资源的供应工
 3 根据各种资源的特性，采取科学的措施，进行有效组合，合理投入，动态调控。
 4 对资源投入和使用情况定期分析，找出问题，总结经验并持续改进。

14.2 项目资源管理计划

14.2.1 资源管理计划应包括建立资源管理制度，编制资源使用计划、供应计划和处置计划，规定控制程序和责任体系。

14.2.2 资源管理计划应依据资源供应条件、现场条件和项目管理实施规划编制。

14.2.3 人力资源管理计划应包括人力资源需求计划、人力资源配置计划和人力资源培训计划。

14.2.4 材料管理计划应包括材料需求计划、材料使用计划和分阶段材料计划。

14.2.5 机械管理计划应包括机械需求计划、机械使用计划和机械保养计划。

14.2.6 技术管理计划应包括技术开发计划、设计技术计划和工艺技术计划。

14.2.7 资金管理计划应包括项目资金流动计划和财务用款计划，具体可编制年、季、月度资金管理计划。

14.3 项目资源管理控制

14.3.1 资源管理控制应包括按资源管理计划进行资源的选择、资源的组织和进场后的管理等内容。

14.3.2 人力资源管理控制应包括人力资源的选择、订立劳务分包合同、教育培训和考核等。

14.3.3 材料管理控制应包括供应单位的选择、订立采购供应合同、出厂或进场验收、储存管理、使用管理及不合格品处置等。

14.3.4 机械设备管理控制应包括机械设备购置与租赁管理、使用管理、操作人员管理、报废和出场管理等。

14.3.5 技术管理控制应包括技术开发管理，新产品、新材料、新工艺的应用管理，项目管理实施规划和技术方案的管理，技术档案管理，测试仪器管理等。

14.3.6 资金管理控制应包括资金收入与支出管理、资金使用成本管理、资金风险管理等。

14.4 项目资源管理考核

14.4.1 资源管理考核应通过对资源投入、使用、调整以及计划与实际的对比分析，找出管理中存在的问题，并对其进行评价的管理活动。通过考核能及时反馈信息，提高资金使用价值，持续改进。

14.4.2 人力资源管理考核应以有关管理目标或约定为依据，对人力资源管理方法、组织规划、制度建设、团队建设、使用效率和成本管理等进行分析和评价。

14.4.3 材料管理考核工作应对材料计划、使用、回收以及相关制度进行效果评价。材料管理考核应坚持计划管理、跟踪检查、总量控制、节奖超罚的原则。

14.4.4 机械设备管理考核应对项目机械设备的配置、使用、维护以及技术安全措施、设备使用效率和使用成本等进行分析和评价。

14.4.5 项目技术管理考核应包括对技术管理工作计划的执行，技术方案的实施，技术措施的实施，技术问题的处置，技术资料收集、整理和归档以及技术开发，新技术和新工艺应用等情况进行分析和评价。

14.4.6 资金管理考核应通过对资金分析工作，计划收支与实际收支对比，找出差异，分析原因，改进资金管理。在项目竣工后，应结合成本核算与分析工作进行资金收支情况和经济效益分析。并上报组织财务主管部门备案。组织应根据资金管理效果对有关部门或项目经理部进行奖惩。

15 项目信息管理

15.1 一般规定

15.1.1 组织应建立信息管理体系,及时、准确地获得和快捷、安全、可靠地使用所需的信息。

15.1.2 信息管理应满足下列要求:
1 有时效性和针对性。
2 有必要的精度。
3 综合考虑信息成本及信息收益,实现信息效益最大化。

15.1.3 项目信息管理的对象应包括各类工程资料和工程实际进展信息。工程资料的档案管理应符合有关规定,宜采用计算机辅助管理。

15.1.4 项目信息管理应遵循下列程序:
1 确定项目信息管理目标。
2 进行项目信息管理策划。
3 项目信息收集。
4 项目信息处理。
5 项目信息运用。
6 项目信息管理评价。

15.1.5 项目经理部应根据实际需要,配备熟悉工程管理业务、经过培训的人员担任信息管理工作。

15.2 项目信息管理计划与实施

15.2.1 项目信息管理计划的制定应以项目管理实施规划中的有关内容为依据。在项目执行过程中,应定期检查其实施效果并根据需要进行计划调整。

15.2.2 信息管理计划应包括信息需求分析,信息编码系统,信息流程,信息管理制度以及信息的来源、内容、标准、时间要求、传递途径、反馈的范围、人员以及职责和工作程序等内容。

15.2.3 信息需求分析应明确实施项目所必需的信息,包括信息的类型、格式、传递要求及复杂性等,并应进行信息价值分析。

15.2.4 项目信息编码系统应有助于提高信息的结构化程度,方便使用,并且应与企业信息编码保持一致。

15.2.5 信息流程应反映组织内部信息流和有关的外部信息流及各有关单位、部门和人员之间的关系,并有利于保持信息畅通。

15.2.6 信息过程管理应包括信息的收集、加工、传输、存储、检索、输出和反馈等内容,宜使用计算机进行信息过程管理。

15.2.7 在信息计划的实施中,应定期检查信息的有效性和信息成本,不断改进信息管理工作。

15.3 项目信息安全

15.3.1 项目信息管理工作应严格遵循国家的有关法律、法规和地方主管部门的有关管理规定。

15.3.2 项目信息管理工作应采取必要的安全保密措施,包括:信息的分级、分类管理方式。确保项目信息的安全、合理、有效使用。

15.3.3 组织应建立完善的信息管理制度和安全责任制度,坚持全过程管理的原则,并做到信息传递、利用和控制的不断改进。

16 项目风险管理

16.1 一般规定

16.1.1 组织应建立风险管理体系，明确各层次管理人员的风险管理责任，减少项目实施过程中的不确定因素对项目的影响。

16.1.2 项目风险管理过程应包括项目实施全过程的风险识别、风险评估、风险响应和风险控制。

16.2 项目风险识别

16.2.1 组织应识别项目实施过程中的各种风险。

16.2.2 组织识别项目风险应遵循下列程序：
  1 收集与项目风险有关的信息。
  2 确定风险因素。
  3 编制项目风险识别报告。

16.3 项目风险评估

16.3.1 组织应按下列内容进行风险评估：
  1 风险因素发生的概率。
  2 风险损失量的估计。
  3 风险等级评估。

16.3.2 组织应利用已有数据资料和相关专业方法进行风险因素发生概率估计。

16.3.3 风险损失量的估计应包括下列内容：
  1 工期损失的估计。
  2 费用损失的估计。
  3 对工程的质量、功能、使用效果等方面的影响。

16.3.4 组织应根据风险因素发生的概率和损失量，确定风险量，并进行分级。

16.3.5 风险评估后应提出风险评估报告。

16.4 项目风险响应

16.4.1 组织应确定针对项目风险的对策进行风险响应。

16.4.2 常用的风险对策应包括风险规避、减轻、自留、转移及其组合等策略。

16.4.3 项目风险对策应形成风险管理计划，其内容有：
  1 风险管理目标。
  2 风险管理范围。
  3 可使用的风险管理方法、工具以及数据来源。
  4 风险分类和风险排序要求。

5　风险管理的职责与权限。
6　风险跟踪的要求。
7　相应的资源预算。

16.5　项目风险控制

16.5.1　在整个项目进程中，组织应收集和分析与项目风险相关的各种信息，获取风险信号，预测未来的风险并提出预警，纳入项目进展报告。

16.5.2　组织应对可能出现的风险因素进行监控，根据需要制定应急计划。

17 项目沟通管理

17.1 一般规定

17.1.1 组织应建立项目沟通管理体系，健全管理制度，采用适当的方法和手段与相关各方进行有效沟通与协调。

17.1.2 项目沟通与协调的对象应是项目所涉及的内部和外部有关组织及个人，包括建设单位和勘察设计、施工、监理、咨询服务等单位以及其他相关组织。

17.2 项目沟通程序和内容

17.2.1 组织应根据项目的实际需要，预见可能出现的矛盾和问题，制定沟通与协调计划，明确原则、内容、对象、方式、途径、手段和所要达到的目标。

17.2.2 组织应针对不同阶段出现的矛盾和问题，调整沟通计划。

17.2.3 组织应运用计算机信息处理技术，进行项目信息收集、汇总、处理、传输与应用，进行信息沟通与协调，形成档案资料。

17.2.4 沟通与协调的内容应涉及与项目实施有关的信息，包括项目各相关方共享的核心信息、项目内部和项目相关组织产生的有关信息。

17.3 项目沟通计划

17.3.1 项目沟通计划应由项目经理组织编制。

17.3.2 编制项目沟通计划应依据下列资料：
1 合同文件。
2 项目各相关组织的信息需求。
3 项目的实际情况。
4 项目的组织结构。
5 沟通方案的约束条件、假设，以及适用的沟通技术。

17.3.3 项目沟通计划应与项目管理的其他各类计划相协调。

17.3.4 项目沟通计划应包括信息沟通方式和途径，信息收集归档格式，信息的发布与使用权限，沟通管理计划的调整以及约束条件和假设等内容。

17.3.5 组织应定期对项目沟通计划进行检查、评价和调整。

17.4 项目沟通依据与方式

17.4.1 项目内部沟通应包括项目经理部与组织管理层、项目经理部内部的各部门和相关成员之间的沟通与协调。内部沟通应依据项目沟通计划、规章制度、项目管理目标责任书、控制目标等进行。

17.4.2 内部沟通可采用授权、会议、文件、培训、检查、项目进展报告、思想教育、考核与激励及电子媒体等方式。

17.4.3 项目外部沟通应由组织与项目相关方进行沟通。外部沟通应依据项目沟通计划、有关合同和合同变更资料、相关法律法规、伦理道德、社会责任和项目具体情况等进行。

17.4.4 外部沟通可采用电话、传真、召开会议、联合检查、宣传媒体和项目进展报告等方式。

17.4.5 各种内外部沟通形式和内容的变更，应按照项目沟通计划的要求进行管理，并协调相关事宜。

17.4.6 项目经理部应编写项目进展报告。项目进展报告应包括项目的进展情况，项目实施过程中存在的主要问题、重要风险以及解决情况，计划采取的措施，项目的变更以及项目进展预期目标等内容。

17.5 项目沟通障碍与冲突管理

17.5.1 项目沟通应减少干扰，消除障碍、解决冲突、保持沟通与协调途径畅通、信息真实。

17.5.2 消除沟通障碍可采用下列方法：
  1 选择适宜的沟通与协调途径。
  2 充分利用反馈。
  3 组织沟通检查。
  4 灵活运用各种沟通与协调方式。

17.5.3 组织应做好冲突的预测工作，了解冲突的性质，寻找解决冲突的途径并保存相关记录。

17.5.4 解决冲突可采用下列方法：
  1 协商、让步、缓和、强制和退出。
  2 使项目的相关方了解项目计划，明确项目目标。
  3 搞好变更管理。

18 项目收尾管理

18.1 一般规定

18.1.1 项目收尾阶段应是项目管理全过程的最后阶段,包括竣工收尾、验收、结算、决算、回访保修、管理考核评价等方面的管理。

18.1.2 项目收尾阶段应制定工作计划,提出各项管理要求。

18.2 项目竣工收尾

18.2.1 项目经理部应全面负责项目竣工收尾工作,组织编制项目竣工计划,报上级主管部门批准后按期完成。

18.2.2 竣工计划应包括下列内容:
   1 竣工项目名称。
   2 竣工项目收尾具体内容。
   3 竣工项目质量要求。
   4 竣工项目进度计划安排。
   5 竣工项目文件档案资料整理要求。

18.2.3 项目经理应及时组织项目竣工收尾工作,并与项目相关方联系,按有关规定协助验收。

18.3 项目竣工验收

18.3.1 项目完成后,承包人应自行组织有关人员进行检查评定,合格后向发包人提交工程竣工报告。

18.3.2 规模较小且比较简单的项目,可进行一次性项目竣工验收。规模较大且比较复杂的项目,可以分阶段验收。

18.3.3 项目竣工验收应依据有关法规,必须符合国家规定的竣工条件和竣工验收要求。

18.3.4 文件的归档整理应符合国家有关标准、法规的规定,移交工程档案应符合有关规定。

18.4 项目竣工结算

18.4.1 项目竣工结算应由承包人编制,发包人审查,双方最终确定。

18.4.2 编制项目竣工结算可依据下列资料:
   1 合同文件。
   2 竣工图纸和工程变更文件。
   3 有关技术核准资料和材料代用核准资料。
   4 工程计价文件、工程量清单、取费标准及有关调价规定。
   5 双方确认的有关签证和工程索赔资料。

18.4.3 项目竣工验收后，承包人应在约定的期限内向发包人递交项目竣工结算报告及完整的结算资料，经双方确认并按规定进行竣工结算。

18.4.4 承包人应按照项目竣工验收程序办理项目竣工结算并在合同约定的期限内进行项目移交。

18.5 项目竣工决算

18.5.1 组织进行项目竣工决算编制的主要依据：
1 项目计划任务书和有关文件。
2 项目总概算和单项工程综合概算书。
3 项目设计图纸及说明书。
4 设计交底、图纸会审资料。
5 合同文件。
6 项目竣工结算书。
7 各种设计变更、经济签证。
8 设备、材料调价文件及记录。
9 竣工档案资料。
10 相关的项目资料、财务决算及批复文件。

18.5.2 项目竣工决算应包括下列内容：
1 项目竣工财务决算说明书。
2 项目竣工财务决算报表。
3 项目造价分析资料表等。

18.5.3 编制项目竣工决算应遵循下列程序：
1 收集、整理有关项目竣工决算依据。
2 清理项目账务、债务和结算物资。
3 填写项目竣工决算报告。
4 编写项目竣工决算说明书。
5 报上级审查。

18.6 项目回访保修

18.6.1 承包人应制定项目回访和保修制度并纳入质量管理体系。

18.6.2 承包人应根据合同和有关规定编制回访保修工作计划，回访保修工作计划应包括下列内容：
1 主管回访保修的部门。
2 执行回访保修工作的单位。
3 回访时间及主要内容和方式。

18.6.3 回访可采取电话询问、登门座谈、例行回访等方式。回访应以业主对竣工项目质量的反馈及特殊工程采用的新技术、新材料、新设备、新工艺等的应用情况为重点，并根据需要及时采取改进措施。

18.6.4 签发工程质量保修书应确定质量保修范围、期限、责任和费用的承担等内容。

18.7 项目管理考核评价

18.7.1 组织应在项目结束后对项目的总体和各专业进行考核评价。

18.7.2 项目考核评价的定量指标可包括工期、质量、成本、职业健康安全、环境保护等。

18.7.3 项目考核评价的定性指标可包括经营管理理念，项目管理策划，管理制度及方法，新工艺、新技术推广，社会效益及其社会评价等。

18.7.4 项目考核评价应按下列程序进行：
 1 制定考核评价办法。
 2 建立考核评价组织。
 3 确定考核评价方案。
 4 实施考核评价工作。
 5 提出考核评价报告。

18.7.5 项目管理结束后，组织应按照下列内容编制项目管理总结。
 1 项目概况。
 2 组织机构、管理体系、管理控制程序。
 3 各项经济技术指标完成情况及考核评价。
 4 主要经验及问题处理。
 5 其他需要提供的资料。

18.7.6 项目管理总结和相关资料应及时归档和保存。

第二章 施工项目管理概述

第一节 施工项目管理的全过程和目标管理

一、施工项目管理的全过程

施工项目管理的对象是施工项目寿命期各阶段的工作。施工项目寿命期可分为五个阶段，构成了施工项目管理有序的全过程。

1. 投标签约阶段的管理

项目发包人对建设项目进行设计和建设准备、具备了招标条件以后，便发出招标公告（或邀请函），施工企业见到招标公告或邀请函后，从做出投标决策至中标签约，实质上便是在进行施工项目管理的工作。这是施工项目寿命期的第一阶段。本阶段的最终管理目标是签订工程承包合同。这一阶段主要进行以下工作：

（1）施工企业从经营战略的高度做出是否投标争取承包该项目的决策。

（2）决定投标以后，从多方面（企业自身、相关单位、市场、现场等）掌握有关信息。

（3）编制既能使企业盈利、又有竞争力、可望中标的投标书。

（4）如果中标，则与招标方进行谈判，依法签订工程施工合同，使合同符合国家法律、法规和国家计划，符合平等互利、等价有偿的原则。

2. 施工准备阶段的管理

施工企业与招标单位签订了工程施工合同、交易关系正式确立以后，便应组建项目经理部，然后以项目经理部为主，与企业经营层和管理层、发包人配合，进行施工准备，使工程具备开工和连续施工的基本条件。这一阶段主要进行以下工作：

（1）根据工程管理的需要成立项目经理部，建立机构，配备管理人员。

（2）制订施工项目管理实施规划（或施工组织设计），以指导施工项目管理活动。

（3）进行施工现场准备，使现场具备施工条件，以利于进行连续的文明的施工。

（4）编写开工申请报告，待批开工。

3. 施工阶段的管理

这是一个自开工至竣工的实施过程。在这一过程中，项目经理部既是决策机构，又是责任机构。经营管理层、发包人、监理单位的作用是服务、监督与协调。这一阶段的目标是完成合同规定的全部施工任务，达到竣工验收的条件。这一阶段主要进行以下工作：

（1）按施工项目管理实施规划（或施工组织设计）的安排进行施工。

（2）在施工中努力作好动态控制，保证质量目标、进度目标、造价目标、安全目标和现场目标的实现。

（3）严格履行工程施工合同，处理好内外关系，管好合同变更，搞好索赔。

(4) 作好记录、协调、检查、分析工作。

4. 竣工验收阶段的管理

这一阶段是建设工程项目建设期的最后一道程序。施工项目竣工验收的交工主体应是承包人，验收主体应是发包人。实行竣工验收制度，是全面考核建设工程、检查工程是否符合设计文件要求、工程质量是否符合验收标准、能否交付使用、投产、发挥投资效益的重要环节。本阶段主要进行以下工作：

(1) 竣工验收准备。
(2) 编制竣工验收计划。
(3) 组织现场验收。
(4) 进行竣工结算。
(5) 移交竣工资料。
(6) 办理交工手续。

5. 回访保修阶段的管理

工程交工后回访用户是一种"售后服务"方式。工程交工后保修是我国一项基本法律制度，回访保修的责任应由承包人承担，承包人应建立施工项目交工后的回访与保修制度，提高工作质量，听取用户意见，改进服务方式。在该阶段中主要进行以下工作：

(1) 瞄准建设市场，提高工程质量，与发包人建立良好的关系，并将回访保修工作纳入计划实施。

(2) 适时召开一些易于融洽、有益双方交流的座谈会、经验交流会、佳庆茶话会，以加强联系，增进双方友好感和信赖感。

(3) 及时研究解决施工问题、质量问题，听取发包人对工程质量、保修管理、在建工程的意见，不断改善项目管理，树立承包人的社会信誉。

(4) 为发包人提供各种跟踪服务，不断满足提出的各种变更修改要求，建立健全工程项目登记、变更、修改等技术质量管理基础资料，把管理工作做得扎扎实实。

(5) 妥善处理与发包人、监理单位和外部环境的关系，捕捉机会，创造有利条件，精心组织，细心管理，形成"我精心，你放心，他安心"的"三位一体"工程质量保证机制。

(6) 组织发放有关工程质量保修、维修的注意事项等资料，切实贯彻企业服务宗旨，进行工程质量问卷调查，收集反馈工程质量保修信息。对实施效果应有验证和总结报告。

综上所述，施工项目管理的程序见图 2-1 所示。

图 2-1 施工项目管理程序图

二、施工项目管理的指导思想

1. 科学技术是第一生产力的思想

科学技术的发展，促成了项目管理理论的产生和发展，给生产实践以巨大的推动力，使大量的工程项目获得成功。工程项目管理理论反映了项目运行和项目管理的客观规律，反映了科学技术作为第一生产力的巨大作用。因此，进行施工项目管理必须坚持科学技术是第一生产力的观点，依靠科学技术强化项目管理，把各种生产要素科学地组合起来，加强项目实施过程中的目标控制和协调，使设计出来的工程项目通过施工活动和项目管理活动的共同作用，实现最终产品。研究、实践、创新、发展工程项目管理理论，使之形成强大的生产力，是施工项目管理的首要指导思想。

2. 依靠市场，推动市场发展的思想

市场经济是用市场关系管理经济的体制。这种体制的基本特征是利用市场运行规律实行社会资源的分配。发展市场经济的实质是解放生产力。我们推行的工程项目管理，是市场经济的产物。市场是施工项目管理的载体与环境，没有市场经济，也就没有施工项目管理；施工项目管理要取得成果，就必须充分依靠市场经济下的建筑市场；施工项目管理应在发展建筑市场方面起推动作用。施工项目管理的实践证明了这一指导思想的实际意义。施工企业通过市场竞争（投标）取得施工任务，在市场的大环境下实施，不断从市场上取得生产要素并进行优化组合，认真地进行履约经营。工程项目的竣工、验收、交工、结算等，实质上是建筑市场的一种特殊交易行为。进行施工项目管理，应尊重市场经济的竞争规律、价值规律和供求规律等，既利用和依靠市场，又建设和发展市场，靠市场取得施工项目管理效益。

3. 系统管理的思想

建设项目是一个系统，施工项目是其中的一个分系统；建设项目管理是一个系统，施工项目管理是一个分系统；如果把施工项目管理作为一个大系统，则其中又包含了许多分系统，如：组织管理系统、经济管理系统、技术管理系统、质量管理系统等。所谓"系统"，是由多维相关体组成的一个整体。建立系统管理的思想，就是要真正认识到施工项目管理是系统性的管理，必须重视它与总系统及同等级别的子系统的关系，也要重视本系统内部各子系统之间的关系，特别要重视各系统之间的"结合部"的管理，它是项目和项目管理的重点和难点，是项目经理协调管理的工作焦点。施工项目管理利用系统的方法，就是进行分析和综合的方法。要围绕"系统综合满意化"这个核心，善于对大系统进行分解和分析，找出结合部和管理的焦点，然后制定措施，实施管理和控制；也要善于使分系统目标的实现对大系统目标的实现起保证作用，使局部不脱离全局，各子系统目标综合成完整的总目标体系，提高管理成效，发挥整体功能。在施工项目管理中坚持系统管理思想，就是要贯彻四项原则：第一是目标体系的分解与综合原则，既在综合的基础上进行分解，从而实现专业化，以求高质量和高效率，又通过进行系统综合提高管理成效，发挥整体功能。第二是协调控制的相关性原则，即协调和控制各项管理工作之间的关系、各生产要素之间的关系、目标和条件的关系、保证系统整体功能的优化。第三是有序性原则，即施工项目和施工项目管理在时间上、空间上、分解目标上、实施组织上都具有有序性，必须尊重这种有序性才能保证施工项目管理的成功。第四是动态性原则，即要随时预测和掌握系统内外各种变化，提高应变能力以取得工作的主动权，加强战略研究以取得驾驭未来的主动权。

4. 树立科学化管理思想

现代化管理，即科学化管理，把管理当作科学加以研究和应用。科学技术发展到现在，足以使施工项目管理实现高度科学化，服务于管理的现代化。

现代化的管理思想，一是管理观念的现代化，二是管理原理的科学化。现代化的管理观念，已经突破传统的生产性内向管理观念，强调经营性外向管理观念。从这个前提出发，在进行施工项目管理中，第一要强调战略观念，即全面系统的观念和面向未来的发展观念。面向未来，包括市场的未来、技术的未来、组织的未来和施工项目管理科学的未来。第二是市场观念，即要搞好施工项目管理，首先要了解市场，其次要以自身的优势去占有市场、赢得市场。第三是用户观念，即一切为了用户的观念，全心全意地为用户服务，以对用户高度负责求得信誉，以信誉求得项目管理的成功。第四是效益观念，即进行施工项目管理要精打细算，减少投入；在进行产品交易以后，所获得的收益要大于投入，形成利润，为此要首先赢得市场和信誉，向管理求效益。第五是竞争观念，即以质量好、工期合理、服务周到、造价适当取胜。有市场就有竞争，有竞争就要加强管理，进行目标控制，取得竞争的优势。因此，树立竞争观念必然会促进施工项目管理提高水平。第六是时间观念，即要把握决策时机，缩短施工工期，加快资金周转，讲究资金的时间价值，讲究工作效率和管理效率，从而赢得时间，赢得效益。第七是变革和创新观念，即没有不变的施工项目管理模式，要根据工程和环境的变化进行调整和变革，故要讲预测，有对策。光有变革观念不成，还要有创新观念。赢得竞争胜利的关键在创新，广泛采用新工艺、新技术、新材料、新设备、新的管理组织、方法和手段。

现代科学管理原理对施工项目管理而言是具有根本指导性的道理，它是施工项目管理必须遵循的，贯穿全过程的。主要包括系统原理、分工协作原理、反馈原理、能级原理、封闭原理和弹性原理等。系统原理就是施工项目管理要实施系统管理。分工协作原理是说管理要分工，以提高效率；但也要讲协作，使分工不失有序，不离整体。反馈原理即将生产和管理中的偏差信息反馈到原控制系统，使它影响管理活动过程，进行有效控制，实现管理目标。能级原理是说在施工项目管理中，管理能力是随管理组织的层次而变化的，因此要根据能级确定责权利，分别确定目标，以发挥每个能级人员的作用。封闭原理是指管理活动是循环活动，该循环按 P（计划）、D（执行）、C（检查）、A（处置）的顺序展开，并在管理的整个过程中不断循环。如果不进行每个循环的封闭，则不是完整的管理，因而也不是有效的管理。弹性原理指管理活动必须保持充分的弹性，以适应客观事物各种可能的变化，有应变打算，不搞绝对化。计划工作中的"积极可靠，留有余地"就是应用弹性原理的典型。信息时代的到来，对施工项目管理的信息化提出了更高的要求，必须实现施工项目管理全过程的计算机辅助管理。

5. 绿色施工思想

为了人类社会持续发展的长远利益，我国已经确立了建设资源节约型、环境友好型社会的大目标，建设工程是实现这一大目标的重要责任领域，必须建立绿色建设理念。所谓绿色施工，就是在建设工程的施工阶段，严格按照建设工程规划、设计要求，通过建立管理体系和管理制度，采取有效的技术措施，全面贯彻国家关于资源节约和环境保护的政策，最大限度地节约资源，减少资源消耗，降低施工活动对环境造成的不良影响，提高施工人员的职业健康安全水平，保护施工人员的安全与健康。

绿色施工的实现，既需要有相应的施工行为，又要有相应的管理。因此，项目管理人员应以绿色施工的思想为指导思想，搞好绿色施工规划，执行相关标准，执行《绿色施工导则》、《绿色建筑评估标准》、《绿色施工管理规程》等文件，执行相关政策和制度，将绿色施工思想落实在项目管理的全过程，确保工程施工项目管理取得全面的绩效。

三、施工项目目标管理

1. 施工项目目标管理的概念

目标管理（MBO）指集体中的成员亲自参加工作目标的制定，在实施中运用现代管理技术和行为科学，借助人们的事业感、能力、自信、自尊等，实行自我控制，努力实现目标。

目标管理是20世纪50年代由美国的德鲁克提出的。其基本特点是以被管理活动的目标为中心，把经济活动和管理活动的任务转换为具体的目标加以实施和控制，通过目标的实现，完成经济活动的任务。目标管理的精髓是以目标指导行动。由于目标有未来属性，故目标管理是面向未来的主动管理。目标管理是组织的系统功能的集中体现，是评价管理效果的基本标准，是组织全体人员参加管理的有效途径，故目标管理是系统整体的管理。目标管理重视过程管理、成果的管理和人的管理。它实际上是参与管理和自主管理。由于它的以上特点和科学性，故是一种很重要的现代化管理方法，被广泛应用于各经济领域的管理之中，也适用于施工项目管理。

施工项目目标管理是指为实现项目全过程目标和计划中确定的管理目标而实施的收集数据、与计划目标对比分析、采取措施纠正偏差等活动，包括项目进度管理、项目质量管理和项目成本管理。

施工项目管理应用目标管理方法，可大致划分为以下几个阶段：

（1）确定施工项目组织内各层次、各部门的任务分工，既对完成施工任务提出要求，又对工作效率提出要求。

（2）把项目组织的任务转换为具体的目标。

（3）落实制订的目标。一是要落实目标的责任主体，即谁对目标的实现负责；二是落实目标主体的责、权、利；三是要落实对目标责任主体进行检查、监督的上一级责任人及手段；四是要落实目标实现的保证条件。

（4）对目标的执行过程进行调控。即监督目标的执行过程，进行定期检查，发现偏差后，分析产生偏差的原因，及时进行协调和控制。对目标执行好的主体进行适当奖励。

（5）对目标完成的结果进行评价。即把目标执行结果与计划目标进行对比，评价目标管理的好坏。

2. 施工项目的目标管理体系

施工项目的总目标是企业目标的一部分。施工企业的目标体系应以施工项目为中心，形成纵横结合的目标体系结构。图2-2是施工企业目标管理体系的一般模式。

分析图2-2可以了解，企业的总目标是一级目标，其经营层和企业管理层的目标是二级目标，项目管理层的目标是三级目标。对项目而言，需要制定成果性目标；对职能部门而言，需要制定效率性目标。不同的时间周期，要求有不同的目标，故目标有年、季、月度目标。不同的管理主体、不同的时期、不同的管理对象，其目标值不同。

3. 施工项目控制目标的制定

（1）施工项目控制目标的制定依据

1）工程施工合同提出了施工企业应承担的施工项目总目标。项目经理部与企业之间

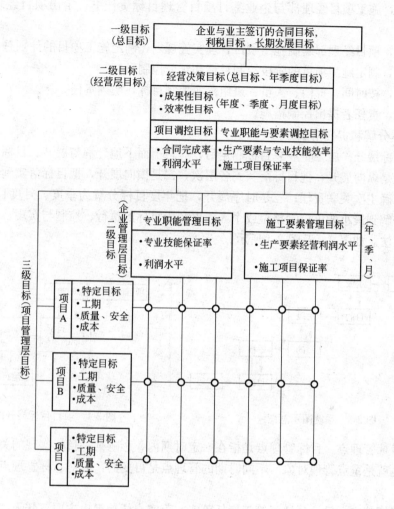

图 2-2 施工企业目标管理体系一般模式

签订的项目管理目标责任书中项目经理部的责任目标,依据工程施工合同目标制定。

2)国家的政策、法规、方针、标准和定额。

3)生产要素市场的变化动态和发展趋势。

4)有关文件、资料,如设计图纸、招标文件、施工组织设计等。

5)对于国际工程施工项目,制定控制目标还应依据工程所在国的各种条件及国际市场情况。

(2)施工项目控制目标的制定原则

施工项目控制目标制定原则是:实现工程施工合同目标,以目标管理方法进行目标分解,将总目标落实到项目组织直至每个执行者;充分发挥施工项目管理规划在制定控制目标中的作用;注意目标之间的相互制约和依存关系。

(3)施工项目控制目标的制定程序

第一步,认真研究,核算工程施工合同中界定的施工项目控制总目标,收集制定控制目标的各种依据,为控制目标的落实做准备。

第二步，施工项目经理部与企业签订项目管理目标责任书，定出项目经理部的控制目标。

第三步，项目经理部编制施工项目管理实施规划，确定施工项目的计划总目标。

第四步，制定施工项目的阶段控制目标和年度控制目标。

第五步，按时间、部门、人员、班组落实控制目标，明确责任。

第六步，责任者提出控制措施。

4. 目标分解和责任落实

(1) 目标展开。施工企业总目标制定后，应自上而下地分解与展开。目标分解从三方面进行；一是纵向展开，把目标落实到各层次；二是横向展开，把目标落实到各层次内的各部门，明确主次关联责任；三是时序展开，把年度目标分解为季度、月度目标。如此，可把目标分解到最小的可控制单位或个人，以利于目标的执行、控制与实现。目标的展开采用系统图法。如图2-3及图2-4所示。

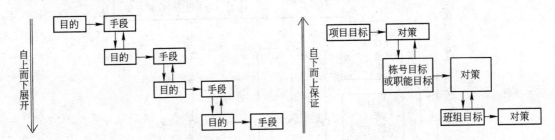

图2-3 系统图示意图　　　　　图2-4 项目目标展开图

(2) 目标管理点。目标管理点是指在一定时期内，影响某一目标实现的关键问题和薄弱环节，也就是重点管理对象。不同时期的管理点是可变的，应对目标管理点制订措施和管理计划。

(3) 目标落实。目标分解不等于责任落实。落实责任是定出主要责任人、次要责任人和关联责任人，要定出检查标准，也要定出实现目标的具体措施、手段和各种保证条件（生产要素供应及必须的权力）。

(4) 施工项目的目标实施和经济责任。项目管理层的目标实施和经济责任一般有以下几方面：

第一，根据工程施工合同要求，树立用户至上的思想，完成施工任务；在施工过程中按企业的授权范围处理好施工过程中所涉及的各种外部关系。

第二，努力节约各种生产要素，降低工程成本，实现施工的高效、安全、文明。

第三，努力做好项目核算，做好施工任务、技术能力、进度的优化组合和平衡，最大限度地发挥施工潜力并做好原始记录。

第四，做好精神文明建设工作。

第五，及时向决策层、经营层和企业管理层提供信息和资料。

5. 施工项目目标管理的共性问题

施工项目目标管理的共性问题强调以下几点：

(1) 项目管理的责任主体是项目经理，因此，应组织以项目经理为首的目标管理体系，且应由项目经理和相应的专业人员及各专业的相关人员组成各目标管理分体系，集体履行目标管理的责任。

（2）项目管理应遵循 PDCA 循环法则，以实现目标管理的持续改进。因此，目标管理应按规定程序依次操作。

（3）项目管理的基本方法是"目标管理方法"（MBO），其本质是"以目标指导行动"。因此，首先要确定管理总目标，然后自上而下地进行目标分解（WBS），落实责任，制定措施，按措施控制实现目标的活动，从而自下而上地实现项目管理目标责任书中确定的责任目标。

（4）项目管理措施是在项目管理实施规划（或施工组织设计，下同）的基础上确定的。项目管理实施规划以项目管理目标责任书中确定的目标为依据编制。因此，项目管理实施规划的编制质量极大地影响着管理的效果。

（5）进度、质量、成本三项目标是各自独立的，也是平等的，其管理不需围绕着某个"核心"，但是它们之间却有着对立统一的关系。过于强调任何一个都会影响到其他，因此，确定目标必须进行认真设计和科学决策。要进行动态控制，搞好协调。总的精神是：不求全优，只求综合为优，要在保证质量和安全的前提下，使进度合理、成本节约。

（6）项目管理要以执行法律、法规、标准、规范、制度等作保证。

（7）实行总分包的项目，管理由总包人全面负责，分包人进行分包任务的管理并向总包人负责。对分包人发生的问题，总包人和分包人对发包人承担连带责任。

（8）实施施工项目管理应执行《建设工程项目管理规范》GB/T 50326—2006 相应章节的规定，并按其中"项目沟通管理"一章的规定搞好组织协调。

（9）在施工项目管理中充满了风险，因此要进行风险管理，防止风险对实现目标产生干扰或造成损失。

第二节 施工项目管理组织

一、施工项目管理组织原理

1. 组织机构的作用

（1）组织机构是施工项目管理的组织保证。项目经理在启动项目管理之前，首先要进行组织准备，建立一个能完成管理任务、使项目经理指挥灵便、运转自如、效率很高的项目组织机构——项目经理部，其目的就是提供进行施工项目管理的组织保证。一个好的组织机构，可以有效地完成施工项目管理目标，有效地应付环境的变化，供给组织成员生理、心理和社会需要，形成组织力，产生集体思想和集体意识，使组织系统正常运转，完成项目管理任务。

（2）形成一定的权力系统以便进行集中统一指挥。权力由"法定"和"拥戴"产生。"法定"来自于授权，"拥戴"来自于信赖。"法定"或"拥戴"都会产生权力和组织力。组织机构的建立，首先是以法定的形式产生权力。权力是工作的需要，是管理地位形成的前提，是组织活动的反映。没有组织机构，便没有权力，也没有权力的运用。权力取决于组织机构内部是否团结一致，越团结，组织就越有权力，越有组织力。所以施工项目组织机构的建立要伴随着授权，以便使权力的使用能够实现施工项目管理的目标。要合理分层。层次多，权力分散；层次少，权力集中。所以要在规章制度中把施工项目管理组织的权力阐述明白，固定下来。

(3) 形成责任制和信息沟通体系。责任制是施工项目组织中的核心问题。没有责任也就不成其为项目管理机构，也就不存在项目管理。一个项目组织能否有效地运转，取决于是否有健全的岗位责任制。施工项目组织的每个成员都应肩负一定责任，责任是项目组织对每个成员规定的一部分管理活动和生产活动的具体内容。信息沟通是组织力形成的重要因素。信息产生的根源在组织活动之中。下级（下层）以报告的形式或其他形式向上级（上层）传递信息。同级不同部门之间为了相互协作而横向传递信息。越是高层领导，越需要信息，越要深入下层获得信息。领导离不开信息，有了充分的信息才能进行有效决策。

综上所述，组织机构在项目管理中是一个焦点。一个项目经理建立了理想有效的组织系统，他的项目管理就成功了一半。

2. 施工项目管理组织机构的设置原则

(1) 目的性原则。施工项目组织机构设置的根本目的，是产生组织功能，实现施工项目管理的总目标。从这一根本目的出发，就会因目标设事，因事设机构、定编制，按编制设岗位、定人员，以职责定制度、授予权力。

(2) 精干高效原则。施工项目组织机构的人员设置，以能实现施工项目所要求的工作任务（事）为原则，尽量简化机构，做到精干高效。人员配置要从严控制二三线人员，力求一专多能，一人多职。同时还要增加项目管理班子人员的知识含量，着眼于使用和学习锻炼相结合，以提高人员素质。

(3) 管理跨度和分层统一原则。管理跨度亦称管理幅度，是指一个主管人员直接管理的下属人员数量。跨度大，管理人员的接触关系增多，处理人与人之间关系的数量随之增大。跨度（N）与工作接触关系数（C）的关系公式是：

$$C=N(2^{N-1}+N-1)$$

这是有名的邱格纳斯公式，是个几何级数，当 N=10 时，C=5210。故跨度太大时，领导者及下属常会出现应接不暇之烦。组织机构设计时，必须使管理跨度适当。然而跨度大小又与分层多少有关。层次多，跨度会小，层次少，跨度会大。这就要根据领导者的能力和施工项目的大小进行权衡。美国管理学家戴尔曾调查 41 家大企业，管理跨度的正常数是 6～7 人之间。对施工项目管理层来说，管理跨度更应尽量少些，以集中精力于施工管理。在鲁布格工程中，项目经理下属 33 人，分成了所长、课长、系长、工长四个层次，项目经理的跨度是 5。项目经理在组建组织机构时，必须认真设计切实可行的跨度和层次，画出机构系统图，以便讨论、修正、按设计组建。

(4) 业务系统化管理原则。由于施工项目是一个开放的系统，由众多子系统组成一个大系统，各子系统之间，子系统内部各单位工程之间，不同组织、工种、工序之间，存在着大量结合部，这就要求项目组织也必须是一个完整的组织结构系统，恰当分层和划分部门，以便在结合部上能形成一个相互制约、相互联系的有机整体，防止产生职能分工、权限划分和信息沟通上相互矛盾或重叠。在设计组织机构时以业务工作系统化原则作指导，周密考虑层间关系、分层与跨度关系、部门划分、授权范围、人员配备及信息沟通等，使组织机构自身成为一个严密的、封闭的组织系统，能够为完成项目管理总目标而实行合理分工及协作。

(5) 弹性和流动性原则。施工项目的单件性、阶段性、露天性和流动性是施工项目生产活动的主要特点，必然带来生产对象数量、质量和地点的变化，带来资源配置的品种和数量变化。于是要求管理工作和组织机构随之进行调整，以使组织机构适应施工任务的变化。这就是说，要按照弹性和流动性的原则建立组织机构，不能一成不变。要准备调整人员及部门设置，以适应工程任务变动对管理机构流动性的要求。

(6) 项目组织与企业组织一体化原则。项目组织是企业组织的有机组织部分，企业是它的母体，归根结底，项目组织是由企业组建的。从管理方面来看，企业管理层是项目管理的外部环境，项目管理的人员全部来自企业，项目管理组织解体后，其人员仍回企业。即使进行组织机构调整，人员也是进出于企业人才库的。施工项目的组织形式与企业的组织形式有关，不能离开企业的组织形式去谈项目的组织形式。

3. 施工项目组织机构的设置程序

根据上述原则要求，施工项目组织应按图 2-5 所示的程序进行设置。

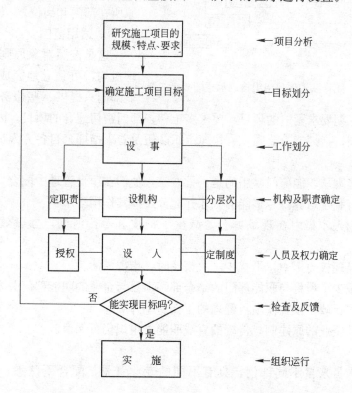

图 2-5 施工项目组织机构设置程序图

二、施工项目组织形式

组织形式亦称组织结构的类型，是指一个组织以什么样的结构方式去处理层次、跨度、部门设置和上下级关系。施工项目组织形式与企业的组织形式是不可分割的。

施工项目组织形式有许多种，主要包括：工作队式、部门控制式、矩阵式、事业部式和直线职能式。

(一) 工作队式项目组织

1. 特征

图 2-6 是工作队式项目组织构成示意图，虚线内表示项目组织，其人员与原部门脱离。该组织结构类型有以下特征：

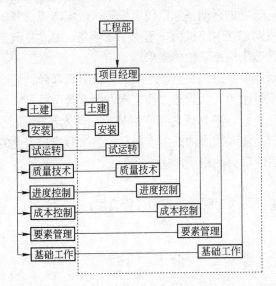

图 2-6　工作队式项目组织构成示意图

(1) 项目经理在企业内部聘用职能人员组成管理机构（工作队），由项目经理指挥。

(2) 项目组织成员在工程建设期间与原所在部门脱离领导与被领导关系，原单位负责人负责业务指导及服务，但不能随意干预其工作或调回人员。

(3) 项目管理组织与项目同寿命。项目结束后机构撤销，所有人员仍回原所在部门和岗位。

2. 适用范围

这是按照对象原则组织的项目管理机构，可独立地完成任务。企业职能部门只提供一些服务。这种项目组织类型适用于工期要求紧迫的项目、要求多工种多部门密切配合的项目。因此，它要求项目经理素质要高，指挥能力要强，有快速组织队伍及善于指挥来自各方人员的能力。

3. 优点

(1) 项目经理从职能部门聘用的是一批专家，他们在项目管理中配合，协同工作，可以取长补短，有利于培养一专多能的人才并充分发挥其作用。

(2) 各专业人才集中在现场办公，减少了扯皮和等待时间，办事效率高，解决问题快。

(3) 项目经理权力集中，干扰少，决策及时，指挥灵活。

(4) 由于减少了项目与职能部门的结合部，项目与企业的职能部门关系简化，易于协调关系，减少了行政干预，使项目经理的工作易于开展。

(5) 不打乱企业的原建制，传统的直线职能式组织仍可保留。

4. 缺点

(1) 各类人员来自不同部门，具有不同的专业背景，配合不熟悉，初期难免配合不力。

(2) 各类人员在同一时期内所担负的管理工作任务可能有很大差别，因此很容易产生忙闲不均，可能导致人员浪费，稀缺专业人才难以在企业内调剂使用。

(3) 职工长期离开原单位，即离开了自己熟悉的环境和工作配合对象，容易影响其积极性的发挥。而且由于环境变化，容易产生临时观念和不满情绪。

(4) 职能部门的优势无法发挥。由于同一部门人员分散，交流困难，也难以进行有效的培养、指导，削弱了职能部门的工作。当人才紧缺而同时又有多个项目需要按这一形式组织时，或者对管理效率有很高要求时，不宜采用这种项目组织形式。

(二)部门控制式项目组织

1. 特征

这是按职能原则建立的项目组织。它并不打乱企业现行的建制。把项目委托给企业某一专业部门或委托给某一施工队,由被委托的部门(施工队)领导,在本单位组织人员负责实施项目组织,项目终止后恢复原职。图 2-7 是这种组织机构的示意图。

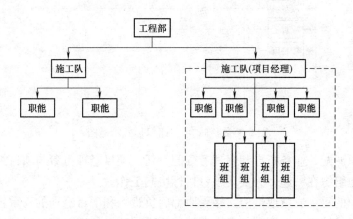

图 2-7 部门控制式项目组织机构示意图

2. 适用范围

这种形式的项目组织一般适用于小型的、专业性较强、不需涉及众多部门的施工项目。

3. 优点

(1) 人才作用发挥较充分。这是因为相互熟悉的人组合办熟悉的事,人事关系容易协调。

(2) 从接受任务到组织运转启动的时间短。

(3) 职责明确,职能专一,关系简单。

(4) 项目经理无需专门训练便容易进入状态。

4. 缺点

(1) 不能适应大型项目管理需要,而真正需要进行施工项目管理的项目正是大型工程。

(2) 不利于对计划体系下的组织体制(固定建制)进行调整。

(3) 不利于精简机构。

(三)矩阵式项目组织

1. 特征

图 2-8 是矩阵式项目组织示意图,其特征有以下几点:

(1) 项目组织机构与职能部门的结合部同职能部门数相同。多个项目与职能部门的结合部呈矩阵状。每个结合部接受两个指令源的指令。

(2) 把职能原则和对象原则结合起来,既发挥职能部门的纵向优势,又发挥项目组织的横向优势。

(3) 专业职能部门是永久性的,项目组织是临时性的。职能部门负责人对参与项目组

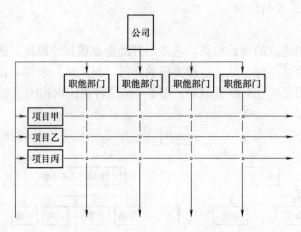

图 2-8 矩阵式项目组织形式示意图

织的人员有组织调配、业务指导和管理考察的责任。项目经理将参与项目组织的职能人员在横向上有效地组织在一起，为实现项目目标协同工作。

(4) 矩阵中的每个成员或部门，接受原部门负责人和项目经理的双重领导。但部门的控制力大于项目的控制力。部门负责人有权根据不同项目的需要和忙闲程度，在项目之间调配本部门人员。一个专业人员可能同时为几个项目服务，故特殊人才可充分发挥作用，免得人才在一个项目中闲置而另一个项目中短缺，大大提高人才利用率。

(5) 项目经理对调配到本项目经理部的成员有权控制和使用。当感到人力不足或某些成员不得力时，他可以向职能部门要求给予解决。

(6) 项目经理部的工作有多个职能部门支持，项目经理没有人员包袱。但要求在水平方向和垂直方向有良好的信息沟通及良好的协调配合，对整个企业组织和项目组织的管理水平和组织渠道畅通提出了较高的要求。

2. 适用范围

(1) 适用于同时承担多个需要进行工程项目管理的企业。在这种情况下，各项目对专业技术人才和管理人员都有需求，加在一起数量较大。采用矩阵式组织可以充分利用有限的人才对多个项目进行管理，特别有利于发挥稀有人才的作用。

(2) 适用于大型、复杂的施工项目。因大型复杂的施工项目要求多部门、多技术、多工种配合实施，在不同阶段，对不同人员，有不同数量和搭配的要求。显然，部门控制式机构人员使用固化，不能满足多个项目管理的人才要求。

3. 优点

(1) 它兼有部门控制式和工作队式两种组织的优点，解决了传统模式中企业组织和项目组织相互矛盾的状况，把职能原则与对象原则融为一体，取得了企业长期例行性管理和项目一次性管理的一致性。

(2) 能以尽可能少的人力，实现多个项目管理的高效率。通过职能部门的协调，一些项目上的闲置人才可以及时转移到需要这些人才的项目上去，防止人才短缺，项目组织因此具有弹性和应变力。

(3) 有利于人才的全面培养。可以使不同知识背景的人在合作中相互取长补短，在实践中拓宽知识面；发挥了纵向的专业优势，可以使人才成长有深厚的专业训练基础。

4. 缺点

(1) 由于人员来自职能部门，且仍受职能部门控制，故凝聚在项目上的力量减弱，往往使项目组织的作用发挥受到影响。

(2) 管理人员如果身兼多职地参与管理多个项目，便往往难以确定管理项目的优先顺序，有时难免顾此失彼。

(3) 双重领导。项目组织中的成员既要接受项目经理的领导，又要接受企业中原职能部门的领导。在这种情况下，如果领导双方意见和目标不一致、甚至有矛盾时，当事人便无所适从。要防止这一问题产生，必须加强项目经理和部门负责人之间的沟通，还要有严格的规章制度和详细的计划，使工作人员尽可能明确在不同时间内应当干什么工作。如果矛盾难以协调解决，应以项目经理的意见为主。

(4) 矩阵式组织对企业管理水平、项目管理水平、领导者的素质、组织机构的办事效率、信息沟通渠道的畅通等均有较高要求，因此要精干组织，分层授权，疏通渠道，理顺关系。由于矩阵式组织的复杂性和结合部多，造成信息沟通量膨胀和沟通渠道复杂化，在很大程度上存在信息梗阻和失真。于是，要求协调组织内部的关系时必须有强有力的组织措施和协调办法以排除难题。因此，项目组织的层次、职责、权限要明确划分。

（四）事业部式项目组织

1. 特征

(1) 图2-9是事业部式项目组织结构示意图。事业部对企业来说是职能部门，对企业外有相对独立的经营权，可以是一个独立单位。事业部可以按地区设置，也可以按工程类型或经营内容设置。图2-9中工程部下的工程处，也可以按事业部对待。事业部能较迅速适应环境变化，提高企业的应变能力，调动部门积极性。当企业向大型化、智能化发展时，事业部式是一种很受欢迎的选择，既可以加强经营战略管理，又可以加强项目管理。

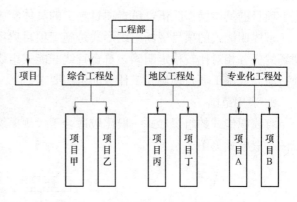

图2-9　事业部式项目组织结构示意图

(2) 在事业部（一般为其中的工程部或开发部，对外工程公司设海外部）下边设置项目经理部。项目经理由事业部选派，对事业部负责。

2. 适用范围

事业部式项目组织适用于大型经营性企业的工程承包，特别是适用于远离公司本部的工程承包。需要注意的是，一个地区只有一个项目，没有后续工程时，不能设立地区事业部，也即它适宜在一个地区内有长期市场或一个企业有多种专业化施工力量时采用。在此情况下，事业部与地区市场同寿命。地区没有项目时，该事业部应予撤销。

3. 优点

事业部式项目组织有利于延伸企业的经营职能、扩大企业的经营业务、开拓企业的业务领域，还有利于迅速适应环境变化以加强项目管理。

4. 缺点

按事业部式建立项目管理组织，企业对项目经理部的约束力减弱，协调指导的机会减少，故有时会造成企业结构松散。必须加强制度约束，加大企业的综合协调能力。

（五）直线职能式项目组织

直线职能式项目管理组织是指结构形式呈直线状且设有职能部门或职能人员的组织，每个成员（或部门）只受一位直接领导人指挥。它不同于直线式项目组织，直线式项目组织的特征是只有两个管理层次，上一层次是项目经理部，下层是具体的业务操作人员。适用范围是任务种类单一和规模较小的项目，不适合于综合性大规模的施工任务，组织形式的一般模式见图2-10。其优点是简单易行、灵活机动和指挥统一。其缺点是管理方法比较单一，缺乏专业职能部门，不适应提高专业化工作效率的需求。

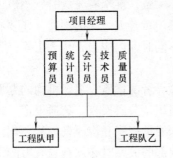

图 2-10 直线职能式组织形式示意图

1. 特征

直线职能式组织形式的特征是一般都设有三个管理层次：一是施工项目经理部，负责施工项目决策管理和调控工作；二是施工项目专业职能管理部门，负责施工项目内部专业管理业务；三是施工项目的具体操作队伍，负责项目施工的具体实施。

直线职能式的项目现场组织形式是施工项目典型的现场组织形式，其原因是施工项目现场的任务相对比较稳定明确，符合直线职能式组织的组织要求。直线职能式组织能很好地适应完成施工项目现场施工任务的组织要求。

2. 适用范围

直线职能式的组织形式一般比较适合于大规模综合性的施工项目任务，其现场组织形式的一般模式见图 2-11。

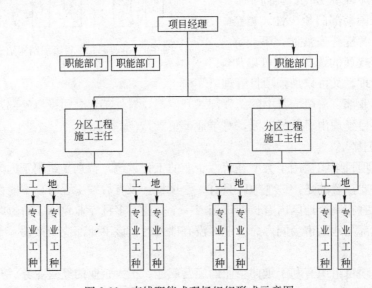

图 2-11 直线职能式现场组织形式示意图

3. 优点

直线职能式的项目管理组织形式优点是指令源单一，有利于实现专业化的管理和统一指挥，有利于集中各方面专业管理力量，积累经验，强化管理。

4. 缺点

直线职能式的项目管理组织形式缺点是信息传递缓慢和不容易进行适应环境变化的调整。

（六）项目经理部组织形式的确定

项目经理部的组织形式应根据施工项目的规模、结构复杂程度、专业特点、人员素质和地域范围确定，并应符合下列规定：

（1）大型项目宜按矩阵式项目管理组织设置项目经理部。

（2）远离企业管理层的大中型项目宜按直线职能式、工作队式或事业部式项目管理组织设置项目经理部。

（3）中型项目宜按直线职能式项目管理组织设置项目经理部。

（4）小型项目宜选用部门控制式组织机构。

（5）项目经理部的人员配置应满足施工项目管理的需要。职能部门的设置应满足规范的项目管理内容中各项管理内容的需要。大型项目的项目经理必须由具有一级注册建造师执业资格的人员担任，管理人员中的高级职称人员不应低于10%。

三、施工项目经理部

1. 项目经理部的作用

项目经理部是施工项目管理的工作班子，置于项目经理的领导之下。为了充分发挥项目经理部在项目管理中的主体作用，必须设计好、组建好、运转好项目经理部，从而发挥其应有职能作用。项目经理部的作用如下：

（1）负责施工项目从开工到竣工的全过程施工生产经营的管理，对作业层负有管理与服务的双重职能。

（2）为项目经理决策提供信息依据，执行项目经理的决策意图，向项目经理全面负责。

（3）项目经理部作为项目团队，应具有团队精神，完成企业所赋予的基本任务——项目管理；凝聚管理人员的力量，调动其积极性，促进管理人员的合作，建立为事业献身的精神；协调部门之间、管理人员之间的关系，发挥每个人的岗位作用，为共同目标进行工作；影响和改变管理人员的观念和行为，使个人的思想、行为变为组织文化的积极因素；实行岗位责任制，搞好管理；沟通部门之间、项目经理部与作业队之间、与公司之间、与环境之间的关系。

（4）项目经理部是代表企业履行工程承包合同的主体，对项目产品和建设单位负责。

2. 建立施工项目经理部的基本原则

（1）要根据所设计的项目组织形式设置项目经理部。项目组织形式与企业对施工项目的管理方式有关，与企业对项目经理部的授权有关。不同的组织形式对项目经理部的管理力量和管理职责提出了不同要求，同时也提供了不同的管理环境。

（2）要根据施工项目的规模、复杂程度和专业特点设置项目经理部。例如大型项目经理部可以设职能部、处；中型项目经理部可以设处、科；小型项目经理部一般只需设职能人员即可。如果项目的专业性强,便可设置专业性强的职能部门,如水电处、安装处、打桩处等。

(3) 项目经理部是一个具有弹性的一次性管理组织,随着工程项目的开工而组建,随着工程项目的竣工而解体,不应搞成一级固定性组织。项目经理部不应有固定的作业队伍,而应根据施工的需要,在企业的组织下,从劳务分包公司吸收人员并进行动态管理。

(4) 项目经理部的人员配置应面向现场,满足现场的计划与调度、技术与质量、成本与核算、劳务与物资、安全与文明施工的需要。而不应设置专管经营与咨询、研究与发展、政工与人事等与项目施工关系较少的非生产性管理部门。

(5) 应建立有益于项目经理部运转的工作制度。

3. 施工项目的劳动组织

施工项目的劳动力来源于社会的劳务市场。企业设劳动力管理部门(或劳务公司)统一管理。对外签订合同招用的社会劳动力应是劳务分包公司人员,它们按企业资质要求建立和注册,可保证技术与管理质量。

(1) 劳务输入:坚持"计划管理,定向输入,市场调节,双向选择,统一调配,合理流动"的方针。具体做法是:项目经理部根据所承担的任务,编制年度劳动力需要量计划,报企业劳动管理部门。公司进行平衡,与有关劳务分包公司签订劳务分包合同,明确需要的工种、人员数量、进出场时间和有关奖罚条款等,正式将劳动力组织引入施工项目,形成劳务作业层。

(2) 劳动力组织:劳务队伍均要以整建制进入施工项目,由项目经理部和劳务分公司双方协商共同组建栋号(作业)承包队。

(3) 项目经理部对劳务队伍的管理:对于施工劳务分包公司组建的现场施工作业队,除配备专职的栋号负责人外,还要实行"三员"管理岗位责任制:即由项目经理派出专职质量、安全、材料员,实行一线职工操作全过程的监控、检查、考核和严格管理。这样,项目经理部及劳务组织便在施工项目中形成了如图2-12所示的组织结构。

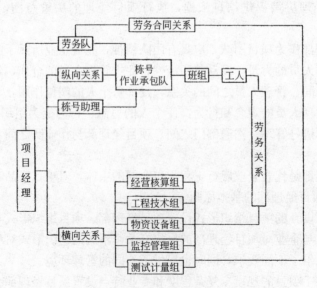

图2-12 施工项目组织结构示意图

(4) 劳务分包合同按《建设工程施工劳务分包合同（示范文本）》GF—2003—0214执行。

四、施工项目管理制度

1. 施工项目管理制度的作用

管理制度是组织为保证其任务的完成和目标的实现，对例行性活动应遵循的方法、程序、要求及标准所作的规定，是根据国家和地方法规及上级部门（单位）的规定制定的内部法规。施工项目管理制度是由施工企业或施工项目经理部制定的，对项目经理部及其作业组织全体职工有约束力。施工项目管理制度的作用主要有两点：一是贯彻国家与施工项目有关的法律、法规、方针、政策、标准、规程等，指导本施工项目的管理；二是规范施工项目组织及职工的行为，使之按规定的方法、程序、要求、标准进行施工和管理活动，从而保证施工项目组织按正常秩序运转，避免发生混乱，保证各项工程的质量和效率，防止出现事故和纰漏，从而确保施工项目目标的顺利实现。

2. 建立施工项目管理制度的原则

项目经理部组建以后，作为组织建设内容之一的管理制度应立即着手制定。制定管理制度必须遵循以下原则：

(1) 制定施工项目管理制度必须贯彻国家法律、法规、方针、政策以及部门规章，且不得有抵触和矛盾，不得危害公众利益。

(2) 制定施工项目管理制度必须实事求是，即符合本施工项目的需要。施工项目最需要的管理制度是有关工程技术、计划、统计、核算、分配以及各项业务管理等的制度，它们应是制定管理制度的重点。

(3) 管理制度要配套，不留漏洞，形成完整的管理制度和业务体系。

(4) 各种管理制度之间不能产生矛盾，以免职工无所适从。

(5) 管理制度的制定要有针对性，任何一项条款都必须具体明确，词语表达简洁、明了。

(6) 管理制度的颁布、修改和废除要有严格程序。

项目经理部制定的制度，由项目经理签字，应报公司法定代表人批准方可生效。

3. 项目经理部管理制度的内容

项目经理部的管理制度应包括以下各项：

(1) 项目管理人员的岗位责任制度

项目管理人员的岗位责任制度是规定项目经理部各层次管理人员的职责、权限以及工作内容和要求的文件。具体包括项目经理岗位责任制度、项目副经理岗位责任制度以及经济、财务、安全和材料、设备等管理人员的岗位责任制度。通过各项制度做到分工明确，责任具体，标准一致，便于管理。

(2) 项目技术管理制度

项目技术管理制度是规定项目技术管理的系列文件，具体应包括图纸会审制度、施工项目管理规划文件的编制和审查制度、技术组织措施制度，新材料、新工艺和新技术新设备的推广制度等。

(3) 项目质量管理制度

项目质量管理制度是保证项目质量的管理文件，其具体内容包括质量管理规定、质量检查制度、质量事故处理制度以及质量控制体系等。

(4) 项目安全管理制度

项目安全管理制度是规定和保证项目安全生产的管理文件，其主要内容有安全教育制度、安全保证措施、安全生产制度以及安全事故处理制度等。

(5) 项目计划、统计与进度管理制度

项目计划、统计与进度管理制度是规定项目资源计划、统计工作与进度控制工作的管理文件。其内容包括生产计划、劳务和资金等的使用计划及统计工作制度，进度计划和进度控制制度等。

(6) 项目成本核算制度

项目成本核算制度是规定项目成本核算的原则、范围、程序、方法、内容、责任及要求的管理文件。

(7) 项目材料、机械设备管理制度

项目材料、机械设备管理制度是规定项目材料和机械设备的采购、运输、仓储保管、维修保养以及使用和回收等工作的管理文件。

(8) 项目现场管理制度

项目现场管理制度是规定项目现场平面布置，材料、设备、设施的放置，运输线路规划，文明施工要求等内容的一系列管理文件。

(9) 项目分配与奖励制度

项目分配与奖励制度是规定项目分配与奖励的标准、依据以及其兑现等工作的管理文件。

(10) 项目例会、施工日志与档案管理制度

项目例会及施工日志制度是规定项目管理日常工作例会、现场施工日志和施工记录及资料存档等工作的管理文件。

(11) 项目分包及劳务管理制度

项目分包管理制度是规定项目分包类型、模式、范围以及合同签订和履行等工作的管理文件。劳务管理制度是规定项目劳务的组织方式、渠道、待遇、要求等工作的管理文件。

(12) 项目组织协调制度

项目组织协调制度是规定项目内部组织关系、近外层关系和远外层关系等的沟通原则、方法以及关系处理标准等的管理文件。

(13) 项目信息管理制度

项目信息管理制度是规定项目信息的采集、分析、归纳、总结和应用等工作的程序、方法、原则和标准的管理文件。

4. 项目经理部管理制度的建立和执行

施工项目经理部管理制度的建立应围绕计划、责任、监督、核算、奖惩等内容。计划是为了使各方面都能协调一致地为施工项目总目标服务，它必须覆盖项目施工的全过程和所有方面；计划的制定必须有科学的依据；计划的执行和检查必须落实到人。责任制度建立的基本要求是：一个独立的职责，必须由一个人全权负责，应做到人人有责可负、事事有人负责。监督制度和奖惩制度的目的是保证计划制度和责任制度贯彻落实，对项目任务

完成进行控制和激励；它应具备的条件是：有一套公平的绩效评价标准和评价方法，有健全的信息管理制度，有完整的监督和奖惩体系。核算制度的目的是给上述四项制度提供基础，了解各种制度执行的情况和效果，并进行相应的控制。要求核算必须落实到最小的可控制单位，即班组中；要把按人员职责落实的核算与按生产要素落实的核算、经济效益和经济消耗结合起来，建立完整的核算工作体系。项目经理部执行企业的管理制度，同时根据本项目管理的特殊需要建立自己的管理制度。

项目管理制度一经制定，就应严格实施。在项目实施过程中应严格对照各项制度检查执行情况，并对制度进行及时的修改、补充和完善，以便于更好地规范项目管理。

需要修订制度时，应报送企业或其授权的职能部门批准。

五、施工项目经理

（一）施工项目经理的地位

一个施工项目是一项一次性的整体任务，在完成这个任务过程中，现场必须有一个最高的责任者和组织者，这就是施工项目经理。

施工项目经理是承包人的法定代表人在施工项目上的委托授权代理人，是对施工项目管理实施阶段全面负责的管理者，在项目管理中处于核心地位。确立施工项目经理的地位是搞好施工项目管理的关键。

（1）施工项目经理是施工企业法定代表人在施工项目上负责管理和合同履行的委托授权代理人，是项目实施阶段的第一责任人。从企业内部看，施工项目经理是施工项目实施过程所有工作的总负责人，是项目动态管理的体现者，是项目生产要素合理投入和优化组合的组织者。从对外方面看，企业法定代表人不直接对每个建设单位负责，而是由施工项目经理在授权范围内对建设单位直接负责。由此可见，施工项目经理是项目目标的全面实现者，既要对建设单位的成果性目标负责，又要对企业效益性目标负责。

（2）施工项目经理是协调各方面关系，使之相互紧密协作、配合的桥梁和纽带。他对项目承担合同责任，履行合同义务，执行合同条款，处理合同纠纷。

（3）施工项目经理对项目实施进行控制，是各种信息的集散中心。自上、自下、自外而来的信息，通过各种渠道汇集到项目经理；项目经理又通过报告和计划等形式对上反馈信息，对下发布信息。通过信息的集散达到控制的目的，使项目管理取得成功。

（4）施工项目经理是施工责、权、利的主体。这是因为，施工项目经理是项目中人、财、物、技术、信息和管理等所有生产要素的组织管理人。他不同于技术、财务等专业的总负责人，项目经理必须把组织管理职责放在首位。项目经理首先必须是项目实施阶段的责任主体，是实现项目目标的最高责任者，而且目标的实现还应该不超出限定的资源条件。责任是实现项目经理责任制的核心，它构成了项目经理工作的压力，是确定项目经理权力和利益的依据。对项目经理的上级管理部门来说，最重要的工作之一就是把项目经理的这种压力转化为动力。其次，项目经理必须是项目的权力主体。权力是确保项目经理能够承担起责任的条件与手段，所以权力的范围必须视项目经理责任的要求而定。如果没有必要的权力，项目经理就无法对工作负责。项目经理还必须是项目的利益主体。利益是项目经理工作的动力，是因项目经理负有相应的责任而得到的报酬，所以利益的形式及利益的多少也应该视项目经理的责任而定。项目经理必须处理好与项目经理部、企业和职工之间的利益关系。

（二）施工项目经理的职责、权限和利益

1. 项目经理的职责

（1）项目管理目标责任书规定的职责。
（2）主持编制项目管理实施规划，并对项目目标进行系统管理。
（3）对资源进行动态管理。
（4）建立各种专业管理体系并组织实施。
（5）进行授权范围内的利益分配。
（6）收集工程资料，准备结算资料，参与工程竣工验收。
（7）接受审计，处理项目经理部解体的善后工作。
（8）协助组织进行项目的检查、鉴定和评奖申报工作。

2. 项目经理的权限

（1）参与项目招标投标和合同签订。
（2）参与组建项目经理部。
（3）主持项目经理部工作。
（4）决定授权范围内的项目资金的投入和使用。
（5）制定内部计酬办法。
（6）参与选择和使用具有相应资质的分包人。
（7）参与选择物质供应单位。
（8）在授权范围内协调和处理与项目管理有关的内、外部关系。
（9）法定代表人授予的其他权力。

3. 项目经理的利益与奖罚

（1）获得工资和奖励。
（2）项目完成后，按照项目管理目标责任书中的规定，经审计后给予奖励或处罚。
（3）获得评优表彰、记功等奖励或行政处罚。

（三）施工项目经理的知识素质和培养

现代工程建设项目的工程技术系统复杂，实施难度大，发包人越来越趋向把选择性竞争活动移向项目前期阶段，从过去的纯施工技术方案的竞争，逐渐过渡到设计方案的竞争，现在又以项目管理为竞争重点。发包人在选择项目管理单位和承包人时十分注重他们的项目经理的经历、经验和能力的审查，并以此作为定标授予合同的条件之一，赋予很大权重。因此，项目管理公司和承包人便将项目经理的选择、培养作为一个重要的企业发展战略。

1. 施工项目经理知识素质培养途径

（1）应该把项目管理人员，包括项目经理，当作一个专业，在高校中进行有计划的人才培养。可以在大学培训，再进行实践锻炼；也可以在现场抽调人员到大学进行有计划的在职培训。

（2）可以从工程师、经济师以及有专业专长的工程管理技术人员中，注意发现那些熟悉专业技术、懂得管理知识、表现出色、有较强组织能力、社会活动能力和兴趣比较广泛的人，经过基本素质考察后，作为项目经理预备人才加以有目的地培养。主要是在取得专业工作经验以后，给以从事项目管理的锻炼机会，既挑担子、又接受考察，使之逐步具备项目经理条件，然后上岗。在锻炼中，重点内容是项目的设计、施工、采购和管理知识及技能，对项目计划安排、网络计划编排、工程造价管理、招标投标工作、合同业务、质量检验、技术措施制定及财务结算等工作，均要给予学习和锻炼的机会。

（3）大中型项目的项目经理，在上岗前要在其他项目经理的带领下，接受项目副经理、助理或见习项目经理的锻炼，或独立承担小型项目的项目经理工作。经过锻炼，积累经验，并证明确实有担任大中型项目经理的能力后，才能委以大中型项目经理的重任。但在初期，还应给予指导、培养与考核，使其眼界进一步开阔，经验逐步丰富，成长为德才兼备、理论和实践兼能、技术和经济兼通、管理和组织兼行的项目经理。

总之，经过培养和锻炼，施工项目经理的工程专业知识和项目管理能力才能提高，才能承担重大项目的管理重任。

2. 施工项目经理知识素质培养内容

培养项目经理的管理知识应当包括：

（1）现代项目管理基本知识。重点是项目及项目管理的特点和规律、管理思想、管理程序、管理体制、组织机构、项目计划、项目范围、项目采购与合同、项目控制、项目沟通、风险管理等管理知识。

（2）项目管理技术知识。重点是项目经理的主要管理技术，包括网络计划技术、项目协调、行为科学、系统工程、价值工程、计算机技术、项目管理信息系统等技术知识。

培训方法可以是采用面授和网上远程教育等多种形式。系统讲授管理基本知识和管理技术；采用经验交流会或学术会议的方式进行经验交流，推广试点经验；重点参观学习先进经验；进行案例剖析；进行模拟训练，即模拟项目实际情况，模拟谈判场所等，让学员扮演角色亲历其境，处理其事，以接受锻炼。

（四）施工项目经理的工作内容

1. 施工项目经理的基本工作

施工项目经理的基本工作主要有三项：

（1）规划施工项目管理目标。施工项目经理应当对质量、工期、成本、安全等目标做出规划；应当组织项目经理班子成员对目标系统做出详细规划，绘制目标系统展开图，进行目标管理。这件事做得如何，从根本上决定了项目管理的效能，这是因为：

$$管理效能 = 目标方向 \times 工作效率$$

再者，确定了项目管理目标，就可以使员工的活动有了中心，拧到一股绳上。

（2）制定员工行为准则。就是建立合理而有效的项目管理制度，从而保证规划目标的实现。管理制度必须符合现代管理基本原理。特别是"系统原理"和"封闭原理"。管理制度必须面向全体职工，使他们乐意接受，以有利于推进规划目标的实现。但绝大多数由项目经理班子或执行机构制定，项目经理给予审批、督促和效果考核。项目经理亲自主持制定的制度，一个是岗位责任制，另一个是赏罚制度。

（3）选用人才。一个优秀的项目经理，必须下一番工夫去选择好项目经理班子成员及主要的业务人员。一个项目经理在选人时，首先要掌握"用最少的人干最多的事"的最基本效率原则，要选得其才，用得其能，置得其所。

2. 施工项目经理的经常性工作

(1) 决策。项目经理对重大决定必须按照完整的科学方法进行。但项目经理不需要包揽一切决策，只有如下两种情况要项目经理做出及时明确的决断：

一个是出现了非规范事件，即例外性事件，例如特别的合同变更，对某种特殊材料的购买，领导重要指示的执行决策等。

另一个是下级请示的重大问题，即涉及项目目标的全局性问题，项目经理要明确及时做出决断。项目经理可不直接回答下属问题，只直接回答下属提出建议。决策要及时、明确，不要模棱两可，更不可遇到问题绕着走。

(2) 沟通。项目经理必须经常深入实际，密切联系员工及相关人员和单位，这样才能获得信息、发现问题、搞好关系、排除障碍，便于开展领导工作。要把问题解决在当事人面前，把关键工作做在最恰当的时候。

(3) 实施合同。对合同中确定的各项目标的实现进行有效的协调与控制，协调各种关系，组织全体职工实现工期、质量、成本、安全、文明施工目标；利用合同工具搞好相关经营活动。

3. 施工项目经理责任制

由于项目经理对施工项目负有全面管理的责任，故对承包到手并签订了施工合同的施工项目，应建立以项目经理为首的管理系统，实行施工项目经理责任制。施工项目经理既是管理系统的中心，又是履行合同的主体。施工项目经理从施工项目开工到竣工验收及交付使用，进行全过程的管理，并在项目经理负责的前提下与企业签订项目管理目标责任书，实行成本核算，对费用、质量、工期、降低成本、安全、文明等各项目标负责。

项目经理责任制是企业制定的、以项目经理为责任主体，确保目标实现的责任制度。

(1) 施工项目经理责任制应贯彻的原则

第一，实事求是原则

"项目管理目标责任书"制定形式和指标确定是责任制的重要内容，企业应力求从施工项目管理的实际出发，做到以下几点：

1) 具有先进性，不搞"保险承包"。在指标的确定上，应以先进水平为标准，应避免"不费力、无风险、稳收入"的现象出现。

2) 具有合理性，不搞"一刀切"。不同的工程类型和施工条件，确定不同水平的指标，不同的职能人员实行不同的岗位责任制，减少分配不公现象。

3) 具有可行性，不追求形式。对因不可抗力而导致项目管理目标责任难以实施的，应及时调整，以使每个责任人既要感到有风险压力，又能充满成功的信念，避免"以包代保"、"以包代管"等现象。

第二，兼顾企业、项目经理和员工三者利益的原则

在项目经理责任制中，企业、项目经理和员工三者的根本利益是一致的。施工项目经理责任制既要把保证企业利益放在首位，又要维护项目经理和员工的正当利益，特别是在确定个人收入时，切实贯彻按劳分配、多劳多得的原则。

第三，责、权、利、效统一的原则

责、权、利、效的统一原则特别需要注意的是，必须把"效"（即企业的经济效益和社会效益）放在重要地位。因为虽尽到了责任，获得相应的权力和利益，不一定就必然会产生好的效益，责、权、利应围绕企业的整体效益来发挥作用。

（2）实施以施工项目为对象的责任制，本着"指标合理、责任明确、利益直接、考核严格、个人负责、全员管理、民主监督"的原则分配并承担责任。

六、培育发展工程总承包和工程项目管理企业

（一）推行工程总承包和工程项目管理的重要性和必要性

积极推行工程总承包和工程项目管理，是深化我国工程建设项目组织实施方式改革，提高工程建设管理水平，保证工程质量和投资效益，规范建筑市场秩序的重要措施；是勘察、设计、施工、监理企业调整经营结构，增强综合实力，加快与国际工程承包和管理方式接轨，适应社会主义市场经济发展和加入世界贸易组织后新形势的必然要求；是贯彻党的"走出去"的发展战略，积极开拓国际承包市场，带动我国技术、机电设备及工程材料的出口，促进劳务输出，提高我国企业国际竞争力的有效途径。

（二）工程总承包的基本概念和主要方式

工程总承包是指从事工程总承包的企业受业主委托，按照合同约定对工程项目的勘察、设计、采购、施工、试运行（竣工验收）等实行全过程或若干阶段的承包。

工程总承包企业按照合同约定对工程项目的质量、工期、造价等向业主负责。工程总承包企业可依法将所承包工程中的部分工作发包给具有相应资质的分包企业；分包企业按照分包合同的约定对总承包企业负责。

工程总承包主要有如下方式：

1. 设计采购施工（EPC）/交钥匙总承包

设计采购施工总承包是指工程总承包企业按照合同约定，承担工程项目的设计、采购、施工、试运行服务等工作，并对承包工程的质量、安全、工期、造价全面负责。

交钥匙总承包是设计采购施工总承包业务和责任的延伸，最终是向业主提交一个满足使用功能、具备使用条件的工程项目。

2. 设计—施工总承包（D—B）

设计—施工总承包是指工程总承包企业按照合同约定，承担工程项目设计和施工，并对承包工程的质量、安全、工期、造价全面负责。

根据工程项目的不同规模、类型和业主要求，工程总承包还可采用设计—采购总承包（E—P）、采购—施工总承包（P—C）等方式。

（三）工程项目管理的主要方式

1. 项目管理服务（PM）

项目管理服务是指工程项目管理企业按照合同约定，在工程项目决策阶段，为业主编制可行性研究报告，进行可行性分析和项目策划；在工程项目实施阶段，为业主提供招标代理、设计管理、采购管理、施工管理和试运行（竣工验收）等服务，代表业主对工程项目进行质量、安全、进度、费用、合同、信息等管理和控制。工程项目管理企业一般应按照合同约定承担相应的管理责任。

2. 项目管理承包（PMC）

项目管理承包是指工程项目管理企业按照合同约定，除完成项目管理服务（PM）的全部工作内容外，还可以负责完成合同约定的工程初步设计（基础工程设计）等工作。对于需要完成工程初步设计（基础工程设计）工作的工程项目管理企业，应当具有相应的工程设计资质。项目管理承包企业一般应当按照合同约定承担一定的管理风险和经济责任。

根据工程项目的不同规模、类型、风险大小和业主要求，还可采用其他项目管理方式。

（四）我国推行工程总承包和工程项目管理的措施

(1) 鼓励具有工程勘察、设计或施工总承包资质的勘察、设计和施工企业，通过改造和重组，建立与工程总承包业务相适应的组织机构、项目管理体系，充实项目管理专业人员，提高融资能力，发展成为具有设计、采购、施工（施工管理）综合功能的工程公司，在其勘察、设计或施工总承包资质等级许可的工程项目范围内开展工程总承包业务。

工程勘察、设计、施工企业也可以组成联合体对工程项目进行联合总承包。

(2) 鼓励具有工程勘察、设计、施工、监理资质的企业，通过建立与工程项目管理业务相适应的组织机构、项目管理体系，充实项目管理专业人员，按照有关资质管理规定在其资质等级许可的工程项目范围内开展相应的工程项目管理业务。

(3) 打破行业界限，允许工程勘察、设计、施工、监理等企业，按照有关规定申请取得其他相应资质。

(4) 工程总承包企业可以接受业主委托，按照合同约定承担工程项目管理业务，但不应在同一个工程项目上同时承担工程总承包和工程项目管理业务，也不应与承担工程总承包或者工程项目管理业务的另一方企业有隶属关系或者其他利害关系。

(5) 对于依法必须实行监理的工程项目，具有相应监理资质的工程项目管理企业受业主委托进行项目管理，业主可不再另行委托工程监理，该工程项目管理企业依法行使监理权利，承担监理责任；没有相应监理资质的工程项目管理企业受业主委托进行项目管理，业主应当委托监理。

(6) 各级建设行政主管部门要加强与有关部门的协调，使有关融资、担保、税收等方面的政策落实到重点扶持发展的工程总承包企业和工程项目管理企业，增强其国际竞争实力，积极开拓国际市场。

鼓励大型设计、施工、监理等企业与国际大型工程公司以合资或合作的方式，组建国际型工程公司或项目管理公司，参加国际竞争。

(7) 提倡具备条件的建设项目，采用工程总承包、工程项目管理方式组织建设。

鼓励有投融资能力的工程总承包企业，对具备条件的工程项目，根据业主的要求，按照建设—转让（BT）、建设—经营—转让（BOT）、建设—拥有—经营（BOO）、建设—拥有—经营—转让（BOOT）等方式组织实施。

(8) 充分发挥行业协会和高等院校的作用，进一步开展工程总承包和工程项目管理的专业培训，培养工程总承包和工程项目管理的专业人才，适应国内外工程建设的市场需要。有条件的行业协会、高等院校和企业等，要加强对工程总承包和工程项目管理的理论研究，开发工程项目管理软件，促进我国工程总承包和工程项目管理水平的提高。

第三节 施工项目管理规划与施工组织设计

一、施工项目管理规划概述

（一）施工项目管理规划的种类

1. 施工项目管理规划大纲（或称"标前设计"）。它是项目管理工作中具有战略性、全面性和客观性的指导文件，它由组织的管理层或组织委托的项目管理单位编制。大型和群体工程的施工组织总设计也属此类。

2. 施工项目管理实施规划（或称"标后设计"）。它对项目管理规划大纲进行细化，使其具有可操作性。项目管理实施规划由项目经理组织编制。

（二）施工项目管理实施规划与施工组织设计和质量计划的关系

大中型项目应单独编制项目管理实施规划。承包人的项目管理实施规划可以用施工组织设计或质量计划代替，但应能满足项目管理实施规划的要求。这就要求注意三者的相容性，避免重复性的工作。

不论称为施工组织设计或质量计划，都应按项目管理规划的内容要求进行编制。施工组织总设计可参照施工项目管理规划大纲编制；单位工程施工组织设计可参照施工项目管理实施规划编制。

（三）施工项目管理规划大纲

1. 施工项目管理规划大纲的性质

施工项目管理规划大纲是项目管理工作中具有战略性、全面性和宏观性的指导文件。所谓战略性，主要指其内容高屋建瓴，具有原则、长期、长效的指导作用。所谓全面性，是指它所考虑的是项目的整体管理而不是某一部分或局部，是全过程而不是某个阶段的。所谓宏观性，是指该规划涉及客观环境、内部管理、相关组织的关系、项目实施等，都是重要的、关键的、大范围的，而不是微观的。

2. 施工项目管理规划大纲的作用

（1）作为编制投标文件的战略指导与依据。

（2）在投标、合同谈判和签订合同中贯彻执行。

（3）作为中标后编制施工项目管理实施规划的依据。

3. 施工项目管理规划大纲的编制依据

施工项目管理规划大纲的编制依据如下：

（1）招标文件（含设计文件、标准、规范与有关规定等）及发包人对招标文件的解释

招标文件是编制项目管理规划大纲的最重要依据。在招标过程中，发包人常会以补充、说明的形式修改、补充招标文件的内容；在标前会议上发包人也会对承包人提出的问题，对招标文件不理解的地方进行解释。承包人在规划大纲的编写过程中一定要注意这些修改、变更和解释。

（2）招标文件的分析。

对在招标文件分析中发现的问题、矛盾、错误和不理解的地方应及早向发包人（或监理工程师）提出，由监理工程师给予解释。这对承包人正确地编制规划大纲和投标文件是十分重要的。

（3）工程现场的环境调查。

调查要求如下：

1）环境调查应有计划、有系统地进行，在调查前可以列出调查提纲。

2）由于投标过程中时间和费用的限制，在这个阶段环境调查不可能十分细致和深入，主要着眼于对施工方案、合同的执行、实施合同成本有重大影响的环境因素。

3）充分利用企业的信息网络系统和以前曾获得的信息。

4）在施工项目的投标和执行过程中，环境调查和跟踪是一个持续的、不断细化的

过程。

(4) 发包人提供的工程信息和资料。

发包人提供的工程信息资料包括勘探资料。按照施工合同条件的规定承包人对发包人提供的资料的解释负责。虽然发包人对他所提供的资料的正确性承担责任，但承包人应对它们作基本的分析，检查它们的准确性。发现有明显的错误，应及时通知发包人。

(5) 有关本工程投标的竞争信息。

参加投标竞争的承包人的数量、这些投标人的基本情况、本企业与这些投标人在本项目上的竞争力分析和比较等，都属于有关工程投标的竞争信息。

(6) 承包人对本工程投标和进行工程施工的总体战略。

施工项目管理规划大纲必须体现承包人的发展战略、总的经营方针和策略。包括：

1) 企业在项目所在地以及项目所涉及的领域的发展战略。

2) 项目在企业经营中的地位，项目的成败对将来经营的影响，如是否是创牌子工程、是否是形象工程。

3) 发包人的基本情况，如信用、管理能力和水平、发包人的后续工程情况等。

4. 施工项目管理规划大纲的内容

施工项目管理规划大纲的内容包括：施工项目概况；施工项目范围管理规划；施工项目管理目标规划；施工项目管理组织规划；施工项目成本管理规划；施工项目进度管理规划；施工项目质量管理规划；施工项目职业健康安全与环境管理规划；施工项目采购与资源管理规划；施工项目信息管理规划；施工项目沟通管理规划；施工项目风险管理规划；施工项目收尾管理规划。

(四) 施工项目管理实施规划

1. 施工项目管理实施规划的作用

施工项目管理实施规划应作为整个工程施工管理的执行计划，作为施工项目的管理规范。在施工过程中它还要做进一步的分解，由施工项目经理、经理部各部门和各工程分区负责人、分包人，在施工项目的各阶段中执行。它比施工项目管理规划大纲更具体、更细致，更注重操作性。

2. 施工项目管理实施规划的编制过程

(1) 工程施工合同和施工条件分析。

(2) 确定施工项目管理实施规划的目录及框架。

(3) 分工编写。施工项目管理实施规划必须按照专业和管理职能分别由施工项目经理部的各部门（或各职能人员）编写。有时需要承包人的工程分区负责人、企业管理层的一些职能部门参与。

(4) 汇总协调。由施工项目经理协调上述各部门（人员）的编写工作，给他们以指导，最后由施工项目经理汇总编写内容，形成初稿。

(5) 统一审查。企业管理层出于对施工项目控制的需要必须对施工项目管理实施规划进行审查，并在执行过程中进行监督和跟踪。审查、监督和跟踪具体工作可由企业管理层的职能部门（如总工程师办公室）负责。

(6) 修改定稿。

(7) 报批。由企业领导批准施工项目管理实施规划，它将作为一份有约束力的施工项目管理文件，不仅对施工项目经理部有效，而且对相关的各个职能部门有效。

3. 施工项目管理实施规划编制要求

（1）施工项目管理实施规划应在企业管理层的领导下由项目经理组织编写，并监督其执行。在编写中应符合现代项目管理的要求。

（2）它的编制应符合施工合同和施工项目管理规划大纲的要求。

从获得招标文件签订施工合同到现场开工，承包人所掌握的信息量不断增加，承包人的经营战略、策略也可能有修改。施工项目管理实施规划应反映这些变化。但如果施工项目管理实施规划对规划大纲有重大的或原则性的修改，应报请企业相关权力部门（人员）批准。

（3）编写完成后先经企业管理层批准并备案，然后送达发包人和/或监理机构认可。

4. 编制施工项目管理实施规划的依据

（1）施工项目管理规划大纲。

（2）企业与施工项目经理部签订的"项目管理目标责任书"。该文件规定着项目经理的责任、权力、利益、施工项目的目标管理过程、企业管理层与项目经理部之间工作关系等。

（3）工程施工合同及其相关文件。

（4）施工项目经理部的自身条件及管理水平。

（5）施工项目经理部掌握的新的其他信息。

5. 施工项目管理实施规划的内容

施工项目管理实施规划的内容包括：工程概况；施工部署；施工项目管理组织方案；施工方案；资源供应计划；施工准备工作计划；施工平面图；施工技术组织措施计划；施工项目风险管理计划；技术经济指标计算与分析。

二、施工组织设计概述

（一）施工组织设计的概念

1. 施工组织设计的定义

施工组织设计是以施工项目为对象编制的，用以指导施工的技术、经济和管理的综合性文件。

该定义说明，施工组织设计的编制对象是施工项目，施工项目分为单体项目和群体项目；施工组织设计的性质是综合文件，其内容应涵盖技术、经济和管理三个方面；施工组织设计的作用是用以指导施工项目的技术工作、经济工作和项目管理工作。

根据《建设工程施工项目管理规范》的规定，施工组织设计可以代替承包人的施工项目管理实施规划，并应满足施工项目管理实施规划的要求。

2. 施工组织设计的分类

施工组织设计按照编制对象的不同可分为四类：

（1）施工组织纲要。它是工程施工项目招标投标阶段，投标单位根据招标文件、设计文件及工程特点编制的有关施工组织的纲要性文件，即投标文件中的技术标。在项目管理规划文件中，施工组织纲要可以代替施工项目管理规划大纲。

（2）施工组织总设计。它是以多个单位工程组成的群体工程或特大型项目为主要对象编制的施工组织设计，对整个项目的施工过程起统筹规划、重点控制的作用。

根据工程的不同类型，国家对大中型工程项目的规模有专门的规定标准。大型房屋建筑工程标准如下：

1) 25层以上的房屋建筑工程；

2) 高度100m及以上的构筑物或建筑物工程；

3) 单体建筑面积3万m^2以上的房屋建筑工程；

4) 单跨跨度30m及以上的房屋建筑工程；

5) 建筑面积10万m^2及以上的住宅小区或建筑群体工程；

6) 单项建安合同额1亿元及以上的房屋建筑工程。

需要编制施工组织总设计的特大型建筑工程，其规模应当超过上述大型建筑工程的标准，通常需要分期分批建设。

(3) 单位工程施工组织设计。它是以单位（子单位）工程为主要对象编制的施工组织设计，对单位（子单位）工程的施工过程起指导和制约作用。

单位工程和子单位工程的划分原则按照《建筑工程施工质量验收统一标准》执行（见第七章第二节"三"）。已经编制了施工组织总设计的项目，单位工程施工组织设计应是施工组织总设计的具体化，直接指导单位工程的施工管理和技术经济活动。

(4) 施工方案。它是以分部（分项）工程或专项工程为对象编制的施工技术与组织方案，以具体指导其施工过程。

施工方案是施工组织设计的进一步细化，也是施工组织设计的补充，施工组织设计的某些内容在施工方案中不需赘述。

国务院规定，对下列达到一定规模的危险性较大的分部（分项）工程编制专项施工方案，并附具安全验算结果：

1) 基坑支护与降水工程；

2) 土方开挖工程；

3) 模板工程；

4) 起重吊装工程；

5) 脚手架工程；

6) 拆除爆破工程；

7) 国务院建设行政主管部门规定或其他危险性较大的工程。

(二) 施工组织设计的编制应遵循的原则

(1) 符合施工合同或招标文件中有关工程进度、质量、安全、环境保护、造价等方面的要求。

(2) 积极开发、使用新技术和新工艺，推广应用新材料和新设备。

(3) 坚持科学的施工程序和合理的施工顺序，采用流水施工和网络计划等方法，科学配置资源，合理布置现场，采取季节性措施，实现均衡施工，达到合理的技术经济指标。

(4) 采取技术和管理措施，推广建筑节能和绿色施工。

(5) 与质量、环境和职业健康安全三个管理体系有效结合。为保证持续满足过程能力和质量保证的要求，国家鼓励企业执行质量、环境和职业健康安全管理体系的认证制度，建立企业管理体系文件，编制施工组织设计时，不应违背管理体系文件的要求。

（三）施工组织设计的编制依据

施工组织设计的编制依据包括下列内容：

（1）与工程建设有关的法律、法规和文件。

（2）国家和地方现行有关标准和技术经济指标。

（3）工程所在地区行政主管部门的批准文件，建设单位对施工的要求。

（4）工程施工合同或招标投标文件。

（5）工程设计文件。

（6）工程施工范围内的现场条件，工程地质及水文地质、气象等自然条件。

（7）与工程有关的资源供应情况。

（8）施工企业的生产能力、机具设备状况、技术水平等。

（四）施工组织设计的基本内容

施工组织设计应包括下列基本内容：

（1）编制依据。

（2）工程概况。

（3）项目管理组织机构。指施工单位为完成施工项目建立的项目施工管理机构、项目管理组织或项目团队（项目经理部）。

（4）施工部署。指对项目实施过程做出的统筹规划和全面安排，包括项目施工主要目标、施工顺序及空间组织、施工组织安排等。施工部署是施工组织设计的纲领性内容，其他施工组织设计的内容都应该围绕施工部署的原则编制。

（5）施工进度计划。指为实现项目设定的工期目标，对各项施工过程的施工顺序、起止时间和相互衔接关系所做的统筹策划和安排。

（6）施工准备与资源配置计划。施工准备是在项目施工前为保证施工及管理进行所需要的主要条件的筹备和提供。施工资源指为完成施工项目所需要的人力、物资等生产要素。

（7）主要施工方法。施工方法主要是指技术方法，也可包括必要的组织管理方法。

（8）施工现场平面布置。指在施工用地范围内对各项生产、生活设施及其他辅助设施等进行的规划和布置。

（9）主要施工管理计划。它是为完成施工项目管理目标而编制的管理计划，包括：进度管理计划、质量管理计划、安全管理计划、环境管理计划、成本管理计划等。

（五）施工组织设计的编制职责和审批职权

（1）施工组织设计由项目负责人主持编制，可一次编制和审批，也可根据需要分阶段编制和审批。

（2）施工组织总设计由总承包单位技术负责人审批。

（3）单位工程施工组织设计应由施工单位技术负责人或技术负责人授权的技术人员审批。

（4）施工方案由项目技术负责人审批。

（5）重点、难点分部（分项）工程和专项施工方案由施工单位技术部门组织相关专家评审，施工单位技术负责人批准。

（6）由专业承包单位施工的分部（分项）工程或专项工程的施工方案，由专业承包单位技术负责人或技术负责人授权的技术人员审批;有总承包单位时,由总承包单位项目技术负责人核准备案。

(7) 规模较大的分部(分项)工程和专项工程的施工方案,按单位工程施工组织设计进行编制和审批。

(8) 专项施工方案及其安全验算结果,经施工单位技术负责人、总监理工程师签字后实施。深基坑工程、地下暗挖工程、高大模板工程的专项施工方案,施工单位还应当组织专家进行论证审查。

(9) 经过修改或补充的施工组织设计,原则上需经原审批级别重新审批。

(六) 施工组织设计的动态管理

(1) 在项目施工过程中,发生下列情况之一时,应该及时修改或补充施工组织设计:

1) 工程设计有重大修改。如地基基础或主体结构的形式发生变化,装修材料或做法发生重大变化,机电设备系统发生大的调整,需要对施工组织设计进行修改;对工程设计图纸的一般性修改,视变化情况对施工组织设计进行补充;对工程设计图纸的细微修改或更正,施工组织设计则不需调整。

2) 有关法律、法规、规范和标准实施、修订和废止。

3) 主要施工方法有重大调整。

4) 主要施工资源配置有重大调整,对施工进度、质量、安全、环境、造价等造成潜在的重大影响时。

5) 施工环境有重大改变,如施工延期造成季节性施工方法变化,施工场地变化造成现场布置和施工方式改变等,致使原来的施工组织设计已不能正确地指导施工。

(2) 经修改或补充的施工组织设计应重新审批后才能付诸实施。

(3) 项目施工前,要对施工组织设计进行逐级交底;项目施工过程中,要对施工组织设计的执行情况进行检查、分析并适时调整。

(4) 竣工验收后,应按照建设工程资料归档的有关规定归档。

三、施工准备工作的组织

(一) 施工准备工作的任务

建设准备(施工准备)是建设程序的阶段之一,联结设计和施工两大阶段,是取得良好建设效果的关键步骤之一。加强施工准备可以降低施工风险,使工程顺利开工和施工。施工准备工作的基本任务是为工程开工和连续施工创造一切必备条件。具体任务如下:

1. 取得工程施工的法律依据

工程施工需要的法律依据有计划的、规划的、经济的、行政的、交通的、公用事业的和环境保护的等。取得有关法律依据,既是守法之需,又可取得有关方面的支持。

2. 掌握工程的特点与关键

要认真分析研究拟建工程的特点,抓住关键,采取相应措施,保证顺利施工。

3. 调查并创造施工条件

施工条件有社会条件、投资条件、经济条件、技术条件、自然条件、地质条件、场地条件、资源条件。通过周密调查,掌握现状,排除不利条件,创造有利条件,使各方面的条件均能满足施工需要。

4. 对施工中的风险及可能发生的变化进行预测

由于施工复杂和工期长,必然会有许多风险和变化。通过预测做到心中有底,以便采取措施,进行风险管理,加强计划性,做好应变准备,从而减少损失。

(二)施工准备工作的内容

施工准备工作的范围包括两个方面:一是阶段性施工准备,是指开工前的各项施工准备工作,它带有全局性。没有这一阶段的准备,工程既不能顺利开工,更做不到连续施工,大型工程更是如此。二是工程作业条件的施工准备,它是为某一个单位工程,或某一个施工阶段,或某个分部分项工程,或某个施工环节所做的施工准备,是局部性的,也是经常性的。一般说来,冬雨季施工准备属于作业条件施工准备。了解了施工准备工作包含的这两个范围,我们就要对施工准备工作在时间上、内容上、步骤上进行合理安排,既要重视开工前的准备,又要重视施工中的准备,两方面的工作都要做好。要做到:条件具备再开工;准备充分再作业;不搞无准备的施工。

每项工程施工准备工作的内容,视该工程本身及其具备的条件而异。有的比较简单,有的却十分复杂:如只有一个单项工程的施工项目和包含多个单项工程的群体项目,一般小型项目和规模庞大的大中型项目,新建项目和改扩建项目,在未开发地区兴建的项目和在已开拓因而所需各种条件大多已具备的地区的项目等,都因工程的特殊需要和条件,按照施工项目的规划来确定准备工作的内容,并拟订具体的、分阶段的施工准备工作实施计划,才能充分而又恰如其分地为施工创造一切必要条件。一般工程必须的准备工作内容见图2-13所示,具体阐述如后。

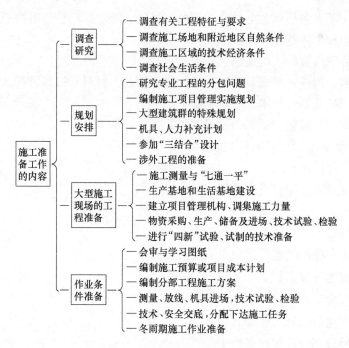

图2-13 施工准备工作的内容系统图

1. 调查研究

(1) 调查有关项目特征与要求

1) 向建设单位和主管设计单位了解并取得可行性研究报告、工程地址选择、初步设计等文件。

2) 了解设计规模、工艺特点、工艺流程、设备特点及来源。

3) 摸清对工程分期、分批施工及配套交付使用的顺序要求，交付图纸的时间，工程施工的质量要求和技术难点。

(2) 调查施工场地及附近地区自然条件。包括：地形与环境条件，地质条件，地震级别，工程水文地质情况，气象条件。

(3) 调查施工区域的技术经济条件，包括：当地水、电、蒸汽的供应条件，交通运输条件，地方材料供应情况和当地协作条件，国拨材料和主要设备的供应条件。

(4) 社会生活条件调查。包括：周围可为施工利用的房屋情况，附近的机关、企业、居民分布状况，生活习惯和交通情况，主副食供应、医疗、商业、邮电、治安条件等。

2. 规划安排

(1) 专业工程分包。

(2) 编制施工项目管理实施规划。

(3) 场地土石方工程及其调配，道路，水电供应，排水系统工程规划，生产、生活条件建设规划，添置设备计划，人力招聘规划等。

(4) 参加施工图"三结合"设计。

(5) 涉外谈判，翻译的培训等。

3. 大型施工现场的工程准备

(1) 施工测量。

(2) "七通一平"。包括水、电、路、蒸汽与煤气、邮电、广播与电视通，场地平整。

(3) 生产基地和生活基地建设。

(4) 建立项目管理机构，调集施工力量。

(5) 组织材料、构件、半成品的订货、生产、储备，材料和机具进场。

(6) 材料、半成品等的技术试验及检验。

(7) 进行"四新"试验、试制的技术准备。

4. 单位工程和分部工程作业条件的准备

(1) 会审与学习图纸。

(2) 编制施工预算或项目成本计划。

(3) 编制分部工程施工方案。

(4) 建筑物的定位、放线、引入水准控制点。

(5) 单位工程和分部工程所用物资陆续进场。

(6) 搭设必要的暂设工程。

(7) 技术、安全交底。

(8) 分配与下达分项施工任务。

(9) 做好前后分部分项工程交接工作。

(10) 冬雨期施工作业准备。

(三) 施工准备工作计划与控制

(1) 施工准备工作计划表见表2-1。由于施工准备工作繁杂，故提倡编制网络计划以明确各项工作之间的关系，进行时间与进度控制。

施工准备工作计划表 表 2-1

序号	项目	施工准备工作内容	要求	负责单位(人)	涉及单位	要求完成日期	备注

(2) 建立严格、明确的施工准备工作责任制，由项目经理全权负责。

(3) 建立施工准备工作检查制度，检查准备工作计划的完成情况。

(4) 坚持按建设程序办事，实行开工报告和审批制度。

(5) 施工准备工作必须贯穿于施工全过程。

(6) 多方争取协作单位的大力支持。

附件二

《建筑施工组织设计规范》
GB/T 50502—2009
（节录）

3 基本规定

3.0.1 施工组织设计按编制对象，可分为施工组织总设计、单位工程施工组织设计和施工方案。

3.0.2 施工组织设计的编制必须遵循工程建设程序，并应符合下列原则：

　　1 符合施工合同或招标文件中有关工程进度、质量、安全、环境保护、造价等方面的要求；

　　2 积极开发、使用新技术和新工艺，推广应用新材料和新设备；

　　3 坚持科学的施工程序和合理的施工顺序，采用流水施工和网络计划等方法，科学配置资源，合理布置现场，采取季节性施工措施，实现均衡施工，达到合理的经济技术指标；

　　4 采取技术和管理措施，推广建筑节能和绿色施工；

　　5 与质量、环境和职业健康安全三个管理体系有效结合。

3.0.3 施工组织设计应以下列内容作为编制依据：

　　1 与工程建设有关的法律、法规和文件；

　　2 国家现行有关标准和技术经济指标；

　　3 工程所在地区行政主管部门的批准文件，建设单位对施工的要求；

　　4 工程施工合同或招标投标文件；

　　5 工程设计文件；

　　6 工程施工范围内的现场条件，工程地质及水文地质、气象等自然条件；

　　7 与工程有关的资源供应情况；

　　8 施工企业的生产能力、机具设备状况、技术水平等。

3.0.4 施工组织设计应包括编制依据、工程概况、施工部署、施工进度计划、施工准备与资源配置计划、主要施工方法、施工现场平面布置及主要施工管理计划等基本内容。

3.0.5 施工组织设计的编制和审批应符合下列规定：

　　1 施工组织设计应由项目负责人主持编制，可根据需要分阶段编制和审批；

　　2 施工组织总设计应由总承包单位技术负责人审批；单位工程施工组织设计应由施工单位技术负责人或技术负责人授权的技术人员审批；施工方案应由项目技术负责人审批；重点、难点分部（分项）工程和专项工程施工方案应由施工单位技术部门组织相关专家评审，施工单位技术负责人批准；

　　3 由专业承包单位施工的分部（分项）工程或专项工程的施工方案，应由专业承包单位技术负责人或技术负责人授权的技术人员审批；有总承包单位时，应由总承包单位项目技术负责人核准备案；

4 规模较大的分部（分项）工程和专项工程的施工方案应按单位工程施工组织设计进行编制和审批。

3.0.6 施工组织设计应实行动态管理，并符合下列规定：

1 项目施工过程中，发生以下情况之一时，施工组织设计应及时进行修改或补充：

1）工程设计有重大修改；

2）有关法律、法规、规范和标准实施、修订和废止；

3）主要施工方法有重大调整；

4）主要施工资源配置有重大调整；

5）施工环境有重大改变。

2 经修改或补充的施工组织设计应重新审批后实施；

3 项目施工前，应进行施工组织设计逐级交底；项目施工过程中，应对施工组织设计的执行情况进行检查、分析并适时调整。

3.0.7 施工组织设计应在工程竣工验收后归档。

4 施工组织总设计

4.1 工程概况

4.1.1 工程概况应包括项目主要情况和项目主要施工条件等。

4.1.2 项目主要情况应包括下列内容:
   1 项目名称、性质、地理位置和建设规模;
   2 项目的建设、勘察、设计和监理等相关单位的情况;
   3 项目设计概况;
   4 项目承包范围及主要分包工程范围;
   5 施工合同或招标文件对项目施工的重点要求;
   6 其他应说明的情况。

4.1.3 项目主要施工条件应包括下列内容:
   1 项目建设地点气象状况;
   2 项目施工区域地形和工程水文地质状况;
   3 项目施工区域地上、地下管线及相邻的地上、地下建(构)筑物情况;
   4 与项目施工有关的道路、河流等状况;
   5 当地建筑材料、设备供应和交通运输等服务能力状况;
   6 当地供电、供水、供热和通信能力状况;
   7 其他与施工有关的主要因素。

4.2 总体施工部署

4.2.1 施工组织总设计应对项目总体施工做出下列宏观部署:
   1 确定项目施工总目标,包括进度、质量、安全、环境和成本等目标;
   2 根据项目施工总目标的要求,确定项目分阶段(期)交付的计划;
   3 确定项目分阶段(期)施工的合理顺序及空间组织。

4.2.2 对于项目施工的重点和难点应进行简要分析。

4.2.3 总承包单位应明确项目管理组织机构形式,并宜采用框图的形式表示。

4.2.4 对于项目施工中开发和使用的新技术、新工艺应做出部署。

4.2.5 对主要分包项目施工单位的资质和能力应提出明确要求。

4.3 施工总进度计划

4.3.1 施工总进度计划应按照项目总体施工部署的安排进行编制。

4.3.2 施工总进度计划可采用网络图或横道图表示,并附必要说明。

4.4 总体施工准备与主要资源配置计划

4.4.1 总体施工准备应包括技术准备、现场准备和资金准备等。

4.4.2 技术准备、现场准备和资金准备应满足项目分阶段（期）施工的需要。
4.4.3 主要资源配置计划应包括劳动力配置计划和物资配置计划等。
4.4.4 劳动力配置计划应包括下列内容：
 1 确定各施工阶段（期）的总用工量；
 2 根据施工总进度计划确定各施工阶段（期）的劳动力配置计划。
4.4.5 物资配置计划应包括下列内容：
 1 根据施工总进度计划确定主要工程材料和设备的配置计划；
 2 根据总体施工部署和施工总进度计划确定主要施工周转材料和施工机具的配置计划。

4.5 主要施工方法

4.5.1 施工组织总设计应对项目涉及的单位（子单位）工程和主要分部（分项）工程所采用的施工方法进行简要说明。
4.5.2 对脚手架工程、起重吊装工程、临时用水用电工程、季节性施工等专项工程所采用的施工方法应进行简要说明。

4.6 施工总平面布置

4.6.1 施工总平面布置应符合下列原则：
 1 平面布置科学合理，施工场地占用面积少；
 2 合理组织运输，减少二次搬运；
 3 施工区域的划分和场地的临时占用应符合总体施工部署和施工流程的要求，减少相互干扰；
 4 充分利用既有建（构）筑物和既有设施为项目施工服务，降低临时设施的建造费用；
 5 临时设施应方便生产和生活，办公区、生活区和生产区宜分离设置；
 6 符合节能、环保、安全和消防等要求；
 7 遵守当地主管部门和建设单位关于施工现场安全文明施工的相关规定。
4.6.2 施工总平面布置图应符合下列要求：
 1 根据项目总体施工部署，绘制现场不同施工阶段（期）的总平面布置图；
 2 施工总平面布置图的绘制应符合国家相关标准要求并附必要说明。
4.6.3 施工总平面布置图应包括下列内容：
 1 项目施工用地范围内的地形状况；
 2 全部拟建的建（构）筑物和其他基础设施的位置；
 3 项目施工用地范围内的加工设施、运输设施、存贮设施、供电设施、供水供热设施、排水排污设施、临时施工道路和办公、生活用房等；
 4 施工现场必备的安全、消防、保卫和环境保护等设施；
 5 相邻的地上、地下既有建（构）筑物及相关环境。

5 单位工程施工组织设计

5.1 工程概况

5.1.1 工程概况应包括工程主要情况、各专业设计简介和工程施工条件等。

5.1.2 工程主要情况应包括下列内容：
   1 工程名称、性质和地理位置；
   2 工程的建设、勘察、设计、监理和总承包等相关单位的情况；
   3 工程承包范围和分包工程范围；
   4 施工合同、招标文件或总承包单位对工程施工的重点要求；
   5 其他应说明的情况。

5.1.3 各专业设计简介应包括下列内容：
   1 建筑设计简介应依据建设单位提供的建筑设计文件进行描述，包括建筑规模、建筑功能、建筑特点、建筑耐火、防水及节能要求等，并应简单描述工程的主要装修做法；
   2 结构设计简介应依据建设单位提供的结构设计文件进行描述，包括结构形式、地基基础形式、结构安全等级、抗震设防类别、主要结构构件类型及要求等；
   3 机电及设备安装专业设计简介应依据建设单位提供的各相关专业设计文件进行描述，包括给水、排水及采暖系统、通风与空调系统、电气系统、智能化系统、电梯等各个专业系统的做法要求。

5.1.4 工程施工条件应参照本规范第4.1.3条所列主要内容进行说明。

5.2 施工部署

5.2.1 工程施工目标应根据施工合同、招标文件以及本单位对工程管理目标的要求确定，包括进度、质量、安全、环境和成本等目标。各项目标应满足施工组织总设计中确定的总体目标。

5.2.2 施工部署中的进度安排和空间组织应符合下列规定：
   1 工程主要施工内容及其进度安排应明确说明，施工顺序应符合工序逻辑关系；
   2 施工流水段应结合工程具体情况分阶段进行划分；单位工程施工阶段的划分一般包括地基基础、主体结构、装修装饰和机电设备安装三个阶段。

5.2.3 对于工程施工的重点和难点应进行分析，包括组织管理和施工技术两个方面。

5.2.4 工程管理的组织机构形式应按照本规范第4.2.3条的规定执行，并确定项目经理部的工作岗位设置及其职责划分。

5.2.5 对于工程施工中开发和使用的新技术、新工艺应做出部署，对新材料和新设备的使用应提出技术及管理要求。

5.2.6 对主要分包工程施工单位的选择要求及管理方式应进行简要说明。

5.3 施工进度计划

5.3.1 单位工程施工进度计划应按照施工部署的安排进行编制。

5.3.2 施工进度计划可采用网络图或横道图表示,并附必要说明;对于工程规模较大或较复杂的工程,宜采用网络图表示。

5.4 施工准备与资源配置计划

5.4.1 施工准备应包括技术准备、现场准备和资金准备等。

1 技术准备应包括施工所需技术资料的准备、施工方案编制计划、试验检验及设备调试工作计划、样板制作计划等;

1) 主要分部(分项)工程和专项工程在施工前应单独编制施工方案,施工方案可根据工程进展情况,分阶段编制完成;对需要编制的主要施工方案应制定编制计划;

2) 试验检验及设备调试工作计划应根据现行规范、标准中的有关要求及工程规模、进度等实际情况制定;

3) 样板制作计划应根据施工合同或招标文件的要求并结合工程特点制定。

2 现场准备应根据现场施工条件和工程实际需要,准备现场生产、生活等临时设施。

3 资金准备应根据施工进度计划编制资金使用计划。

5.4.2 资源配置计划应包括劳动力配置计划和物资配置计划等。

1 劳动力配置计划应包括下列内容:

1) 确定各施工阶段用工量;

2) 根据施工进度计划确定各施工阶段劳动力配置计划。

2 物资配置计划应包括下列内容:

1) 主要工程材料和设备的配置计划应根据施工进度计划确定,包括各施工阶段所需主要工程材料、设备的种类和数量;

2) 工程施工主要周转材料和施工机具的配置计划应根据施工部署和施工进度计划确定,包括各施工阶段所需主要周转材料、施工机具的种类和数量。

5.5 主要施工方案

5.5.1 单位工程应按照《建筑工程施工质量验收统一标准》GB 50300 中分部、分项工程的划分原则,对主要分部、分项工程制定施工方案。

5.5.2 对脚手架工程、起重吊装工程、临时用水用电工程、季节性施工等专项工程所采用的施工方案应进行必要的验算和说明。

5.6 施工现场平面布置

5.6.1 施工现场平面布置图应参照本规范第4.6.1条和第4.6.2条的规定并结合施工组织总设计,按不同施工阶段分别绘制。

5.6.2 施工现场平面布置图应包括下列内容:

1 工程施工场地状况;

2 拟建建(构)筑物的位置、轮廓尺寸、层数等;

3 工程施工现场的加工设施、存贮设施、办公和生活用房等的位置和面积；
4 布置在工程施工现场的垂直运输设施、供电设施、供水供热设施、排水排污设施和临时施工道路等；
5 施工现场必备的安全、消防、保卫和环境保护等设施；
6 相邻的地上、地下既有建（构）筑物及相关环境。

6 施工方案

6.1 工程概况

6.1.1 工程概况应包括工程主要情况、设计简介和工程施工条件等。
6.1.2 工程主要情况应包括：分部（分项）工程或专项工程名称，工程参建单位的相关情况，工程的施工范围，施工合同、招标文件或总承包单位对工程施工的重点要求等。
6.1.3 设计简介应主要介绍施工范围内的工程设计内容和相关要求。
6.1.4 工程施工条件应重点说明与分部（分项）工程或专项工程相关的内容。

6.2 施工安排

6.2.1 工程施工目标包括进度、质量、安全、环境和成本等目标，各项目标应满足施工合同、招标文件和总承包单位对工程施工的要求。
6.2.2 工程施工顺序及施工流水段应在施工安排中确定。
6.2.3 针对工程的重点和难点，进行施工安排并简述主要管理和技术措施。
6.2.4 工程管理的组织机构及岗位职责应在施工安排中确定，并应符合总承包单位的要求。

6.3 施工进度计划

6.3.1 分部（分项）工程或专项工程施工进度计划应按照施工安排，并结合总承包单位的施工进度计划进行编制。
6.3.2 施工进度计划可采用网络图或横道图表示，并附必要说明。

6.4 施工准备与资源配置计划

6.4.1 施工准备应包括下列内容：
  1 技术准备：包括施工所需技术资料的准备、图纸深化和技术交底的要求、试验检验和测试工作计划、样板制作计划以及与相关单位的技术交接计划等；
  2 现场准备：包括生产、生活等临时设施的准备以及与相关单位进行现场交接的计划等；
  3 资金准备：编制资金使用计划等。
6.4.2 资源配置计划应包括下列内容：
  1 劳动力配置计划：确定工程用工量并编制专业工种劳动力计划表；
  2 物资配置计划：包括工程材料和设备配置计划、周转材料和施工机具配置计划以及计量、测量和检验仪器配置计划等。

6.5 施工方法及工艺要求

6.5.1 明确分部（分项）工程或专项工程施工方法并进行必要的技术核算，对主要分项工程（工序）明确施工工艺要求。

6.5.2 对易发生质量通病、易出现安全问题、施工难度大、技术含量高的分项工程（工序）等应做出重点说明。

6.5.3 对开发和使用的新技术、新工艺以及采用的新材料、新设备应通过必要的试验或论证并制定计划。

6.5.4 对季节性施工应提出具体要求。

7 主要施工管理计划

7.1 一般规定

7.1.1 施工管理计划应包括进度管理计划、质量管理计划、安全管理计划、环境管理计划、成本管理计划以及其他管理计划等内容。

7.1.2 各项管理计划的制定,应根据项目的特点有所侧重。

7.2 进度管理计划

7.2.1 项目施工进度管理应按照项目施工的技术规律和合理的施工顺序,保证各工序在时间上和空间上顺利衔接。

7.2.2 进度管理计划应包括下列内容:

　　1 对项目施工进度计划进行逐级分解,通过阶段性目标的实现保证最终工期目标的完成;

　　2 建立施工进度管理的组织机构并明确职责,制定相应管理制度;

　　3 针对不同施工阶段的特点,制定进度管理的相应措施,包括施工组织措施、技术措施和合同措施等;

　　4 建立施工进度动态管理机制,及时纠正施工过程中的进度偏差,并制定特殊情况下的赶工措施;

　　5 根据项目周边环境特点,制定相应的协调措施,减少外部因素对施工进度的影响。

7.3 质量管理计划

7.3.1 质量管理计划可参照《质量管理体系要求》GB/T 19901,在施工单位质量管理体系的框架内编制。

7.3.2 质量管理计划应包括下列内容:

　　1 按照项目具体要求确定质量目标并进行目标分解,质量指标应具有可测量性;

　　2 建立项目质量管理的组织机构并明确职责;

　　3 制定符合项目特点的技术保障和资源保障措施,通过可靠的预防控制措施,保证质量目标的实现;

　　4 建立质量过程检查制度,并对质量事故的处理做出相应规定。

7.4 安全管理计划

7.4.1 安全管理计划可参照《职业健康安全管理体系　规范》GB/T 28001,在施工单位安全管理体系的框架内编制。

7.4.2 安全管理计划应包括下列内容:

　　1 确定项目重要危险源,制定项目职业健康安全管理目标;

　　2 建立有管理层次的项目安全管理组织机构并明确职责;

3 根据项目特点，进行职业健康安全方面的资源配置；
　　4 建立具有针对性的安全生产管理制度和职工安全教育培训制度；
　　5 针对项目重要危险源，制定相应的安全技术措施；对达到一定规模的危险性较大的分部（分项）工程和特殊工种的作业应制定专项安全技术措施的编制计划；
　　6 根据季节、气候的变化，制定相应的季节性安全施工措施；
　　7 建立现场安全检查制度，并对安全事故的处理做出相应规定。
7.4.3 现场安全管理应符合国家和地方政府部门的要求。

7.5 环境管理计划

7.5.1 环境管理计划可参照《环境管理体系　要求及使用指南》GB/T 24001，在施工单位环境管理体系的框架内编制。
7.5.2 环境管理计划应包括下列内容：
　　1 确定项目重要环境因素，制定项目环境管理目标；
　　2 建立项目环境管理的组织机构并明确职责；
　　3 根据项目特点，进行环境保护方面的资源配置；
　　4 制定现场环境保护的控制措施；
　　5 建立现场环境检查制度，并对环境事故的处理做出相应规定。
7.5.3 现场环境管理应符合国家和地方政府部门的要求。

7.6 成本管理计划

7.6.1 成本管理计划应以项目施工预算和施工进度计划为依据编制。
7.6.2 成本管理计划应包括下列内容：
　　1 根据项目施工预算，制定项目施工成本目标；
　　2 根据施工进度计划，对项目施工成本目标进行阶段分解；
　　3 建立施工成本管理的组织机构并明确职责，制定相应管理制度；
　　4 采取合理的技术、组织和合同等措施，控制施工成本；
　　5 确定科学的成本分析方法，制定必要的纠偏措施和风险控制措施。
7.6.3 必须正确处理成本与进度、质量、安全和环境等之间的关系。

7.7 其他管理计划

7.7.1 其他管理计划宜包括绿色施工管理计划、防火保安管理计划、合同管理计划、组织协调管理计划、创优质工程管理计划、质量保修管理计划以及对施工现场人力资源、施工机具、材料设备等生产要素的管理计划等。
7.7.2 其他管理计划可根据项目的特点和复杂程度加以取舍。
7.7.3 各项管理计划的内容应有目标，有组织机构，有资源配置，有管理制度和技术、组织措施等。

第三章 流水施工方法

第一节 流水施工原理

流水施工是在工程施工中广泛使用、行之有效的科学组织、计划方法。流水施工起源于流水作业方法，在大量的生产实践中已经证明，流水作业方法是合理组织产品生产的有效手段，它建立在分工协作和大批量生产的基础上，其实质就是连续作业，组织均衡生产。流水作业原理同样也适用于工程项目的施工过程，故称为流水施工，它还是工程施工进度控制的有效方法。

一、组织工程施工的基本方式

在组织工程项目施工时，根据项目的施工特点、工艺流程、资源利用、平面或空间布置等要求，可采用依次施工、平行施工和流水施工的组织方式。现举例说明三种施工方式及其特点。

【例 3-1】 某工程项目由四幢结构相同的建筑物组成，其工程编号分别为Ⅰ、Ⅱ、Ⅲ、Ⅳ。各建筑物的基础工程均可分解为：挖土方、垫层、砌基础和回填土四个施工过程，分别由相应的专业队按照施工工艺要求依次完成。各个专业队在每幢建筑物的施工时间均为 5 天，其人数分别为：8 人、6 人、14 人、5 人。四幢建筑物基础工程分别采用依次施工、平行施工和流水施工的组织方式，计划图如图 3-1 所示，现分析如下。

（一）依次施工

依次施工是一种最基本的、同时也是最原始的施工组织方式。它是将拟建工程项目分解为若干个施工过程，按照工艺顺序依次完成每一个施工过程。当一个施工对象完成以后，再按照同样的顺序完成下一个施工对象，依此类推，直至完成所有施工对象。该组织方式的施工进度安排、劳动力动态曲线及总工期见图 3-1 中"依次施工"栏所示。在图中可以看到，依次施工组织方式具有以下特点：

（1）单位时间内投入的资源量较少，有利于资源供应的组织；

（2）每一时段仅有一个专业队在现场施工，施工现场的组织、管理比较简单；

（3）没有充分利用工作面，工期拖长；

（4）如果按专业建队，则各专业队不能连续作业、工作出现间歇，劳动力和机具设备等资源无法均衡使用；

（5）如果由一个工作队完成全部施工任务，则不能实现专业化施工，不利于提高劳动生产率和工程质量。

（二）平行施工

平行施工是组织多个同类型的专业队，在同一时间、不同的工作面上按照施工工艺要求，同时完成各施工对象的施工。该组织方式的施工进度安排、劳动力动态曲线及总工期

如图3-1中"平行施工"栏所示。从图中可以看到,平行施工组织方式具有以下特点:

(1) 充分利用工作面,施工工期短;

(2) 每一时段有多个专业队在施工现场,使施工现场的组织、管理比较复杂;

(3) 单位时间内投入的资源量成倍增加,不利于资源供应的组织,也使工程成本增加;

(4) 如果每一个施工对象均按专业组建工作队,则各专业队不能连续作业、劳动力和机具设备等资源无法均衡使用;

(5) 如果由一个工作队完成一个施工对象的全部施工任务,则不能实现专业化施工,不利于提高劳动生产率和工程质量。

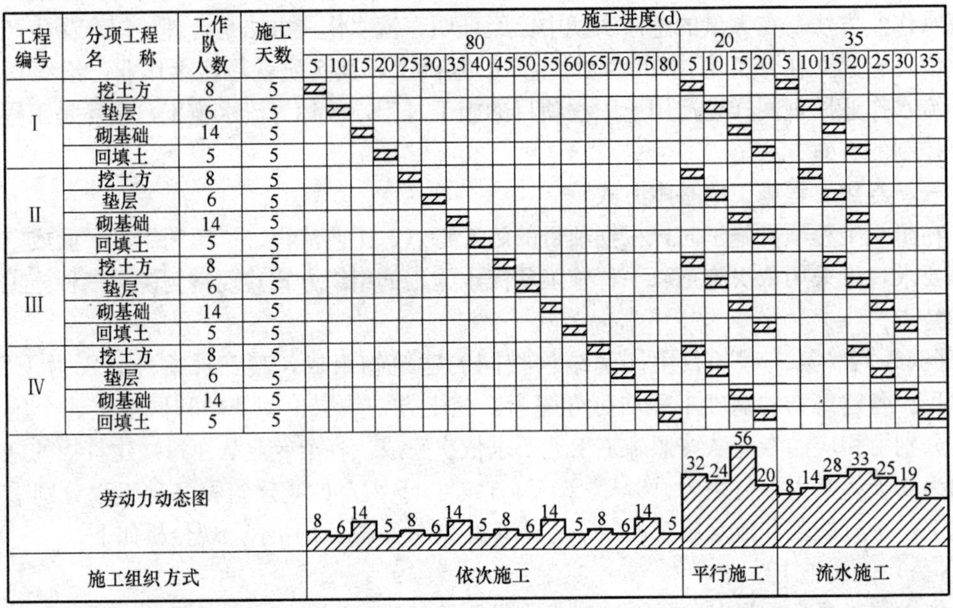

图3-1 三种施工方式比较图

(三) 流水施工

流水施工是将拟建工程项目的施工对象分解为若干施工段(区)和若干施工过程,并按照施工过程组建相应的专业队,各专业队伍按照施工顺序依次完成各个施工段的施工过程,同时保证施工在时间和空间上连续、均衡、有节奏地进行,并使相邻的两个专业队能最大限度地搭接施工。该组织方式的施工进度安排、劳动力动态曲线及总工期如图3-1中"流水施工"栏所示。由图中可以看到,流水施工组织方式具有以下特点:

(1) 充分利用了工作面,争取了时间,相对依次施工而言,施工工期短;

(2) 专业队能够连续施工、相邻专业队之间进行了最大限度的搭接施工;

(3) 实现了专业化施工,有利于提高工人的技术水平和劳动效率,能更好地保证工程质量;

(4) 单位时间投入的劳动力和机具设备等资源较为均衡,有利于资源供应的组织;

(5) 为现场的文明施工和科学管理创造了有利条件。

由此可见,流水施工在不需要增加任何费用的前提下取得了良好的施工效果,是实现施工管理科学化的重要手段。

二、组织流水施工的条件

组织工程流水施工，必须具备以下五个方面的条件：

(1) 将拟建工程项目的整个建造过程分解为若干个施工过程，每个施工过程分别由固定的专业队负责实施完成。

划分施工过程的目的，是为了将施工对象的建造过程进行分解，以便逐一实现局部对象的施工，从而使施工对象整体得以实现。只有经过合理的项目分解，才能组织专业化施工和有效协作。

(2) 将拟建工程项目划分为若干个施工段（区），也称为流水段（区）（以下统一称为施工段），使施工对象形成"批量"。

流水施工的前提是批量生产，而工程项目具有单件性的特征。因此，要组织流水施工，应将形体庞大的工程项目划分成若干个劳动量相等或大致相等的施工段，每一个段就是一个"假定产品"，从而形成"批量"。没有"批量"就不可能也不必要组织任何流水施工。

(3) 确定各施工专业队在各施工段内工作的持续时间。

每一个施工过程分别由固定的专业队负责在各个施工段实施完成，各专业队在各施工段内工作的持续时间被称为"流水节拍"，它将决定施工速度的快慢和施工的节奏性。工作持续时间要用工程量、人数、工作效率（或定额）三个因素进行计算或估算。

(4) 各专业队按一定的施工工艺、配备必要的施工机具、使用相同的材料，依次地、连续地进入各施工段反复完成同类型的工作。

这就是说，各专业队要连续地对假定的批量产品逐个进行专业"加工"。由于工程项目是固定的，所以"流水"的只能是专业队，这也是流水施工与工业生产流水作业的重要区别。

(5) 在保证各施工过程连续施工的前提下，将其施工时间最大限度地搭接起来。

不同的专业队之间的关系，关键是工作时间上有搭接，搭接的目的是节省时间，也往往是连续施工或工艺上所要求的。搭接的时间应当适当、合理，需经过计算确定，并要求保持施工工艺上的可行性。

三、组织流水施工的经济效果

流水施工在工艺划分、时间排列和空间布置上的统筹安排，将给工程项目带来显著的经济效果，它主要包括以下几点：

1. 可以缩短施工工期

由于各施工过程之间的合理搭接，减少了各专业工作之间的间隔时间，与依次施工相比，工期将大大缩短（一般能缩短 1/3~1/2），可以使拟建工程项目提前竣工，交付使用，尽早发挥投资效益。

【例 3-2】 某工程项目可划分为基础、主体、装饰三个施工过程，若采用依次施工，其进度计划如图 3-2 所示。在工作面允许的情况下，将其划分为三个施工段采用流水施工方式组织施工，在不增加人力的情况下，其施工进度计划如图 3-3 所示。两种施工方式相比较，采用流水施工可以缩短施工工期 8 周，达 44%。

2. 可以提高劳动生产率

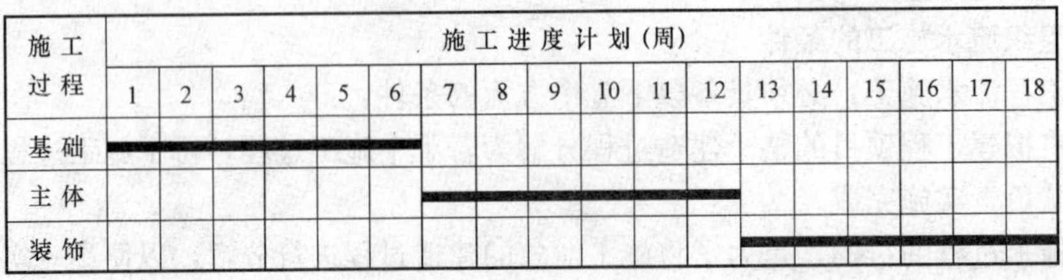

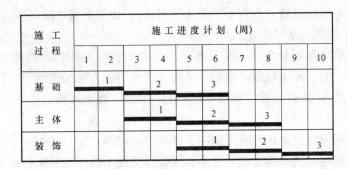

图 3-2 依次施工

图 3-3 流水施工

由于流水施工建立了合理的劳动组织,负责完成每一施工过程的专业队在各个施工段上反复、连续地进行同类型工作,实现了专业化生产,可以提高工人的施工技术水平,使单位时间内完成的生产成果增加,有利于劳动生产率的提高(一般能够提高30%~50%)。

3. 可以降低工程成本

由于生产组织的连续性、均衡性,便于组织资源供应。既可使资源储存合理,减少用工量和施工暂设建造量,也可以使施工机械和劳动力得到充分、合理利用,达到节约资源、降低工程成本的目的(一般可以降低成本 6%~12%),使项目获得良好的经济效益。

四、流水施工主要参数

流水施工首先是在研究工程特点和施工条件的基础上,通过确定一系列参数来实现的。流水施工的主要参数,按其性质的不同,一般可以分为工艺参数、空间参数和时间参数三种类型。

(一)工艺参数

组织流水施工时,首先应将工程对象划分为若干个施工过程。工艺参数是指参与流水施工的施工过程数目,一般用"n"表示。在划分施工过程时,只有那些对工程施工有直接影响的施工内容才予以考虑。施工过程所包括的范围可大可小,既可以是一个工序,又可以是分部工程、分项工程,还可以是单位工程、单项工程,其粗细程度根据计划的需要而确定。一个施工过程如果各由一个专业队施工,则施工过程数和专业队数相等。有时由几个专业队负责完成一个施工过程或一个专业队完成几个施工过程,于是施工过程数与专业队数便不相等。计算时可以用"n"表示施工过程数,用"N"表示专业队数。

对工期影响最大的,或对整个流水施工起决定性作用的施工过程(工程量大,须配备大型机械),称为主导施工过程。在划分施工过程以后,首先应找出主导施工过程,以便抓住流水施工的关键环节。

(二) 空间参数

在组织流水施工时,用以表达流水施工在空间布置上所处状态的参数,称为空间参数。空间参数一般包括施工段数和施工层数。

1. 施工段

在组织流水施工时,将拟建工程项目在平面上划分成若干个劳动量相等或大致相等的施工段,称为施工段(或流水段)。施工段数一般用"m"来表示。

2. 施工层

施工层是指为了满足竖向流水施工的需要,在工程项目垂直方向上划分的施工段,施工层数一般可用"j"表示。施工层的划分将视工程对象的具体情况加以确定,一般以建筑物的结构层作为施工层的分界线。在多层建筑流水施工中,总的施工段数是各层施工段数之和。

3. 施工段的划分原则

施工段的划分将直接影响流水施工的效果,为合理划分施工段,一般应遵循下列原则:

(1) 有利于保持结构的整体性。

由于每一个施工段内的施工任务均由专业施工队伍完成,因而在两个施工段之间容易形成施工缝。为了保证拟建工程项目结构的完整性,施工段的分界线尽可能与结构的自然界线(如伸缩缝、沉降缝等)相一致,或设在对结构整体性影响较小的门窗洞口等部位。

(2) 各施工段的劳动量相等或大致相等。

划分施工段应尽量使各段工程量相等或者大致相等,其相差幅度不宜超过15%,以便使施工连续、均衡、有节奏地进行。

(3) 应有足够的工作面。

施工段的大小应保证工人施工有足够的作业空间(工作面),以便充分发挥专业工人和机械设备的生产效率。

(4) 施工段的数目应与主导施工过程相协调。

施工段的划分宜以主导施工过程(即对整个流水施工起决定性作用的施工过程)为主,形成工艺组合,合理确定施工段的数目。多层工程的工艺组合数应等于或小于每层的施工段数,即:$N \leqslant m$。分段不宜过多,过多可能延长工期或使工作面狭窄;过少则无法流水施工,使劳动力或机械设备窝工。

(5) 组织多层工程流水施工时,施工段数应大于或等于施工过程数。

在组织多层建筑物流水施工时,既要划分施工段,又要划分施工层。为了保证相应的专业队在施工段与施工层之间有节奏、连续、均衡地流水施工,每一层的施工段数应大于等于参加流水施工的施工过程数,即 $m_{\min} \geqslant n$(或 $m \geqslant N$)。

4. 施工段数(m)与施工过程数(n)的关系

在工程项目施工中,若某些施工过程之间需要考虑技术或组织间歇时间,则可用公式3-1确定每一施工层的最少施工段数:

$$m_{\min} = n + \frac{\sum z}{K} \tag{3-1}$$

式中　m_{min}——每一施工层需划分的最少施工段数；

　　　　n——施工过程数或专业队数；

　　　　$\sum z$——某些施工过程之间要求的技术、组织间歇时间的总和；

　　　　K——流水步距。

施工段数 m 与施工过程数 n 的关系及其影响：

（1）$m>n$ 时，各专业工作队能连续施工，但工作面有闲置。

（2）$m=n$ 时，各专业队能连续施工，施工段上没有闲置，是理想化的流水施工方案，此时要求项目管理者提高管理水平，充分利用工作面连续施工。

（3）$m<n$ 时，专业队不能连续工作，工作面没有闲置，但将造成大多数专业队有窝工现象，是组织流水施工不允许的。

施工段数的多少，将直接影响工期的长短，而且要想保证专业队能连续施工，必须满足公式（3-1）的要求。

当无层间关系或未划分施工层时（如某些单层建筑物、基础工程等），则施工段数不受限制，可按前面所述划分施工段的原则确定。

【例3-3】　某三层办公楼主体结构工程有绑扎钢筋、支模板、浇注混凝土三个施工过程，其流水节拍均为3天（暂不考虑施工段数量对流水节拍的影响），当施工段数 m 分别为2、3、4时，试组织该工程的流水施工。

【解】　当取施工段数：$m=2$（$m<n$）时，组织该工程的流水施工如图3-4所示，此时，各专业队不能连续施工，工作面没有闲置；

当取施工段数：$m=3$（$m=n$）时，组织该工程的流水施工如图3-5所示，此时，各专业队能连续施工，工作面没有闲置；

当取施工段数：$m=4$（$m>n$）时，组织该工程的流水施工如图3-6所示，此时，各专业队能连续施工，工作面有闲置。

（三）时间参数

在组织流水施工时，用以表达流水施工在时间排列上所处状态的参数，称为时间参数。时间参数主要包括：流水节拍、流水步距、流水施工工期等。

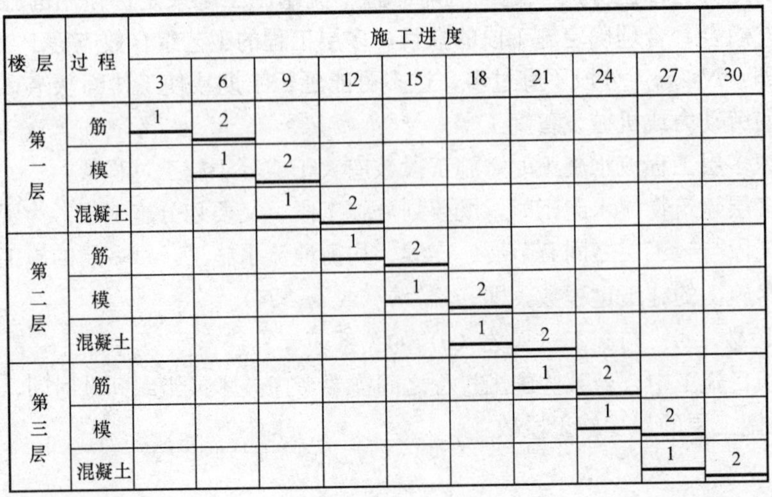

楼层	过程	施工进度									
		3	6	9	12	15	18	21	24	27	30
第一层	筋	1	2								
	模		1	2							
	混凝土			1	2						
第二层	筋				1	2					
	模					1	2				
	混凝土						1	2			
第三层	筋							1	2		
	模								1	2	
	混凝土									1	2

图3-4　当 $m=2$ 时（$m<n$），专业队不能连续施工，工作面无闲置

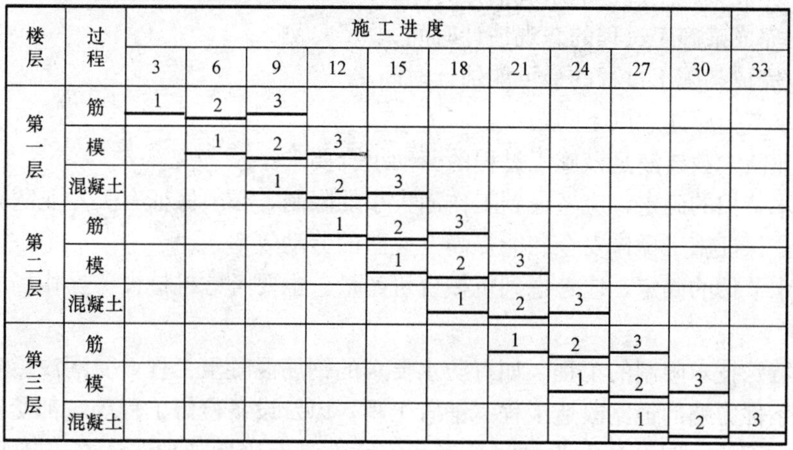

楼层	过程	施工进度										
		3	6	9	12	15	18	21	24	27	30	33
第一层	筋	1	2	3								
	模		1	2	3							
	混凝土			1	2	3						
第二层	筋				1	2	3					
	模					1	2	3				
	混凝土						1	2	3			
第三层	筋							1	2	3		
	模								1	2	3	
	混凝土									1	2	3

图 3-5 当 $m=3$ ($m=n$) 时，专业工作队能连续施工，工作面无闲置

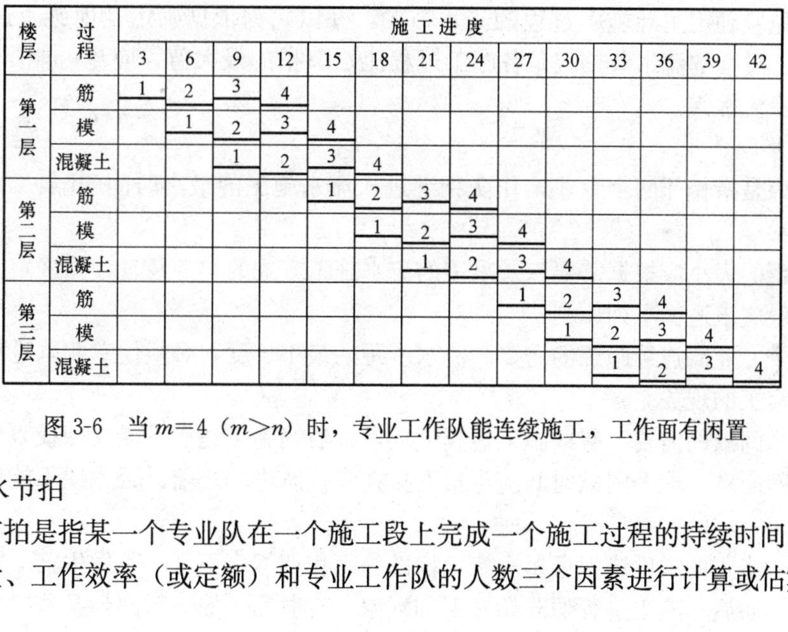

楼层	过程	施工进度												
		3	6	9	12	15	18	21	24	27	30	33	36	39	42
第一层	筋	1	2	3	4									
	模		1	2	3	4								
	混凝土			1	2	3	4							
第二层	筋					1	2	3	4					
	模						1	2	3	4				
	混凝土							1	2	3	4			
第三层	筋									1	2	3	4	
	模										1	2	3	4	
	混凝土											1	2	3	4

图 3-6 当 $m=4$ ($m>n$) 时，专业工作队能连续施工，工作面有闲置

1. 流水节拍

流水节拍是指某一个专业队在一个施工段上完成一个施工过程的持续时间。流水节拍根据工程量、工作效率（或定额）和专业工作队的人数三个因素进行计算或估算，其计算公式是：

$$t=\frac{Q}{RS}=\frac{P}{R} \tag{3-2}$$

式中 t——流水节拍；

Q——某施工段的工程量；

R——专业队的人数或机械台数；

S——产量定额，即单位时间（工日或机械台班）完成的工程量；

P——某施工段的劳动量或机械台班量。

如果没有定额可查，可使用三时估计法计算流水节拍，其计算公式如下：

$$t=\frac{a+4c+b}{6} \tag{3-3}$$

式中　　a——完成某施工过程的乐观估计时间；
　　　　b——完成某施工过程的悲观估计时间；
　　　　c——完成某施工过程的最可能估计时间。

确定流水节拍应注意以下问题：

(1) 专业队人数要满足该施工过程的劳动组合要求。

(2) 流水节拍的确定，应考虑到工作面大小的限制，必须保证有关专业队有足够的施工操作空间，保证施工操作安全和能提高专业队的劳动效率。

(3) 流水节拍的确定，应考虑到机械台班产量。也要考虑机械设备操作场所安全和质量的要求。

(4) 有特殊技术限制的工程，如有防水要求的钢筋混凝土工程，受潮汐影响的水工作业，受交通条件影响的道路改造工程、铺管工程，以及设备检修工程等，都受技术操作或安全质量等方面的限制，对作业时间长度和连续性都有限制或要求，在安排其流水节拍时，应当满足这些限制要求。

(5) 必须考虑各种材料的储存及供应情况，合理确定有关施工过程的流水节拍。

(6) 首先应确定主导施工过程的流水节拍，并以它为依据确定其他施工过程流水节拍。主导施工过程的流水节拍应是各施工过程流水节拍的最大值，应尽可能是有节奏的，以便组织节奏流水。

2. 流水步距

流水步距是指相邻两个专业工作队相继进入流水施工的最小时间间隔，通常用"K"表示。

流水步距的大小应根据需要以及采用的流水施工方式的类型经过计算确定。确定流水步距时，一般应该遵循下列原则：

(1) 每个专业队连续施工的需要。流水步距的最小长度，必须使专业队进场以后，不发生停工、窝工的现象。

(2) 技术间歇的需要。有些施工过程完成后，后续施工过程不能立即投入作业，必须有足够的时间间歇，这个间歇时间应尽量安排在专业队进场之前，否则便不能保证专业队工作的连续。

(3) 流水步距的长度应保证每个施工段的施工作业程序不乱，不发生前一施工过程尚未全部完成，而后一施工过程便开始施工的现象。有时为了缩短时间，某些次要的专业队可以提前插入，但必须在技术上可行，而且不影响前一个专业队的正常工作。提前插入的现象越少越好，多了会打乱节奏，影响均衡施工。

3. 流水施工工期

从第一个专业队投入流水施工开始，到最后一个专业队完成最后一个施工过程在最后一个施工段的工作为止的整个持续时间，即完成一个流水组施工所需要的时间，称为流水施工工期，可用"T"表示。在进行了流水施工安排以后，可以通过计算确定工期；如果绘制出了流水施工进度图，在图上也可以观察到工期长度。

4. 施工间隙

施工间隙就是根据施工工艺、技术要求或组织安排，留出的等待时间。按间隙的性质，可分为技术间隙和组织间隙；按间隙的部位，可分为施工过程间隙和层间间隙。

(1) 技术间隙

在组织流水施工时，除要考虑相邻两个专业队之间的流水步距外，还应考虑合理的工艺等待间隙时间，这个等待间隙时间称为技术间隙时间。如混凝土浇筑后的养护时间，抹灰、油漆后的干燥时间等。技术间隙时间通常用"$Z_{i,i+1}$"表示。

(2) 组织间隙

由于施工组织的原因造成的在流水步距以外增加的间隙时间。如弹线、人员及机械的转移、检查验收等。以"$G_{j,j+1}$"表示。

(3) 施工过程间隙

在同一个施工层或施工段内，相邻两个施工过程之间的技术间隙或组织间隙，统称为施工过程间隙，用"Z_1"表示。施工过程间隙不仅影响施工段的划分，还影响流水施工工期。

(4) 施工层间间隙

在相邻两个施工层之间，前一施工层的最后一个施工过程，与下一个施工层相应施工段上的第一个施工过程之间的技术间隙或组织间隙时间称为施工层间间隙，用"Z_2"表示。施工层间间隙仅影响施工段的划分，对流水施工工期没有影响。

5. 平行搭接

在组织流水施工时，有时为了缩短工期，在工作面允许的条件下，前一个专业队完成了部分作业后，为下一个专业队提供了一定的工作面，后者可提前插入，两者在同一个施工段上平行搭接施工，该搭接的时间称为平行搭接时间，通常可用"C"来表示。

五、流水施工的分类

为了适应工程项目的具体情况和进度计划安排的需要，应根据拟建工程项目各施工过程时间参数的不同特点，采用相应类型的流水施工组织方式，以取得更好的效果。流水施工有以下几类：

(一) 按流水施工对象的范围分类

根据流水施工的工程对象范围，可分为分项工程流水、分部工程流水、单位工程流水和群体工程流水。

(1) 分项工程流水，也可称为细部流水。指一个专业队利用同一生产工具依次地、连续不断地在各个施工段中完成同一施工过程的施工流水（有时也称工序流水）。

(2) 分部工程流水，也可称为专业流水施工（或工艺组合流水）。把若干个工艺上密切联系的分项工程流水施工组合起来，就形成了分部工程流水施工。它是各个专业队共同完成一个分部工程的流水。如基础工程流水，结构工程流水，装饰工程流水等。

(3) 单位工程流水，也可称为工程项目流水。是为完成单位工程而组织起来的全部分部工程流水施工的总和。

(4) 群体工程流水，也可称为综合流水。是为完成工业企业或民用建筑群而组织起来的完整工程项目流水的总和。

(二) 按施工过程分解的深度分类

根据流水施工组织的需要，有时要求将工程对象的施工过程分解得细些，有时则要求分解得粗些，这就形成了施工过程分解深度的差异。

(1) 彻底分解流水。即经过分解后的所有施工过程都由单一工种完成，故所组织的专业队都应该是由单一工种的工人（或机械）组成。

（2）局部分解流水。在进行施工过程的分解时将一部分施工任务适当合并在一起，形成多工种协作的综合性施工过程，这就是不彻底分解的施工过程。这种包含多工种协作的施工过程的流水，就是局部分解流水。如钢筋混凝土圈梁作为一个施工过程，它包含了支模、扎筋和混凝土浇筑这几项工作。该施工过程如果由一个混合工作队（由木工、钢筋工和混凝土工组成）负责施工，这个流水组就称为局部分解流水。

（三）按流水的节奏特征分类

按流水施工节奏特征分类情况如图3-7所示。

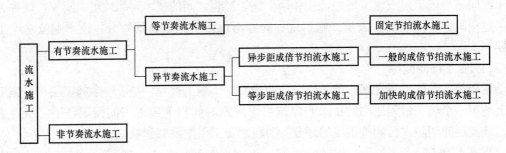

图3-7 按流水施工节奏特征分类图

1. 有节奏流水施工

有节奏流水施工是指在组织流水施工时，每一个施工过程在各个施工段上的流水节拍都各自相等的流水施工，它分为等节奏流水施工和异节奏流水施工。

（1）等节奏流水施工。是指在流水组中，各个施工过程的流水节拍都相等的流水施工，也称为固定节拍流水施工或全等节拍流水施工。

（2）异节奏流水施工。是指在流水组中，每一个施工过程的流水节拍相等，而不同施工过程之间的流水节拍不尽相等的流水施工。在组织异节奏流水施工时，又可以采用等步距和异步距两种流水施工方式。

等步距异节奏流水施工是指在组织异节奏流水施工时，按每个施工过程流水节拍之间的比例关系，成立相应数量的专业队进行的流水施工，称为成倍节拍流水施工。

异步距异节奏流水施工是指在组织异节奏流水施工时，每个施工过程成立一个专业队，由其完成各施工段任务的流水施工，其组织方法与无节奏流水相同（见第二节的"三"）。

2. 无节奏流水施工

无节奏流水施工是指在流水组中，全部或部分施工过程在各个施工段上的流水节拍不完全相等、各个施工过程的流水节拍无规律可循的流水施工。

第二节 流水施工的组织方法

为了适应工程项目施工的具体情况，应根据拟建工程项目各施工过程时间参数的不同特点，采用相应类型的流水施工组织方式，以取得更好的效果。

一、等节奏流水施工的组织方法

（一）等节奏流水施工的特点

等节奏流水施工（亦称全等节拍或固定节拍流水施工），是指流水速度相等的施工组织方式，其主要特点如下：

(1) 所有施工过程在各个施工段上的流水节拍均相等。

(2) 相邻施工过程的流水步距相等，且等于流水节拍。

(3) 每个专业工作队在各施工段上能够连续作业，施工段之间没有空闲时间。

(4) 专业队数等于施工过程数，即每一个施工过程成立一个专业队，由该专业队完成相应施工过程所有施工段上的任务。

组织等节奏流水施工的首要前提是使各施工段的工程量相等或大致相等；其次，要先确定主导施工过程的流水节拍；第三，使其他施工过程的流水节拍与主导施工过程的流水节拍相等，做到这一点的办法主要是调节各专业队的人数。

该组织方式能够保证专业队的工作连续、有节奏，可以实现均衡施工，是一种最理想的组织流水施工方式。

（二）等节奏流水施工的组织方法

(1) 划分施工过程，确定其施工顺序。

(2) 确定项目的施工起点流向，划分施工段（应根据前面所述原则划分）。

1) 在没有施工间隙时间的情况下，可取：$m=n$（保证各专业队均有自己的工作面）；

2) 在有间隙时间的情况下，可取：

$$m=n+\frac{\sum Z_1}{K}+\frac{Z_2}{K} \tag{3-4}$$

式中 Z_1——相邻两个施工过程之间的间隙时间；

Z_2——施工层间的间隙时间。

(3) 确定流水节拍。

先计算主导施工过程的流水节拍 t，其他施工过程参照 t 确定。

(4) 确定流水步距：常取 $K=t$；

(5) 计算流水施工工期：

$$T=(m\times j+n-1)K+\sum Z_1-\sum C \tag{3-5}$$

式中 j——施工层数；

$\sum Z_1$——施工过程间歇时间之和（施工层间间隙时间不影响工期）；

$\sum C$——平行搭接时间之和。

(6) 绘制流水施工水平图。

（三）应用举例

【例 3-4】 某工程项目按照施工工艺可分解为 A、B、C、D 四个施工过程，各施工过程的流水节拍均为 4d，其中，施工过程 A 与 B 之间有 2d 平行搭接时间，C 与 D 之间有 2 天技术间隙时间，试组织流水施工并绘制流水施工水平图。

【解】 由已知条件：$t_1=t_2=t_3=t_4=t=4$ 天，$j=1$，本工程宜组织全等节拍流水施工。

(1) 确定流水步距：$K=t=4$d

(2) 取施工段：$m=n=4$ 段

(3) 计算工期：$T=(m+n-1)K+\sum Z_1-\sum C$
$=(4+4-1)\times 4+2-2=28$ (d)

(4) 绘制流水施工水平图，见图 3-8 所示。

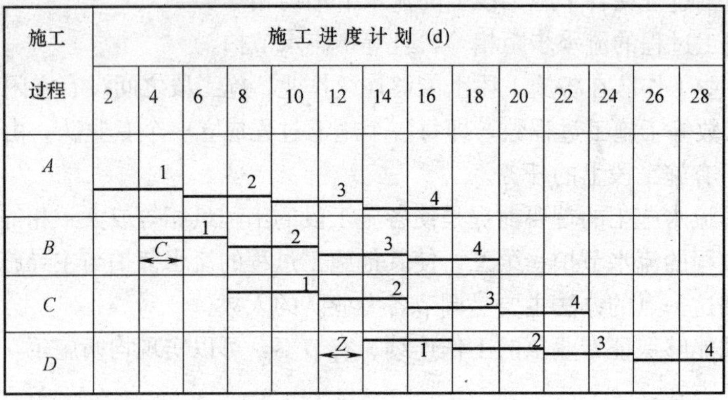

施工过程	施工进度计划 (d)													
	2	4	6	8	10	12	14	16	18	20	22	24	26	28
A	1		2			3		4						
B		C	1		2			3		4				
C				1		2			3		4			
D				Z		1				2		3		4

图 3-8 某工程全等节拍流水施工进度计划图（一）

【例 3-5】 某两层现浇钢筋混凝土结构工程，其主体工程可分解为：支模板、扎钢筋、浇混凝土三个施工过程，其流水节拍均为 2d，第一层浇完混凝土需养护 2d 后才能进行第二层的施工，试组织流水施工。

【解】 已知：$t_1=t_2=t_3=2d$，$j=2$，$Z_2=2d$；本工程宜组织全等节拍流水施工。

(1) 确定流水步距 $K=t=2d$

(2) 取施工段：$m=n+Z_2/K=3+2/2=3+1=4$（段）

(3) 计算工期：$T=(m\times j+n-1)K=(4\times 2+3-1)\times 2=20$（d）

(4) 绘制流水施工水平指示图表，见图 3-9 所示。

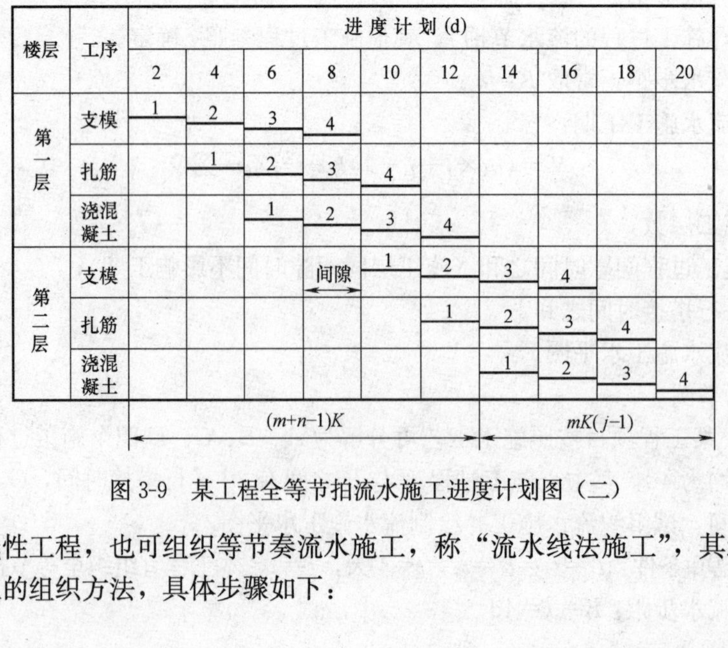

楼层	工序	进度计划 (d)									
		2	4	6	8	10	12	14	16	18	20
第一层	支模	1	2	3	4						
	扎筋		1	2	3	4					
	浇混凝土			1	2	3	4				
第二层	支模				间隙		1	2	3	4	
	扎筋							1	2	3	4
	浇混凝土								1	2	3	4

$(m+n-1)K$ $mK(j-1)$

图 3-9 某工程全等节拍流水施工进度计划图（二）

如果是线性工程，也可组织等节奏流水施工，称"流水线法施工"，其组织方法类似于建筑物施工的组织方法，具体步骤如下：

(1) 将线性工程对象划分成若干个施工过程。
(2) 通过分析,找出对工期起主导作用的施工过程。
(3) 根据完成主导施工过程工作的专业队或机械的每班生产率确定专业队的移动速度。
(4) 再根据这一移动速度设计其他施工过程的流水施工,使之与主导施工过程相协调。即工艺上密切联系的专业队,按一定的工艺顺序相继投入施工,各专业队以一定不变的速度沿着线性工程的长度方向不断向前推移,每天完成同样长度的工作内容。

【例 3-6】 某铺设管道工程,由开挖沟槽、铺设钢管、焊接钢管、回填土四个施工过程组成。经分析,开挖沟槽是主导施工过程。每班可挖 $50m$。故其他施工过程都应该以每班 $50m$ 的施工速度,与开挖沟槽的施工速度相适应。每隔一班($50m$ 的间距)投入一个专业队。这样,我们就可以对 $500m$ 长度的管道工程按图 3-10 所示的进度计划组织流水线法施工。

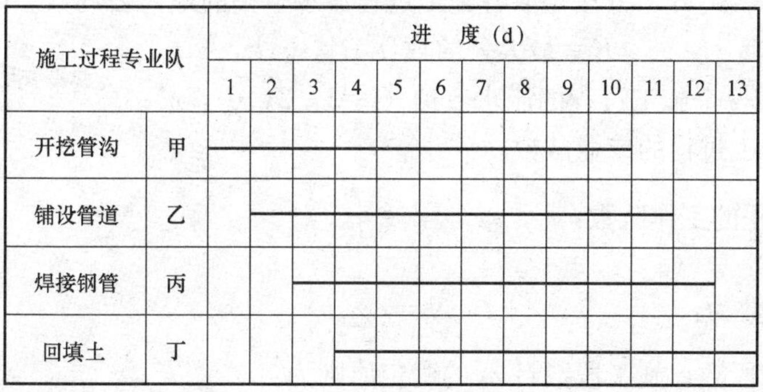

图 3-10 流水线法施工计划

【解】 流水线法组织施工的计算公式是:

$$T_t = (N-1)K + \frac{L}{V}K + \sum Z_1 - \sum C \qquad (3-6)$$

令

$$\frac{L}{V} = m$$

则

$$T_t = (m+N-1)K + \sum Z_1 - \sum C \qquad (3-7)$$

式中 T_t——线性工程施工工期(d);
  L——线性工程总长度;
  K——流水步距;
  N——专业队数;
  V——每班移动速度。

本例中,$K=1d$,$N=4$,$m=\frac{500}{50}=10$,故:

$$T_t = (10+4-1) \times 1 = 13d$$

此计算结果与图 3-10 相符。

二、异节奏流水施工的组织方法

一般情况下,组织等节奏流水施工是比较困难的。因为在任何一施工段上,不同的施工过程，其复杂程度不同，影响流水施工的因素也各不相同，很难使得各施工过程的流水节拍均彼此相等，但当各施工过程的流水节拍均为某一常数的倍数时，可组织成倍节拍流水施工，即对流水节拍长的施工过程可相应地增加专业队，按全等节拍流水的方法组织施工。

(一) 成倍节拍流水施工的特点

(1) 同一施工过程在各施工段上的流水节拍彼此相等；
(2) 不同的施工过程在同一施工段上的流水节拍彼此不等，但均为某一常数的整数倍；
(3) 流水步距彼此相等，且等于各施工过程流水节拍的最大公约数（K）；
(4) 各专业队在施工段上能够保证连续施工，施工段上没有空闲时间；
(5) 专业队总数（N）大于施工过程数，即 $N>n$。

(二) 成倍节拍流水施工的组织方法

1. 划分施工过程，确定其施工顺序。
2. 确定各施工过程的流水节拍。
3. 确定流水步距 K，方法是取各施工过程流水节拍的最大公约数。即：

$$K = 最大公约数\{t_1, t_2, \cdots, t_i, \cdots, t_n\}$$

式中 t_i——是第 i 个施工过程的流水节拍（$i=1, 2, \cdots, n$）。

4. 确定各施工过程的专业队数。

第 i 施工过程的工作队数： $$b_i = \frac{t_i}{K} \tag{3-8}$$

则专业队总数为： $$N = \sum_{i=1}^{n} b_i \tag{3-9}$$

5. 确定施工段数。施工段数目 m 的确定原则为：

(1) 没有层间关系时（$j=1$）时，一般可取：

$$m = \sum b_i = N \tag{3-10}$$

(2) 有层间关系时（$j>1$）时，每层的施工段数可按下式确定：

$$m \geq N + \frac{\sum Z_1}{K} + \frac{Z_2}{K} - \frac{\sum C_i}{K} \tag{3-11}$$

式中 Z_1——相临两项施工过程之间的间歇时间（包括技术性的、组织性的）；
Z_2——施工层间的间隙时间；
C_i——相临两项施工过程之间的搭接时间。

当计算出的施工段数有小数时，应只入不舍取整数，以保证足够的间隙时间；当各施工层间的 $\sum Z_1$ 或 Z_2 不完全相等时，应取各层中的最大值进行计算。

6. 计算流水施工工期 T。

$$T = (m \times j + N - 1) \cdot K + \sum Z_1 - \sum C \tag{3-12}$$

式中 j——施工层数；
$\sum Z_1$——施工过程间隙时间之和（施工层间间隙时间不影响工期）；
$\sum C$——平行搭接时间之和。

7. 绘制流水施工水平图。

(三) 应用举例

【例 3-7】 某工程项目由 A、B、C 三个施工过程组成，各施工过程的流水节拍分别为：

$t_1=2$周、$t_2=4$周、$t_3=6$周,试组织成倍节拍流水施工,并绘制施工进度计划表。

【解】

(1) 确定流水步距 K。取各流水节拍的最大公约数,即 $K=2$ 周。

(2) 由公式(3-7)确定各施工过程的专业队数为:
$$b_1=t_1/K=2/2=1(队)$$
$$b_2=t_2/K=4/2=2(队)$$
$$b_3=t_3/K=6/2=3(队)$$

(3) 确定参加流水施工的专业队总数:$N=b_1+b_2+b_3=1+2+3=6$(队)

(4) 确定施工段数,取:$m=N=6$ 段,$j=1$

(5) 计算施工工期:$T=(m+N-1)K=(6+6-1)\times 2=22$(周)

(6) 绘制流水施工水平图,如图3-11所示。

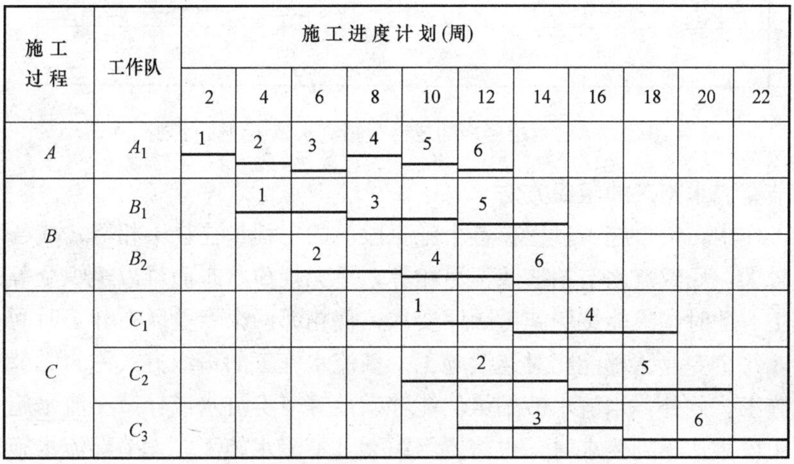

施工过程	工作队	施工进度计划(周)										
		2	4	6	8	10	12	14	16	18	20	22
A	A_1	1	2	3	4	5	6					
B	B_1			1		3		5				
	B_2				2		4		6			
C	C_1						1			4		
	C_2							2			5	
	C_3								3			6

图 3-11 某工程成倍节拍流水施工进度计划图

【例 3-8】 某两层楼房的主体工程由 A、B、C 三个施工过程组成,各施工过程在各个施工段上的流水节拍依次为:4天、2天、2天,施工过程 B、C 之间至少应有 2 天技术间隙。试划分施工段,确定流水施工工期,并绘制流水施工水平图。

【解】

(1) 确定流水步距 K。取各流水节拍的最大公约数,即 $K=2d$。

(2) 按公式(3-7)确定各施工过程的专业队数为:
$$b_1=2(队),b_2=1(队),b_3=1(队)$$

(3) 确定参加流水施工的专业队总数:$N=b_1+b_2+b_3=2+1+1=4$(队)

(4) 确定施工段数,即取:
$$m_{\min}=N+\frac{Z_{B,C}}{K}=4+\frac{2}{2}=5(段)$$

(5) 计算施工工期:
$$T=(m\times j+N-1)K+\sum Z_1$$
$$=(5\times 2+4-1)\times 2+2=28\ (d)$$

(6) 绘制流水施工水平图，如图 3-12 所示。

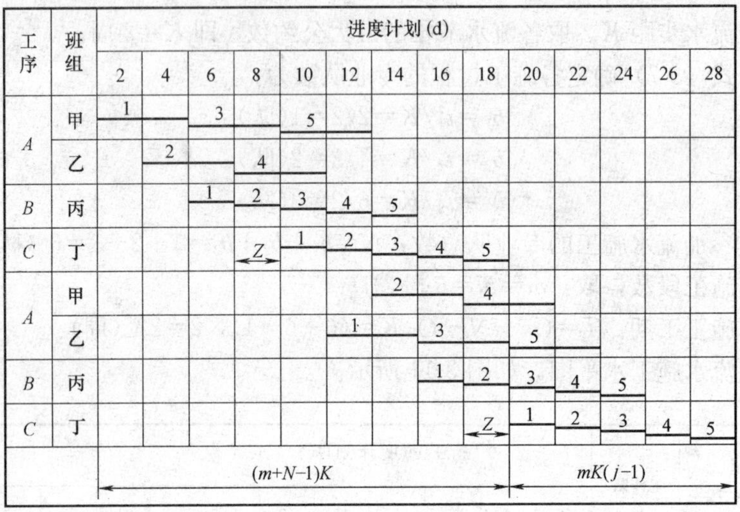

工序	班组	进度计划(d)													
		2	4	6	8	10	12	14	16	18	20	22	24	26	28
A	甲	1		3		5									
	乙		2		4										
B	丙			1	2	3	4	5							
C	丁			Z	1	2	3	4	5						
A	甲							2		4					
	乙						1		3		5				
B	丙							1	2	3	4	5			
C	丁								Z	1	2	3	4	5	

下方标注：$(m+N-1)K$ 与 $mK(j-1)$

图 3-12 某两层楼房的成倍节拍流水施工进度计划图

三、无节奏流水施工的组织方法

在实际工作中，每个施工过程在各个施工段上的工程量往往不相等，或各专业队的生产效率相差较大，导致流水节拍彼此不尽相等，呈无规律状态而难以组织全等节拍或成倍节拍流水施工。此时，只能按照施工顺序要求，使相邻两个专业队在开工时间上最大限度地搭接起来，每个专业队都能相对连续施工。该流水施工的组织方式称为无节奏流水施工或分别流水施工。此外，当流水节拍虽然能够满足等节奏流水或异节奏流水施工的组织条件，但是施工段数达不到要求时，也需要组织无节奏流水施工。无节奏流水施工是组织流水施工的普遍方法。

（一）无节奏流水施工的特点

(1) 各个施工过程在各个施工段上的流水节拍彼此不完全相等。

(2) 一般情况下，相邻施工过程之间的流水步距也不相等。

(3) 每一个施工过程在各个施工段上的工作均由一个专业队独立完成，一般专业队数等于施工过程数（$N=n$）。

(4) 各个专业队能相对连续施工，有些施工段可能有空闲。

（二）单层无节奏流水施工的组织方法

(1) 分解施工过程，划分施工段。

(2) 确定各施工过程在各施工段的流水节拍。

(3) 确定流水步距。

组织无节奏流水施工的关键是确定各施工过程相邻两个专业队之间的流水步距，使其在开工时间上能够最大限度地搭接起来。可以采用最简便、易掌握的"潘特考夫斯基法"，此法又称"大差法"，其步骤如下：

1) 累加各施工过程的流水节拍，形成累加数据系列。

2) 将相邻两个施工过程的累加数据系列错位相减，得一系列差值。

3）取差值中的最大者作为该两个相邻施工过程之间的流水步距（$K_{i,i+1}$）。

（4）计算流水施工工期：

$$T=\sum K_{i,i+1}+\sum t_{nj}+\sum Z_1-\sum C \tag{3-13}$$

式中　$\sum K_{i,i+1}$——相邻施工过程之间流水步距之和；

　　　$\sum t_{nj}$——最后一个施工过程在各个施工段上的流水节拍之和。

（5）绘制流水施工水平指示图。

（三）应用举例

【**例3-9**】　将某工程项目分解为甲、乙、丙、丁4个施工过程，在组织施工时将平面上划分为4个施工段，各施工过程在各个施工段上的流水节拍如表3-1所示，试组织流水施工并绘制流水施工水平图。

某工程各施工过程的流水节拍（单位：d）　　　　表3-1

施工过程	施 工 段			
	Ⅰ	Ⅱ	Ⅲ	Ⅳ
甲	2	3	3	2
乙	4	3	3	3
丙	3	3	4	4
丁	4	3	4	1

【**解**】　根据上述条件，本工程宜组织分别流水施工。

（1）求各施工过程流水节拍的累加数据系列：

甲：　　2　5　8　10

乙：　　4　7　10　13

丙：　　3　6　10　14

丁：　　4　7　11　12

（2）将相邻两个施工过程的累加数据系列错位相减：

```
                  2   5   8   10
甲与乙：       -)     4   7   10   13
                  ─────────────────────
                  2   1   1   0   -13

                  4   7   10   13
乙与丙：       -)     3   6   10   14
                  ─────────────────────
                  4   4   4   3   -14

                  3   6   10   14
丙与丁：       -)     4   7   11   12
                  ─────────────────────
                  3   2   3   3   -12
```

（3）确定流水步距

流水步距等于各累加数据系列错位相减所得差值中数值最大者，即：

$$K_{1,2}=\text{Max}(2,1,1,0,-13)=2(\text{d})$$
$$K_{2,3}=\text{Max}(4,4,4,3,-14)=4(\text{d})$$
$$K_{3,4}=\text{Max}(3,2,3,2,-12)=3(\text{d})$$

(4) 计算流水施工工期：$T=\sum K_{i,i+1}+\sum t_{4j}$
$$=(2+4+3)+(4+3+4+1)=21 \text{ (d)}$$

(5) 绘制流水施工水平指示图，见图 3-13 所示。

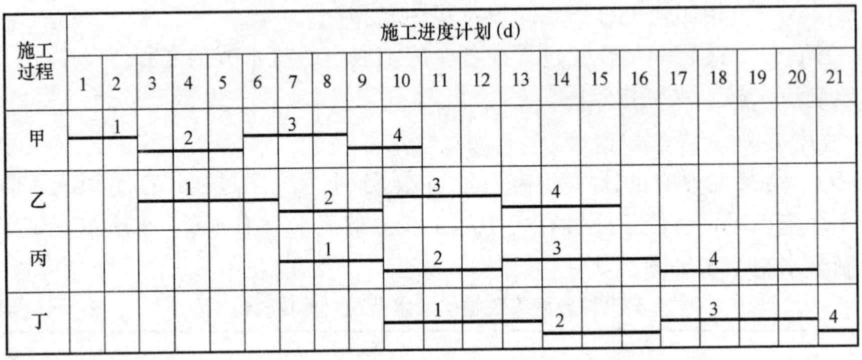

施工过程	施工进度计划(d)																				
	1	2	3	4	5	6	7	8	9	10	11	12	13	14	15	16	17	18	19	20	21
甲	1		2			3			4												
乙			1			2				3			4								
丙					1		2				3				4						
丁										1		2			3						4

图 3-13 某工程分别流水施工进度计划图

（四）多层无节奏流水施工的组织方法

当工程为多个施工层，组织无节奏流水施工时为了避免上下层间相应施工段工作面冲突，应计算其层间流水步距。即计算上一层最后一个施工过程与下一层第一个施工过程间的流水步距，该计算仍可采用"大差法"。

【例 3-10】 某工程有 A、B、C 三个施工过程，其施工顺序为 A→B→C，可分为 4 个施工段和 2 个施工层组织施工。A、B、C 三个施工过程在各施工段上的流水节拍分别为：A：3、3、2、2（d）；B：4、2、3、2（d）；C：2、2、2、3（d）。试组织流水作业并绘制流水施工水平指示图。

【解】 各施工过程流水节拍的累加数据系列及流水步距计算见表 3-2 所示。

从表 3-2 中可见，第一层最后一个施工过程 C 与第二层第一个施工过程 A 之间的流水步距为 2（d），即 $K_{层间}=2$。但是，如果第二层的 A 施工过程仅按这个步距投入施工，其他施工过程也都按照已定的流水步距有规律地施工，则可能造成一些专业队在前一层自己的工作未完的情况下，就同时要进行后一层的工作，即发生时间冲突，如：B 施工过程。因此，在组织多层无节奏流水施工时，为保证每个专业队既要在每个施工层内连续作业，又不能出现工作面冲突和专业队的时间冲突，且实现有规律作业，则需将某些施工层的施工进度线在保持流水步距不变的情况下整体移动调整，以满足上述各种要求。向后移动的时间分析如下：

累加数据系列及流水步距计算（d）　　表 3-2

						差值之大值	流水步距 K
A 的节拍累加数列	3	6	8	10			
B 的节拍累加数列		4	6	9	11		
C 的节拍累加数列			2	4	6	9	
A 的节拍累加数列				3	6	8	10		
A、B 数列差值	3	2	2	1	−11		3	$K_{AB}=3$
B、C 数列差值		4	4	5	5	−9	5	$K_{BC}=5$
C、A 数列差值			2	1	0	1	−10	2	$K_{层间}=2$

在第一个施工层按照前述方法组织流水的前提下,以后各层何时开始,主要受到空间和时间两方面限制。所谓空间限制,是指前一个施工层任何一个施工段工作未完,则后一施工层的相应施工段就没有施工的空间;所谓时间限制,是指任何一个专业队未完成前一施工层的工作,则后一施工层就没有时间开始进行。

每项工程具体受到哪种限制,取决于其施工段数及流水节拍的特征。可用施工过程持续时间的最大值(T_{max})与流水步距的总和($K_{总}$)之关系进行判别,即:

(1) 当 $T_{max} < K_{总}$ 时,除一层以外的各施工层施工只受空间限制,可按层间工作面连续来安排第一个施工过程施工,其他施工过程均按已定步距依次施工。各专业队都不能连续施工。

(2) 当 $T_{max} = K_{总}$ 时,流水安排同上,但具有 T_{max} 值施工过程的专业队可以连续施工,其工期的计算公式如下:

$$T = j\sum K_{i,i+1} + (j-1)K_{层间} + T_N + \sum Z_1 + (j-1)Z_2 - \sum C \qquad (3-14)$$

式中　$K_{总}$——施工过程之间及相邻的施工层之间的流水步距总和(即 $K_{总} = \sum K_{i,i+1} + K_{层间}$);

　　　T_{max}——各施工层内各施工过程中持续时间的最大值,即 $T_{max} = \max[T_1, T_2, \cdots, T_N]$;

　　　j——施工层数;

　　$\sum K_{i,i+1}$——施工过程之间的流水步距之和;

　　　$K_{层间}$——施工层之间的流水步距;

　　　T_N——最后一个施工过程在一个施工层的施工持续时间;

　　　$\sum Z_1$——在一个施工层中施工过程之间的间隙时间之和;

　　　Z_2——施工层之间的间隙时间;

　　　$\sum C$——在一个施工层中施工过程之间的搭接时间之和。

(3) 当 $T_{max} > K_{总}$ 时,具有 T_{max} 值施工过程的专业队可以全部连续施工,其他施工过程可依次按与该施工过程的流水步距关系安排施工。若 T_{max} 值同属几个施工过程,则其相应专业队均可以连续施工。

该情况下的流水工期计算公式是:

$$T = j\sum K_{i,i+1} + (j-1)K_{层间} + T_N + (j-1)(T_{max} - K_{总})$$
$$= j\sum K_{i,i+1} + (j-1)(T_{max} - \sum K_{i,i+1}) + T_N \qquad (3-15)$$

当有间隙和搭接要求时,工期计算公式是:

$$T = j\sum K_{i,i+1} + (j-1)(T_{max} - \sum K_{i,i+1}) + T_N + \sum Z_1 + (j-1)Z_2 - \sum C \qquad (3-16)$$

式中符号同前。

如在【例 3-10】中:

(1) 计算施工过程持续时间的最大值:$T_{max} = 11$(见表 3-2),属于施工过程 B。

(2) 计算 $K_{总}$:$K_{总} = 3 + 5 + 2 = 10$,$T_{max} > K_{总}$,故 B 的施工队可以连续施工。

(3) 计算流水施工工期。该两层的流水施工工期按公式(3-15)计算如下:

$$T = j\sum K_{i,i+1} + (j-1)(T_{max} - \sum K_{i,i+1}) + T_N$$
$$= 2 \times (3+5) + (2-1) \times (11-3-5) + 9 = 28(d)$$

(4) 绘制流水施工水平指示图,见图 3-14 所示。绘制第二层时需先绘出 B 施工过程的进度线,再依据流水步距关系绘制出 A、C 的进度线。如图 3-14 的双线部分所示。

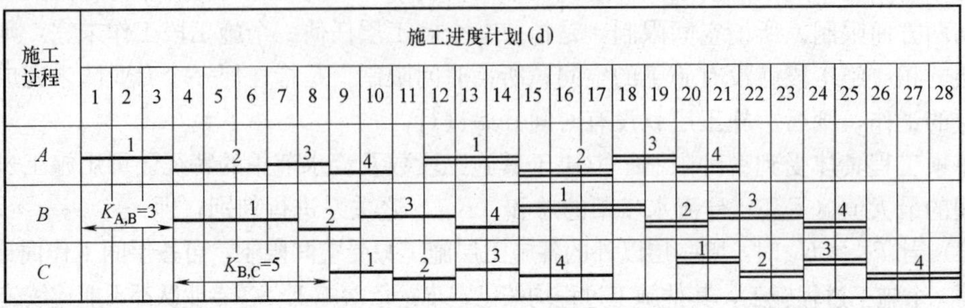

施工过程	施工进度计划(d)																											
	1	2	3	4	5	6	7	8	9	10	11	12	13	14	15	16	17	18	19	20	21	22	23	24	25	26	27	28
A	1			2		3		4			1			2			3			4								
B	$K_{A,B}=3$			1		2		3			4			1		2			3		4							
C			$K_{B,C}=5$					1		2		3			4				1		2		3			4		

图 3-14 某工程无节奏流水施工进度计划图（单线为第一层，双线为第二层）

第三节 工程项目流水施工进度计划

一、等节奏流水施工进度计划

等节奏流水施工进度计划是用等节奏流水施工原理编制的。组织等节奏流水施工在一个群体工程总体上及在一个单体工程总体上是不可能的。但是我们完全可以在分部工程中或分区工程中实现等节奏流水施工。

【例 3-11】 图 3-15 是一幢 5 层 4 单元砖混结构工程结构分部工程的等节奏流水施工进度计划，安排一个瓦工组，以 2d 完成一个单元层砌砖为主导施工过程的等节奏流水施工。每段由 2 个单元组成，故流水节拍为 4d。其中楼板工艺组合包括的施工过程有：构造柱和圈梁的钢筋混凝土，吊楼板及阳台等预制构件，现浇板及板缝钢筋混凝土，跟随主导施工过程砌砖工程，流水节拍亦为 4d。5 层结构的工期按公式计算为：

$$T=(m \times j+N-1) \cdot K = (2 \times 5+2-1) \times 4 = 44 \text{ (d)}$$

计算结果与图 3-15 所示一致。

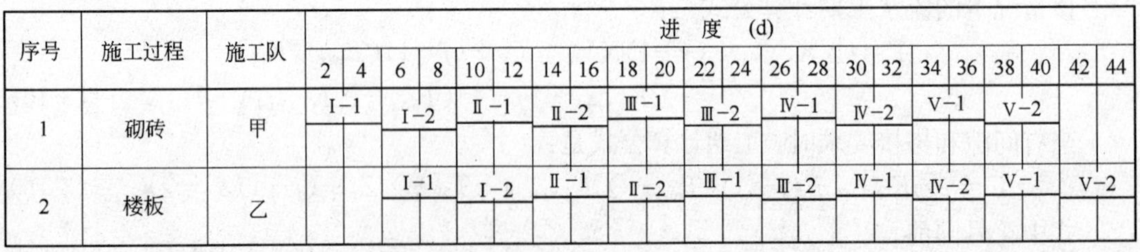

序号	施工过程	施工队	进度 (d)																			
			2	4	6	8	10	12	14	16	18	20	22	24	26	28	30	32	34	36	38	40	42	44
1	砌砖	甲	I-1		I-2		II-1		II-2		III-1		III-2		IV-1		IV-2		V-1		V-2		
2	楼板	乙					I-1		I-2		II-1		II-2		III-1		III-2		IV-1		IV-2		V-1		V-2

图 3-15 某砖混结构工程流水施工进度计划

二、成倍节拍流水施工进度计划

成倍节拍流水施工是把异节奏流水施工中流水节拍为某一常数的倍数的工程转换为等节奏流水施工。在许多工程中，我们可以利用这一原理编制施工进度计划，现举例说明如下。

【例 3-12】 某建筑群体平面布置图见图 3-16，该群体工程的基础为浮筏式钢筋混凝土基础，包括挖土、垫层、钢筋混凝土、砌砖基、回填土 5 个施工过程，1 个单元的施工时间见表3-3，要求组织成倍节拍流水施工，并绘制出基础施工的流水施工图。

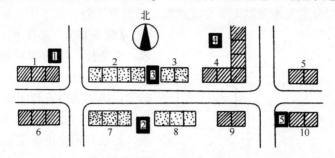

图3-16 建筑群平面布置图

1个单元施工过程的施工时间 表3-3

施工过程	挖土	垫层	钢筋混凝土基础	砌墙基	回填土
施工时间(d)	2	2	3	2	1

该建筑群体共30个单元，如果划分流水区，只能以4号楼为最大单元组合，以保持其基础的整体性。全部建筑分成如图3-16所示的五个流水区，每个区6个单元。为了合理利用已有道路，确定施工流向自西向东，施工顺序为：1号、6号（1区）→7号、8号（2区）→2号、3号（3区）→4号（4区）→5号、9号、10号（5区），每个区各施工过程的流水节拍为一个单元施工时间的6倍。

组织异节奏流水施工时，由于各流水节拍为6的倍数，故可将该工程组织为成倍节拍流水施工，流水步距为6d，各施工过程的专业队数是：挖土2个队，垫层2个队，钢筋混凝土基础3个队，砌砖基础2个队，回填土1个队，基础流水施工的进度图见图3-17所示。其工期计算如下：

$$T=(m+N-1) \cdot K=[5+(2+2+3+2+1)-1]\times 6$$
$$=(5+10-1)\times 6=84d$$

总工期为84d，与进度图相一致。

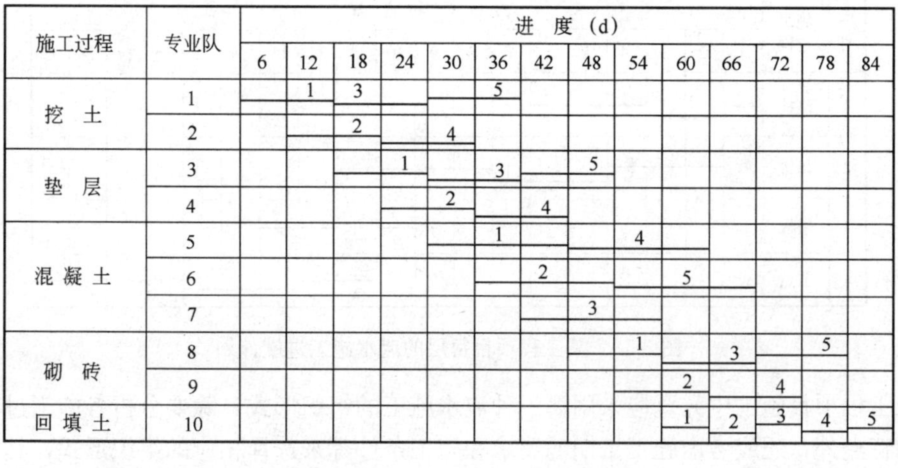

施工过程	专业队	进度 (d)												
		6	12	18	24	30	36	42	48	54	60	66	72	78	84
挖 土	1	1	3			5									
	2		2		4										
垫 层	3			1		3		5							
	4				2		4								
混凝土	5					1		4							
	6						2		5						
	7							3							
砌 砖	8							1	3	5					
	9								2	4					
回填土	10									1	2	3	4	5	

图3-17 某工程项目成倍节拍流水施工进度计划

三、分别流水施工进度计划

现举例说明用分别流水编制无节奏流水施工的进度计划。

【例 3-13】 某工程由主楼和塔楼组成，现浇柱、预制梁板框架剪力墙结构，主楼 14 层，塔楼 17 层，拟分成三段流水施工，施工顺序有待于优化决策。平面图见图 3-18 所示。每层流水节拍见表 3-4 所示。要求合理安排施工顺序，绘制流水施工进度计划图。

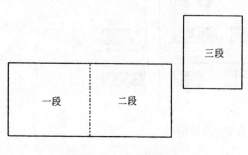

图 3-18 建筑平面布置图

为了保证主楼施工的连续性，可能的施工顺序有：

(1) 一段 ——→ 二段 ——→ 三段；
(2) 二段 ——→ 一段 ——→ 三段；
(3) 三段 ——→ 一段 ——→ 二段；
(4) 三段 ——→ 二段 ——→ 一段。

各施工过程的流水节拍 表 3-4

序号	施工过程	流水节拍(d)		
		一段	二段	三段
1	柱	2	1	3
2	梁	3	3	4
3	板	1	1	2
4	节点	3	2	4

采用"潘特考夫斯基法"对各流水方案的流水步距进行计算，并求出每个方案每层的工期，可得：第 1 方案 20d，第 2 方案 19d，第 3 方案 21d，第 4 方案 21d，故第 2 方案工期最短，以此顺序安排的流水施工计划见图 3-19 所示。

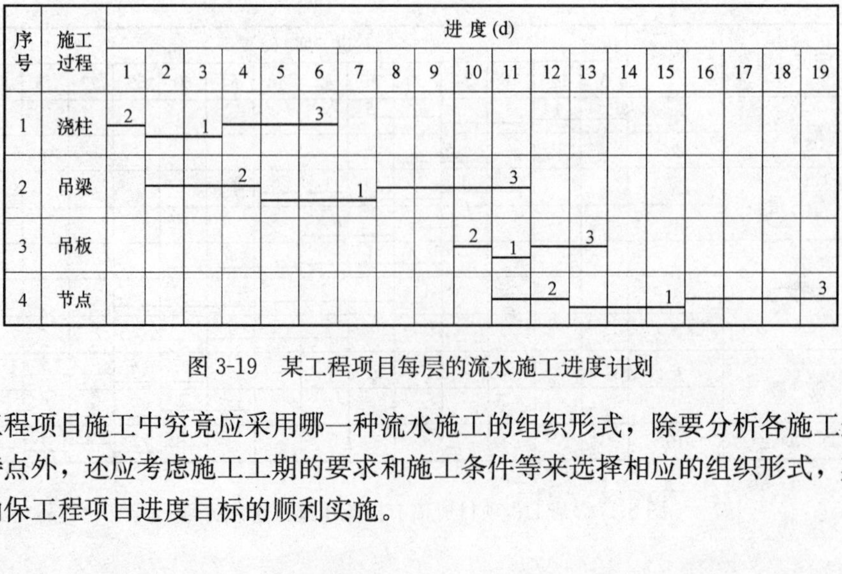

序号	施工过程	进度(d)																		
		1	2	3	4	5	6	7	8	9	10	11	12	13	14	15	16	17	18	19
1	浇柱	2		1			3													
2	吊梁			2				1				3								
3	吊板										2	1		3						
4	节点												2		1					3

图 3-19 某工程项目每层的流水施工进度计划

在工程项目施工中究竟应采用哪一种流水施工的组织形式，除要分析各施工过程流水节拍的特点外，还应考虑施工工期的要求和施工条件等来选择相应的组织形式，其最终目的是要确保工程项目进度目标的顺利实施。

【例 3-14】 某工程有 3 个施工层,每层分为 4 个施工段,有 A、B、C 3 个施工过程,其施工顺序为 A→B→C。各施工过程在各施工段上的流水节拍分别为:A:1、3、2、2 (d);B:1、1、1、1 (d);C:2、1、2、3 (d)。试组织流水施工。

组织方式如下:

(1) 确定流水步距:按"取大差法"计算,见表 3-5。

【例 3-14】的流水步距计算 表 3-5

A 的节拍累加数列	1	4	6	8				流水步距
B 的节拍累加数列		1	2	3	4			
C 的节拍累加数列			2	3	5	8		
A 的节拍累加数列				1	4	6	8	
A、B 数列差值	1	3	4	5	−4			$K_{AB}=5$
B、C 数列差值		1	0	0	−1	−8		$K_{BC}=1$
C、A 数列差值			2	2	1	2	−8	$K_{层间}=2$

(2) 流水方式判别:$T_{max}=8$(见表 2-8),属于施工过程 A 和 C;

$$K_{总}=5+1+2=8;$$

由于 $T_{max}=K_{总}$,则 A 和 C 专业队均可全部连续作业。

(3) 计算流水工期:按式 3-14,该三层工程的流水工期计算如下:

$$T=j\sum K+(j-1)K_{层间}+T_N$$
$$=3\times(5+1)+(3-1)\times 2+8=30(d)$$

(4) 绘制施工进度表:第二、三层需先绘出 A、C 的进度线,再依据步距关系绘出 B 的进度线。如图 3-20 所示。

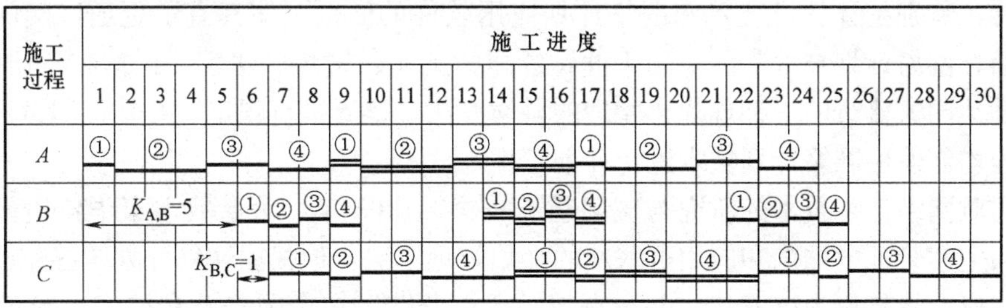

施工过程	施工进度 1 2 3 4 5 6 7 8 9 10 11 12 13 14 15 16 17 18 19 20 21 22 23 24 25 26 27 28 29 30
A	① ② ③ ④ ① ② ③ ④ ① ② ③ ④
B	$K_{A,B}=5$ ① ② ③ ④ ① ② ③ ④ ① ② ③ ④
C	$K_{B,C}=1$ ① ② ③ ④ ① ② ③ ④ ① ② ③ ④

图 3-20 【例 3-14】的流水施工进度表(双线为第二层的进度线,其后的单粗线为第三层的进度线)

第四章 工程网络计划技术

第一节 网络计划技术概述

一、网络计划技术的起源与发展

网络计划技术是一种科学的计划管理方法，它是随着现代科学技术和工业生产的发展而产生的。20世纪50年代末，为了适应科学研究和新的生产组织管理的需要，国外陆续出现了一些计划管理的新方法。1956年，美国杜邦公司研究创立了网络计划技术的关键线路方法（Critical Path Method，缩写为 CPM），并试用于杜邦公司一个化学工程维修上，使杜邦公司维修停产的时间由过去的125小时降低到74小时，一年就节约了100万美元，取得了良好的经济效果。1958年美国海军武器部在研制"北极星"导弹计划时，应用了计划评审技术（Programming Evaluation Review Tecnique，缩写为 PERT）进行项目的计划安排、评价、审查和控制，使"北极星"导弹的制造时间缩短了3年，节约了大量资金，获得了巨大成功。20世纪60年代初期，网络计划技术在美国得到了迅速推广，一些新建工程采用这种计划管理的新方法。1965年，美国400家最大的建筑企业中使用 CPM 进行计划管理的达47%，1970年达到80%以上，并广泛应用于工业、运输等其他领域。由于其效果极为显著，引起了世界性的轰动，很快被欧洲、日本等发达国家争相采用。随着现代科学技术的迅猛发展、管理水平的不断提高，网络计划技术也在不断发展和完善，特别是计算机技术和网络计划应用软件的面世，使其有了更加广阔的发展前景。目前，网络计划技术广泛应用于世界各国的工业、国防、建筑、运输和科研等领域，已成为发达国家盛行的一种现代化管理的科学方法。世界银行规定，凡是使用世界银行贷款的工程均需使用网络计划技术进行计划管理。

我国对网络计划技术的研究与应用起步较早，1965年，著名数学家华罗庚教授首先在我国的生产管理中推广和应用这些新的计划管理方法，他根据网络计划统筹兼顾、全面规划的特点，将其称为统筹法，并亲自带领"小分队"在全国普及和推广。1980年我国成立了"北京统筹法研究会"；1982年成立了"中国优选法、统筹法与经济教学研究会"；1983年成立了"中国建筑学会建筑统筹管理研究会"。40多年来，网络计划技术作为一门现代管理技术已越来越受到各级领导和广大科技人员的重视。改革开放以后，网络计划技术在我国的工程建设领域也得到迅速的推广和应用，尤其是在大中型工程项目的建设中，对其资源的合理安排、进度计划的编制、优化和控制等应用成效显著。网络计划技术已成为我国工程建设领域中工程项目管理和工程监理等方面必不可少的现代化管理方法。

1992年，国家技术监督局颁布了中华人民共和国国家标准《网络计划技术》GB/T 13400.1、13400.2、13400.3—92，并于2008年开始修订，新标准已于2009年10月1日起正式实施；1991年原建设部颁布了中华人民共和国行业标准《工程网络计划技术规程》

JGJ/T 1001—91，1999年修订颁布了《工程网络计划技术规程》JGJ/T 121—99新版，2010年住房和城乡建设部再次组织修订，新的行业标准将于2012年正式颁布实施。国家标准和行业规程的实施，既使我国网络计划技术的应用有了一个可遵循的、统一的标准，对规范和提高工程项目管理水平发挥了重大作用，又把网络计划技术的应用推上了新台阶，使其步入了该领域的世界先进行列。

网络计划技术的分类如表4-1所示。

网络计划技术的类型 表4-1

类型		持续时间	
		肯定型	非肯定型
逻辑关系	肯定型	关键线路法（CPM） 搭接网络法	计划评审技术（PERT）
	非肯定型	决策树型网络法 决策关键线路法（DCPM）	图示评审技术（GERT） 随机网络计划技术（QERT） 风险型随机网络（VERT）

二、网络计划技术的特点

网络计划技术既是一种科学的计划方法，又是一种有效的生产管理方法。如何最合理地组织、管理好生产，做到全面筹划，统一安排，使生产中的各个环节能够做到一环扣一环，互相密切配合和大力协同，使工作好、快、省地完成，这不是单凭经验和稍加思索就可以解决的问题，而是需要一个对各项工作进行统筹安排的科学方法。

长期以来，在工程技术界、在生产的组织和管理上，特别是在施工的进度安排方面，使用"横道图"编制施工进度计划已为施工现场的人员所熟知。下面将分析"横道图"和"网络图"的不同之处以及各自的优缺点来说明为什么宜采用"网络图"安排工程项目的进度计划。

某钢筋混凝土工程的进度计划分别采用横道图和网络图表示，如图4-1、图4-2和图4-3所示。两者内容完全相同，表示方法却完全不同。

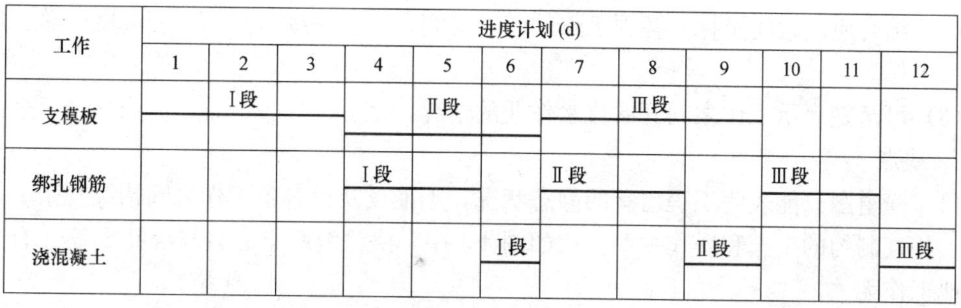

工作	进度计划（d）											
	1	2	3	4	5	6	7	8	9	10	11	12
支模板		Ⅰ段			Ⅱ段			Ⅲ段				
绑扎钢筋					Ⅰ段			Ⅱ段			Ⅲ段	
浇混凝土							Ⅰ段			Ⅱ段		Ⅲ段

图4-1 用横道图表示的进度计划

采用"横道图"编制的进度计划是以横向线条结合时间坐标表示各项工作施工的起始点和先后顺序，整个计划是由一系列的横道组成。

采用"网络图"编制的进度计划是用箭线和节点组成的网状图形并加注作业时间来表示的进度计划。

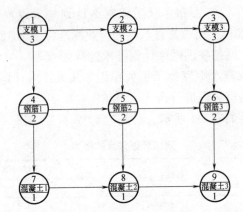

图 4-2 用网络图表示的进度计划（单代号）

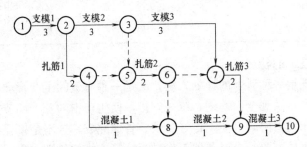

图 4-3 用网络图表示的进度计划（双代号）

（一）横道计划方法的优缺点

横道图也称甘特图（Gantt Chart），是美国人亨利·甘特在 20 世纪初研究发明的，它是以条形图的方式通过活动列表和时间刻度形象地表示出任何特定项目的活动顺序与持续时间的状况。

1. 优点

（1）横道图编制简单、形象直观、易于理解、使用方便。

（2）结合应用时间坐标，各项工作的起止时间、作业持续时间、工程进度、总工期等均一目了然。

（3）可清楚表示工作之间开展流水作业的情况。

2. 缺点

（1）横道图只能表明工程已有的静态状况，不能反映出各项工作之间错综复杂、相互联系、相互制约的生产和协作关系。比如图 4-1 中，浇注混凝土Ⅱ只与绑扎钢筋Ⅱ有关而与其他工作无关。

（2）不能反映出工程中的主要工作和关键性的生产联系，当然也就无法反映出工程的关键所在和全貌。即不能明确反映工程实施中的关键线路和可以灵活机动使用的时间，因而也就无法抓住工作的重点，看不到潜力所在，无法进行最合理的组织安排和指挥生产，不知道如何去缩短工期、降低成本及调整劳动力。

由于横道图存在着一些不足之处，所以对改进和加强工程管理工作是不利的，即使编制计划的人员开始也仔细地分析和考虑了一些问题，但是在图面上无法反映出来，特别是项目多、工作关系复杂时，横道图就很难充分暴露矛盾。在计划执行过程中，某项工作完成的时间由于某种原因提前或拖后了，将对工期和其他工作产生多大的影响，很难从横道图上看清，不利于全面指挥生产。

（二）网络计划方法的优缺点

网络计划与传统的计划管理方法——横道图计划相比，具有以下特点：

1. 优点

（1）网络图把一项工程中的各项工作作为一个有机整体统筹进行安排，能全面而清楚地表达出各项工作之间的先后顺序、相互联系和相互制约的关系。

如图4-3中浇注混凝土1必须在绑扎钢筋1之后进行，与其他工作无关，而浇注混凝土2又必须在绑扎钢筋2和浇注混凝土1之后进行等。

（2）在网络计划中通过时间参数的计算，可在名目繁多、错综复杂的计划中找出对全局有影响的关键工作和关键线路，从而使计划管理者能够采取技术组织措施，集中力量抓住主要矛盾，确保工程按期完工。

（3）利用网络计划中某些工作的时间储备，可以合理地安排人力、物力和资源，达到降低工程成本的目的。即计划管理者可根据工程中非关键工作具有的机动时间，知道从哪里下手去缩短工期，怎样更好地使用人力和设备，达到挖潜力、保重点、缩短工期的目的。

（4）通过网络计划的优化，能从若干可行方案中找出最优方案，还可以合理地进行资源优化配置，取得好、快、省的全面效果。

（5）在网络计划执行过程中，能够对其进行有效的监督和控制，如当某项工作提前或推迟完成时，计划管理者可以预见到它对总工期及后续工作的影响程度，以便及时采取技术、组织措施予以调整。

（6）可以利用计算机和有关的项目管理软件进行计划编制、各项参数计算和优化，为管理现代化创造条件。

2. 缺点

（1）网络图不如横道图那样简单明了、形象直观。

（2）绘制劳动力和资源需要量曲线较困难，流水施工的情况亦很难在网络计划上全面反映出来。

随着计算机硬件技术的提高和有关项目管理软件功能的不断完善，网络计划的不足已经不再是问题，还可以通过绘制带有时间坐标的网络计划弥补其不足。

（三）网络计划技术的适用范围

网络计划技术最适用于工程项目计划管理，特别适用于对大型、复杂、协作广泛的项目实行进度控制。就工程项目领域而言，它既适用于单体工程，又适用于群体工程；既适用于土建工程，又适用于安装工程；既适用于部门计划，又适用于企业的年、季、月度计划；既适用于肯定型的计划，又适用于非肯定型的计划；既可以进行常规时间参数的计算，又可以进行计划优化和调整，其他计划模型均无法与之相比拟。

三、网络计划技术在工程项目计划管理中的应用程序

根据《网络计划技术 第3部分：在项目管理中应用的一般程序》GB/T 13400.3—2009的规定，网络计划技术在工程项目计划管理中的应用程序可分为7个阶段18个步骤，见表 4-2 所示。其中，前 5 个阶段共 13 个步骤是计划的编制阶段；第 6 个阶段共 3 个步骤是计划的实施与控制阶段；第 7 个阶段 2 个步骤是计划的分析总结阶段。可见，网络计划编制阶段是关键。其主要的编制过程是：在做好项目准备以后，先进行项目的任务分解、绘制网络图并计算时间参数，再编制可行性网络计划，经优化后确定正式网络计划。将网络计划的应用程序标准化，有利于网络计划的编制最佳化和应用有效化，克服应用网络计划的盲目和低效状态。

网络计划技术在工程项目计划管理中的应用程序　　　　表 4-2

阶 段		步 骤	
序号	名 称	序号	名 称
1	准备	1	确定网络计划目标
		2	调查研究
		3	项目分解
		4	施工方案设计
2	绘制网络图	5	逻辑关系分析
		6	网络图构图
3	计算参数	7	计算工作持续时间和搭接时间
		8	计算其他时间参数
		9	确定关键线路
4	编制可行网络计划	10	检查与修正
		11	可行网络计划编制
5	确定正式网络计划	12	网络计划优化
		13	网络计划确定
6	网络计划的实施与控制	14	网络计划贯彻
		15	检查和数据采集
		16	控制与调整
7	收尾	17	分析
		18	总结

第二节　双代号网络计划

一、双代号网络图

网络计划技术的基本模型是网络图。网络图是用箭线和节点组成的，用来表示工作流程的有向、有序的网状图形。网络计划是用网络图表达工程中的任务构成、工作顺序，并加注时间参数的进度计划。双代号网络图是以箭线及其两端有编号的节点表示工作的网络图，如图 4-4 所示。

（一）基本符号

分析图 4-4，可以将双代号网络图的基本符号归纳表述如下。

1. 箭线（工作）

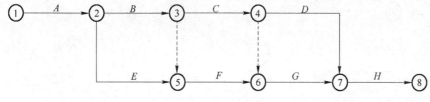

图 4-4 双代号网络图

（1）在双代号网络图中，每一条箭线表示一项工作。箭线的箭尾节点表示该工作的开始，箭头节点表示该工作的结束。工作的名称标注在箭线的上方，完成该项工作所需要的持续时间标注在箭线的下方。如图 4-5（a）所示。由于每一项工作需用一条箭线及其箭尾和箭头处两个节点中的代号来表示，故称为双代号网络图。

图 4-5 双代号网络图工作的表示法

（2）在双代号网络图中，任意一条实箭线都要占用时间、消耗资源（有时只占时间，不消耗资源，如混凝土养护）。在工程中，一条箭线表示项目中的一个施工过程，它可以是一道工序、一个分项工程、一个分部工程或一个单位工程，其粗细程度、大小范围的划分根据计划任务的需要来确定。

（3）虚箭线及其作用

在双代号网络图中，为了正确地表达工作之间的逻辑关系，往往需要应用虚箭线，其表示方法如图 4-5（b）所示。虚箭线是实际工作中并不存在的一项虚拟工作，故它既不占用时间，也不消耗资源，一般起着工作之间的联系、区分和断路三个作用。

联系作用是指应用虚箭线正确表达工作之间相互依存的关系。如某工程中的 A、B、C、D 四项工作的相互关系是：A 完成后进行 B，A、C 均完成后进行 D，则其逻辑关系如图 4-6 所示，图中必须用虚箭线把 A 和 D 的相互关系表示出来。

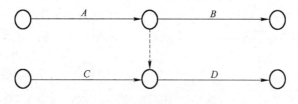

图 4-6 虚箭线的联系作用

区分作用是指双代号网络图中每一项工作都必须用一条箭线和两个代号表示，若有两项工作同时开始，又同时完成，绘图时应使用虚工作才能区分两项工作的代号，如图 4-7 所示。

断路作用是用虚箭线把没有关系的工作隔开，如图 4-8 中，三层墙面抹灰与一层立门窗口两种工作本来不应有关系，但在这里却拉上了关系，故而产生了错误。在图 4-9 中，

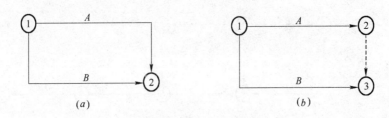

图 4-7 虚箭线的区分作用
(a) 错误画法；(b) 正确画法

将二层的立门窗口与墙面抹灰两项工作之间加上一条虚箭线，则上述的错误联系就断开了。

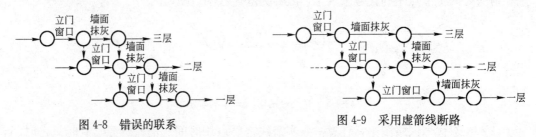

图 4-8 错误的联系　　　　　　　图 4-9 采用虚箭线断路

(4) 在无时间坐标限制的网络图中，箭线的长度原则上可以任意画，其占用的时间以下方标注的时间参数为准。箭线可以为直线、折线或斜线，但其行进方向均应从左向右，如图 4-10 所示。在有时间坐标限制的网络图中，箭线的长度必须根据完成该工作所需持续时间的大小按比例绘制。

图 4-10 箭线的表达形式

(5) 在双代号网络图中，各项工作之间的关系如图 4-11 所示。通常将被研究的对象称为本工作，用 $i\text{-}j$ 表示；紧排在本工作之前的工作称为紧前工作，用 $h\text{-}i$ 表示；紧跟在本工作之后的工作称为紧后工作，用 $j\text{-}k$ 表示；与之平行进行的工作称为平行工作。

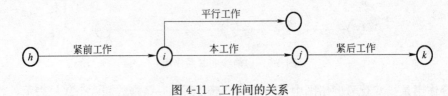

图 4-11 工作间的关系

2. 节点

节点是网络图中箭线之间的连接点。在双代号网络图中，节点既不占用时间、也不消耗资源，是个瞬时值，即节点只表示工作的开始或结束的瞬间，起着承上启下的衔接作用。网络图中有三种类型的节点：

(1) 起点节点

网络图中的第一个节点叫"起点节点",它只有外向箭线,一般表示一项任务或一个项目的开始,如图 4-12 中（a）所示。

(2) 终点节点

网络图中的最后一个节点叫"终点节点",它只有内向箭线,一般表示一项任务或一个项目的完成,如图 4-12 中（b）所示。

(3) 中间节点

网络图中既有内向箭线,又有外向箭线的节点称为中间节点,如图 4-12 中（c）所示。

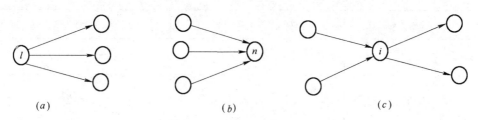

图 4-12 节点类型示意图
(a) 起点节点；(b) 终点节点；(c) 中间节点

(4) 在双代号网络图中,节点应用圆圈表示,并在圆圈内编号。一项工作应当只有唯一的一条箭线和相应的一对节点,且要求箭尾节点的编号小于其箭头节点的编号。例如在图 4-13 中,应是 $i<j<k$。网络图节点的编号顺序应从小到大,可不连续,但严禁重复。

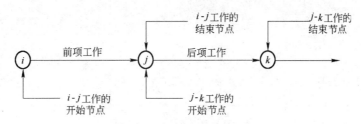

图 4-13 箭尾节点和箭头节点

3. 线路

网络图中从起点节点开始,沿箭头方向顺序通过一系列箭线与节点,最后达到终点节点的通路称为线路。线路上各项工作持续时间的总和称为该线路的长度。一般网络图有多条线路,可依次用该线路上的节点代号来记述,例如网络图 4-4 中的线路有：①—②—③—④—⑦—⑧,①—②—⑤—⑥—⑦—⑧ 等,其中最长的一条线路被称为关键线路,位于关键线路上的工作称为关键工作。

(二) 逻辑关系

网络图中工作之间相互制约或相互依赖的关系称为逻辑关系,它包括工艺关系和组织关系,在网络中均应表现为工作之间的先后顺序。

1. 工艺关系

生产性工作之间由工艺过程决定的、非生产性工作之间由工作程序决定的先后顺序叫工艺关系。

2. 组织关系

工作之间由于组织安排需要或资源（人力、材料、机械设备和资金等）调配需要而规定的先后顺序关系叫组织关系。

网络图的绘制应正确地表达整个工程或任务的工艺流程、各工作开展的先后顺序及它们之间相互依赖、相互制约的逻辑关系，因此，绘图时必须遵循一定的基本规则和要求。

（三）双代号网络图的绘图规则

1. 双代号网络图必须正确表达已定的逻辑关系

双代号网络图中常见的逻辑关系的表达方式见图 4-14 中的第三列所示。

序号	逻辑关系	双代号表示方法	单代号表示方法
1	A完成后进行B；B完成后进行C	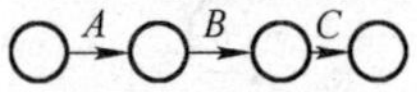 ○—A→○—B→○—C→	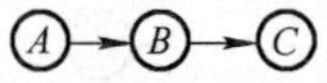 Ⓐ→Ⓑ→Ⓒ
2	A完成后同时进行B和C	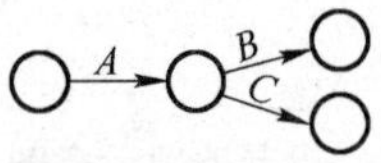 ○—A→○＜B/C→	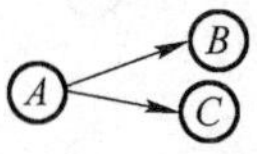 Ⓐ→Ⓑ Ⓐ→Ⓒ
3	A和B都完成后进行C	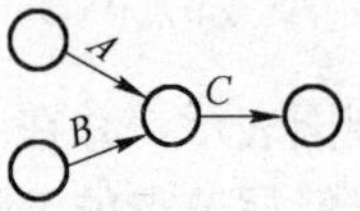 ○—A↘ ○—B↗○—C→	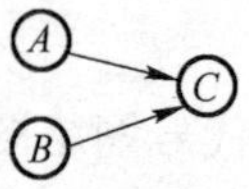 Ⓐ↘Ⓒ Ⓑ↗
4	A和B都完成后同时进行C和D	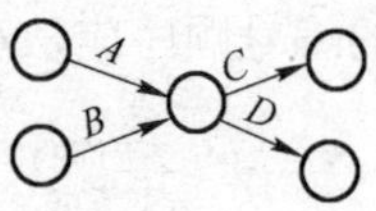 ○—A↘○＜C/D→ ○—B↗	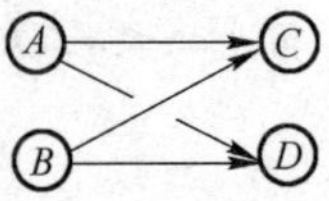 Ⓐ→Ⓒ Ⓑ→Ⓓ（交叉）
5	A完成后进行C；A和B都完成后进行D	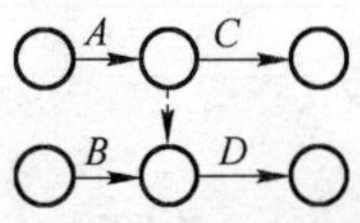 ○—A→○—C→ ○—B→○—D→	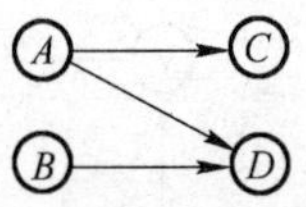 Ⓐ→Ⓒ Ⓐ→Ⓓ Ⓑ→Ⓓ

图 4-14　逻辑关系表达方法

2. 双代号网络图中，严禁出现循环回路

所谓循环回路是指从网络图中的某一个节点出发，顺着箭线方向又回到了原来出发点的线路。如图 4-15 所示。

3. 双代号网络图中，在节点之间严禁出现带双向箭头或无箭头的连线。如图 4-16 所示。

4. 双代号网络图中，严禁出现没有箭头节点或没有箭尾节点的箭线，如图 4-17 所示。

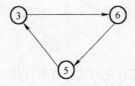

图 4-15　循环回路示意图

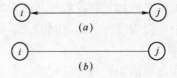

图 4-16　箭线的错误画法

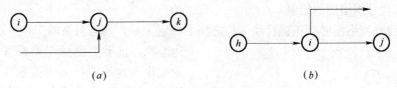

图 4-17 没有箭头和箭尾节点的箭线

5. 当双代号网络图的某些节点有多条外向箭线或多条内向箭线时，为使图形简洁明了，可使用母线法绘制（但应满足一项工作用一条箭线和相应的一对节点表示的要求），如图 4-18 所示。

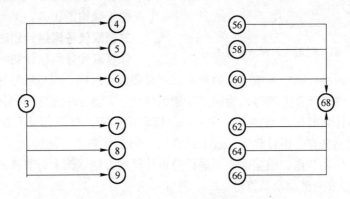

图 4-18 母线表示方法

6. 绘制网络图时，箭线不宜交叉；当交叉不可避免时，可用过桥法或指向法表示。如图 4-19 所示。

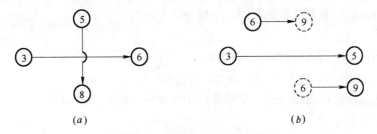

图 4-19 箭线交叉的表示方法
(a) 过桥法；(b) 指向法

7. 双代号网络图中应只有一个起点节点和一个终点节点（多目标网络计划除外）；而其他所有节点均应是中间节点。如图 4-20 所示。

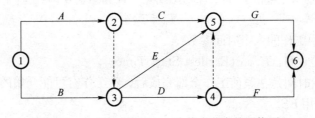

图 4-20 一个起点节点、一个终点节点的网络图

(四) 双代号网络图的绘制

绘制双代号网络图必须正确反映工作之间的既定关系，凡有关系的工作一定把关系表达准确，且不要漏画"关系"；没有关系的工作一定不要扯上"关系"，以保证工作之间的逻辑关系正确。绘制双代号网络图的关键有两条：第一，严格按照上述7条绘图规则绘图；第二，正确运用虚箭线。网络图应布局合理，条理清楚，尽量横平竖直，避免歪斜零乱。图4-21为某工程的正确构图。

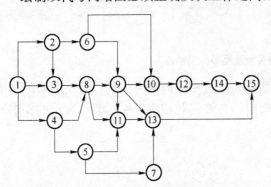

图4-21 某工程正确的网络图构图

二、双代号网络计划时间参数的计算

计算双代号网络计划时间参数的目的在于，通过计算，可以确定各项工作的开始、完成和机动时间，可以确定网络计划中的关键工作、关键线路和计算工期等，为网络计划的优化、调整和执行提供明确的时间依据。计算双代号网络计划时间参数的方法很多，一般常用的有：按工作计算法和按节点计算法；在计算方式上又有分析计算法、表上计算法、图上计算法、矩阵计算法和电算法等。本节只介绍按工作和节点、根据网络图进行分析计算的方法（图上计算法和分析计算法）。

（一）时间参数的概念及其符号

1. 工作持续时间：$D_{i\text{-}j}$

工作持续时间是对一项工作规定的从开始到完成的时间。在双代号网络计划中，工作 $i\text{-}j$ 的持续时间用 $D_{i\text{-}j}$ 表示。

2. 工期：T

工期泛指完成任务所需要的时间，一般有以下三种：

（1）计算工期：T_C

根据网络计划时间参数计算所得到的工期，用 T_C 表示。

（2）要求工期：T_r

任务委托人所提出的指令性工期或合同中规定的工期，用 T_r 表示。

（3）计划工期：T_p

根据要求工期和计算工期所确定的、作为工程项目进度目标的工期，用 T_p 表示。

网络计划的计划工期 T_p 应按下列情况分别确定：

1) 当已规定了要求工期 T_r 时，取：

$$T_p \leqslant T_r \tag{4-1}$$

2) 当未规定要求工期时，可令计划工期等于计算工期，即：

$$T_p = T_C \tag{4-2}$$

3. 网络计划中工作的六个时间参数

（1）最早开始时间：$ES_{i\text{-}j}$（Earliest Start Time）

工作最早开始时间是在紧前工作全部完成后，本工作有可能开始的最早时刻。工作 $i\text{-}j$ 的最早开始时间用 $ES_{i\text{-}j}$ 表示。

（2）最早完成时间：$EF_{i\text{-}j}$（Earliest Finish Time）

工作最早完成时间是在紧前工作全部完成后，本工作有可能完成的最早时刻。工作 i-j 的最早完成时间用 $EF_{i\text{-}j}$ 表示。

（3）最迟开始时间：$LS_{i\text{-}j}$（Latest Start Time）

最迟开始时间是在不影响整个任务按期完成的条件下，工作最迟必须开始的时刻。工作 i-j 的最迟开始时间用 $LS_{i\text{-}j}$ 表示。

（4）最迟完成时间：$LF_{i\text{-}j}$（Latest Finish Time）

最迟完成时间是在不影响整个任务按期完成的条件下，工作最迟必须完成的时刻。工作 i-j 的最迟完成时间用 $LF_{i\text{-}j}$ 表示。

（5）总时差 $TF_{i\text{-}j}$（Total Float）

总时差是在不影响计划工期的前提下，本工作可以利用的机动时间。工作 i-j 的总时差用 $TF_{i\text{-}j}$ 表示。

（6）自由时差 $FF_{i\text{-}j}$（Free Float）

自由时差是在不影响其紧后工作最早开始的前提下，本工作可以利用的机动时间。工作 i-j 的自由时差用 $FF_{i\text{-}j}$ 表示。

按工作计算法计算时间参数应在确定各项工作的持续时间之后进行。虚箭线必须视同工作进行计算，其持续时间为零。各项工作时间参数的计算结果应标注在箭线之上，如图 4-22 所示。

（二）按工作计算法计算

按工作计算法在网络图上计算工作的六个时间参数，必须在清楚计算顺序和计算步骤的基础上，列出必要的公式，以加深对时间参数计算的理解。时间参数的计算步骤为：

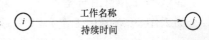

图 4-22 工作时间参数标注形式
注：当为虚工作时，图中的箭线为虚箭线。

1. 计算工作最早开始时间和最早完成时间

由于工作最早时间参数受到紧前工作的约束，故其计算顺序应从起点节点开始，顺着箭线方向依次逐项计算。

（1）以网络计划的起点节点 i 为箭尾节点的工作 i-j，当未规定其最早开始时间 $ES_{i\text{-}j}$ 时，其最早开始时间取零。如果网络计划起点节点的编号为 1，则：

$$ES_{i\text{-}j}=0(i=1) \tag{4-3}$$

（2）顺着箭线方向依次计算各个工作的最早完成时间和最早开始时间。

1）最早完成时间等于最早开始时间加上其持续时间：

$$EF_{i\text{-}j}=ES_{i\text{-}j}+D_{i\text{-}j} \tag{4-4}$$

2）最早开始时间等于各紧前工作 h-i 的最早完成时间 $EF_{h\text{-}i}$ 的最大值：

$$ES_{i\text{-}j}=\max[EF_{h\text{-}i}] \tag{4-5}$$

或

$$ES_{i\text{-}j}=\max[ES_{h\text{-}i}+D_{h\text{-}i}] \tag{4-6}$$

2. 确定计算工期 T_C

计算工期等于以网络计划的终点节点为箭头节点的各个工作的最早完成时间的最大值。当网络计划终点节点的编号为 n 时，计算工期为：

$$T_C=\max[EF_{i\text{-}n}] \tag{4-7}$$

当无要求工期的限制时，取计划工期等于计算工期，即取：$T_p=T_C$。

3. 计算工作最迟开始时间和最迟完成时间

由于工作最迟时间参数受到紧后工作的约束，故其计算顺序应从终点节点起，逆着箭线方向依次逐项计算。

(1) 以网络计划的终点节点（$j=n$）为箭头节点的工作的最迟完成时间等于计划工期T_p，即：

$$LF_{i\text{-}n}=T_p \quad (4\text{-}8)$$

(2) 逆着箭线方向依次计算各项工作的最迟开始时间和最迟完成时间。

1) 最迟开始时间等于最迟完成时间减去其持续时间：

$$LS_{i\text{-}j}=LF_{i\text{-}j}-D_{i\text{-}j} \quad (4\text{-}9)$$

2) 最迟完成时间等于其紧后工作的最迟开始时间$LS_{j\text{-}k}$的最小值，即：

$$LF_{i\text{-}j}=\min[LS_{j\text{-}k}] \quad (4\text{-}10)$$

或

$$LF_{i\text{-}j}=\min[LF_{j\text{-}k}-D_{j\text{-}k}] \quad (4\text{-}11)$$

4. 计算工作总时差

工作总时差等于其最迟开始时间减去最早开始时间，或等于其最迟完成时间减去最早完成时间：

$$TF_{i\text{-}j}=LS_{i\text{-}j}-ES_{i\text{-}j} \quad (4\text{-}12)$$

$$TF_{i\text{-}j}=LF_{i\text{-}j}-EF_{i\text{-}j} \quad (4\text{-}13)$$

5. 计算工作自由时差

当工作$i\text{-}j$有紧后工作$j\text{-}k$时，其自由时差应为：

$$FF_{i\text{-}j}=ES_{j\text{-}k}-EF_{i\text{-}j} \quad (4\text{-}14)$$

或

$$FF_{i\text{-}j}=ES_{j\text{-}k}-ES_{i\text{-}j}-D_{i\text{-}j} \quad (4\text{-}15)$$

以网络计划的终点节点（$j=n$）为箭头节点的工作，其自由时差$FF_{i\text{-}n}$应按网络计划的计划工期T_p确定，即：

$$FF_{i\text{-}n}=T_p-EF_{i\text{-}n} \quad (4\text{-}16)$$

或

$$FF_{i\text{-}n}=T_p-ES_{i\text{-}n}-D_{i\text{-}n} \quad (4\text{-}17)$$

（三）关键工作和关键线路的确定

通过计算网络计划的时间参数，可确定工程的计划工期并找出关键线路。

(1) 关键工作：网络计划中工作总时差最小的工作为关键工作。

(2) 关键线路：网络计划中自始至终全部由关键工作组成的线路为关键线路，或线路上总的工作持续时间最长的线路为关键线路。网络计划中的关键线路可用双线、粗线或彩色线标注。

关键路线上的工作均为关键工作，由于其完成的快慢将直接影响整个计划工期，故在进度计划执行过程中关键工作是管理的重点，在时间和费用方面均需严格控制。

【例4-1】 已知网络计划的资料如表4-3所示，试编制双代号网络计划；若计划工期等于计算工期，试计算各项工作的六个时间参数并确定关键线路（用双线标注在网络计划图上）。

【解】 1. 绘制双代号网络图

根据表4-3中网络计划的有关资料，按照网络图的绘图规则，绘制双代号网络，如图4-23所示。

网络计划资料表　　　　　　　　　　表 4-3

工作名称	A	B	C	D	E	F	G	H
紧前工作	—	—	B	B	A、C	A、C	D、E、F	D、F
持续时间(d)	4	2	3	3	5	6	3	5

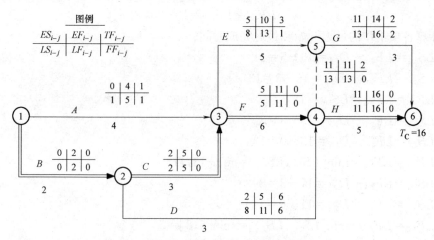

图 4-23　双代号网络计划按工作计算法计算实例

2. 计算各项工作的时间参数

(1) 计算各项工作的最早开始时间和最早完成时间

从起始节点（①节点）开始顺着箭线方向依次逐项计算，直到终点节点（⑥节点）。

1) 以网络计划起点节点为开始节点的各工作的最早开始时间为零：

$$ES_{1\text{-}2} = ES_{1\text{-}3} = 0$$

2) 计算各项工作的最早开始和最早完成时间：

$EF_{1\text{-}2} = ES_{1\text{-}2} + D_{1\text{-}2} = 0 + 2 = 2$

$EF_{1\text{-}3} = ES_{1\text{-}3} + D_{1\text{-}3} = 0 + 4 = 4$

$ES_{2\text{-}3} = ES_{2\text{-}4} = EF_{1\text{-}2} = 2$

$EF_{2\text{-}3} = ES_{2\text{-}3} + D_{2\text{-}3} = 2 + 3 = 5$

$EF_{2\text{-}4} = ES_{2\text{-}4} + D_{2\text{-}4} = 2 + 3 = 5$

$ES_{3\text{-}4} = ES_{3\text{-}5} = \max[EF_{1\text{-}3}, EF_{2\text{-}3}] = \max[4, 5] = 5$

$EF_{3\text{-}4} = ES_{3\text{-}4} + D_{3\text{-}4} = 5 + 6 = 11$

$EF_{3\text{-}5} = ES_{3\text{-}5} + D_{3\text{-}5} = 5 + 5 = 10$

$ES_{4\text{-}6} = ES_{4\text{-}5} = \max[EF_{3\text{-}4}, EF_{2\text{-}4}] = \max[11, 5] = 11$

$EF_{4\text{-}6} = ES_{4\text{-}6} + D_{4\text{-}6} = 11 + 5 = 16$

$EF_{4\text{-}5} = 11 + 0 = 11$

$ES_{5\text{-}6} = \max[EF_{3\text{-}5}, EF_{4\text{-}5}] = \max[10, 11] = 11$

$EF_{5\text{-}6} = 11 + 3 = 14$

将以上计算结果标注在图 4-23 中的相应位置。

(2) 确定计算工期 T_C 及计划工期 T_p

计算工期：$T_C = \max[EF_{5\text{-}6}, EF_{4\text{-}6}] = \max[14, 16] = 16$

由于未规定要求工期，取计划工期等于计算工期，即：

计划工期：$T_p = T_C = 16$

（3）计算各项工作的最迟开始时间和最迟完成时间

从终节点（⑥节点）开始逆着箭线方向依次逐项计算到起点节点（①节点）。

1）以网络计划终点节点为箭头节点的工作的最迟完成时间等于计划工期：

$$LF_{4-6} = LF_{5-6} = 16$$

2）计算各项工作的最迟开始和最迟完成时间：

$LS_{4-6} = LF_{4-6} - D_{4-6} = 16 - 5 = 11$

$LS_{5-6} = LF_{5-6} - D_{5-6} = 16 - 3 = 13$

$LF_{3-5} = LF_{4-5} = LS_{5-6} = 13$

$LS_{3-5} = LF_{3-5} - D_{3-5} = 13 - 5 = 8$

$LS_{4-5} = LF_{4-5} - D_{4-5} = 13 - 0 = 13$

$LF_{2-4} = LF_{3-4} = \min[LS_{4-5}, LS_{4-6}] = \min[13, 11] = 11$

$LS_{2-4} = LF_{2-4} - D_{2-4} = 11 - 3 = 8$

$LS_{3-4} = LF_{3-4} - D_{3-4} = 11 - 6 = 5$

$LF_{1-3} = LF_{2-3} = \min[LS_{3-4}, LS_{3-5}] = \min[5, 8] = 5$

$LS_{1-3} = LF_{1-3} - D_{1-3} = 5 - 4 = 1$

$LS_{2-3} = LF_{2-3} - D_{2-3} = 5 - 3 = 2$

$LF_{1-2} = \min[LS_{2-3}, LS_{2-4}] = \min[2, 8] = 2$

$LS_{1-2} = LF_{1-2} - D_{1-2} = 2 - 2 = 0$

（4）计算各项工作的总时差：TF_{i-j}

TF_{i-j}可以用工作的最迟开始时间减去最早开始时间或用工作的最迟完成时间减去最早完成时间：

$TF_{1-2} = LS_{1-2} - ES_{1-2} = 0 - 0 = 0$

或　　$TF_{1-2} = LF_{1-2} - EF_{1-2} = 2 - 2 = 0$

$TF_{1-3} = LS_{1-3} - ES_{1-3} = 1 - 0 = 1$

$TF_{2-3} = LS_{2-3} - ES_{2-3} = 2 - 2 = 0$

$TF_{2-4} = LS_{2-4} - ES_{2-4} = 8 - 2 = 6$

$TF_{3-4} = LS_{3-4} - ES_{3-4} = 5 - 5 = 0$

$TF_{3-5} = LS_{3-5} - ES_{3-5} = 8 - 5 = 3$

$TF_{4-6} = LS_{4-6} - ES_{4-6} = 11 - 11 = 0$

$TF_{5-6} = LS_{5-6} - ES_{5-6} = 13 - 11 = 2$

将以上计算结果标注在图 4-23 中的相应位置。

（5）计算各项工作的自由时差：FF_{i-j}

FF_{i-j}等于紧后工作的最早开始时间减去本工作的最早完成时间：

$FF_{1-2} = ES_{2-3} - EF_{1-2} = 2 - 2 = 0$

$FF_{1-3} = ES_{3-4} - EF_{1-3} = 5 - 4 = 1$

$FF_{2-3} = ES_{3-5} - EF_{2-3} = 5 - 5 = 0$

$FF_{2-4} = ES_{4-6} - EF_{2-4} = 11 - 5 = 6$

$$FF_{3-4}=ES_{4-6}-EF_{3-4}=11-11=0$$
$$FF_{3-5}=ES_{5-6}-EF_{3-5}=11-10=1$$
$$FF_{4-6}=T_p-EF_{4-6}=16-16=0$$
$$FF_{5-6}=T_p-EF_{5-6}=16-14=2$$

将以上计算结果标注在图 4-23 中的相应位置。

3. 确定关键工作及关键线路

在图 4-23 中，最小的总时差是 0，所以，凡是总时差为 0 的工作均为关键工作。该例中的关键工作是：①—②，②—③，③—④，④—⑥（或关键工作是：B、C、F、H）。

在图 4-23 中，自始至终全由关键工作组成的线路为关键线路，即：①—②—③—④—⑥。关键线路用双箭线标注，如图 4-23 所示。

（四）按节点计算法

按节点计算法计算网络计划的时间参数是先计算节点的最早时间（ET_i）和节点的最迟时间（LT_i），再根据节点时间推算工作时间参数。按节点计算法计算时间参数，其计算结果应标注在节点之上。如图 4-24 所示。

图 4-24 节点时间参数标注方式

1. 计算节点时间

（1）节点最早时间 ET_i 的计算

双代号网络计划中，节点的最早时间是以该节点为开始节点的各项工作的最早开始时间。

节点 i 的最早时间 ET_i 应从网络计划的起点节点开始，顺着箭线方向逐项依次计算。即：

1)
$$ET_i=0 \quad (i=1) \tag{4-18}$$

2）其他节点的最早时间 ET_j 按下式计算
$$ET_j=\max[ET_i+D_{i\text{-}j}] \tag{4-19}$$

（2）网络计划计算工期 T_c 的计算

网络计划的计算工期等于其终点节点 n 的最早时间，即：
$$T_c=ET_n \tag{4-20}$$

（3）节点最迟时间 LT_i 的计算

节点最迟时间是以该节点为完成节点的工作的最迟完成时间。

节点 i 的最迟时间 LT_i 应从网络计划的终点节点开始，逆着箭线方向逐项依次计算。

1）终点节点的最迟时间 LT_n 应按网络计划的计划工期 T_p 确定，即
$$LT_n=T_p \tag{4-21}$$

2）其他节点的最迟时间 LT_i 应为：
$$LT_i=\min[LT_j-D_{i\text{-}j}] \tag{4-22}$$

2. 根据节点时间计算工作时间参数

(1) 工作 i-j 的最早开始时间 $ES_{i\text{-}j}$ 可按下列公式计算：
$$ES_{i\text{-}j}=ET_i \qquad (4\text{-}23)$$

(2) 工作 i-j 的最早完成时间 $EF_{i\text{-}j}$ 可按下列公式计算：
$$EF_{i\text{-}j}=ET_i+D_{i\text{-}j} \qquad (4\text{-}24)$$

(3) 工作 i-j 的最迟完成时间 $LF_{i\text{-}j}$ 可按下列公式计算：
$$LF_{i\text{-}j}=LT_j \qquad (4\text{-}25)$$

(4) 工作 i-j 的最迟开始时间 $LS_{i\text{-}j}$ 可按下列公式计算：
$$LS_{i\text{-}j}=LT_j-D_{i\text{-}j} \qquad (4\text{-}26)$$

(5) 工作 i-j 的总时差 $TF_{i\text{-}j}$ 可按下列公式计算：
$$TF_{i\text{-}j}=LT_j-ET_i-D_{i\text{-}j} \qquad (4\text{-}27)$$

(6) 工作 i-j 的自由时差 $FF_{i\text{-}j}$ 可按下列公式计算：
$$FF_{i\text{-}j}=ET_j-ET_i-D_{i\text{-}j} \qquad (4\text{-}28)$$

【例 4-2】 计算图 4-23 中双代号网络计划的节点时间参数，并标注在图上。

【解】 1. 计算各节点的时间参数

各节点时间参数的计算结果标注在节点上方相应的位置，如图 4-25 所示。

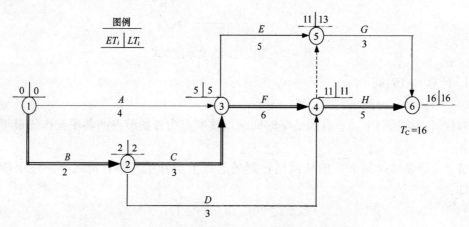

图 4-25 双代号网络计划节点计算法计算实例

(1) 计算各节点的最早时间：

$$ET_1=0$$
$$ET_2=ET_1+D_{1\text{-}2}=0+2=2$$
$$ET_3=\max[ET_1+D_{1\text{-}3},ET_2+D_{2\text{-}3}]$$
$$=\max[0+4,2+3]=5$$
$$ET_4=ET_3+D_{3\text{-}4}=5+6=11$$
$$ET_5=\max[ET_3+D_{3\text{-}5},ET_4+D_{4\text{-}5}]$$
$$=\max[5+5,11+0]=11$$
$$ET_6=\max[ET_4+D_{4\text{-}6},ET_5+D_{5\text{-}6}]$$
$$=\max[10+3,11+5]=16$$

(2) 网络计划的计算工期 $T_c=ET_6=16$

由于未规定要求工期时，可令计划工期等于计算工期，即：

$$T_p = T_C = 16$$

(3) 计算各节点的最迟时间：

$$LT_6 = T_p = 16$$
$$LT_5 = LT_6 - D_{5\text{-}6} = 16 - 3 = 13$$
$$LT_4 = \min[LT_6 - D_{4\text{-}6}, LT_5 - D_{4\text{-}5}]$$
$$= \min[16 - 5, 13 - 0] = 11$$
$$LT_3 = \min[LT_5 - D_{3\text{-}5}, LT_4 - D_{3\text{-}4}]$$
$$= \min[13 - 5, 11 - 6] = 5$$
$$LT_2 = \min[LT_4 - D_{2\text{-}4}, LT_3 - D_{2\text{-}3}]$$
$$= \min[11 - 3, 5 - 3] = 2$$
$$LT_1 = \min[LT_3 - D_{1\text{-}3}, LT_2 - D_{1\text{-}2}]$$
$$= \min[5 - 4, 2 - 2] = 0$$

2. 工作时间参数的计算

根据节点时间推算各工作时间参数，结果标注在图 4-23 中。

(1) 工作 $i\text{-}j$ 最早开始时间 $ES_{i\text{-}j}$ 的计算：

$$ES_{1\text{-}2} = ES_{1\text{-}3} = ET_1 = 0$$
$$ES_{2\text{-}3} = ES_{2\text{-}4} = ET_2 = 2$$
$$ES_{3\text{-}4} = ES_{3\text{-}5} = ET_3 = 5$$
$$\cdots\cdots$$

余类推。

(2) 工作 $i\text{-}j$ 最早完成时间 $ES_{i\text{-}j}$ 的计算：

$$EF_{1\text{-}2} = ES_{1\text{-}2} + D_{1\text{-}2} = 0 + 2 = 2$$
$$EF_{1\text{-}3} = ES_{1\text{-}3} + D_{1\text{-}3} = 0 + 4 = 4$$
$$EF_{2\text{-}3} = ES_{2\text{-}3} + D_{2\text{-}3} = 2 + 3 = 5$$
$$\cdots\cdots$$

余类推。

(3) 工作 $i\text{-}j$ 最迟完成时间 $LF_{i\text{-}j}$ 的计算：

$$LF_{1\text{-}2} = LT_2 = 2$$
$$LF_{1\text{-}3} = LT_3 = 5$$
$$LF_{2\text{-}4} = LT_4 = 11$$
$$\cdots\cdots$$

余类推。

(4) 工作 $i\text{-}j$ 最迟开始时间 $LS_{i\text{-}j}$ 的计算：

$$LS_{1\text{-}2} = LT_2 - D_{1\text{-}2} = 2 - 2 = 0$$
$$LS_{1\text{-}3} = LT_3 - D_{1\text{-}3} = 5 - 4 = 1$$
$$LS_{2\text{-}4} = LT_4 - D_{2\text{-}4} = 11 - 3 = 8$$
$$\cdots\cdots$$

余类推。

(5) 工作 $i\text{-}j$ 总时差 $TF_{i\text{-}j}$ 的计算：

$$TF_{1\text{-}2}=LT_2-ET_1-D_{1\text{-}2}=2-0-2=0$$
$$TF_{1\text{-}3}=LT_3-ET_1-D_{1\text{-}3}=5-0-4=1$$
$$TF_{2\text{-}4}=LT_4-ET_2-D_{2\text{-}4}=11-2-3=6$$
$$TF_{3\text{-}5}=LT_5-ET_3-D_{3\text{-}5}=13-5-5=3$$
……

余类推。

(6) 工作 $i\text{-}j$ 自由时差 $FF_{i\text{-}j}$ 的计算：
$$FF_{1\text{-}2}=ET_2-ET_1-D_{1\text{-}2}=2-0-2=0$$
$$FF_{1\text{-}3}=ET_3-ET_1-D_{1\text{-}3}=5-0-4=1$$
$$FF_{2\text{-}4}=ET_4-ET_2-D_{2-4}=11-2-3=6$$
$$FF_{3-5}=ET_5-ET_3-D_{3-5}=11-5-5=1$$
……

余类推。

关键工作及关键线路的确定同前，见图 4-25 所示。

（五）标号法确定关键线路

标号法是一种快速确定网络计划计算工期和关键线路的方法。该方法仅计算出各节点的最早时间（标号值），从而可快速确定网络计划的计算工期和关键线路，即：

(1) 起点节点 i 如未规定最早时间 ET_i 时，其值应等于零，即：
$$ET_i=0(i=1) \tag{4-29}$$

(2) 当节点 j 只有一条内向箭线时，最早时间 ET_j 应为：
$$ET_j=ET_i+D_{i\text{-}j} \tag{4-30}$$

(3) 当节点 j 有多条内向箭线时，其最早时间 ET_j 应为：
$$ET_j=\max[ET_i+D_{i\text{-}j}] \tag{4-31}$$

(4) 在 ET_j 值的旁边标出产生最大值来源节点的编号，如有多个相同的最大值，则应将其全部标注出来。

(5) 网络计划的计算工期 T_c 应按下式计算：
$$T_c=ET_n \tag{4-32}$$

式中 ET_n——终点节点 n 的最早时间。

(6) 按照已标注出的 ET_j 最大值的节点编号来源，从终点节点向起点节点逆向搜索，即可确定网络计划的关键线路。

【例 4-3】 仍以图 4-23 所示双代号网络计划为例，用标号法确定其计算工期和关键线路。

【解】 1. 计算各节点的最早时间（标号值）

计算各节点的最早时间及标号值并标出源节点的编号，如图 4-26 所示；

2. 确定关键线路

从终点节点向起点节点方向按照各节点的源节点号逆向搜索，确定网络计划的关键线路为：①—②—③—④—⑥，并用双箭线标注，如图 4-26 所示。

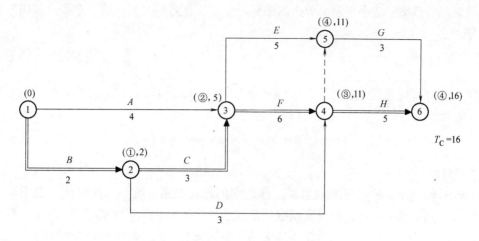

图 4-26 双代号网络计划标号法计算实例

第三节 单代号网络计划

一、单代号网络图

单代号网络图是以节点及其编号表示工作,以箭线表示工作之间逻辑关系的网络图,如图 4-27 所示。

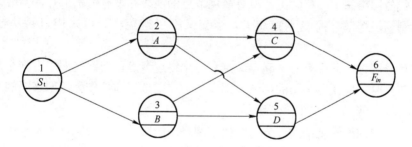

图 4-27 单代号网络图

(一)单代号网络图的特点

单代号网络图与双代号网络图相比,具有以下特点:

(1) 工作之间的逻辑关系容易表达,且不用虚箭线,故绘图较简单;
(2) 便于网络图的检查和修改;
(3) 由于工作的持续时间表示在节点之中,没有长度,故时间不直观;
(4) 表示工作之间逻辑关系的箭线可能产生较多的纵横交叉现象。

(二)单代号网络图的基本符号

1. 节点

单代号网络图中的每一个节点表示一项工作,节点宜用圆圈或矩形表示。节点所表示的工作名称、持续时间和工作代号等应标注在节点内,如图 4-28 所示。

单代号网络图中的节点必须编号。编号标注在节点内,其号码可间断,但严禁重复。

177

箭线的箭尾节点编号应小于箭头节点的编号。一项工作必须有唯一的一个节点及相应的一个编号。

图 4-28 单代号网络图中工作的表示方法

2. 箭线

单代号网络图中的箭线表示紧邻工作之间的逻辑关系,既不占用时间、也不消耗资源。箭线应画成水平直线、折线或斜线。箭线水平投影的方向应自左向右,表示工作的行进方向。工作之间的逻辑关系包括工艺关系和组织关系,在网络图中均表现为工作之间的先后顺序。

3. 线路

单代号网络图中,各条线路应用该线路上的节点编号从小到大依次表述。

(三)单代号网络图的绘图规则

(1)单代号网络图必须正确表达已定的逻辑关系。

(2)单代号网络图中,严禁出现循环回路。

(3)单代号网络图中,严禁出现双向箭头或无箭头的连线。

(4)单代号网络图中,严禁出现没有箭尾节点的箭线和没有箭头节点的箭线。

(5)绘制网络图时,箭线不宜交叉,当交叉不可避免时,可采用过桥法或指向法绘制。

(6)单代号网络图只应有一个起点节点和一个终点节点;当网络图中有多个起点节点或多个终点节点时,应在网络图的两端分别设置一项虚拟工作,作为该网络图的起点节点(S_t)和终点节点(F_{in}),如图 4-27 所示。

单代号网络图的绘图规则大部分与双代号网络图的绘图规则相同,故不再进行解释。

单代号网络图工作间逻辑关系的处理方法见图 4-14 中的右边列图示。

二、单代号网络计划时间参数的计算

在单代号网络图中加注工作的持续时间,便形成单代号网络计划。单代号网络计划时间参数的计算应在确定各项工作的持续时间之后进行。时间参数的计算顺序和计算方法与双代号网络计划时间参数的计算基本相同。单代号网络计划时间参数的标注形式如图 4-29 所示。

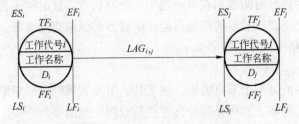

图 4-29 单代号网络计划时间参数的标注形式

单代号网络计划时间参数的计算方法和步骤如下：

1. 计算工作最早开始时间和最早完成时间

网络计划中各项工作的最早开始时间和最早完成时间的计算应从网络计划的起点节点开始，顺着箭线方向依次逐项计算。

(1) 网络计划的起点节点的最早开始时间为零。如起点节点的编号为 1，则：

$$ES_i = 0 \quad (i=1) \tag{4-33}$$

(2) 工作的最早完成时间等于该工作的最早开始时间加上其持续时间：

$$EF_i = ES_i + D_i \tag{4-34}$$

(3) 工作的最早开始时间等于该工作的各个紧前工作的最早完成时间的最大值。如工作 j 的紧前工作的代号为 i，则：

$$ES_j = \max[EF_i] \tag{4-35}$$

或

$$ES_j = \max[ES_i + D_i] \tag{4-36}$$

式中 ES_i——工作 j 的各项紧前工作的最早开始时间

(4) 网络计划的计算工期 T_C

T_C 等于网络计划的终点节点 n 的最早完成时间 EF_n，即：

$$T_C = EF_n \tag{4-37}$$

2. 计算相邻两项工作之间的间隔时间 $LAG_{i,j}$

相邻两项工作 i 和 j 之间的间隔时间 $LAG_{i,j}$ 等于紧后工作 j 的最早开始时间 ES_j 和本工作的最早完成时间 EF_i 之差，即：

$$LAG_{i,j} = ES_j - EF_i \tag{4-38}$$

3. 计算工作总时差 TF_i

工作 i 的总时差 TF_i 应从网络计划的终点节点开始，逆着箭线方向依次逐项计算。

(1) 网络计划终点节点的总时差 TF_n，当计划工期等于计算工期时其值为零，即：

$$TF_n = 0 \tag{4-39}$$

(2) 其他工作 i 的总时差 TF_i 等于该工作的各个紧后工作 j 的总时差 TF_j，加该工作与其紧后工作之间的间隔时间 $LAG_{i,j}$ 之和的最小值，即：

$$TF_i = \min[TF_j + LAG_{i,j}] \tag{4-40}$$

4. 计算工作自由时差 FF_i

(1) 工作 i 若无紧后工作，其自由时差 FF_i 等于计划工期 T_p 减该工作的最早完成时间 EF_n，即：

$$FF_n = T_p - EF_n \tag{4-41}$$

(2) 当工作 i 有紧后工作 j 时，其自由时差 FF_i 等于该工作与其紧后工作 j 之间的间隔时间 $LAG_{i,j}$ 的最小值，即：

$$FF_i = \min[LAG_{i,j}] \tag{4-42}$$

5. 计算工作最迟开始时间和最迟完成时间

(1) 工作 i 的最迟开始时间 LS_i 等于该工作的最早开始时间 ES_i 加上其总时差 TF_i 之和，即：

$$LS_i = ES_i + TF_i \tag{4-43}$$

(2) 工作 i 的最迟完成时间 LF_i 等于该工作的最早完成时间 EF_i 加上其总时差 TF_i 之

和，即：
$$LF_i = EF_i + TF_i \tag{4-44}$$

6. 关键工作和关键线路的确定

(1) 关键工作：单代号网络计划中工作总时差最小的工作是关键工作。

(2) 关键线路的确定按以下规定：从起点节点开始到终点节点均为关键工作，且所有关键工作之间的间隔时间均为零的线路为关键线路。

【例 4-4】 已知单代号网络计划如图 4-30（a）所示，若计划工期等于计算工期，试计算单代号网络计划的时间参数，将其标注在网络计划图上；并用双箭线标示出关键线路。

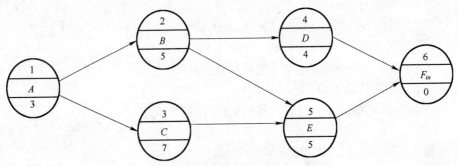

图 4-30 （a）单代号网络计划示例

【解】 1. 计算工作最早开始时间和最早完成时间

$$ES_1 = 0$$
$$EF_1 = ES_1 + D_1 = 0 + 3 = 3$$
$$ES_2 = EF_1 = 3$$
$$EF_2 = ES_2 + D_2 = 3 + 5 = 8$$
$$ES_3 = EF_1 = 3$$
$$EF_3 = ES_3 + D_3 = 3 + 7 = 10$$
$$ES_4 = EF_2 = 8$$
$$EF_4 = ES_4 + D_4 = 8 + 4 = 12$$
$$ES_5 = \max[EF_2, EF_3] = \max[8, 10] = 10$$
$$EF_5 = ES_5 + D_5 = 10 + 5 = 15$$
$$ES_6 = \max[EF_4, EF_5] = \max[12, 15] = 15$$
$$EF_6 = ES_6 + D_6 = 15 + 0 = 15$$

已知计划工期等于计算工期，故有：$T_p = T_c = EF_6 = 15$

2. 计算相邻两项工作之间的间隔时间 $LAG_{i,j}$

$$LAG_{1,2} = ES_2 - EF_1 = 3 - 3 = 0$$
$$LAG_{1,3} = ES_3 - EF_1 = 3 - 3 = 0$$
$$LAG_{2,4} = ES_4 - EF_2 = 8 - 8 = 0$$
$$LAG_{2,5} = ES_5 - EF_2 = 10 - 8 = 2$$
$$LAG_{3,5} = ES_5 - EF_3 = 10 - 10 = 0$$
$$LAG_{4,6} = ES_6 - EF_4 = 15 - 12 = 3$$

$$LAG_{5,6}=ES_6-EF_5=15-15=0$$

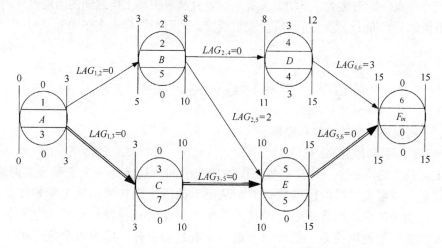

图 4-30 (b) 单代号网络计划时间参数计算

3. 计算工作的总时差 TF_i

已知计划工期等于计算工期：$T_p=T_C=15$，故终节点⑥节点的总时差为零，即：

$$TF_6=0 \quad 其他工作的总时差为：$$

$$TF_5=TF_6+LAG_{5,6}=0+0=0$$
$$TF_4=TF_6+LAG_{4,6}=0+3=3$$
$$TF_3=TF_5+LAG_{3,5}=0+0=0$$
$$TF_2=\min[(TF_4+LAG_{2,4}),(TF_5+LAG_{2,5})]=\min[(3+0),(0+2)]=2$$
$$TF_1=\min[(TF_2+LAG_{1,2}),(TF_3+LAG_{1,3})]=\min[(2+0),(0+0)]=0$$

4. 计算工作的自由时差 FF_i

已知计划工期等于计算工期：$T_p=T_C=15$，故终节点⑥节点的自由时差为：
$FF_6=T_p-EF_6=15-15=0$，其他工作的自由时差为：

$$FF_5=LAG_{5,6}=0$$
$$FF_4=LAG_{4,6}=3$$
$$FF_3=LAG_{3,5}=0$$
$$FF_2=\min[LAG_{2,4},LAG_{2,5}]=\min[0,2]=0$$
$$FF_1=\min[LAG_{1,2},LAG_{1,3}]=\min[0,0]=0$$

5. 计算工作的最迟开始时间 LS_i 和最迟完成时间 LF_i

$$LS_1=ES_1+TF_1=0+0=0 \quad LF_1=EF_1+TF_1=3+0=3$$
$$LS_2=ES_2+TF_2=3+2=5 \quad LF_2=EF_2+TF_2=8+2=10$$
$$LS_3=ES_3+TF_3=3+0=3 \quad LF_3=EF_3+TF_3=10+0=10$$
$$LS_4=ES_4+TF_4=8+3=11 \quad LF_4=EF_4+TF_4=12+3=15$$
$$LS_5=ES_5+TF_5=10+0=10 \quad LF_5=EF_5+TF_5=15+0=15$$
$$LS_6=ES_6+TF_6=15+0=15 \quad LF_6=EF_6+TF_6=15+0=15$$

将以上计算结果标注在图 4-30 (b) 中的相应位置。

6. 关键工作和关键线路的确定

根据计算结果，总时差为零的工作为关键工作，包括 A、C、E、F。

从起点节点开始到终点节点均为关键工作，且所有关键工作之间的间隔时间均为零的线路为关键线路，即①—③—⑤—⑥为关键线路，用双箭线标示在图 4-30（b）中。

第四节　工程网络计划的编制和应用

一、一般网络计划的编制和应用

（一）施工网络计划的分类

在工程施工的网络图上加注上各工作的持续时间，就成为一个工程施工网络计划。在这个基础上就可以进行时间参数计算，从而为改进计划和加强施工管理提供各种有用的信息。实践证明，网络计划的确是表现施工进度的一种较好形式，它能明确表示出各项工作之间的逻辑关系，把计划变成一个有机的整体，成为整个施工组织与管理工作的中心。

为了适应不同用途的需要，工程施工网络计划的内容和形式是颇为不同的，一般分类如下：

1. 按应用范围划分

网络计划按应用范围的大小可分为局部网络计划、单位工程网络计划和总网络计划。

局部网络计划是按建筑物或构筑物的一部分或某一施工阶段编制的分部工程（或分项工程）网络计划。例如可以按基础、结构、装修不同阶段分别编制，也可以按土建、设备安装、材料供应等不同专业分别编制。

单位工程网络计划是按单位工程（一个建筑物或构筑物）编制的网络计划。例如某办公楼或框架厂房施工网络计划。

总网络计划是对一个新建企业或民用建筑群编制的施工网络计划。

以上三种网络计划是具体指导施工的文件。对于不复杂的、节点总数在 200 以下的工程对象或者对应用大量标准设计的工程对象，通常可以只编制一张较详细的单位工程网络计划；对于复杂的、协作单位较多的群体工程，则可能分别按照需要编制三种不同的网络计划。

2. 按详略程度划分

网络计划按内容的详略程度可分为详图和简图。

详图是按工作划分较细并把所有工作详细地反映到网络计划中而形成的，这种计划多在施工现场使用，以便直接指导施工。

简图是用于讨论方案或供领导使用的计划。它把某些工作组合成较大的工作，从而把工艺上复杂的、工程量较大的工作及主要工种之间的逻辑关系突出出来。

3. 按最终目标的多少划分

按网络计划最终目标的多少可分为单目标网络计划和多目标网络计划。

单目标网络计划只有一个最终目标，也就是整个网络图只有一个终点节点。例如建造一幢建筑物或有规定总工期的一群建筑物。

多目标网络计划是由许多具有独立的最终目标的部分组成的网络计划。例如工业区中的建筑群，一个施工单位负责许多工程项目的施工等。在多目标网络计划中，每个目标都有自己的关键线路，而目标之间又是互相有联系的。

4. 按时间表示方法划分

按网络计划时间的表示方法可分为无时标的网络计划和时标网络计划。

无时标的网络计划，其工作的持续时间是用数字注明的，与箭线的长短无关。

时标网络计划是用箭线在横坐标上的投影长度表示工作持续时间长短的计划，因而可以直接从图上反映出网络计划中工作的持续时间。

（二）施工网络计划的排列方法

为了使网络计划更条理化和形象化，在绘图时应根据不同的工程情况，不同的施工组织方法及使用要求等，灵活选用排列方法，以便简化层次，使各工作之间在工艺上及组织上的逻辑关系准确而清晰，便于施工组织者和工人群众掌握，也便于计算和调整。

1. 混合排列（图 4-31）

这种排列方法可以使图形看起来对

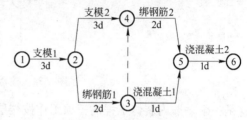

图 4-31　混合排列

称美观，但在同一水平方向既有不同工种的作业，也有不同施工段中的作业。一般用于画较简单的网络图。

2. 按施工段排列（图 4-32）

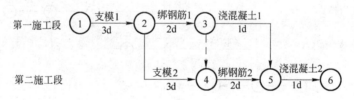

图 4-32　按施工段排列

这种排列方法把同一施工段的作业排在同一条水平线上，能够反映出工程分段施工的特点，突出表示工作面的利用情况。这是工程项目习惯使用的一种表达方式。

3. 按工种排列（图 4-33）

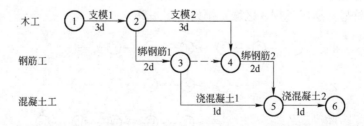

图 4-33　按工种排列

这种排列方法把相同工种的工作排在同一条水平线上，能够突出不同工种的工作情况，也是工程项目上常用的一种表达方式。

4. 按楼层排列（图 4-34）

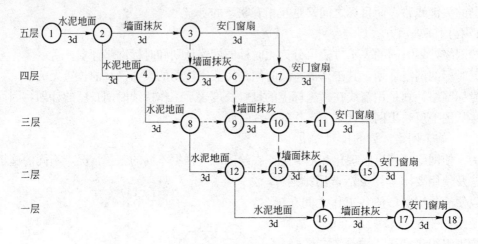

图 4-34 按楼层排列

这是一个一般内装修工程的三项工作按楼层由上到下进行施工的网络计划。在分段施工中，当若干项工作沿着建筑物的楼层展开时，其网络计划一般都可以按楼层排列。

5. 按施工专业或单位工程排列（图 4-35）

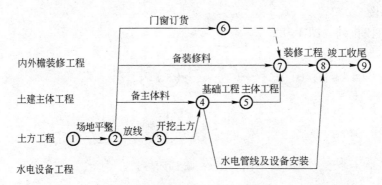

图 4-35 按施工专业或单位工程排列

有许多施工单位参加完成一项单位工程的施工任务时，为了便于各施工单位对自己负责的部分有更直观的了解，网络计划就可以按施工单位来排列。

6. 按工程栋号（房屋类别、区域）排列（图 4-36）

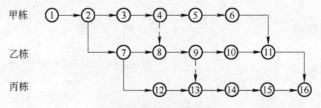

图 4-36 按工程栋号排列

这种排列方法一般用于群体工程施工中，各单位工程之间可能还有某些具体的联系。比如机械设备需要共用，或劳动力需要统一安排，这样每个单位工程的网络计划安排都是相互有关系的，为了使总的网络计划清楚明了，可以把同一单位工程的工作画在同一水平线上。

7. 按室内外工程排列（图4-37）

在某些工程中，有时也按建筑物的室内工程和室外工程来排列网络计划，即室内外工程或地上地下工程分别排列在不同的水平线上。

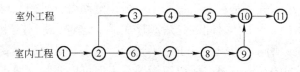

图4-37 按室内外工程排列

在实际工作中可以按需要灵活选用以上几种网络计划的某一种排列方法，或把几种方法结合起来使用。

网络图的图面布置是很重要的，给施工现场人员使用时，图面的布置更为重要，必须把施工过程中的时间与空间的变化反映清楚，要针对不同的使用对象分别采取适当的排列方式。有许多网络图在逻辑关系上是正确的，但往往因为图面混乱，别人就不易看清，因而也就难以起到应有的作用。

（三）单体工程施工网络计划

1. 单体工程施工网络计划的两种逻辑关系处理方法

网络计划的逻辑关系，即是网络计划中所表示的各工作在进行施工时客观上存在的先后顺序关系。这种关系可归纳为两大类：一类是工艺上的关系，称作工艺关系；一类是组织上的关系。因此，我们在编制网络计划时，只要把握住这两种逻辑关系，在网络计划上予以恰当的表达，就可以编制出正确实用的网络计划。

（1）工艺关系。工艺关系是由施工工艺所决定的各工作之间的先后顺序关系。这种关系，是受客观规律支配的，一般是不可改变的。一项工程，当它的施工方法被确定之后，工艺关系也就随之被确定下来。如果违背这种关系，将不可能进行施工，或会造成质量、安全事故，导致返工和浪费。

工艺关系的客观性可以用图4-38为例来说明。图4-38所示的是某基础工程网络计划。其中5道工作的先后关系纯粹是由工艺要求决定的。很明显，这种顺序是绝对不能改变的。例如，如果不做完基础，填土就不能进行。

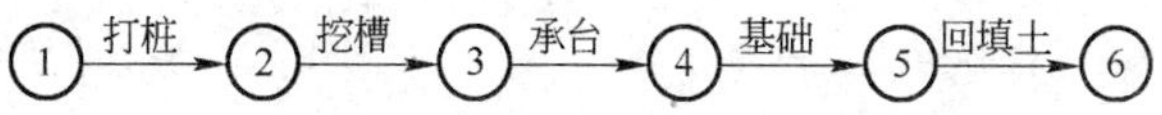

①—打桩—②—挖槽—③—承台—④—基础—⑤—回填土—⑥

图4-38 某基础工程工艺关系

从工艺关系的角度讲，有时会发生技术间歇（如干燥养护等），它们也要占用时间，实际上也是施工过程中必不可少的一项"工作"，在网络图上必须表达清楚。否则，按照习惯看似乎没有问题，但是在逻辑关系上则是错误的，用以指导施工则会导致失误。

工艺关系虽是客观的，但也是有条件的，条件不同，工艺关系也不会一样，所以，不能将一种工艺关系套在工程性质、施工方法不相同的另一种工程上。例如图4-38所示的基础工程，如果有地下室并要求打桩，那么在打桩之前就需要增加一个挖土方工作，而回填土也需待做完地下室防潮工程以后才能进行，其结果如图4-39所示。

图 4-39 有地下室的基础工程工艺关系

（2）组织关系。组织关系是在施工过程中，由于劳动力、机械、材料和构件等资源的组织与安排需要而形成的各工作之间的先后顺序关系。这种关系不是由工程本身决定的，而是人为的。组织方式不同，组织关系也就不同，所以它不是一成不变的。但是，不同的组织安排往往产生不同的经济效果。所以组织关系不但可以调整，而且应该优化，这是由组织管理水平决定的，应该按组织规律办事。

图 4-40 所示是在一个工程上砌砖的先后顺序。

图 4-40 砌砖工程组织关系

严格讲来，砌暖沟与砌基础，女儿墙砖与隔墙砖等都不是非要这样安排不可的，是可以按另外的顺序安排的；一层砖与二层砖，二层砖与三层砖之间本来还有其他工作，但是在一项工程中，却往往把它们联系到一起了。这是为了表示瓦工的流水而人为安排的。在单体工程的网络计划中必须表示出主要工种的流水施工或转移顺序。

综上所述，一项工程的两种逻辑关系虽同时出现，但性质完全不同，可以分别进行安排。于是就出现了工艺网络图和组织网络图。将两种网络图合并在一起才可以构成一项工程的施工网络图。图4-43所示的某下水管道工程施工网络图，就是由图4-41的工艺网络图和图4-42的组织网络图合并而成的。

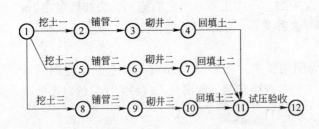

图 4-41 某下水管道工程施工工艺网络计划

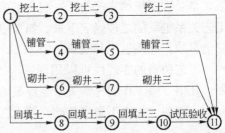

图 4-42 某下水管道工程组织网络计划

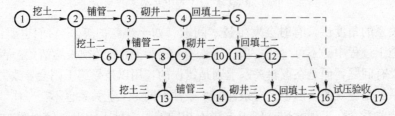

图 4-43 某地下水管道工程施工网络计划

正确理解单项工程网络计划的这两种逻辑关系有以下好处：

（1）在编制网络计划前，可以将各工作之间的关系全部分析清楚，从而明确相互之间的逻辑关系。

（2）绘制网络计划图可以按照已确定的逻辑关系将全部工作表达清楚，不致发生遗漏或混乱。

（3）当情况发生变化而须对网络计划进行调整时，一般变化了的是组织关系，而工艺关系一般不会变动，因而只要调整组织关系就可以了。如果施工方案或工艺关系或工程本身发生了重大变化，此时对网络计划就不能只作简单的调整，而是要重新进行编制了。

2.单体工程施工网络计划的编制程序

编制单体工程施工网络计划有它自身的规律，编制程序来自工程管理过程的客观要求。按合理的程序编制网络计划，就可以不走或少走弯路，又能保证计划的质量。根据国家标准的规定，现对单体工程施工网络计划的编制各步骤加以说明。

（1）调查研究。调查研究是编制网络计划的第一步，是一项必不可少的重要工作，其目的是，了解和分析单体工程的构成与特点及施工时的客观条件等，掌握编制网络计划的必要资料，并对计划执行中可能发生的问题做出预测，保证计划的编制质量和执行后取得好的技术经济效果。

调查研究的内容包括：工程的施工图，施工机械设备、材料、构件等物质资源的供应，交通运输条件，人力供应，技术力量，组织水平，水文、地质条件，季节、气候等自然条件，场地情况，水源、电源及可能的供应量等。凡编制和执行计划所涉及的情况和原始资料都在调查之列。对调查所得的资料和单体工程本身的内部联系还必须进行综合分析与研究，掌握其间的相互关系，了解其发展变化的规律性。因此，调查研究是一项比较复杂的工作，要求调查人员具有一定的施工经验与技术、组织水平。

（2）确定施工方案。施工方案决定该工程施工的顺序、施工方法、资源供应方式、主要指标控制量等基本要求，是编制网络计划的基础。

编制单体工程的施工方案应考虑编制网络计划的基本要求，这些要求是：在工艺上符合技术要求，符合目前的技术水平和工作习惯，质量能够保证；在组织上切合实际情况，有利于提高施工效率、缩短工期和降低成本。

（3）划分施工过程。施工过程是网络计划的基本组成单元。其内容的多少，划分的粗细程度，应该根据计划的需要来决定。在单位工程网络计划中，施工过程应明确到分项工程或更具体，以满足指导施工作业的要求。

通常在划分施工过程时，应按顺序列成表格，编排序号，查对是否遗漏或重复，以便分析其逻辑关系。顺序的安排一般可按施工的先后来定。

（4）确定工作的持续时间。工作的持续时间是一项工作从施工开始到完成所需的作业时间。它是对网络计划进行计算的基础。

工作持续时间最好是按正常情况确定，它的费用一般是最低的。待编出初始计划并经过计算后，再结合实际情况作必要的调整，这是避免盲目抢工造成浪费的有效办法。当然，按照实际施工条件来估算工作的持续时间是较为简便的办法，现在一般也多采用这种办法。具体计算法有以下两种。

一是"经验估计法",即根据过去的施工经验进行估计。这种方法多适用于采用新工艺、新方法、新材料等而无定额可循的工程。在经验估计法中,有时为了提高其准确程度而采用"三时估计法"。二是"定额计算法",这也是最普遍的方法。三时估计法与工作持续时间的计算公式见第三章公式(3-1)及公式(3-2)。

(5) 编制网络计划初始方案。根据施工方案、工作的划分、工作之间逻辑关系的分析以及工作的持续时间,就可以编制网络计划的初始方案。编制单体工程初始网络计划初始方案的目的在于构造一个网络计划模型,供计算和调整使用,以便最终编制出正式的网络计划。

编制网络计划初始方案是一项工作量大、费时多的工作,需要反复研究才能较好地完成。

编制单体工程网络计划初始方案,可以先按分部工程分别编制,然后将各分部工程的网络计划连接起来。对于多层或高层住宅也可以先编出标准层的网络计划,然后再把它们连接起来。编制网络计划,要求编制人员要对工程对象非常熟悉,掌握网络图的画法。将整个项目用网络图正确地表达出来,填上各工作的持续时间,则完整的网络计划初始方案就形成了。

(6) 计算各项时间参数并求出关键线路。计算时间参数的目的是从时间安排的角度去考察网络计划的初始方案是否合乎要求,以便对网络计划进行优化,计算方法和公式见本章第二节。

(7) 对计划进行审查与优化。对网络计划的初始方案进行审查,是要确定它是否符合工期要求与资源限制条件。

首先要分析网络计划的总工期是否超过规定的要求。如果超过,就要调整关键工作的持续时间,使总工期符合要求。如果总工期小于规定工期,就要适当延长关键工作的持续时间。

其次要对资源需要量进行审查,检查劳动力和物资的供应是否能够满足计划的要求,如不符合要求,就要进行调整(具体方法见第五节),以使计划切实可行。

(8) 正式绘制可行的单体工程施工网络计划。网络计划初始方案通过调整,就成为一个可行的计划,可以把它绘制成正式的网络计划,这样的网络计划还不是最优的网络计划。要得到一个令人满意的网络计划,还必须进行优化。

正式的网络计划必须有必要的说明。

图4-44是一个单体工程施工网络计划示例。

(四)群体工程施工网络计划

网络计划方法作为一种科学的计划方法与管理方法,不仅可用于单体工程上,而且还可用于规模庞大的工业与民用建筑群体工程上进行总体的大统筹,能更充分地发挥它本身特有的优越性。应用网络计划不仅达到缩短施工周期,提高劳动效率的目的,并能取得整体建设经济效果。

1. 群体工程施工的特点

群体工程在工业建筑中是指一个大型工业建设项目,一个工业厂区或一个工业装置系统。在民用建筑中则指住宅建筑小区或成街、成片的建筑群体。工业群体建筑工程,除主厂房和主要装置建筑安装工程外,辅助的工业配套项目繁多,系统性强;在民用住宅群体

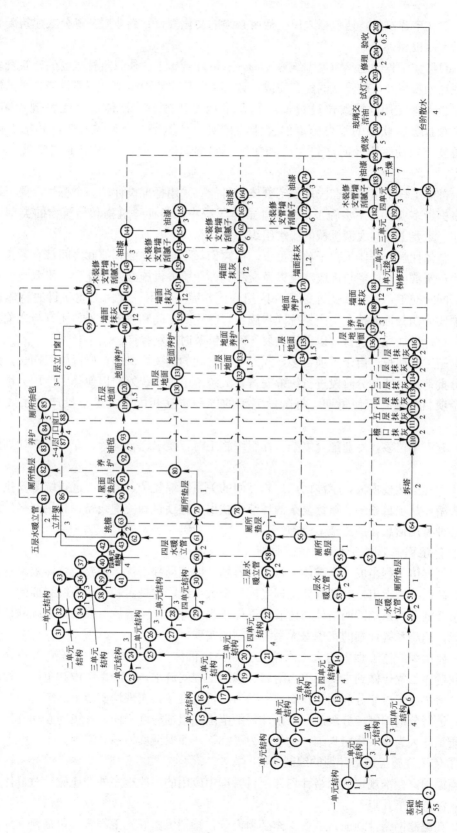

图 4-44 单体工程施工网络计划示例

建筑上，除住宅建筑外，还包括人民生活所必须的文化教育、商业服务等公共建筑配套项目，以及市政设施。

过去对群体工程缺乏整体规划统筹安排，从设计到施工往往只重视主要的建筑安装项目，轻视辅助项目及市政设施的配套完成，致使工业厂房建设竣工而不能投产，小区住宅建筑竣工也不能使用，导致建设投资不能及早地发挥效益。群体工程无论规模多大，都是一个彼此紧密联系的不可分割的整体，必须把它作为一个整体看待，其施工计划必须统筹安排，使工程及时交付生产和使用。归纳起来，群体工程施工主要具有以下几个特点：

（1）群体工程子项多。在民用住宅群体中可能有采用标准设计的多个栋号，便于组织分区的多栋号多项目大流水施工；在工业群体工程中，各种建筑物和构筑物的类型比较多，应注意主要工种与大型机械的流水组织。

（2）整体性强。群体工程子项目虽多，但它们却不是孤立的，彼此之间都有紧密的联系。民用建筑群中，住宅与市政建设以及文教、商业服务设施必须要配套，协调施工，同步配合，同时交工，只有如此才能完一区用一区，完一片用一片。工业项目的整体性更强，必须要分期分批地按照生产系统同步施工，除主要车间和设施之外，所有与之配套的工程都须有计划地配合进行，以保证主要车间能够及时顺利投产。

（3）施工周期长。由于子项目多，同时项目之间的相关性又强，所以施工期长。必须要分期分批地按系统和分阶段进行统筹安排，大统筹中有小统筹，以便集中使用力量，并控制整个项目的进行，使每期、每阶段完工的工程能互相配套，尽早投产使用或发挥效益。

（4）施工单位多，专业配合复杂。在组织施工时，要求综合统筹，充分发挥计划的协调作用。

群体工程虽然规模大，牵涉面广，相互间的关系错综复杂，但只要进行统筹安排，就能理出头绪，从项目繁多、错综复杂的环节中找出关键项目和关键线路，利用网络计划所提供的各种有用信息，加强施工管理。

2. 群体工程施工网络计划的编制原则

（1）把群体工程当成一个整体进行统一筹划，即使局部不优，也要使整体效果良好。

（2）从系统观点出发。把群体工程当成一个大系统，它是由若干子系统组成的。小系统的网络计划和大系统的网络计划构成该群体工程的计划体系。故可以用大系统的计划控制小系统，以小系统计划的实现保大系统计划的实现。

（3）要组织群体工程内的大流水施工。在民用群体项目中要组织分区流水和分栋流水；工业群体工程应做到主要工程与附属、辅助工程间流水，在子系统内和单体工程内组织流水。流水施工可充分利用工作面，劳动力和机械设备，实现均衡施工。

（4）进行分级编制。分级的标志是计划的范围和粗细程度不同。各级间互相补充。分级的本质是化大为小，化粗为细，化整体为局部，从而保证群体项目实现。

3. 群体工程施工网络计划的编制方法

除遵循国家标准规定的网络计划在项目管理中应用的一般程序外，还应针对群体工程的特点，注意以下几点：

（1）在编制网络计划前，准备工作必须充分，特别要做好施工部署，包括建立项目管理组织，进行任务分配，划分施工区段，明确分期分批交工期限和顺序，确定重点，明确拟采用新技术、新设备、新方法、新材料的项目等等。

（2）按以下要点进行分级编制。首先编制总体施工网络计划（一级网络计划），以确定总顺序、总关系和总工期；总工期一定要满足合同工期的要求，满足合同分期分批交工的要求；每条箭线可代表一项单位工程或分部工程（视工程的规模定）；箭线不宜太多，应使之有整体性、可控性、区域性。其次，编制二级网络计划。它受控于一级网络计划；它可以是一级网络计划中的重点和复杂的单位工程，也可以是有代表性的工程；可以是一级网络中的一条箭线，也可以是若干"工作"（如一个系统）的细化。再次，二级网络计划编制完成以后，可以根据需要编制更具体的三级网络计划，乃至四级、五级网络计划，其注意事项与编制二级网络计划相同。这样，由于科学分级，每个网络计划都比较简单明了，便于分工和按计划施工。

二、双代号时标网络计划的编制和应用

1. 双代号时标网络计划的特点和应用范围

双代号时标网络计划是以水平时间坐标为尺度编制的双代号网络计划，其主要特点如下：

（1）时标网络计划兼有网络计划与横道计划的优点，它能够清楚地表明计划的时间进程，使用方便，所以在项目施工中受到欢迎。

（2）时标网络计划能在图上直接显示出各项工作的最早开始与完成时间、工作的自由时差及关键线路。

（3）在时标网络计划中可以统计每一个单位时间的资源需要量，以便进行资源优化或调整。

（4）由于箭线受到时间坐标的限制，当情况发生变化时，对网络计划的修改比较麻烦，往往要重新绘图。但在使用计算机以后，这一问题已较容易解决。

时标网络计划多应用于以下几种情况：

（1）编制工作项目较少、工艺过程较简单的工程项目进度计划，能迅速地进行绘图、计算与调整；

（2）对于大型复杂的工程项目，可以先使用时标网络图的形式绘制各分部分项工程的网络计划，然后再综合起来绘制出较简明的总网络计划。也可以先编制一个总的工程项目进度计划，以后每隔一段时间，向前滚动编制下一时段详细的时标网络计划，向前滚动的时间应根据工作的性质、计划所需的详细程度和工程的复杂性决定；

（3）在计划执行过程中，如果时间有变化，则不必改动整个网络计划，而只对这一阶段的时标网络计划进行修改即可。

2. 编制双代号时标网络计划的一般规定

（1）网络计划中时间坐标的时间单位应根据需要在编制计划之前确定，可为：季、月、周、天等。

（2）时标网络计划应以实箭线表示工作，以虚箭线表示虚工作，以波形线表示工作的自由时差和间隔时间（虚工作中的自由时差）。

（3）时标网络计划中所有符号在时间坐标上的水平投影位置，都必须与其时间参数相对应。节点中心必须对准相应的时标位置。

(4) 虚工作必须以垂直方向的虚箭线表示,有自由时差时加波形线(间隔时间)表示。

3. 双代号时标网络计划的编制

双代号时标网络计划宜按各个工作的最早开始时间编制。在编制时标网络计划之前,应先按已确定的时间单位绘制出时标计划表,如表 4-4 所示。

时标计划表　　　　　　　　　　　　　　　　　　　　表 4-4

日　历 (时间单位)	1	2	3	4	5	6	7	8	9	10	11	12	13	14	15	16
网络计划																
(时间单位)																

双代号时标网络计划的编制方法有两种:

(1) 间接法

先绘制出无时标网络计划,计算各工作的最早时间参数,再根据最早时间参数在时标计划表上确定节点位置,连线完成;某些工作箭线长度不足以到达该工作的结束节点时,用波形线补足。

(2) 直接法

根据网络计划中工作之间的逻辑关系及各工作的持续时间,直接在时标计划表上绘制时标网络计划。绘制步骤如下:

1) 将起点节点定位在时标计划表的起始刻度线上。
2) 按工作持续时间在时标计划表上绘制起点节点的外向箭线。
3) 其他工作的开始节点必须在其所有内向工作都绘出以后,定位在这些内向工作最早完成时间最大值的时间刻度上,某些工作的箭线长度不足以到达该节点时,用波形线补足,箭头画在波形线与节点连接处。
4) 用上述方法从左至右依次确定其他节点位置,直至网络计划终点节点定位。

【例 4-5】 已知网络计划的有关资料如表 4-5 所示,试用直接法绘制双代号时标网络计划。

【解】 (1) 将网络计划的起点节点定位在时标表的起始刻度线上,起点节点的编号为 1,如图 4-45 所示。

网络计划资料表　　　　　　　　　　　　　　　　　表 4-5

工作名称	A	B	C	D	E	F	G	H	J
紧前工作	—	—	—	A	A、B	D	C、E	C	D、G
持续时间(d)	3	4	7	5	2	5	3	5	4

(2) 画节点①的外向箭线,即按各工作的持续时间,画出无紧前工作的 A、B、C 工作,并确定节点②、③、④的位置,如图 4-45 所示。

(3) 依次画出节点②、③、④的外向箭线工作 D、E、H,并确定节点⑤、⑥的位

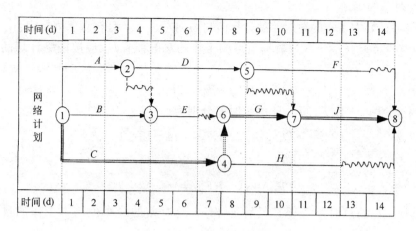

图 4-45 双代号时标网络计划

置。节点⑥的位置定位在其两条内向箭线的最早完成时间的最大值处,即定位在时标值 7 的位置,工作 E 的箭线长度达不到⑥节点,则用波形线补足。

(4) 按上述步骤,直到画出全部工作,确定出终点节点⑧的位置,时标网络计划绘制完成。

4. 双代号时标网络计划关键线路和计算工期的确定

(1) 时标网络计划关键线路的确定,应自终点节点逆箭线方向朝起点节点逐次进行判定:从终点到起点不出现波形线的线路即为关键线路。如图 4-45 中,关键线路是:①—④—⑥—⑦—⑧,用双箭线表示。

(2) 时标网络计划的计算工期,应是终点节点与起点节点所在位置之差。如图 4-45 中,计算工期 $T_C=14-0=14d$。

5. 双代号时标网络计划时间参数的确定

在时标网络计划中,六个工作时间参数的确定步骤如下:

(1) 最早时间参数的确定

按最早开始时间绘制时标网络计划,最早时间参数可以从图上直接确定:

1) 最早开始时间 ES_{i-j}

每条实箭线左端箭尾节点(i 节点)中心所对应的时标值,即为该工作的最早开始时间。

2) 最早完成时间 EF_{i-j}

如箭线右端无波形线,则该箭线右端节点(j 节点)中心所对应的时标值为该工作的最早完成时间;如箭线右端有波形线,则实箭线右端所对应的时标值即为该工作的最早完成时间。

如图 4-45 中:$ES_{1-3}=0$,$EF_{1-3}=4$;$ES_{3-6}=4$,$EF_{3-6}=6$。以此类推。

(2) 自由时差的确定

时标网络计划中各工作的自由时差值应为表示该工作的波形线部分在坐标轴上的水平投影长度。

如图 4-45 中:工作 E、H、F 的自由时差分别为:$FF_{3-6}=1$;$FF_{4-8}=2$;$FF_{5-8}=1$。

（3）总时差的确定

时标网络计划中工作的总时差的计算应自右向左进行，且符合下列规定：

1）以终点节点（$j=n$）为箭头节点的工作的总时差 $TF_{i\text{-}n}$ 应按网络计划的计划工期 T_p 计算确定，即：

$$TF_{i\text{-}n}=T_p-EF_{i\text{-}n} \qquad (4\text{-}45)$$

如图 4-45 中，工作 F、J、H 的总时差分别为：

$$TF_{5\text{-}8}=T_p-EF_{5\text{-}8}=14-13=1$$

$$TF_{7\text{-}8}=T_p-EF_{7\text{-}8}=14-14=0$$

$$TF_{4\text{-}8}=T_p-EF_{4\text{-}8}=14-12=2$$

2）其他工作的总时差等于其紧后工作 $j\text{-}k$ 总时差的最小值与本工作的自由时差之和，即：

$$TF_{i\text{-}j}=\min[TF_{j\text{-}k}]+FF_{i\text{-}j} \qquad (4\text{-}46)$$

图 4-45 中，各项工作的总时差计算如下：

$$TF_{6\text{-}7}=TF_{7\text{-}8}+FF_{6\text{-}7}=0+0=0$$

$$TF_{3\text{-}6}=TF_{6\text{-}7}+FF_{3\text{-}6}=0+1=1$$

$$TF_{2\text{-}5}=\min[TF_{5\text{-}7},TF_{5\text{-}8}]+FF_{2\text{-}5}=\min[2,1]+0=1+0=1$$

$$TF_{1\text{-}4}=\min[TF_{4\text{-}6},TF_{4\text{-}8}]+FF_{1\text{-}4}=\min[0,2]+0=0+0=0$$

$$TF_{1\text{-}3}=TF_{3\text{-}6}+FF_{1\text{-}3}=1+0=1$$

$$TF_{1\text{-}2}=\min[TF_{2\text{-}3},TF_{2\text{-}5}]+FF_{1\text{-}2}=\min[2,1]+0=1+0=1$$

（4）最迟时间参数的确定

时标网络计划中工作的最迟开始时间和最迟完成时间可按下式计算：

$$LS_{i\text{-}j}=ES_{i\text{-}j}+TF_{i\text{-}j} \qquad (4\text{-}47)$$

$$LF_{i\text{-}j}=EF_{i\text{-}j}+TF_{i\text{-}j} \qquad (4\text{-}48)$$

如图 4-45 中，工作的最迟开始时间和最迟完成时间为：

$$LS_{1\text{-}2}=ES_{1\text{-}2}+TF_{1\text{-}2}=0+1=1$$

$$LF_{1\text{-}2}=EF_{1\text{-}2}+TF_{1\text{-}2}=3+1=4$$

$$LS_{1\text{-}3}=ES_{1\text{-}3}+TF_{1\text{-}3}=0+1=1$$

$$LF_{1\text{-}3}=EF_{1\text{-}3}+TF_{1\text{-}3}=4+1=5$$

依此类推，可计算出各项工作的最迟开始时间和最迟完成时间。由于所有工作的最早开始时间、最早完成时间和总时差均为已知，故计算容易，此处不再一一列举。

三、单代号搭接网络计划的应用

（一）搭接网络计划原理

1. 搭接网络计划的特点

在工程项目的实践中，工作之间存在大量的搭接关系，要求进度计划的图形能够表达和处理好这种关系。然而，传统的单代号网络计划和双代号网络计划却只能表示两项工作之间首尾相接的关系，即前一项工作完成，后一项工作立即开始，而不能表示搭接关系，遇到搭接关系时，不得不将前一项工作分成两段进行，以符合"前面工作完成，后面工作才能开始"的要求，因而使网络计划变得较复杂，绘图与调整均不方便。针对这一重大问题和普遍需要，各国陆续出现了多种表示搭接关系的网络计划，可将其统称为"搭接网络计划"，其共同特点是，当前一项工作尚未完成时，后一项工作便可插入进行，即可以将前后工作搭接起来，从而使网络计划图形大大简化，但也因此使网络计划的计算复杂化，故应借助计算机进行计算。搭接网络计划用单代号网络图表达既方便又清楚，研究和应用成熟，故本书只讲授单代号网络计划。

2. 搭接网络计划搭接关系的种类

搭接关系通常以前一项工作开始或完成和后一项工作的开始或完成的间隔时间（或称时距）表示。搭接关系共有四种类型，见图 4-46 所示。

(1) STS 关系，即前一项工作开始到后一项工作开始的时距。

(2) STF 关系，即前一项工作开始到后一项工作完成的时距。

(3) FTF 关系，即前一项工作完成到后一项工作完成之间的时距。

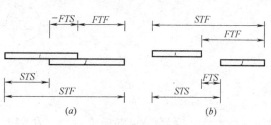

图 4-46 搭接关系的种类

(4) FTS 关系，即前一项工作完成到后一项工作开始之间的时距。图 4-46（b）中的 FTS 时距为正数，图 4-46（a）中的 FTS 时距为负数。

在编制网络计划时究竟采用何种时距，其数值为多少，应根据计划对象的工程量、技术要求、资源供应条件、自然条件、领导指令等，由计划人员在编制实施方案后计算确定。时距一经确定，则后一项工作便应严格按时距规定的时间开始或完成，不能随意改变。为了简化计算，两项工作之间的时距应尽量只确定一种。

3. 单代号搭接网络计划的表达方法

单代号搭接网络计划的表达方法是将时距标注在箭线之上，节点的标注与单代号网络计划相同。见图 4-47 所示。

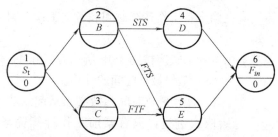

图 4-47 单代号搭接网络计划的表达方法

（二）搭接网络计划的编制

搭接网络计划的编制步骤、方法和绘图规则与前面所述的单代号网络计划基本相同。所不同的有两点：

(1) 在编制施工方案时要认真研究搭接关系，在计算持续时间时，要估算时距，在计算时间参数和优化时要考虑时距。

(2) 编制单代号搭接网络计划时，必须设置虚拟起点节点和虚拟终点节点，这是时间参数计算时所需要的。

【例 4-6】 某工程项目可划分为 A、B、C、D、E、F 共 6 项工作，各项工作之间的逻辑关系、搭接关系、持续时间等资料如表 4-6 所示，试绘制单代号搭接网络计划。

【解】 根据表 4-6 中的资料，绘制的单代号搭接网络计划见图 4-48 所示。

网络计划资料表　　　　　　　　　　表 4-6

工作	持续时间	紧后工作	搭接关系及搭接时间(d)					
			A	B	C	D	E	F
A	10	B、C、D		FTS=0	STS=6	FTF=5		
B	15	C、E			STS=5		STF=25	
C	6	F						STS=3
D	22	E、F					STS=1	STS=3
E	20	F						STS=5
F	10	—						

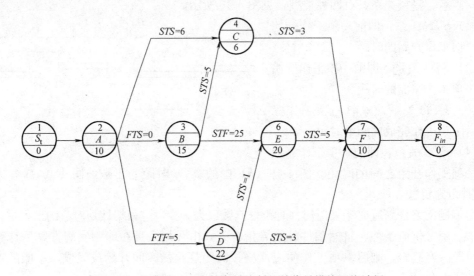

图 4-48　根据表 4-6 中的资料绘制的单代号搭接网络计划

（三）单代号搭接网络计划时间参数的计算

1. 计算要求

（1）单代号搭接网络计划时间参数计算，应在确定各工作持续时间和各项工作之间时距关系之后进行。

（2）单代号搭接网络计划中的时间参数基本内容和形式应按图 4-49 所示方式标注。

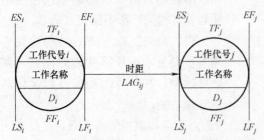

图 4-49　单代号搭接网络计划时间参数标注形式

（3）工作最早时间的计算。

1）计算最早时间参数必须从起点节点开始依次进行，只有紧前工作计算完毕，才能计算本工作；

2）计算工作最早开始时间应按下列步骤进行：

① 凡与起点节点相联的工作最早开始时间都应为零，即：

$$ES_i = 0 \quad (i=1) \tag{4-49}$$

② 其他工作 j 的最早开始时间根据时距应按下列公式计算：

相邻时距为 $STS_{i,j}$ 时

$$ES_j = ES_i + STS_{i,j} \tag{4-50}$$

相邻时距为 $FTF_{i,j}$ 时

$$ES_j = ES_i + D_i + FTF_{i,j} - D_j \tag{4-51}$$

相邻时距为 $STF_{i,j}$ 时

$$ES_j = ES_i + STF_{i,j} - D_j \tag{4-52}$$

相邻时距为 $FTS_{i,j}$ 时

$$ES_j = ES_i + D_i + FTS_{i,j} \tag{4-53}$$

式中 ES_i——工作 i 的紧后工作的最早开始时间；

D_i、D_j——相邻的两项工作的持续时间；

$STS_{i,j}$——i、j 两项工作开始到开始的时距；

$FTF_{i,j}$——i、j 两项工作完成到完成的时距；

$STF_{i,j}$——i、j 两项工作开始到完成的时距；

$FTS_{i,j}$——i、j 两项工作完成到开始的时距。

③ 计算工作最早时间时，如果出现最早开始时间为负值时，应将该工作与起点节点用虚箭线相连接，并确定其时距为：

$$FTS = 0 \tag{4-54}$$

3）工作 j 的最早完成时间 EF_j 应按下式计算：

$$EF_j = ES_j + D_j \tag{4-55}$$

4）当有两项或两项以上紧前工作限制工作间的逻辑关系时，应分别计算其最早时间，取最大值。

5）有最早完成时间的最大值的中间工作应与终点节点用虚箭线相连接，并确定其时距为：

$$FTS = 0 \tag{4-56}$$

(4) 搭接网络计划计算工期 T_c 由与终点节点相联系的工作的最早完成时间的最大值决定。

(5) 搭接网络计划的计划工期 T_p 应符合本章第三节的规定。

(6) 相邻两项工作 i 和 j 之间在满足时距之外，还有多余的间隔时间 $LAG_{i,j}$，应按下式计算：

$$LAG_{i,j} = \min \begin{bmatrix} ES_j - EF_i - FTS_{i,j} \\ ES_j - ES_i - STS_{i,j} \\ EF_j - EF_i - FTF_{i,j} \\ EF_j - ES_i - STF_{i,j} \end{bmatrix} \tag{4-57}$$

(7) 工作 i 的总时差 TF_i 的计算、自由时差 FF_i 的计算、最迟完成时间 LF_i 的计算、最迟开始时间 LS_i 的计算，与单代号网络计划相同。

2. 计算举例

试计算【例 4-6】中图 4-48 单代号搭接网络计划的时间参数，并将计算结果标注在图 4-50 上。

(1) 工作最早时间的计算

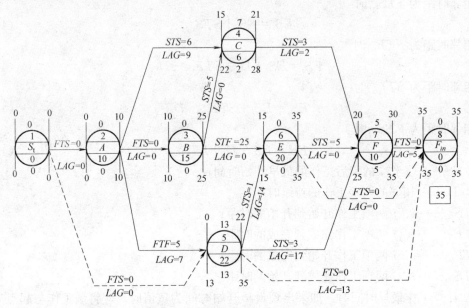

图 4-50 根据图 4-48 的单代号搭接网络计划计算的时间参数

根据公式（4-49）～公式（4-56）计算如下：

$$ES_2=0 \quad EF_2=0+10=10$$
$$ES_3=EF_2+FTS_{2,3}=10+0=10 \quad EF_3=10+15=25$$
$$ES_4=\max[ES_2+STS_{2,4},ES_3+STS_3]=\max[0+6,10+5]=15 \quad EF_4=15+6=21$$
$$ES_5=EF_2+FTF_{2,5}-D_5=10+5-22=-7$$

由于 ES_5 出现了负值，不合理，故令 $ES_5=0$，并将工作 5 与起点节点用虚箭线相连，并令 $FTS_{1,5}=0$。

$$ES_5=0 \quad EF_5=0+22=22$$
$$ES_6=\max[ES_5+STS_{5,6},ES_3+STF_{3,6}-D_6]=\max[0+1,10+25-20]=15$$
$$EF_6=15+20=35$$
$$ES_7=\max[ES_6+STS_{6,7},ES_4+STS_{4,7},ES_5+STS_{5,7}]=\max[15+5,15+3,0+3]=20$$
$$EF_7=20+10=30$$
$$ES_8=\max[EF_7+FTS_{7,8}]=30+0=30 \quad EF_8=20$$

由于终点节点 8 的 $EF_8<EF_6$，故节点 8 的 EF 值取 EF_6 即取 35，并将节点 6 与节点 8 用虚箭线相连，并令 $FTS_{6,8}=0$。

$$EF_8=ES_8=35$$

(2) 单代号搭接网络计划计划工期的计算

由于终点节点 8 的最早完成时间已经求出，$T_C=35$；本例又没有规定工期，故节点 8 的最早完成时间就是计划工期，$T_P=T_C=35$

(3) 间隔时间（$LAG_{i,j}$）的计算

最早时间已经求出，便可按公式（4-57）计算间隔时间。

$$LAG_{1,2}=ES_2-EF_1-FTS_{1,2}=0-0-0=0$$
$$LAG_{1,5}=ES_5-EF_1-FTS_{1,5}=0-0-0=0$$

$$LAG_{2,3}=ES_3-EF_2-FTS_{2,3}=10-10-0=0$$
$$LAG_{2,5}=EF_5-EF_2-FTF_{2,5}=22-10-5=7$$
$$LAG_{2,4}=ES_4-ES_2-STS_{2,4}=15-0-6=9$$
$$LAG_{3,4}=ES_4-ES_3-STS_{3,4}=15-10-5=0$$
$$LAG_{3,6}=EF_6-ES_3-STF_{3,6}=35-10-25=0$$
$$LAG_{4,7}=ES_7-ES_4-STS_{4,7}=20-15-3=2$$
$$LAG_{5,6}=ES_6-ES_5-STS_{5,6}=15-0-1=14$$
$$LAG_{5,7}=ES_7-ES_5-STS_{5,7}=20-0-3=17$$
$$LAG_{5,8}=ES_8-EF_5-FTS_{5,8}=35-22-0=13$$
$$LAG_{6,7}=ES_7-ES_6-STS_{6,7}=20-15-5=0$$
$$LAG_{6,8}=ES_8-EF_6-FTS_{6,8}=35-35-0=0$$
$$LAG_{7,8}=ES_8-EF_7-FTS_{7,8}=35-30-0=5$$

（4）工作总时差的计算

$$TF_8=T_p-EF_8=35-35=0$$
$$TF_7=TF_8+LAG_{7,8}=0+5=5$$
$$TF_6=\min[TF_7+LAG_{6,7},TF_8+LAG_{6,8}]=\min[5+0,0+0]=0$$
$$TF_5=\min[TF_6+LAG_{5,6},TF_7+LAG_{5,7},TF_8+LAG_{5,8}]=\min[0+14,5+17,0+13]=13$$
$$TF_4=TF_7+LAG_{4,7}=5+2=7$$
$$TF_3=\min[TF_4+LAG_{3,4},TF_6+LAG_{3,6}]=\min[7+0,0+0]=0$$
$$TF_2=\min[TF_3+LAG_{2,3},TF_4+LAG_{2,4},TF_5+LAG_{2,5}]=\min[0+0,7+9,13+7]=0$$
$$TF_1=0$$

（5）工作自由时差的计算

终点节点 8 的自由时差 $FF_8=T_p-EF_8=35-35=0$

其他节点的自由时差为 $FF_i=\min[LAG_{i,j}]$

$FF_7=5$　　$FF_6=0$　　$FF_5=13$　　$FF_4=2$　　$FF_3=0$　　$FF_2=0$　　$FF_1=0$

（6）工作最迟时间的计算

按公式 $LF_i=EF_i+TF_i$ 及 $LS_i=LF_i-D_i$ 进行计算。

$$LF_8=LF_7=LF_6=T_p=35$$
$$LS_8=35\quad LS_7=35-10=25\quad LS_6=35-20=15$$
$$LF_5=EF_5+TF_5=22+13=35$$

由于 LF_5 与 T_p 相等，故应将工作 5 与终点节点用虚箭线相连，并令 $FTS_{5,8}=0$

$$LF_5=35\quad LS_5=35-22=13$$
$$LF_4=EF_4+TF_4=21+7=28\quad LS_4=28-6=22$$
$$LF_3=EF_3+TF_3=25+0=25\quad LS_3=25-15=10$$
$$LF_2=EF_2+TF_2=10+0=10\quad LS_2=10-10=0$$
$$LF_1=LS_1=0$$

至此，全部时间参数计算并标注完毕，见图 4-50 所示。

（四）单代号搭接网络计划关键工作和关键路线的确定

(1) 单代号搭接网络计划中，总时差最小的工作是关键工作。图 4-50 中的最小总时差为 0，故其关键工作是 A、B、E。

(2) 关键线路是从起点节点到终点节点均为关键工作，且其间隔时间均为零的通路，图 4-50 的关键线路是 1—2—3—6—8，或为 $S_t—A—B—E—F_{in}$。

第五节　网络计划优化

一、优化的内容及意义

网络计划的优化，是在网络计划的编制阶段，为满足一定约束条件，按照既定目标对网络计划不断改进，以寻求满意方案，从而编制可供实施的网络计划的过程。网络计划的优化目标应按计划任务的需要和条件选定，包括工期目标、费用目标和资源目标。根据优化目标的不同，网络计划的优化可分为工期优化、费用优化和资源优化。

通过网络计划的优化实现其既定目标，有着重要的现实意义，甚至可使工程项目取得良好的经济效果，因此，应当尽量利用网络计划模型可优化的特点，努力实现其优化目标。

网络计划的优化只是相对地获得满意的结果，不可能做到绝对优化。优化的原理是可认识的，且在一定原理指导下进行。优化的方法可以多种多样，但手工优化只能针对小型的简单网络计划。要对大型网络计划进行优化，则必须借助计算机及相应的软件完成。

本节主要介绍工期优化、工期-资源优化和工期-成本优化的基本原理，至于这些原理的具体应用步骤及如何在计算机上实现，需要另外进行深入地学习。

二、工期优化

网络计划的工期优化是指网络计划的计算工期大于要求工期时，在不改变网络计划中各项工作之间逻辑关系的前提下，通过压缩关键工作的持续时间以满足要求工期的过程。

(一) 工期优化步骤

网络计划的工期优化是通过压缩关键工作的持续时间来达到优化目标。当网络计划中出现多条关键线路时，必须将各条关键线路的总持续时间压缩相同数值，否则，不能有效地缩短工期。网络计划的工期优化可以按照下列步骤进行：

(1) 确定初始网络计划的计算工期和关键线路。

(2) 按要求工期计算应缩短的时间 ΔT：

$$\Delta T = T_c - T_r \tag{4-58}$$

式中　T_c——网络计划的计算工期；

T_r——网络计划的要求工期。

(3) 选择应缩短持续时间的关键工作。选择压缩对象时应在关键工作中考虑下列因素：

1) 缩短持续时间对质量和安全影响不大的工作。

2) 有充足备用资源的工作。

3) 缩短持续时间所需增加费用最少的工作。

综合考虑质量、安全，资源和费用增加等情况，确定各压缩对象的优先选择系数，并按照优选系数从小到大的原则，选择应优先压缩的关键工作。

(4) 确定所选关键工作能够压缩的时间。即将所选定的关键工作的持续时间压缩至最短，但应按照经济合理的原则，不能将关键工作压缩成非关键工作，若被压缩的关键工作变成非关键工作,则应延长其持续时间,使之仍为关键工作,并重新确定计算工期和关键线路。在工期优化过程中,缩短关键工作持续时间的措施通常有:

1) 增加资源数量。
2) 增加工作班次。
3) 改变施工方法。
4) 组织流水施工。
5) 采取技术措施。

(5) 如已满足工期要求,则优化完成,否则,重复上述(2)~(4)步,直至计算工期满足要求工期为止。

(6) 当所有关键工作的持续时间都已达到其能缩短的极限,而网络计划的计算工期仍不能满足要求工期时,则应对网络计划的原技术方案、组织方案进行调整,或对要求工期重新进行审定。

(二)工期优化示例

【例 4-7】 已知某工程项目双代号网络计划如图 4-51 所示,图中箭线下面括号外数字为工作的正常持续时间,括号内数字为其最短持续时间(单位:周),箭线上方括号内数字为该工作的优选系数。若要求工期为 15 周,试对其进行工期优化。

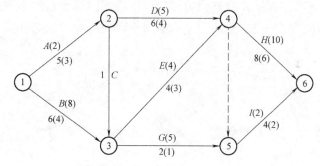

图 4-51 初始网络计划

【解】 1. 根据各项工作的正常持续时间,用标号法确定网络计划的计算工期和关键线路,如图 4-52 所示。此时关键线路为 ①—②—④—⑥。

2. 计算应缩短的时间:$\Delta T = T_c - T_r = 19 - 15 = 4$(周)。

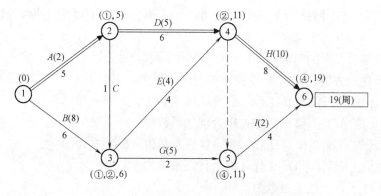

图 4-52 初始网络计划中的关键线路

3. 选择应缩短持续时间的关键工作。初始网络计划中的关键工作为：A、D 和 H，而其中 A 工作的优选系数最小，故应将 A 工作作为优先压缩对象。

4. 确定 A 工作能够压缩的时间。将关键工作 A 的持续时间压缩至其最短时间 3 周，并利用标号法确定新的计算工期和关键线路，如图 4-53 所示。

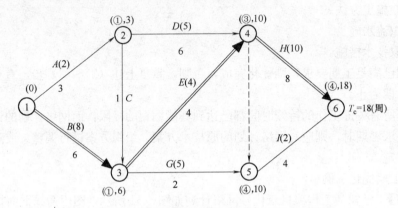

图 4-53 A 工作的持续时间压缩至最短时的关键线路

由图 4-53 中可见关键工作 A 被压缩成为非关键工作，故将其持续时间 3 周延长为 4 周，使之成为关键工作。A 工作恢复为关键工作以后，网络计划中出现了两条关键线路，即：①—②—④—⑥ 和 ①—③—④—⑥，如图 4-54 所示。

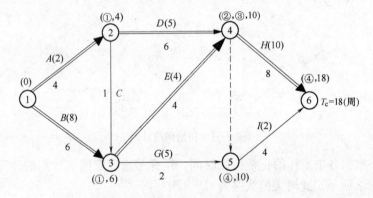

图 4-54 第一次压缩后的网络计划

5. 第一次压缩后网络计划的计算工期为 18 周，仍大于要求工期，故需继续进行优化。

(1) 计算需要缩短的时间：$\Delta T_1 = 18 - 15 = 3$ 周。

(2) 选择优化方案。在图 4-55 所示的网络计划中，有以下五个可行的压缩方案：

1) 同时压缩 A 工作和 B 工作，组合优选系数为：$2+8=10$
2) 同时压缩 A 工作和 E 工作，组合优选系数为：$2+4=6$
3) 同时压缩 B 工作和 D 工作，组合优选系数为：$8+5=13$
4) 同时压缩 D 工作和 E 工作，组合优选系数为：$5+4=9$
5) 压缩 H 工作，优选系数为：10

在上述五个备选方案中，由于第 2) 种方案的组合优选系数最小，故应选择同时压缩

A 工作和 E 工作的方案。将这两项工作的持续时间各压缩 1 周（A 压缩至最短），再用标号法确定计算工期和关键线路，如图 4-55 所示。此时，关键线路仍为两条，即：①—②—④—⑥ 和①—③—④—⑥。

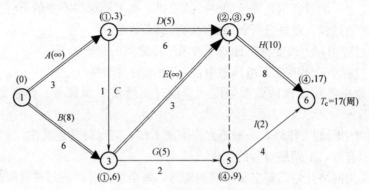

图 4-55　第二次压缩后的网络计划

在图 4-55 中，关键工作 A 和 E 的持续时间已达最短持续时间，不能再压缩，故将其的优选系数改为无穷大。

6. 第二次压缩后网络计划的计算工期为 17 周，仍大于要求工期，故需继续进行优化。

（1）需要缩短的时间为：$\Delta T_2 = 17 - 15 = 2$（周）。

（2）选择优化方案。在图 4-55 所示的网络计划中，由于关键工作 A 和 E 已不能再压缩，故此时只有两种可行的压缩方案：

1）同时压缩 B 工作和 D 工作，组合优选系数为：$8 + 5 = 13$

2）压缩 H 工作，优选系数为：10

在两种备选方案中，第 2) 种方案的优选系数最小，故应选择压缩 H 工作的方案。将 H 工作的持续时间压缩 2 周，再用标号法确定计算工期和关键线路，如图 4-56 所示。此时，计算工期为 15 周，已满足工期要求，故图 4-56 所示的网络计划即为优化方案。

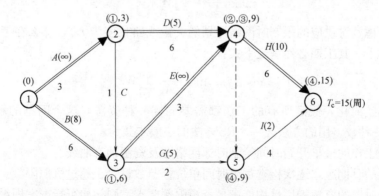

图 4-56　工期优化后的网络计划

三、工期—资源优化

资源是指为完成一项计划任务所需投入的人力、材料、机械设备和资金等。完成一项工程任务所需要的资源量基本上是不变的，不可能通过资源优化将其减少。资源优化的目的是通过改变工作的开始时间和完成时间，使资源按照时间的分布符合优化目标。

网络计划的资源优化通常可分为两种情况，即"资源有限，工期最短"的优化和"工期固定，资源均衡"的优化。前者是通过调整计划安排，在满足资源限制的条件下，使工期延长最少的过程；而后者则是通过调整计划安排，在工期保持不变的条件下，使资源需用量尽可能均衡的过程。此处进行资源优化的前提条件是：

① 在优化过程中，不改变网络计划中各项工作之间的逻辑关系；

② 在优化过程中，不改变网络计划中各项工作的持续时间；

③ 网络计划中各项工作的资源强度（单位时间所需资源数量）是常数，而且是合理的；

④ 除规定可中断的工作外，一般不允许中断工作，应保持其连续性。

(一)"资源有限，工期最短"的优化原理

这类问题是指网络计划需要多种不同的资源，每个单位时间内每种资源都有一定的供应限量，每一项工作只需要其中一种资源，且单位时间所需要的资源强度是固定的。问题就是在资源供应有限制的条件下，要求保持预先确定的工作之间的逻辑关系不变，寻求整个计划工期最短的方案。

1. 优化步骤

在每项工作所需要的资源强度固定的前提下，其资源需要数量为：

$$W_{i\text{-}j}^{K} = r_{i\text{-}j}^{K} \cdot D_{i\text{-}j} \tag{4-59}$$

式中 $r_{i\text{-}j}^{K}$——工作 $i\text{-}j$ 对第 K 种资源的单位时间需要强度；

$D_{i\text{-}j}$——$i\text{-}j$ 工作的持续时间。

整个计划对第 K 种资源的总需要量为

$$\sum_{(i\text{-}j)} W_{i\text{-}j}^{K} = \sum_{(i\text{-}j)} r_{i\text{-}j}^{(K)} \cdot D_{i\text{-}j} \tag{4-60}$$

如果假定每天可能供应的资源数量 $A_K(t)$（$K=1, 2, \cdots, S$）为常数，即 $A_K(t) = A_K$，那么网络计划最短工期的下界为：

$$\max\left[\frac{1}{A_K} \cdot \sum_{(i\text{-}j)} W_{i\text{-}j}^{(K)}\right] \tag{4-61}$$

如果不考虑资源供应的限制时网络计划的关键线路长度为 L_{cp}，那么在考虑了资源供应限制的条件下，其工期必然满足下式：

$$T \geqslant \max_{K}\left\{L_{cp}, \max\left[\frac{1}{A_K}\sum_{(i\text{-}j)} W_{i\text{-}j}^{K}\right]\right\} \tag{4-62}$$

为了使问题简化，假定所有的工作都需要同样一种资源，这个问题的解法有多种，RSM法就是一种较多用的方法之一。RSM法的一般步骤为：

(1) 按照工作的最早开始时间绘制时标网络图及资源动态曲线。

(2) 从开始日期起，逐次检查每个时间单位资源数量是否超过资源限额。如果整个工期范围内每个时段的资源需用量均能满足资源限额要求，则初始可行方案即编制完成，否则，必须转入下一步进行计划的优化。

(3) 对有资源冲突时段的工作进行分析。如果该时段内有几项工作平行进行，则采取将一项工作安排在与之平行的另一项工作之后进行的方法，以降低资源需要量。

对于两项并行操作的工作 m 和 n 来说，把工作 n 放在 m 之后进行，如图 4-57 所示。

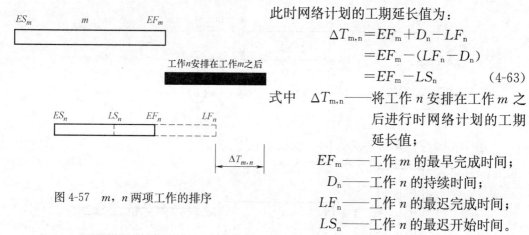

此时网络计划的工期延长值为:

$$\Delta T_{m,n} = EF_m + D_n - LF_n$$
$$= EF_m - (LF_n - D_n)$$
$$= EF_m - LS_n \quad (4-63)$$

式中 $\Delta T_{m,n}$——将工作 n 安排在工作 m 之后进行时网络计划的工期延长值;

EF_m——工作 m 的最早完成时间;

D_n——工作 n 的持续时间;

LF_n——工作 n 的最迟完成时间;

LS_n——工作 n 的最迟开始时间。

图 4-57 m,n 两项工作的排序

这样在有资源冲突的时段中,对并行操作的工作进行两两排序,得出若干个增加的时间 $\Delta T_{m,n}$,选择其中最小的(即延长工期最短的)$\Delta T_{m,n}$,将相应的工作 n 移动到工作 m 之后进行,既可降低该时段的资源需用量,又使网络计划的工期延长最短。

(4) 每调整一次,要重新绘制时标网络图及对应的资源动态曲线,再逐个时段检查,发现有资源冲突时再进行调整,如此循环,直到每个时间单位的资源需要量均满足资源限量为止,便得到可行的计划方案。

如果不对资源冲突处进行调整,就需要增加资源供应,造成直接工程费用增加。但经过调整后工期延长,又会使间接费用增加。因此,在方案调整时应进行比较,看哪种情况节省。如果工期延长导致间接费增加的幅度大于增加资源而不调整工期所增加的费用,那就不应当调整。如果调整后费用仍能降低,该调整后的可行方案就是最优方案。

2. 优化示例

【例 4-8】 某工程项目的进度计划如图 4-58 网络计划所示,箭线之下的数字是工作持续时间(时间单位:d),箭线之上的数是工作资源强度。假如每天可供资源为 10 个单位,试确定其满足资源限制条件下的最短工期。

【解】 该网络计划可按"资源有限,工期最短"的方法进行优化,其步骤为:

(1) 绘制该工程项目的早时标网络计划,如图 4-59 上方所示;计算网络计划每个单位时间的资源需用量,并绘制出资源需用量动态曲线,如图 4-59 下方所示。

(2) 从计划开始日期起,逐个时段检查资源是否满足要求。检查发现第二、

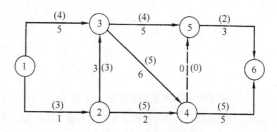

图 4-58 某工程网络计划

第三天资源需用量均超过了限量(12>10),故需要进行调整。该时段有三项工作并行操作,即为工作:1-3、2-3、2-4。利用公式(4-63)计算 ΔT 值,其结果见表 4-7 所示。

并行操作的三项工作计算 ΔT 值　　　　　　表 4-7

工作序号	工作代号	最早完成时间	最迟完成时间	$\Delta T_{1,2}$	$\Delta T_{1,3}$	$\Delta T_{2,1}$	$\Delta T_{2,3}$	$\Delta T_{3,1}$	$\Delta T_{3,2}$
1	1-3	5	0	3	−4	—	—	—	—
2	2-3	4	2	—	—	4	−5	—	—
3	2-4	3	9	—	—	—	—	3	1

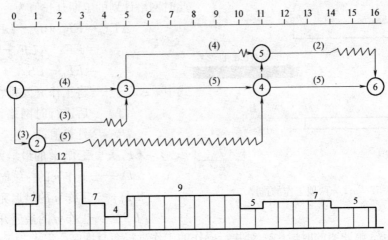

图 4-59 初始时标网络计划及资源需用量曲线

由表 4-7 可知,$\Delta T_{2,3}=-5$ 最小,说明将第 3 号工作(工作 2-4)安排在第 2 号工作(工作 2-3)之后进行,不会使工期延长。因此,将工作 2-4 安排在工作 2-3 完成之后进行。调整后的网络计划如图 4-60 所示。

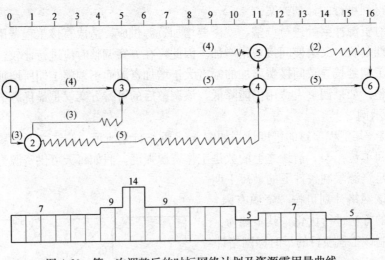

图 4-60 第一次调整后的时标网络计划及资源需用量曲线

(3) 重新计算调整后的网络计划每个单位时间的资源需求量,并绘制出资源需用量动态曲线,如图 4-60 中所示。从图 4-60 中可知,第六天的资源需用量为 14,超过了资源限量 10。故需要对该时段进行调整。

(4) 在第六天有工作 2-4,工作 3-4,工作 3-5 三项工作并行操作,利用公式(4-63)计算 ΔT 值,其结果见表 4-8 所示。

并行操作的三项工作计算 ΔT 值　　　　表 4-8

工作序号	工作代号	最早完成时间	最迟完成时间	$\Delta T_{1,2}$	$\Delta T_{1,3}$	$\Delta T_{2,1}$	$\Delta T_{2,3}$	$\Delta T_{3,1}$	$\Delta T_{3,2}$
1	2-4	6	9	1	-2	—	—	—	—
2	3-4	11	5	—	—	2	3	—	—
3	3-5	10	8	—	—	—	—	1	5

由表 4-8 可知，$\Delta T_{1,3}=-2$ 最小，说明将第 3 号工作（工作 3-5）安排在第 1 号工作（工作 2-4）之后进行，工期不会延长。因此，将工作 3-5 安排在工作 2-4 完成之后进行。调整后的网络计划如图 4-61 所示。

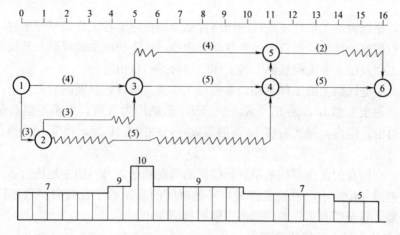

图 4-61　修正结束后的时标网络计划及资源需用量曲线

（5）重新计算调整后的网络计划每个时段的资源需用量，绘制出资源需用量动态曲线，如图 4-61 中所示，由此可见整个工期范围内的资源需用量均未超过资源限量，故图 4-61 所示方案即为最优方案，其最短工期为 16d。

（二）"工期固定，资源均衡"的优化

安排建设工程进度计划时，需要使资源需用量尽可能地均衡，使整个工程单位时间的资源需用量不出现过多的高峰和低谷，这不仅有利于工程建设的组织与管理，而且可以降低工程费用。

衡量资源需用量的不均衡程度有两个指标，一个是方差，一个是极差。因此，要通过优化，使方差值或极差值为最小。

1. 使方差值最小法的优化原理

方差的计算公式是：

$$\sigma^2 = \frac{1}{T}\int_0^T [R(t)-R_m]^2 dt$$

$$= \frac{1}{T}\int_0^T R^2(t)dt - \frac{2R_m}{T}\int_0^T R(t)dt + R_m^2$$

$$= \frac{1}{T}\int_0^T R^2(t)dt - R_m^2 \tag{4-64}$$

式中　$R(t)$——在瞬时 t 需要的资源数量；

　　　R_m——资源需要量的平均值；

　　　T——规定的工期。

因为 T 和 R_m 为常数，故欲使方差值最小，就是使 $\int_0^T R^2(t)dt$ 为最小。

因为在工程施工网络计划中，资源需要量动态曲线是阶梯形的，故欲使 $\int_0^T R^2(t)dt$ 为最小，就是使

$$R_1^2+R_2^2+R_3^2+\cdots+R_i^2+\cdots R_T^2$$

为最小。式中 R_i 是第 i 天需要的资源数量。

这就是"工期规定，资源均衡"问题的优化原理。根据这一原理，网络计划的优化步骤如下：

第一步，根据满足工期规定条件的网络计划绘制相应于各工作最早开始时间的时标网络计划，并根据这个计划绘制资源需要量动态曲线，从中找出关键线路及其长度、位于关键线路上的工作及位于非关键线路上各工作的总时差和自由时差。

第二步，关键线路上的工作不动。非关键工作按最早开始时间的后先顺序，自右向左地进行调整，每次右移 1d，使 $R_1^2+R_2^2+\cdots+R_T^2$ 值减小为有效，直至不能右移为止。在自由时差许可的范围内，每次右移 1d 不能奏效，可一次右移 2d，乃至 3d，到总时差用完为止。

第三步，在所有的工作都按最早开始时间的后先顺序，自右向左地进行了一次调整之后，为使方差进一步缩小，再按工作最早开始时间的后先顺序自右向左地进行第二次调整。循环反复，直至所有工作的位置都不能再移动为止。

2. 使极差值为最小的优化原理

极差值为：

$$\min_{t\in[0,T]}|R_t-R_m|$$

因为 R_m 为常数，因此欲使极差值最小，就要使 $\max R_t$ 为最小。

根据这一原理，网络计划优化的步骤如下：

第一步，根据满足规定工期条件的网络计划，绘制相应于各工作最早时间的时标网络计划及资源需要量动态曲线，找出关键工作及关键线路，位于非关键线路上各工作的总时差，各工作的最早开始时间，以及每天需要的资源的最大数量。

第二步，关键线路上的工作不动。假定每天可能供应的物资资源的数量比资源动态曲线上的最高峰数量小一个单位，然后再进行第三步。

第三步，对超过资源限量的时间区段中每一项工作是否能调整根据下式判断：

$$\Delta T_{i\cdot j}=TF_{i\cdot j}-(T_{k+1}-ES_{i\cdot j})\geqslant 0 \tag{4-65}$$

式中　$\Delta T_{i\cdot j}$——工作的时间差值；

T_{k+1}——表示在时间轴上超过资源限量的时间区段的下界时间点。

若不等式成立，则该工作可以右移至高峰值之后，即移动（$T_{k+1}-ES_{i\cdot j}$）时间单位。若不等式不成立，则该工作不能移动。

当需要调整的时段中不止一项工作使不等式成立时，应按时间差值 $\Delta T_{i\cdot j}$ 的大小顺序，最大值的先移动；如果 $\Delta T_{i\cdot j}$ 值相同，则资源数量小的先移动。

移动后看峰值是否小于或等于资源限量。如果因为这次移动在其他时段中出现超过资源限量的情况时，则重复第三步，直至不超过资源限量为止。

第四步，画出移动后的网络计划，并计算出相应的每日资源数量，再规定资源限量为资源峰值减 1，逐日检查超过规定数量的时段，再重复第三步。

如此，每次下降一个资源单位，进行调整，直至按上述步骤计算后所有工作都不能再向右移动后，还要考虑是否能向左移动而能达到资源限量的要求，直到资源峰值再不能降低为止。

第五步,绘制调整后的时标网络计划及资源动态曲线。

【例 4-9】 某工程的时标网络计划见图 4-62,箭线下的数字表示工作的资源强度,欲保持工期 22d 不变,试进行资源均衡的优化。

【解】 (1) 计算每日资源需要量,见表 4-9 所示。

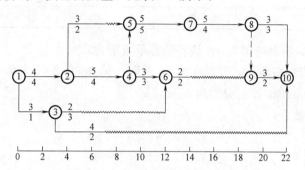

图 4-62 某工程的时标网络计划

优化前资源数量 表 4-9

工作日	1	2	3	4	5	6	7	8	9	10	11
资源数量	5	5	5	9	11	8	8	4	4	8	8
工作日	12	13	14	15	16	17	18	19	20	21	22
资源数量	8	7	7	4	4	4	4	4	5	5	5

(2) 将表 4-9 中的最大值减 1,得其资源限量为 10。

(3) 找出下界时间点 $T_{k+1}=5$。在第 5d 有 2-5,2-4,3-6,3-10 四个工作,其 $TF_{i\text{-}j}$ 分别为 2,0,12,15;其 $ES_{i\text{-}j}$ 分别为 4,4,3,3。

(4) 计算 $\Delta T_{i\text{-}j}$ 如下:

$$\Delta T_{2\text{-}5}=2-(5-4)=1$$
$$\Delta T_{2\text{-}4}=0-(5-4)=-1$$
$$\Delta T_{3\text{-}6}=12-(5-3)=10$$
$$\Delta T_{3\text{-}10}=15-(5-3)=13$$

其中 $\Delta T_{3\text{-}10}$ 最大,故优先将该工作向右移动 2d,即第 5d 后开始。调整后的结果见图 4-63。

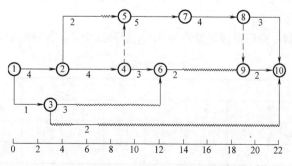

图 4-63 第一次调整后的时标网络计划

(5) 再计算每日资源数量,见表 4-10。

第一次均衡结果　　　　　　　　表 4-10

工作日	1	2	3	4	5	6	7	8	9	10	11
资源数量	5	5	5	7	9	8	8	6	6	8	8
工作日	12	13	14	15	16	17	18	19	20	21	22
资源数量	8	7	7	4	4	4	4	4	5	5	5

从表 4-10 看出，资源峰值为 9，故将资源限量定为 8。

(6) 逐天检查资源需要量，发现在第 5d 超限。第 5d 有 2-4，3-6，2-5 三项工作，其 TF_{i-j} 分别为 0，12，2；其 ES_{i-j} 分别为 4，3，4。

(7) 计算 ΔT_{i-j} 如下：

$$\Delta T_{2-4}=0-(5-4)=-1$$
$$\Delta T_{3-6}=12-(5-3)=10$$
$$\Delta T_{2-5}=2-(5-4)=1$$

其中 ΔT_{3-6} 最大，故优先调整 3-6，将它移至第 5d 后（即右移 2d）进行。

(8) 计算新的资源需要量，见表 4-11。

第二次均衡结果　　　　　　　　表 4-11

工作日	1	2	3	4	5	6	7	8	9	10	11
资源数量	5	5	5	4	6	11	11	6	6	8	8
工作日	12	13	14	15	16	17	18	19	20	21	22
资源数量	8	7	7	4	4	4	4	4	5	5	5

由表 4-11 可知，6、7 两天资源数量又超过 8。这一段时间有 2-5，2-4，3-6，3-10 四项工作。再计算 ΔT_{i-j}，得：

$$\Delta T_{2-5}=2-(7-4)=-1$$
$$\Delta T_{2-4}=0-(7-4)=-3$$
$$\Delta T_{3-6}=10-(7-5)=8$$
$$\Delta T_{3-10}=12-(7-5)=10$$

虽然 ΔT_{3-10} 最大，但它的资源强度只有 2，调整它不能降低峰值，故选择时间差值次大的工作 3-6，向右移动 2d。

重复上述计算步骤，最后资源限量定为 7，不能再减少了。优化结果见表 4-12 及图 4-64。

优化的最后结果　　　　　　　　表 4-12

工作日	1	2	3	4	5	6	7	8	9	10	11
资源数量	5	5	5	4	6	6	6	7	7	7	7
工作日	12	13	14	15	16	17	18	19	20	21	22
资源数量	7	7	7	7	7	7	6	6	5	5	5

四、工期—成本优化

(一) 工程成本与工期的关系

工程成本由直接费与间接费组成。直接费由人工费、材料费和机械费组成。施工方案不同，直接费也就不相同；施工方案一定，如工期不同，直接费也就不同。间接费一般也会随着工期的增加而增加。考虑工程总成本时，还应考虑拖期要接受罚款，提前竣工会得到奖励，提前投产而得到收益。工期与成本的关系曲线可用图 4-65 表示。

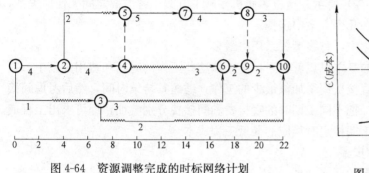

图 4-64 资源调整完成的时标网络计划　　　　图 4-65 工期—成本关系曲线

工期—成本优化的目的是：求出与最低工程总成本 C_0 相对应的工程总工期 T_0，或求出在规定工期条件下的工程最低成本。网络计划中工期的长短取决于关键线路的持续时间。关键线路由关键工作组成。为了达到工期—成本优化的目的，必须研究分析网络计划中工作的持续时间和费用（主要是直接费）之间的关系。

（二）工作持续时间和费用的关系

工作持续时间和费用的关系有以下几种类型。

(1) 连续直接型，见图 4-66（a）所示，即 A 点时间为 t_1，成本为 C_A；在 B 点时间为 t_2，成本为 C_B；A、B 间各点的时间费用关系点在 A、B 的连线上。就整个工程讲，可以认为直线型关系有其使用价值，而且会给优化工作带来方便。

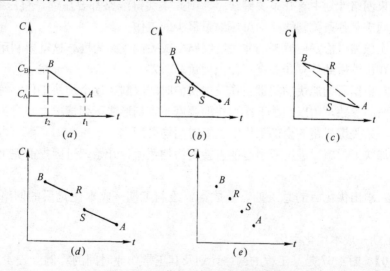

图 4-66 工作的时间-费用关系类型

(2) 折线型，见图 4-66（b）所示，表示不同时间的费用变化率是不同的。对一项较小型工程的网络计划来讲，这种线型有实际应用意义，且比较精确。

(3) 突变型，见图 4-66（c）所示。AS 段代表一种方案费用和时间的关系；RB 段表示另一种施工方案增加资源而引起的时间缩短与费用增加的关系。在优化时，可用 AB 线表示这种关系的近似值。

（4）断裂型，见图 4-66（d）所表示。它表示时间和费用的关系不是连续型的。AS 和 RB 分别代表两种不同施工方案的时间费用关系。这种情况多属不同的机械施工方案。

（5）离散型，如图 4-66（e）所示。这也多属机械施工方案，各方案之间无任何关系，工作也不能逐天缩短，只能在几个方案中选择。

在工程的工期—成本优化中，直线型关系用得最多。

工程的工期—成本优化的基本思想就在于，不断从这些工作的时间和费用关系中，找出能使工期缩短而又能使得直接费用增加额最少的工作，缩短其持续时间，然后考虑间接费随工期缩短而减少的情况。把不同工期时的直接费和间接费分别叠加，即可求出工程成本最低时相应的最优工期或工期指定时相应的最低工程成本。

（三）工期—成本优化的步骤

第一步，绘制正常时间下的网络计划。

第二步，求出网络计划中各项工作采取可行的方案后可加快的时间。

第三步，求出正常工作时间和加快工作时间下工作的直接费，并用下式求出费用变化率：

$$\Delta C_{i\cdot j} = \frac{C_B - C_A}{t_A - t_B} \tag{4-66}$$

第四步，寻找可以加快的工作。这些工作应当满足以下三项标准：它是一项关键工作；它是可以压缩的工作；它的费用变化率在可压缩的关键工作中是最低的。

第五步，确定本次压缩可以加快多少时间，增加多少费用。这就要通过下列标准进行决策：

（1）如果网络计划中有几条关键线路，则几条关键线路都要压缩，且压缩同样数值，而压缩的时间应是各条关键线路中可压缩量最少的工作。

（2）每次压缩以恰好使原来的非关键线路变成关键线路为度。这就要利用总时差值判断，即不要在压缩后经计算非关键工作出现负总时差。

第六步，根据所选加快的关键工作及加快的时间限制，逐个加快工作，每加快一次都要重新计算时间参数，用以判断下次加快的幅度。直到形成下列情况之一时为止：

（1）有一条关键线路的全部工作的可缩时间均已用完。

（2）为加快工程施工进度所引起的直接费增加数值，开始超过因提前完工而节约的间接费时。

第七步，求出优化后的总工期，总成本，绘制工期—成本优化后的网络计划，付诸实施。

（四）工期—成本优化举例

【例 4-10】 图 4-67 是某工程的网络计划及其正常作业时间的算例。表 4-13 是它的原始资料，经计算得出了第 9 栏中的数字。要求进行工期—成本优化。

【解】 第一步，压缩工作 E 一周，增加费用 100 元，工程直接费增至 19900＋100＝20000 元，工期由 11 周变为 10 周。工作 C 变成了关键工作。（计算结果列于表 4-14 中）。

第二步，压缩工作 B 一周，增加费用 120 元，工程直接费增至 20000＋120＝20120

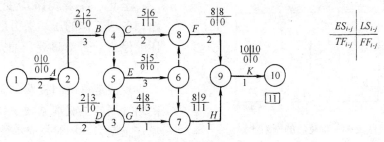

图 4-67 某工程网络计划

元，工期变为 9 周，工作 D 变成了关键工作。

第三步，压缩工作 F 一周，增费 150 元，工程直接费增至 20120＋150＝20270 元，工期变为 8 周，工作 H 变成了关键工作。

第四步，压缩工作 A 一周，增费 180 元，工程直接费增至 20270＋180＝20450 元，工期变为 7 周。关键工作没有增加。

赶工费率计算表　　　　　　　　　　　　　　　　　　　表 4-13

工作代号	工作名称	正常持续时间（周）	正常时间费用（元）	最短作业时间（周）	最短时间费用（元）	时间差额（周）	费用差额（元）	赶工费率（元/周）
(1)	(2)	(3)	(4)	(5)	(6)	(7)	(8)	(9)
1-2	A	2	2000	1	2180	1	180	180
2-4	B	3	2800	1	3040	2	240	120
4-8	C	2	1800	1	1980	1	180	180
2-3	D	2	2100	1	2250	1	150	150
5-6	E	3	3000	1	3200	2	200	100
8-9	F	2	2600	1	2750	1	150	150
3-7	G	1	1400	1	1400	0	0	—
7-9	H	1	2300	1	2300	0	0	—
9-10	K	1	1900	1	1900	0	0	—
合计			19900		21000			

第一步压缩结果　　　　　　　　　　　　　　　　　　　表 4-14

调整次数	压缩工作名称	压缩时间（周）	赶工费率（元/周）	费用增加额（元）	工程直接费（元）	工程总工期（周）
(1)	(2)	(3)	(4)	(5)	(6)	(7)
0					19900	11
1	E	1	100	100	20000	10
2	B	1	120	120	20120	9
3	F	1	150	150	20270	8
4	A	1	180	180	20450	7
5	B、D	1	270	270	20720	6
6	C、E	1	280	280	21000	5
7						

第五步，压缩 B 和 D 各一周，增费 120＋150＝270 元，直接费增至 20450＋270＝20720 元，工期缩至 6 周。G 成为关键工作。

第六步，压缩 C 和 E 各一周，增费 180＋100＝280 元，直接费增至 20720＋280＝21000 元，工期缩至 5 周。

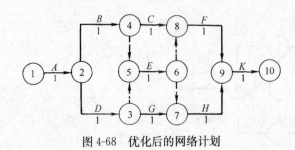

图 4-68 优化后的网络计划

至此,各条线路均变成了关键线路,各项工作的压缩潜力已经用完,故压缩停止。图 4-68 是压缩完成后的网络计划。

现假定每周间接费是 160 元,则该网络计划的总成本见表 4-15,从表中可见,工期为 8 周时总成本最低。

网络计划总成本表　　　　　　　　　　表 4-15

工期(周)	5	6	7	8	9	10	11
直接费(元)	21000	20720	20450	20270	20120	20000	19900
间接费(元)	800	960	1120	1280	1440	1600	1760
总成本(元)	21800	21680	21570	21550	21560	21600	21660

将优化过程所得的各项费用绘制成工期—成本曲线,见图 4-69。

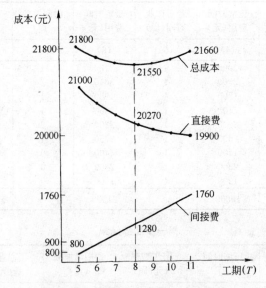

图 4-69 优化后的工期—成本曲线

从正常施工工期加快到最短工期,平均每加快一周增直接费为 (21000－19900)÷6＝183.3 元,减间接费 160 元,实际增加费用 23.3 元。

第六节　网络计划实施中的调整与控制

将正式网络计划报请有关部门审批后,即可组织实施。在网络计划的实施过程中,由于资源、外部环境、自然条件等因素的变化,人为因素的影响,不可预见事件的发生等,往往会造成工程实际进度与计划进度产生偏差,如果这种偏差不能及时得以纠正,势必影响工程进度目标的实现。因此,在网络计划的实施过程中,采取相应措施进行控制,对保证进度目标的顺利实现具有重要意义。

网络计划实施中的调整与控制工作主要包含以下几个方面：

1. 检查并掌握工程的实际进展情况。
2. 分析产生进度偏差的主要原因。
3. 确定相应的纠偏措施或调整方法。

一、网络计划的检查

（一）网络计划的检查方法

1. 计划执行中的跟踪检查

在网络计划的执行过程中，必须建立相应的检查制度，定期定时地对计划的实际执行情况进行跟踪检查，并收集反映工程实际进度的有关数据、资料。

2. 收集数据、资料的加工处理

收集反映工程实际进度的原始数据或有关资料面广量大，必须对其进行整理、统计和分析，形成与计划进度具有可比性的数据或资料，以便在网络图上进行记录和比较。根据对实际进度记录的结果可以分析判断工程的实际进展状况，及时发现进度偏差，为网络计划的调整提供信息或依据。

3. 实际进度检查记录的方式

（1）当采用时标网络计划时，可采用实际进度前锋线记录网络计划的实际执行状况，将工程实际进度与计划进度进行比较。

实际进度前锋线是在原时标网络计划上，自上而下地从计划执行中某一检查时刻的时标点出发，用点划线依次将各项工作实际进度达到的前锋点连接而成的折线。实际进度前锋点的标定方法有两种：

1）按已完成的实物工程（工作）量比例进行标定

假设工程项目中各项工作均按匀速进行，且时标网络图上箭线的长短与相应工作的持续时间对应，也与其实物工程量的多少成正比。检查时刻某工作的实物工程量完成了几分之几，其前锋点就从表示该工作的箭线起点由左至右标在箭线长度几分之几的位置。

2）按尚需时间进行标定

有些工作的持续时间难以按实物工程量进行计算，只能凭经验估算，估算出检查时刻起到该工作全部完成尚需要的持续时间，从该工作的箭线末端反过来标出实际进度前锋点的位置。

通过实际进度前锋线与原进度计划中各工作箭线交点的位置可以判断实际进度与计划进度的偏差。

例如，图 4-70 是一份时标网络计划用实际进度前锋线进行检查记录的实例。该图中有两条前锋线，分别记录了第 6 天和第 12 天结束时，两次对工程实际进度进行检查的结果。

（2）当采用无时标网络计划时，可在图上直接用文字、数字、适当符号、或列表记录计划的实际执行状况，进行工程实际进度与计划进度的比较。

例如，图 4-71 是一份无时标网络计划采用图上记录法对工程实际进度进行检查记录的实例。在网络计划图 4-71 中，将已经完成工作的节点内加斜线表示。通过对实际进度进行检查和记录，可将已完工作与未完工作区分开来，便于随时掌握工程的实际进展情况。

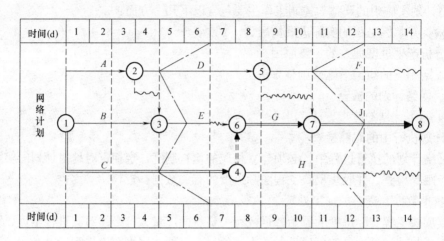

图 4-70 某工程实际进度前锋线比较图

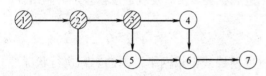

图 4-71 某工程实际进度图上记录法

（二）网络计划检查的主要内容

在网络计划实施过程中，对其进行检查的主要内容为：

1. 关键工作的进度。
2. 非关键工作的进度及其时差利用情况。
3. 实际进度对各项工作之间逻辑关系的影响。
4. 资源状况。
5. 成本状况。
6. 存在的其他问题。

（三）对网络计划检查结果进行分析判断

通过对网络计划实施情况进行检查、对比，应进一步对检查结果进行分析判断，为尚未实施计划的调整提供依据。对检查结果一般应进行如下分析判断：

1. 对时标网络计划宜利用绘制的实际进度前锋线，分析计划的执行情况及其发展趋势，对未来的进度作出预测、判断，找出偏离计划目标的原因及可供挖掘的潜力所在。

例如，在图 4-70 中，根据第 6d 结束时对工程实际进度进行检查绘制的实际进度前锋线表明：

（1）D 工作的实际进度比计划进度拖后 2d，其总时差和自由时差分别为 1d 和 0d，故 D 工作将影响总工期 1d，使其紧后工作 F 的最早开始时间推后 1d。

（2）E 工作的实际进度比计划进度拖后 1d，其总时差和自由时差均为 1d，故 E 工作对总工期和紧后工作均无影响。

（3）C 工作的实际进度比计划进度拖后 2d，由于 C 工作为关键工作，其总时差和自由时差均为 0d，故它将使总工期和紧后工作 G、H 的最早开始时间均推迟 2d。

2. 对无时标网络计划宜按表 4-16 记录的情况对网络计划中未完成的工作进行分析判断。

例如，借助图 4-70 中第 12d 结束时对工程实际进度检查结果进行分析判断，记录于表 4-16 中。

网络计划检查结果分析表　　　　　　　　表 4-16

工作编号	工作名称	检查时尚需作业时间	到计划最迟完成时尚有时间	原有总时差	目前尚有总时差	原有自由时差	目前尚有自由时差	情况判断
⑤—⑧	F	3d	2d	1d	-1d	1d	-1d	拖期 1d
⑦—⑧	J	2d	2d	0d	0d	0d	0d	正常
④—⑧	H	1d	2d	2d	1d	2d	1d	拖期 1d 而不影响工期

二、网络计划的调整

（一）网络计划调整的内容

1. 调整关键线路的长度。
2. 调整非关键工作的时差。
3. 增、减工作项目。
4. 调整工作之间的逻辑关系。
5. 重新估计某些工作的持续时间。
6. 对资源的投入作相应调整。

（二）网络计划调整的方法

1. 调整关键线路的方法

（1）当关键线路的实际进度比原计划进度拖后时，应在尚未完成的关键工作中，选择资源强度小或直接费用率低的工作，缩短其持续时间，并重新计算未完成部分的时间参数，即将原来的网络计划进行更新后，作为一个新计划实施。

（2）当关键线路的实际进度比原计划进度提前时，若不拟提前完工，应选用资源占用量大或者直接费用率高的后续关键工作，适当延长其持续时间，以降低其资源强度或直接工程费用；当确定要提前完工时，应将原计划尚未完成的部分作为一个新计划，重新确定关键工作的持续时间，按更新后的计划实施。

2. 非关键工作时差的调整方法

非关键工作时差的调整应在其拥有的时差范围内进行，以便更充分地利用资源、降低工程成本或满足施工的需要。每一次对非关键工作进行调整后都必须重新计算其时间参数，并观察该调整对计划全局的影响。一般可采用以下几种调整方法：

（1）将工作在其最早开始时间与最迟完成时间范围内移动。

（2）延长工作的持续时间。

（3）缩短工作的持续时间。

3. 增、减工作项目的调整方法

当采用增、减工作项目进行调整时，应符合下列规定：

（1）不打乱原网络计划总的逻辑关系，只对局部逻辑关系进行调整。

（2）在增、减工作后应重新计算时间参数，并分析对原网络计划的影响。当对工期有影响时，应采取相应的措施进行调整，以保证计划工期不变。

4. 调整逻辑关系

例如将原顺序进行的工作改为平行作业、搭接施工或分段组织流水施工等。逻辑关系的调整只有当实际情况要求改变施工方法或组织方法时才可进行。调整时应避免影响原定计划工期和其他工作的顺利进行。

5. 调整工作的持续时间

在计划实施过程中，当发现某些工作的原持续时间估计有误或实现条件不充分时，应重新估算其持续时间，并重新计算工作时间参数，尽量使原计划工期不受影响。

6. 调整资源的投入

当资源供应发生异常时，应采用资源优化方法对计划进行调整，或采取应急措施，使其对工期的影响程度最小。

网络计划的调整，可以定期进行，亦可根据计划检查的结果在必要时进行调整。通过不断对网络计划的实施过程进行监测、检查与调整，才能确保工程项目进度目标的顺利实现。

第五章 施工组织纲要和施工组织总设计的编制

第一节 施工组织纲要的编制

一、施工组织纲要的内容
施工组织纲要包括下列内容：
(1) 编制说明。
(2) 编制依据。
(3) 项目概况。
(4) 施工目标及风险分析。
(5) 项目管理体系和施工部署。
(6) 施工准备工作。
(7) 本工程的特点、重点、难点分析及应对措施。
(8) 本工程采用的新技术、新材料、新工艺、新设备。

二、施工组织纲要的编制依据
编制施工组织纲要依据如下：
(1) 工程设计文件，国家、行业和地方有关工程建设的法律、法规、规范、规程、图集等。
(2) 建设单位提供的工程招标文件、补充招标文件、答疑文件。
(3) 工程项目现场勘察的情况，建设单位提供的其他资料。包括：用地范围，地形、地貌、地物标高、地上或地下管线及障碍物，现场周边道路有无特殊交通限制，现场周边建筑物新旧程度、结构形式、基础埋深、高度、与招标工程间距，市政给水、消防供水、污水、雨水、燃气、热力、通信、供电电缆等管线坐标、管径、压力，废水污水处理方式等。
(4) 企业有关技术标准、技术与管理措施。

三、施工组织纲要项目概况的编制
编制项目概况，应说清下列内容：
(1) 项目的投资规模和来源。
(2) 工程项目的基本情况，包括：工程项目的名称，建设地点，建设规模，建设单位及设计单位等基本情况。
(3) 工程项目发包情况，包括：建设单位拟订的工程项目发包范围，各单位工程各专业工程的发包范围等。
(4) 项目设计概况，包括：工程项目总体设计及各单位工程设计、各专业工程简要介绍。

四、施工组织纲要工程项目施工目标及风险分析

1. 施工目标承诺

投标单位对实现项目目标承诺按表 5-1 要求编写。

投标单位项目目标承诺　　　　　　　　　　　表 5-1

项目	建设单位要求	投标单位承诺	备注
工期目标			
质量目标			
环保目标			
安全目标			
文明目标			
其他			

2. 施工目标风险分析

对实现承诺的目标，施工单位应当进行风险分析，提出防范风险的对策和具体措施。风险主要来自设计和施工两个方面。不应忽视设计文件缺陷和设计标准变更带来的风险，对此进行分析，制定对策和有效措施予以防止。

五、施工组织纲要的项目管理体系和施工部署

1. 项目管理体系

项目管理体系指项目的组织机构，技术管理体系，质量管理与保证体系，安全管理体系等。各类管理体系的内容包括：组织机构框图，岗位设置及其职责等。

2. 施工部署

施工部署应视为施工组织纲要的核心加以特别重视。施工部署带有宏观性，综合反映出统筹全局重大施工活动的能力和水平。编写要求如下：

（1）结合施工特点，阐述完成该工程的总体主导思想及宏观的施工部署原则。

（2）施工资源的组织和配备（包括：材料、劳动力的供应、施工机械及设备等计划）。

（3）施工活动的时间安排和空间组织（施工进度控制计划，工程项目施工区域划分及其合理衔接，单位工程流水段划分等）。

六、施工准备工作

1. 水源、电源和热源的设置

在建设单位提供"三通一平"基础上，对施工所需的水源、电源和热源进行规划。

2. 临时设施

对施工现场的围挡、道路及生活用房、各种作业场所、临时设施及原材料、构配件堆放场地等进行统筹安排。

3. 施工总平面图

施工总平面图应按常规内容标注齐全，根据需要按基础工程、结构工程、装饰装修工程施工阶段分别绘制，并符合国家有关绘图标准。

七、本工程的特点、重点、难点分析及应对措施

施工组织纲要应突出阐述投标工程的管理重点、技术难点和新技术、新材料、新工艺、新设备的应用，以体现企业自身的创新能力、生产技术和管理水平。

(1) 根据拟建工程的地理位置、人文环境等特点,分析确定施工管理难点和重点,有针对性地制定相应的对策和措施。

(2) 根据设计特点和施工单位的具体情况,分析确定本工程施工技术难点,有针对性地编制相应的技术措施。

八、拟采用的"四新"描述

所谓"四新"指新技术、新材料、新工艺、新设备,是指本企业独创的或是经过科研部门转化的成果,均应有鉴定结论,并已被政府部门推广。在施工组织纲要中,应对本工程拟采用的"四新"进行简要描述。

第二节 施工组织总设计的编制概述

一、施工组织总设计的编制内容

施工组织总设计的编制内容如下:

(1) 工程概况。
(2) 总体施工部署。
(3) 施工总进度计划。
(4) 总体施工准备与主要资源配置计划。
(5) 主要施工方法。
(6) 施工总平面布置图。

二、施工组织总设计的编制程序

施工组织总设计的编制程序是根据其各项内容的内在联系确定的,见图5-1所示,现简要说明如下:

1. 进行调查研究,获得编制依据

这是编制施工组织总设计的准备工作,目的是获得足够的信息,作为编制施工组织总设计的信息资源。

2. 描述工程概况

工程概况可根据获得的编制依据进行描述,它是施工组织设计的前提。

3. 确定总体施工部署

总体施工部署是战略性安排,是编制其他施工组织设计内容的总依据。

4. 编制施工总进度计划

施工总进度计划是时间利用设计,必须在编制施工部署之后进行,而只有编制了施工总进度计划,才具备了编制其他各种计划的条件。

5. 编制总体施工准备与主要资源配置计划

这是资源利用设计。在具备施工部署和施工总

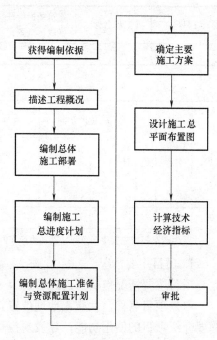

图 5-1 施工组织总设计编制程序框图

进度计划以后，如何进行总体施工准备和对资源配置的总体要求就比较明确了，便可以编制施工准备与主要资源配置计划。

6. 确定主要施工方法

这里只对主要施工方法进行简要说明。

7. 编制施工总平面布置图

施工总平面布置图是施工空间设计，只有在编制了施工方案和各种计划以后才具备条件。例如，只有编制了生产和生活的临时设施计划以后，才能确定施工总平面布置图中临时设施的数量和现场布置等。

8. 技术经济指标的计算

技术经济指标的计算目的是对所编制的各项内容进行量化展示，它可以用来评价施工组织总设计的设计水平，为决策使用提供依据。

9. 审批

施工组织总设计只有经过规定部门或人员审批以后才具有效力（见第二章第三节）。

三、"工程概况"的编制内容

工程概况包括两类内容，一类是项目主要情况，另一类是项目主要施工条件。为了清晰易读，宜尽量采用图表说明，如表 5-2～表 5-4。

建筑安装工程项目一览表　　　　　　　　　　　　　　　表 5-2

序号	工程名称	建筑面积（m²）	建安造价（万元）		吊装和安装工程量（t 或件）		建筑结构类型
			土建	安装	吊装	安装	

主要建筑物构筑物一览表　　　　　　　　　　　　　　　表 5-3

序号	工程名称	建筑结构特征（或示意图）	建筑面积（m²）	占地面积（m²）	建筑体积（m³）	备注

工程量总表　　　　　　　　　　　　　　　　　　　　　表 5-4

序号	工程量名称	单位	合计	生产车间		⋯	仓库运输			管网					⋯	生活福利		大型暂设	
				××车间	××车间		仓库	铁路	公路	供电	供水	排水	供热	电信		宿舍	文化福利	生产	生活

注：生产车间按主要生产车间、辅助生产车间、动力车间顺序安排。

1. 项目主要情况

项目主要情况包括下列内容：

（1）项目名称，性质，地理位置，建设规模。项目性质可分为工业和民用两大类，应简要介绍项目的使用功能；建设规模可包括项目的占地面积、投资规模（产量）、分期分批建设范围等。

(2) 项目的建设、勘察、设计和监理等相关单位的情况。

(3) 项目设计情况。简要介绍项目的建筑面积、建筑高度、建筑层数、结构形式、建筑结构及装饰用料、建筑抗震设防烈度、安装工程和机电设备的配置等情况。

(4) 项目承包范围及主要分包工程范围。

(5) 施工合同及招标文件对项目施工的重点要求。

(6) 其他应说明的情况。

2. 项目主要施工条件

项目主要施工条件包括下列内容：

(1) 项目建设地点气象状况。简要介绍项目建设地点的气温、雨、雪、风和雷电等气象变化情况，冬雨期的期限和冬季土的冻结深度等情况。

(2) 项目施工区域地形和工程水文地质情况。简要介绍项目施工区域地形变化和绝对标高，地质构造、土的性质和类别、地基土的承载力，河流流量和水质、最高洪水和枯水期的水位，地下水位的高低变化，含水层的厚度、流向、流量和水质等情况。

(3) 项目施工区域地上、地下管线及相邻的地上、地下建（构）筑物情况。

(4) 与项目施工有关的道路、河流等状况。

(5) 当地建筑材料、设备供应和交通运输等服务能力状况。简要介绍工程项目的主要材料、特殊材料和生产工艺设备供应条件及交通运输条件。

(6) 当地供水、供电、供热和通信能力状况。根据当地供热、供水和通信情况，按照施工需求，描述相关资源提供能力及解决方案。

(7) 其他与施工有关的主要因素。如有关本建设项目的决策、指示和文件，拆迁要求，场地"七通一平"要求等。

第三节 总体施工部署的编制

一、总体施工部署的内容

1. 确定施工总目标

施工项目总目标包括进度、质量、安全、环境等目标。这些目标应根据合同目标或施工组织纲要确定的目标确定，并根据单项工程或单位工程进行分解，具体确定并做到积极可靠。

2. 确定项目分阶段交付的计划

所谓分阶段，就是把工程项目划分为相对独立交付使用或投产的子系统，在保证施工总目标的前提下，实行分期分批建设，既可以使各具体项目迅速建成，尽早投入使用，又可在全局上实现施工的连续性和均衡性，减少暂设工程数量，降低工程成本。例如，大型工业项目可以划分为主体生产系统、辅助生产系统、附属生产系统；住宅小区可以划分为居住建筑、服务型建筑、附属性建筑。

3. 确定项目分阶段（期）施工的合理顺序及空间组织

根据项目分阶段交付的计划，合理地确定每个单位工程的开竣工时间，划分各参与施工单位的工作任务，明确各单位之间的分工与协作关系，确定综合的和专业化的施工组织，保证先后投产或交付使用的系统都能正常运行。（工程开展程序详见本节下文）

4. 对于项目施工的重点和难点进行简要分析

确定施工的合理顺序及空间组织以后，就要具体分析施工的重点和难点，以便抓住关键进行各项施工组织总体设计。所谓重点，就是对总目标的实现起重要作用的施工对象；所谓难点，就是施工实施技术难度和组织难度大的、消耗时间和资源多的施工对象。

5. 总承包单位明确项目管理组织形式

根据项目的规模、复杂程度、专业特点、人员特点和地域范围确定项目管理的组织形式（如第二章第二节所述），绘制施工组织结构体系框图。

6. 对项目施工中开发和使用的新技术、新工艺做出部署

开发和使用新技术应在现有技术水平和管理水平的基础上，立足创新，以住房和城乡建设部（或其他相关行业）推行的各项新技术为纲进行规划，采取可行的技术、管理措施，满足工期和质量等要求。

二、工程开展程序的确定

工程开展程序既是总体施工部署问题，也是施工方法问题，重要的是应确立以下指导思想。

（1）在满足合同工期要求的前提下，分期分批施工。

合同工期是施工的时间总目标，不能随意改变。有些工程在编制施工组织总设计时没有签订合同，则应保证总工期控制在定额工期之内。在这个大前提下，进行合理的分期分批施工并进行合理搭接。例如，施工期长的、技术复杂的、施工困难多的工程，应提前安排施工；急需的和关键的工程应先期施工和交工；应提前施工和交工可供施工使用的永久性工程和公用基础设施工程（包括：水源及供水设施、排水干线、铁路专用线、卸货台、输电线路、配电变压所、交通道路等）；按生产工艺要求起主导作用或须先期投入生产的工程应优先安排；在生产上应先期使用的机修、车库、办公楼及家属宿舍等工程应提前施工和交工等。

（2）一般应按先地下、后地上，先深后浅，先干线、后支线的原则进行安排；路下的管线先施工，然后筑路。

（3）安排施工程序时要注意工程的配套交工，使建成的工程能迅速投入生产或交付使用，尽早发挥该部分的投资效益。这一点对于工业建设项目尤其重要。

（4）在安排施工程序时还应注意使已完工程的生产或使用和在建工程的施工互不妨碍，使生产、施工两方便。

（5）施工程序应当与各类物资及技术条件供应之间的平衡以及合理利用这些资源相协调，促进均衡施工。

（6）施工程序必须注意季节的影响，应把不利于某季节施工的工程，提前到该季节来临之前或推迟到该季节终了之后施工，但应注意这样安排以后能保证质量、不拖延进度，不延长工期。大规模土方工程和深基础土方施工，一般要避开雨季；寒冷地区的房屋施工尽量在入冬前封闭，使冬季可进行室内作业和设备安装。

（7）选择大型机械应注意其可能性、适用性及经济合理性，即可以得到的机械，技术性能适合使用要求并能充分发挥效率的机械，使用费用节省的机械。大型机械应能进行综合流水作业，在同一个项目中应减少其装、拆、运的次数。辅机的选择应与主机配套。

（8）选择主要工种的施工方法应注意尽量采用预制化和机械化方法，即能在工厂或现

场预制或在市场上可以采购到成品的，不在现场制造，能采用机械施工的应尽量不进行手工作业。

三、主要施工方法的确定

1. 施工组织总设计要对一些工程量大、施工难度大、工期长、对整个项目完成起关键作用的单位（子单位）工程和主要分部（分项）工程所采用的施工方法进行选择性简要说明，以便进行技术和资源的准备工作、顺利开展施工、进行施工现场的合理布置。

2. 对脚手架工程、起重吊装工程、临时用水和用电工程、季节性施工等专项工程所采用的施工方法进行选择和简要说明。

3. 施工方法的确定要兼顾技术工艺的先进性、可操作性和经济合理性，特别要安排采用住房和城乡建设部及地方建设行政主管部门要求推广的新技术和新工艺。

第四节 施工总进度计划的编制

一、施工总进度计划的编制概述

（一）施工总进度计划的编制依据

施工总进度计划的编制依据如下：

(1) 总体施工部署确定的施工顺序和空间组织。

(2) 施工合同。

(3) 施工进度目标。

(4) 有关技术经济资料。

（二）施工总进度计划的内容

施工总进度计划包括以下内容：

(1) 编制说明。

(2) 施工总进度计划表（图）。

(3) 分期分批实施工程的开、竣工日期。

(4) 工期一览表。

（三）施工总进度计划的形式

施工总进度计划宜优先采用网络计划，且应按现行国家标准《网络计划技术》（GB/T 13400.1~3）和行业标准《工程网络计划技术规程》（JGJ/T 121）的要求编制。

（四）施工总进度计划表

施工总进度计划是根据施工总体部署，合理确定各单项工程的控制工期及它们之间的施工顺序和搭接关系的计划，应形成总进度计划表（见表5-5）和主要分部分项工程流水施工进度计划（见表5-6）。

施工总（综合）进度计划　　　　　　　表5-5

序号	工程名称	建筑指标		设备安装指标(t)	造价（万元）			总劳动量（工日）	进度计划					
		单位	数量		合计	建筑工程	设备安装		第一年				第二年	第三年
									Ⅰ	Ⅱ	Ⅲ	Ⅳ		

注：1. 工程名称的顺序应按生产、辅助、动力车间、生活福利和管网等次序填列。

　　2. 进度线的表达应按土建工程、设备安装工程和试运转，以不同线条表示。

主要分部分项工程流水施工进度计划																			表 5-6	
序号	单位工程和分部分项工程名称	工程量		机械		劳动力		施工持续天数(d)	施工进度计划											
									年　月											
		单位	数量	机械名称	台班数量	机械数量	工种名称	总工日数	平均人数		1	2	3	4	5	6	7	8	9	10	11	12

注：单位工程按主要项目填列，较小项目分类合并。分部分项工程只填列主要的，如土方包括竖向布置，并区分开挖与回填。砌筑包括砌砖与砌石。现浇混凝土与基础混凝土包括基础、框架、地面垫层混凝土。吊装包括装配式板材、梁、柱、屋架、砌块和钢结构。抹灰包括室内外装修、地面、屋面及水、电、暖、卫和设备安装。

二、施工总进度计划的编制要点

（一）计算工程量

1. 应根据批准的承建工程项目一览表，按工程开展程序和单位工程计算主要实物工程量。计算工程量的目的不但是为了编制施工总进度计划，还服务于编制施工方案和选择主要的施工机械、运输机械，初步规划主要工程的流水施工，计算人工及技术物资的需要量。因此，工程量只需粗略地计算即可。

2. 计算工程量可按初步设计（或扩大初步设计）图纸，并根据各种定额手册或参考资料进行。常用的定额、资料有：

（1）万元、十万元投资工程量、劳动量及材料消耗扩大指标。

（2）概算指标和扩大结构定额。

（3）已建房屋、构筑物的资料。

3. 除房屋外，还必须确定主要的全工地性工程的工程量，如铁路及道路长度、地下管线长度等。这些长度可从建筑总平面图上量得。

计算的工程量应填入"工程量总表"（表 5-4）中。

（二）确定各单位工程（或单个构筑物）的施工期限

影响单位工程施工期限的因素很多，应根据建筑类型、结构特征、施工方法、施工管理水平、施工机械化程序及施工现场条件等确定。但工期应控制在合同工期以内，无合同工期的工程，以工期定额为准。

（三）确定各单位工程的开竣工时间和相互搭接关系

确定单位工程的开竣工时间主要应考虑以下诸因素：

（1）同一时期施工的项目不宜过多，以避免人力、物力过于集中。

（2）尽量使劳动力和技术物资消耗在全工程上均衡。

（3）努力做到基础、结构、装修、安装和试生产在时间上和量的比例上均衡、合理。

（4）在第一期工程投产的同时，应安排好第二期及以后各期工程的施工。

（5）以一些附属工程项目作为后备项目，调节主要项目的施工进度。

（6）注意主要工种和主要机械能连续施工。

(四）编制施工总进度计划表

在进行上述工作之后，便着手编制施工总进度计划表。先编制施工总进度计划草表，在此基础上绘制资源动态曲线，评估其均衡性，经过必要的调整使资源均衡后，再绘制正式施工总进度计划表。如果是编制网络计划，还可进行优化，实现最优进度目标、资源均衡目标和成本目标。

三、编制说明

编制说明应阐述下列内容：
（1）本计划的编制依据。
（2）对施工总进度计划的重点内容进行描述。
（3）执行计划的重点。
（4）执行计划的难点。
（5）执行计划的风险。
（6）进度控制的主要措施。

第五节 总体施工准备和主要资源配置计划的编制

一、总体施工准备的内容

总体施工准备包括技术准备、现场准备和资金准备。各项准备应当满足项目分阶段（分期）施工的需要。因此要根据施工开展顺序和主要施工项目施工方法编制总体施工准备工作计划。

（1）技术准备。包括：施工过程所需技术资料的准备，施工方案编制计划，试验检验及设备调试工作计划。

（2）现场准备。包括：现场生产、生活等临时设施准备，如临时生产用房，临时生活用房；临时道路规划；材料堆放场规划；临时供水计划；临时供电计划，临时供热、供气计划。

（3）资金准备。主要是根据施工总进度计划编制资金使用计划。

二、主要资源配置计划的内容

主要资源配置计划包括劳动力配置计划和物资配置计划。

1. 劳动力配置计划

劳动力配置计划的内容包括：确定各施工阶段（施工期）的总用工量；根据施工总进度确定各施工阶段（施工期）的劳动力配置计划。

劳动力配置计划应按照各工程项目的工程量和总进度计划，参考有关资料（如概（预）算定额）编制。该计划可减少劳务作业人员不必要的进场、退场，避免窝工。

2. 物资配置计划

物资配置计划包括下列内容：根据施工总进度计划确定主要工程材料和设备的配置计划；根据总体施工部署和施工总进度计划确定主要施工周转材料和施工机具的配置计划。

物资配置计划根据总体施工部署和施工总进度计划确定主要物资的计划总量及进场、

退场时间。作为物资进场、退场的依据，保证施工顺利进行并降低工程成本。

三、主要资源配置计划的编制

（一）劳动力配置计划的编制

按照施工准备工作计划、施工总进度计划和主要分部分项工程流水施工进度计划，套用概算定额或经验资料，便可计算所需劳动力工日数及人数，进而编制保证施工总进度计划实现的劳动力需要量计划（见表 5-7）。如果劳动力有余缺，则应采取相应措施。例如多余的劳动力可计划调出；短缺的劳动力可招募或采取提高效率的措施。调剂劳动力的余缺，必须加强调度工作和合同管理。

劳动力需要量计划表　　表 5-7

序号	工种名称	施工高峰需用人数	年				年				年				现有人数	多余(+)或不足(-)
			一季	二季	三季	四季	一季	二季	三季	四季	一季	二季	三季	四季		

注：1. 工种名称除生产工人外，应包括附属辅助用工（如机修、运输、构件加工、材料保管等）以及服务和管理用工。
　　2. 表下应附以分季度的劳动力动态曲线（纵轴表示人数，横轴表示时间）。

（二）主要材料和预制加工品需用量计划

根据拟建的不同结构类型的工程项目和工程量总表，参照概算定额或已建类似工程资料，便可计算出各种材料和预制品需用量，有关大型临时设施施工和拟采用的各种技术措施用料数量，然后编制主要材料和预制品需用量计划（表 5-8）。

主要材料和预制品需用量计划表　　表 5-8

注：1. 主要材料可按型钢、钢板、钢筋、管材、水泥、木材、砖、石、沙、石灰、油毡、油漆等填列。
　　2. 木材按成材计算。

（三）主要材料和预制加工品运输量计划

根据预制加工规划和主要材料需用量计划，参照施工总进度计划和主要分部分项工程流水施工进度计划，便可编制主要材料、预制加工品需用量进度计划（见表 5-9），以便于组织运输和筹建仓库。运输量计划见表 5-10。

主要材料、预制加工品需用量进度计划　　表 5-9

序号	材料或预制加工品名称	规格	单位	需用量				需用进度					
				合计	正式工程	大型临时设施	施工措施	年				年	年
								一季	二季	三季	四季		

注：材料名称应与表 5-8 一致。

主要材料、预制加工品运输量计划　　　　　表 5-10

序号	材料或预制加工品名称	单位	数量	折合吨数	运距(km)			运输量(T-km)	分类运输量(T-km)	备注
					装货点	卸货点	距离			

注：材料和预制加工品所需运输总量应另加入 8%～10% 的不可预见系数，生活日用品运输量按人年 1.2～1.5t 计算。

（四）主要施工机具需用量计划

主要施工机具需用量计划的编制依据是：施工部署和施工方案，施工总进度计划，主要工种工程量和主要材料、预制加工品运输量计划，机械化施工参考资料。计划表可参照表 5-11。

主要施工机具、设备需用量计划表　　　　　表 5-11

序号	机具设备名称	规格型号	电动机功率(kW)	数量			购置价值(万元)	使用时间	备注
				单位	需用	现有	不足			

注：机具设备名称可按土方、钢筋混凝土、起重、金属加工、运输、木加工、动力、测试、脚手架等机具设备分别分类填列。

（五）大型临时设施计划

大型临时设施计划应本着尽量利用已有或拟建工程的原则，按照施工部署、施工方案、各种需用量计划，再参照业务量和临时设施计算结果进行编制。计划表见表 5-12。

大型临时设施计划表　　　　　表 5-12

序号	项目	名称	需用量		利用现有建筑	利用拟建建筑	新建	单价(元/m²)	造价(万元)	占地(m²)	修建时间
			单位	数量							

注：项目名称包括一切属于大型临时设施的生产、生活用房、临时道路，临时用水、用电和供热系统等。

第六节　施工总平面布置图设计和技术经济指标

一、施工总平面布置概述

（一）施工总平面布置图的作用

施工总平面布置图的作用是用来正确处理全工地在施工期间所需各项设施和永久建筑物之间的空间关系，按总体施工部署和施工总进度计划合理规划交通道路、材料仓库、附属生产企业、临时房屋建筑和临时水、电管线等，指导现场文明施工。施工总平面图按规定的图例绘制，一般比例为 1∶1000 或 1∶2000。

（二）施工总平面布置图的设计依据

（1）设计资料，包括：建筑总平面图、竖向设计图、地貌图、区域规划图、工程项目范围内有关的一切已有和拟建的地下管网位置图等。

(2) 已调查收集到的地区资料,包括:建筑企业情况,材料和设备情况,交通运输条件,水、电、蒸汽等条件,社会劳动力和生活设施情况,可能参加施工的各企业力量状况等。

(3) 施工部署和主要工程的施工方案。

(4) 施工总进度计划。

(5) 各种材料、构件、加工品、施工机械和运输工具需要量一览表。

(6) 构件加工厂、仓库等临时建筑一览表。

(7) 工地业务量计算结果及施工组织设计参考资料。

(三) 施工总平面布置的原则

(1) 平面布置科学合理,施工场地占用面积少。

(2) 合理组织运输,减少二次搬运。

(3) 施工区域的划分和场地的临时占用应符合总体施工部署和施工流程的要求,减少相互干扰。

(4) 充分利用已有建筑物、构筑物和既有设施为施工服务,降低临时设施的建造费用。

(5) 临时设施要方便生产与生活,办公区、生产区和生活区宜分离设置。

(6) 符合节能、环保、安全和消防的要求。

(7) 遵守当地主管部门和建设单位关于施工现场安全文明施工的相关规定。

(四) 对施工总平面布置图的要求

(1) 根据总体施工部署绘制不同施工阶段(期)的施工现场总平面布置图。

(2) 一些特殊内容,如临时用电、临时用水布置等,当总平面布置图不能清晰表示时,也可单独绘制平面布置图。

(3) 所有设施及用房,由总平面布置图表示,避免采用文字叙述的方法。

(4) 平面布置图应有比例关系,各种临时设施应标注外围尺寸,并有文字说明。

(5) 绘制施工总平面布置图应符合国家相关标准和法规。

(6) 对施工总平面布置图进行必要的说明。

(五) 施工总平面布置图的内容

施工总平面布置图应包括下列内容:

(1) 项目施工用地范围内的地形状况。

(2) 全部拟建的建筑物、构筑物和其他基础设施的位置。

(3) 项目施工用地范围内的加工设施、运输设施、存储设施、供电设施、供水供热设施、排水排污设施、临时施工道路、办公和生活用房等。

(4) 施工现场必备的安全消防、保卫和环境保护等设施。

(5) 相邻的地上、地下既有建筑物、构筑物及相关环境。

二、施工总平面布置图的设计步骤和设计要点

施工总平面图的设计步骤是:引入场外交通道路→布置仓库→布置加工厂和混凝土搅拌站→布置内部运输道路→布置临时房屋→布置临时水电管网和其他动力设施→绘正式施工总平面图。

具体说明如下:

(一) 场外交通道路的引入与场内布置

一般大型工业企业都有永久性道路，可提前修建以便工程使用，但应恰当确定起点和进场位置，考虑转弯半径和坡度限制，有利于施工场地的利用。当采用公路运输时，公路应与加工厂、仓库的位置结合布置，与场外道路连接，符合标准要求。

当采用水路运输时，卸货码头不应少于两个，宽度不应小于2.5m，江河距工地较近时，可在码头附近布置主要加工厂和仓库。

(二) 仓库的布置

一般应接近使用地点，其纵向宜与交通线路平行，装卸时间长的仓库应远离路边。

(1) 当有铁路时，宜沿路布置周转库和中心库。

(2) 一般材料仓库应邻近公路和施工区，并应有适当的堆场。

(3) 水泥库和砂石堆场应布置在搅拌站附近。砖、石和预制构件应布置在垂直运输设备工作范围内，靠近用料地点。基础用块石堆场应离坑沿一定距离，以免压塌边坡。钢筋、木材应布置在加工厂附近。

(4) 工具库布置在加工区与施工区之间交通方便处，零星、小件、专用工具库可分设于各施工区段。

(5) 车库、机械站应布置在现场入口处。

(6) 油料、氧气、电石库应在边缘、人少的安全处；易燃材料库要设置在拟建工程的下风向。

(三) 加工厂和混凝土搅拌站的布置

总的指导思想是应使材料和构件的货运量小，有关联的加工厂适当集中。

(1) 如果有足够的混凝土输送设备时，混凝土搅拌宜集中布置，或现场不设搅拌站，而使用商品混凝土；混凝土输送设备可分散布置在使用地点附近或起重机旁。

(2) 临时混凝土构件预制厂尽量利用建设单位的空地。

(3) 钢筋加工厂设在混凝土预制构件厂及主要施工对象附近；木材加工厂的原木、锯材堆场应靠铁路、公路或水路沿线；锯材、成材、粗细木工加工间和成品堆场要按工艺流程布置，应设在施工区的下风向边缘。

(4) 金属结构、锻工、电焊和机修厂等宜布置在一起。

(5) 沥青熬制、生石灰熟化、石棉加工厂等，由于产生有害气体污染空气，应从场外运来，必要在场内设置时，应在下风向，且不危害当地居民。必须遵守城市政府在这方面的规定。

(四) 内部运输道路的布置

(1) 提前修建永久性道路的路基和简单路面为施工服务。

(2) 临时道路要把仓库、加工厂、堆场和施工点贯穿起来。按货运量大小设计双行环形干道或单行支线。道路末端要设置回车场。路面一般为土路、砂石路或礁碴路。道路做法应查阅施工手册。

(3) 尽量避免临时道路与铁路、塔轨交叉，若必须交叉，其交角宜为直角，否则，至少应大于30°。

(五) 临时房屋的布置

(1) 尽可能利用已建的永久性房屋为施工服务，不足时再修建临时房屋。临时房屋应尽量利用活动房屋。

(2) 全工地行政管理用房宜设在全工地入口处。职工用的生活福利设施，如商店、俱乐部等，宜设在职工较集中的地方，或设在职工出入必经之处。

(3) 职工宿舍一般宜设在场外，并避免设在低洼潮湿地及有烟尘不利于健康的地方。

(4) 食堂宜布置在生活区，也可视条件设在工地与生活区之间。

(六) 临时水电管网和其他动力设施的布置

(1) 尽量利用已有的和提前修建的永久线路。

(2) 临时总变电站应设在高压线进入工地处，避免高压线穿过工地。

(3) 临时水池、水塔应设在用水中心和地势较高处。管网一般沿道路布置，供电线路应避免与其他管道设在同一侧，主要供水、供电管线采用环状，孤立点可设枝状。

(4) 管线穿路处均要套以铁管，一般电线用 $\phi 51 \sim \phi 76$ 管，电缆用 $\phi 102$ 管，并埋入地下 $0.6m$ 处。

(5) 过冬的临时水管须埋在冰冻线以下或采取保温措施。

(6) 排水沟沿道路布置，纵坡不小于 $0.2‰$，过路处须设涵管，在山地建设时应有防洪设施。

(7) 消火栓间距不大于 120m，距拟建房屋不小于 5m，不大于 25m，距路边不大于 2m。

(8) 各种管道布置的最小净距应符合规范的规定。

(七) 绘正式施工总平面图

现场平面布置是一个系统工程，应全面考虑，正确处理各项内容的相互联系和相互制约的关系，认真设计，反复修改，做到最优，然后绘制正式施工总平面图。该图应使用标准图例绘制，按照建筑制图规则的要求绘制完善。

三、业务量计算

(一) 工地暂设建筑物

1. 生产性临时设施

生产性临时设施包括：混凝土搅拌站、临时混凝土预制厂、半永久性混凝土预制厂、木材加工厂、钢筋加工厂、金属结构加工厂、石灰消化厂等；木工作业棚、电锯房、钢筋作业棚、搅拌棚、卷扬机棚、烘炉房、焊工房、电工房、白铁工房、油漆工房、机钳工修理房、锅炉房、发电机房、水泵房、空压机房等现场作业棚房；各种机械存放场所。所有这些设施均可参照有关需用面积参考表进行计算和决策（各种表格可查阅《施工手册》）。

2. 物资储存临时设施

仓库有各种类型："转运仓库"是设置在火车站、码头和专用线卸货场的仓库；"中心仓库"（或称总仓库）是储存整个工地（或区域型施工企业）所需物资的仓库，通常设在现场附近或区域中心；"现场仓库"就近设置；"加工厂仓库"是专供本厂储存物资的仓库。我们在这里主要说中心仓库及现场仓库。

建筑群的材料储备量按下式计算：

$$q_1 = K_1 Q_1 \tag{5-1}$$

式中 q_1——总储备量；
K_1——储备系数，型钢、木材、用量小或不常使用的材料取 $0.3\sim0.4$，用量多的材料取 $0.2\sim0.3$；
Q_1——该项材料的最高年、季需用量。

单位工程材料储存量按下式计算：

$$q_2 = \frac{nQ_2}{T} \tag{5-2}$$

式中 q_2——单位工程材料储备量；
n——储备天数；
Q_2——计划期间内需用的材料数量；
T——需用该材料的施工天数（大于 n）。

仓库面积按下式进行计算：

$$F = \frac{q}{P} \text{（按材料储备期计算时）} \tag{5-3}$$

或

$$F = \phi \cdot m \text{（按系数计算时）} \tag{5-4}$$

式中 F——仓库面积（m^2）；
P——每 m^2 仓库面积上存放的材料数量（可查《施工手册》）；
q——材料储备量（q_1 或 q_2）；
ϕ——系数（可查《施工手册》）；
m——计算基数（可查《施工手册》）。

从施工手册中还可以查得行政、生活、福利临时设施参考指标。

（二）工地临时供水

临时供水设施设计的主要内容有：确定用水量；选择水源；设计配水管网。

1. 用水量计算

（1）现场施工用水量，可按下式计算：

$$q_1 = k_1 \frac{\sum Q_1 N_1}{T_1 t} \cdot \frac{k_2}{8 \times 3600} \tag{5-5}$$

式中 q_1——施工用水量（L/s）；
k_1——未预计的施工用水系数（$1.05\sim1.15$）；
Q_1——年（季）度工程量（以实物计量单位表示）；
N_1——施工用水定额（可查《施工手册》）；
T_1——年（季）度有效作业日（d）；
t——每天工作班数（班）；
k_2——用水不均衡系数，见表 5-13。

施工用水不均衡系数 表 5-13

编 号	用 水 名 称	系 数
k_2	现场施工用水 附属生产企业用水	1.5、1.25
k_3	施工机械 运输机械 动力设备	2.00、$1.05\sim1.10$
k_4	施工现场生活用水	$1.30\sim1.50$
k_5	生活区生活用水	$2.00\sim2.50$

（2）施工机械用水量，可按下式计算：

$$q_2 = k_1 \sum Q_2 N_2 \frac{k_3}{8 \times 3600} \tag{5-6}$$

式中　q_2——机械用水量（L/s）；

　　　k_1——未预计施工用水系数（1.05～1.15）；

　　　Q_2——同一种机械台数（台）；

　　　N_2——施工机械台班用水定额（可查《施工手册》）；

　　　k_3——施工机械用水不均衡系数（见表5-13）。

（3）施工现场生活用水量，可按下式计算：

$$q_3 = \frac{P_1 N_3 k_4}{t \times 8 \times 3600} \tag{5-7}$$

式中　q_3——施工现场生活用水量（L/s）；

　　　P_1——施工现场高峰昼夜人数（人）；

　　　N_3——施工现场生活用水定额（一般为20～60L/人·班，主要需视当地气候而定）；

　　　k_4——施工现场用水不均衡系数（见表5-13）；

　　　t——每天工作班数（班）。

（4）生活区生活用水量，可按下式计算：

$$q_4 = \frac{P_2 N_4 k_5}{24 \times 3600} \tag{5-8}$$

式中　q_4——生活区生活用水（L/s）；

　　　P_2——生活区居民人数（人）；

　　　N_4——生活区昼夜全部生活用水定额，每一居民每昼夜为100～120L，随地区和有无室内卫生设备而变化；各分项用水参考定额可查《施工手册》；

　　　k_5——生活区用水不均衡系数（见表5-13）。

（5）消防用水量（q_5）（可查《施工手册》）

（6）总用水量（Q）计算：

1）当 $(q_1+q_2+q_3+q_4) \leqslant q_5$ 时，则 $Q = q_5 + \frac{1}{2}(q_1+q_2+q_3+q_4)$

2）当 $(q_1+q_2+q_3+q_4) > q_5$ 时，则 $Q = q_1+q_2+q_3+q_4$

3）当工地面积小于5公顷而且 $(q_1+q_2+q_3+q_4) < q_5$ 时，则 $Q = q_5$

2. 管径的选择

计算公式

$$d = \sqrt{\frac{4Q}{\pi \cdot v \cdot 1000}} \tag{5-9}$$

式中　d——配水管直径（m）；

　　　Q——耗水量（L/s）；

　　　v——管网中水流速度（m/s）。

临时水管经济流速可参见表5-14。

临时水管经济流速参考表　　　　　　　　　表 5-14

管径	流速(m/s)	
	正常时间	消防时间
1. D<0.1m	0.5～1.2	—
2. D=0.1～0.3m	1.0～1.6	2.5～3.0
3. D>0.3m	1.5～2.5	2.5～3.0

(三) 工地临时供电

建筑工地临时供电组织一般包括：计算用电量；选择电源；确定变压器；布置配电线路和决定导线断面。

1. 用电量计算

建筑工地临时供电，包括动力用电与照明用电两种，在计算用电量时，从下列各点考虑：

(1) 全工地所使用的机械动力设备，其他电气工具及照明用电的数量。

(2) 施工总进度计划中施工高峰阶段同时用电的机械设备最高数量。

(3) 各种机械设备在工作中需用的情况。

总用电量可按以下公式计算：

$$P = 1.05 \sim 1.10 (k_1 \frac{\sum P_1}{\cos\varphi} + k_2 \sum P_2 + k_3 \sum P_3 + k_4 \sum P_4) \tag{5-10}$$

式中　　P——供电设备总需要容量 (kVA)；

P_1——电动机额定功率 (kW)；

P_2——电焊机额定容量 (kVA)；

P_3——室内照明容量 (kW)；

P_4——室外照明容量 (kW)；

$\cos\varphi$——电动机的平均功率因数 (在施工现场最高为 0.75～0.78，一般为 0.65～0.75)；

k_1、k_2、k_3、k_4——需要系数，参见表 5-15。

需要系数 (k 值)　　　　　　　　　表 5-15

用电名称	数量	需要系数		备注
		k	数值	
电动机	3～10 台 11～30 台 30 台以上	k_1	0.7 0.6 0.5	施工中需要电热时，应将其用电量计算进去。为使计算结果接近实际，各项动力和照明用电应根据不同工作性质分类计算
加工厂动力设备			0.5	
电焊机	3～10 台 10 台以上	k_2	0.6 0.5	
室内照明		k_3	0.8	
室外照明		k_4	1.0	

单班施工时，用电量计算可不考虑照明用电。

各种机械设备以及室内外照明用电定额可查《施工手册》相应表格。

由于照明用电量所占的比重较动力用电量要少得多，所以在估算总用电量时可以简化，只要在动力用电量之外再加 10%作为照明用电量即可。

2. 电源选择

(1) 选择建筑工地临时供电电源时须考虑的因素。

1) 建筑工程及设备安装工程的工程量和施工进度。

2) 各个施工阶段的电力需要量。

3) 施工现场的大小。

4) 用电设备在建筑工地上的分布情况和距离电源的远近情况。

5) 现有电气设备的容量情况。

(2) 临时供电电源的几种方案。

1) 完全由工地附近的电力系统供电，包括在全面开工前把永久性供电外线工程做好，设置变电站（所）。

2) 工地附近的电力系统只能供给一部分，尚需自行扩大原有电源或增设临时供电系统以补充其不足。

3) 利用附近高压电力网，申请临时配电变压器。

4) 工地位于边远地区，没有电力系统时，电力完全由临时电站供给。

(3) 临时电站一般有内燃机发电站，火力发电站，列车发电站，水力发电站。

3. 电力系统选择

当工地由附近高压电力网输电时，则在工地上设降压变电所把电能从 110kV 或 35kV 降到 10kV 或 6kV，再由工地若干分变电所把电能从 10kV 或 6kV 降到 380/220V。变电所的有效供电半径为 400～500m。

常用变压器的性能可查《施工手册》。

工地变电所的网路电压应尽量与永久企业的电压相同，主要为 380/220V。对于 3kV、6kV、10kV 的高压线路，可用架空裸线，其电杆距离为 40～60m，或用地下电缆。户外 380/220V 的低压线路亦采用裸线，只有与建筑物或脚手架等不能保持必要安全距离的地方才宜采用绝缘导线，其电杆间距为 25～40m。分支线及引入线均应由电杆处接出，不得由两杆之间接出。

配电线路应尽量设在道路一侧，不得妨碍交通和施工机械的装、拆及运转，并要避开堆料、挖槽、修建临时工棚用地。

室内低压动力线路及照明线路，皆用绝缘导线。

4. 配电箱布置

(1) 金属箱架、箱门、安装板、不带电的金属外壳及靠近带电部分的金属护栏等，均需采用绿黄双色多股软绝缘导线与 PE 保护零线做可靠连接。

(2) 施工现场临时用电的配置，以"三级配电、二级漏保"，"一机、一闸、一漏、一箱、一锁"为原则，推荐"三级配电、三级漏保"配电保护方式。A 级箱、B 级箱采用线路保护型开关。控制电动加工机械的 C 级箱，采用具有电动机专用短路保护和过载保护脱扣特性的漏电保护开关保护。

（3）配电箱（柜）必须使用定型产品，不允许使用开放式配电屏、明露带电导体和接线端子的配电箱（柜）。

（4）配电箱内的漏电保护开关，须每周定期检查，保证其灵敏可靠，并有记录。配电箱出线有三个及以上回路时，电源端须设隔离开关。配电箱的漏电保护开关有停用三个月以上、转换现场、大电流短路掉闸情况之一，漏电保护开关应采用漏电保护开关专用检测仪重新检测，其技术参数须符合相关标准要求方可投入使用。

（5）交、直流焊机须配置弧焊机防触电保护器，设专用箱。

（6）消防供用电系统、消防泵保护，须设专用箱，配电箱内设置漏电声光报警器，空气开关采用无过载保护型。消防漏电声光报警配电箱由专门指定厂生产。

（7）空气开关、漏电保护器、电焊机二次降压保护器等临电工程电器产品，必须采用有电工产品安全认证、试验报告、工业产品生产许可证厂家的产品。

（8）行灯变压器箱，应保证通风良好。行灯变压器与控制开关采用金属隔板隔离。

（9）箱门内侧贴印标示明晰、符号准确、不易擦涂的电气系统图。电气系统图内容有：开关型号、额定动作值、出线截面、用电设备和次级箱号。

（10）箱体外标识应有公司标识、用电危险专用标识、箱体级别及箱号标识。

（11）开关箱、配电箱（柜），箱体钢板厚度必须≥1.5mm、柜体钢板厚度必须≥2mm。

5. 导线截面选择

导线截面的选择要满足以下基本要求：

（1）按机械强度选择：导线必须保证不致因一般机械损伤折断。

（2）按允许电流选择：导线必须能承受负载电流长时间通过所引起的温升。

（3）按允许电压降选择：导线上引起的电压降必须在一定限度之内。

所选用的导线截面应同时满足以上三项要求，即以求得的三个截面中的最大者为准，从电线产品目录中选用线芯截面，也可根据具体情况抓住主要矛盾。一般在道路工地和给排水工地作业线比较长，导线截面按电压降选用；在建筑工地配电线路比较短，导线截面可按容许电流选定；在小负荷的架空线路中往往按机械强度选定。

（4）现场总电源线截面、开关整定值选择计算：

1）按最小机械强度选择导线截面：

架空：BX＝10mm² BLX＝16mm²（BX 为外护套橡皮线；BLX 为橡皮铝线）

2）按安全载流量选择导线截面：

$$I_{js}=K_x \cdot \frac{\sum(P_{js})}{\sqrt{3} \cdot U_e \cos\varphi} \tag{5-11}$$

式中 I_{js}——计算电流；

K_x——同时系数（取 0.7～0.8）；

P_{js}——有功功率；

U_e——线电压；

$\cos\varphi$——功率因数。

3）按容许电压降选择导线截面：

$$S = K_x \cdot \frac{\sum(P_e \cdot L)}{C_{cu} \cdot \Delta U} \tag{5-12}$$

式中：S——导线截面；

P_e——额定功率；

L——负荷到配电箱的长度；

C_{cu}——常数（三相四线制为 77，单相制为 12.8）；

ΔU——（允许电压降，临电取 8%，正式电路取 5%）。

四、技术经济指标的计算公式

为了考核施工组织总设计的编制及执行效果，应计算下列技术经济指标。

1. 施工期

施工期是指建设项目从正式工程开工到全部投产使用为止的持续时间。应计算的相关指标有：

(1) 施工准备期：从施工准备开始到主要项目开工止的全部时间。

(2) 部分投产期：从主要项目开工到第一批项目投产使用止的全部时间。

(3) 单位工程工期：指建筑群中各单位工程从开工到竣工止的全部时间。

2. 劳动生产率

应计算的相关指标有：

(1) 人均产值（元/人·年）。

(2) 单位用工（工日/m² 竣工面积）。

(3) 劳动力不均衡系数

$$\text{劳动力不均衡系数} = \frac{\text{施工期高峰人数}}{\text{施工期平均人数}} \tag{5-13}$$

3. 工程质量

以合格和奖项表示。

4. 降低成本

(1) 降低成本额：

$$\text{降低成本额} = \text{承包成本额} - \text{计划成本额} \tag{5-14}$$

(2) 降低成本率：

$$\text{降低成本率} = \frac{\text{降低成本额}}{\text{承包成本额}} \times 100\% \tag{5-15}$$

5. 安全指标

以工伤事故频率控制数表示。

6. 机械指标

$$\text{机械化程度} = \frac{\text{机械施工完成造价}}{\text{总造价}} \times 100\% \tag{5-16}$$

7. 临时工程

(1) 临时工程投资比例：

$$\text{临时工程投资比例} = \frac{\text{全部临时工程投资}}{\text{建安工程造价}} \times 100\% \tag{5-17}$$

(2) 临时工程费用比例：

$$临时工程费用比例=\frac{临时工程投资-回收费+租用费}{建安工程造价}\times100\% \quad (5\text{-}18)$$

8. 节约三大材料百分比

(1) 节约钢材百分比。

(2) 节约木材百分比。

(3) 节约水泥百分比。

附件三

施工组织总设计实例
（公寓小区施工组织总设计）

一、工程概况
（一）建设项目的特征

本工程为公寓小区，由9栋高层公寓和全套服务用房组成，建筑面积16万 m²，占地 4.8万 m²，工程投资9500万元。

该小区东临城市道路，西面与北面紧靠河道，南面是拟建中的另一项目。9栋公寓呈环形布置，中央是一座拥有600车位的大型地下车库，由人行通道与各公寓地下室衔接。为公寓服务的用房还有：热力点、餐厅、幼儿园、房管办公楼、传达室、花房、垃圾站等，均分布在公寓群周围，见附图3-1及附表3-1所示。工程设计情况简述如下：

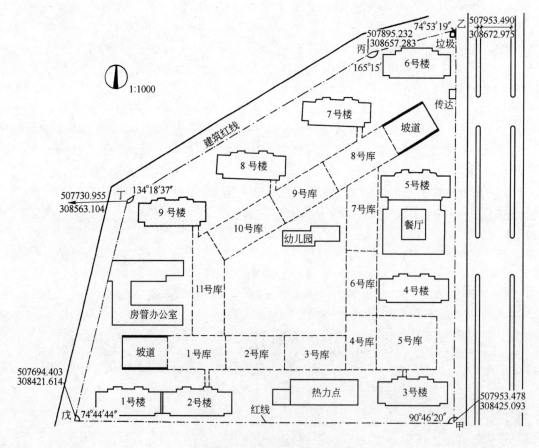

附图 3-1 公寓小区建筑总平面图

本工程车库11座全部埋设在地下，共3层，底标高 -11.00m，全高7.8m。上两层供存车使用，最下层为防水架空层。车库宽 20.5m，每座库长约40m，全长530m，为全现浇钢筋混凝土结构，顶盖为无柱帽的无梁楼盖，每个库间设有伸缩缝。车库迎水面的墙、板均为C25自防水密实混凝土。库内设备除照明、电话、广播系统外，还有电视监测、烟感报警和自动灭火等现代化设施。

主要建筑物和构筑物　　　　　　　　　　　　　　　　附表3-1

序号	工程名称	层数	面积(m^2/栋)	结构
1	地下车库	3	21000	现浇
2	3号楼	15	14000	外板内模
3	7、8、9号楼	15	14000	外板内模
4	1、2、4号楼	15	14000	外板内模
5	5号楼	15	14000	外板内模
6	6号楼	15	14000	外板内模
7	餐厅	2		混合结构
8	热力变电站	3		混合结构
9	房管办公楼	4		混合结构
10	花房	1		混合结构
11	传达室	1		混合结构
12	幼儿园	2		混合结构
13	垃圾站	1		混合结构
14	外线			混合结构

9栋公寓均正南正北布置，除6号楼为南入口外，其余均为北入口，公寓的建筑形式及构造也大致相同，以3号楼为基本形式，其他的只有地下室通往车库的出口及标准层局部布置有所不同。

公寓±0.00相当于42.00m，地下3层，分别为人防、地下室及设备层。地上17层，15层以下为客房，16层为设备层，17层为机房水箱间。标准层层高3.2m，建筑物总高55.20m。房间开间尺寸为5.1m和4.2m，进深为7.2m和6.6m，共10个开间，南面有1.8m宽暖廊，北面有两个2.7m宽楼梯间，建筑物总宽18.6m，总长47.4m，每层面积约800m^2。

结构抗震烈度按8度设防，深埋天然地基、箱形基础，基底标高-11.00m。上部结构形式为大模板剪力墙体系，外纵墙为预制轻混凝土墙板，山墙为复合墙（外层18cm厚预制墙板，内层加22cm厚现浇层），楼板为6cm预应力钢筋混凝土薄板加10cm厚现浇叠合层。楼梯段为预制，休息板为现浇。

室内装修为中档偏高等级。卧室、起居室、餐厅为可赛银涂料墙面、预制磨石地面；卫生间为瓷砖墙面、陶瓷锦砖地面；顶棚除起居室喷苯球、卫生间石棉板吊顶外，其余均为抹白灰喷浆。外墙饰面大部为白色马赛克，楼梯间外墙粘石渣，窗套刷涂料，门头、台阶为剁斧石。

设备情况：采暖分两个系统。第1～8层为低压双管，8层以上高压双管。生活用水1～3层由市政供应，第4～15层由屋顶水箱供给，第17层设高位热水箱。

室外管线：污水、煤气、热力与小区东侧干线连接，由热力点送出的热力（暖气、热水）管线敷设在车库一层顶板下，经地下车库供给各公寓。生活用水分东西两个进口。雨水管分两个出口排至滨河市政管网。

主要工程量见附表3-2。

主要工程量一览表　　　　　　　　　　　　　附表 3-2

工程项目	单位	地下车库	公寓 单栋	公寓 九栋	总计
机械挖土	m³	180000	11268	101412	281412
素混凝土	m³	1283	80	720	2003
钢筋混凝土	m³	15012	5838	52542	67554
钢筋	t	3200	649	5841	9041
砖墙	m³	339	145	1305	1644
预制板	块	2138	204	1836	3974
外墙板	块		390	3510	3510
预应力薄板	块		922	8298	8298
楼梯构件	件		120	1080	1080
钢模板	m²	45144	38121	343089	388233
回填土	m³	90000	2040	18360	108360
抹白灰	m²		13385	120465	120465
抹水泥	m²		5629	50761	50761
现制磨石地	m²		487	4383	4383
预制磨石地	m²		7017	63153	63153
缸砖地面	m²		2076	18684	18684
马赛克地面	m²		515	4635	4635
瓷砖墙面	m²		3400	30600	30600
吊顶	m²		14082	126783	126783
干粘石	m²		2800	25200	25200
水刷石	m²		50	450	450
水刷豆石	m²		155	1395	1395
室内管道	m		14153	127377	127377
炉片	个		399	3591	3591
卫生洁具	套		347	3123	3123
电线管、钢管	万 m		2.2	19.8	19.8
各种电线	万 m		9	81	81
配电箱	个		192	1728	1728
灯具	份		1071	9639	9639

(二) 水文地质情况

拟建项目用地平坦，地面标高 39.18～40.95m，根据上年度 6～7 月测得本场地地下水静止水位标高为 34.28～36.22m，第二层静止水位标高 14.94～15.39m，历年最高水位标高 38.50m，水质无侵蚀性。本工程最深基底标高 31.00m，处于地下水位以上。

地下车库及公寓采用深埋天然地基，持力层土质为中重亚粘、轻亚粘、重亚砂土层，其上为中密实的重亚砂土、轻亚黏土、中轻亚黏土的交互层，表层厚为 1.10～3.00m 的人工回填土。

(三) 施工条件

1. 由于小区工程量大，设计单位分期出图、承接任务时仅有建筑总平面图和地下车库施工图，编制本方案时已有 3 号楼施工图。

2. 施工场地情况

(1) 拟建场地征地已解决，但有部分占地未腾清，民房拆迁难度较大。

(2) 根据建设单位提供的情况,红线内地下无障碍物;现场东西两侧均有上水干管并已留截门,可接施工用水;现场东北角有 500kVA 变压器一台,西南角有高压电源,可引入施工用电。

(3) 小区建筑面积 16 万 m^2,占地面积 4.8 万 m^2,施工用地为 1∶0.3,且工程基础深,放坡大,多栋号同时施工,施工用地比较紧张,原可用作暂设房的房管办公楼、幼儿园等又未出图,不能先期施工。

(4) 主要材料、设备、劳动力已初步落实,构件及一般加工制品已有安排。但塔吊需求量较大,尚需解决。

二、施工部署和施工方案

(一) 施工部署

为更快形成社会效益,要求 9 栋公寓分期交付使用,每年竣工 3 栋。根据这一要求,一套大模板的劳动组织,每年安排 3 栋高层建筑流水作业,适当安排配套工程。

1. 施工组织

组建一个项目经理部,由企业劳务公司供应 600 名施工作业人员,水电、土建进行企业内分包,其他任务进行外分包(见附表 3-3)。

分包(协作)单位一览表　　　　　　　　　　　　　附表 3-3

分包(协作)单位	分工项目
本集团机械施工公司	机械挖土
本集团设备安装公司	电梯、动力电
本集团煤气热力公司	煤气、热力管线
本集团市政建设公司	上、下水干线
本集团司混凝土构件厂	预制混凝土构件
本集团机械施工公司	机械吊装
本集团混凝土搅拌厂	商品混凝土

项目经理部由公司派出 1 名一级项目经理担任,由项目经理按一级项目经理部组织,总人数 30 人,设经营核算、工程技术、物资设备、监控管理 4 个部门。另设 3 名栋号经理,每年每人各分管 1 栋高层公寓。

2. 进度安排

本工程根据总的要求、定额经济指标及实际力量,积极地、科学地组织施工。首先安排好公寓个体工程的工期,以基础工程控制在 5 个月左右、主体工程控制在 6 个月左右为宜,装修工程、水电设备工程提前插入、交叉作业,以缩短工期。装修安排 11 个月左右完成,单栋控制工期为 22 个月左右,比定额工期(32 个月)提前 10 个月。在栋号中组织平行流水、交叉作业,充分利用时间、空间。配套工程项目同时安排,相互衔接。

施工总部署分 4 个阶段,总工期控制在 5.5 年。

第一阶段:地下车库(21000m^2),第 1 年度 4 月～第 2 年度 12 月。

按照先地下、后地上的原则以及公寓竣工必须使用车库的要求,先行施工地下车库。车库面积大、基底深,为尽量缩短基坑暴露时间,整个车库又分两期施工。第 1 期为 1～7 号库,先施工 5 号库(为 3 号楼开工创造条件),然后向 1 号及 7 号库方向流水。第 2 期施工 8～11 号库。

第二阶段：3、4、5号楼（14000m²/栋），第2年度1月～第3年度12月。

此3栋楼临街，先行完成对市容观瞻有利，故作为首批竣工对象。3号、4号楼地下室在车库左右侧，可在车库施工期间穿插进行。

在此阶段内，热力变电站（约1000m²）因系小区供电供热的枢纽，须先期配套使用，而且该栋号设备安装工期长，故亦安排施工。

第三阶段：6、1、2号楼（14000m²/栋），第2年度10月～第4年度12月。

考虑到1、2号楼所在位置的拆迁工作比较困难，故开工顺序为6号→1号→2号。

此阶段同时要施工的还有房管办公楼，此楼作为可供施工时使用的项目安排。由于施工用地紧张，先将部分暂设房安排在准备第四阶段开工的7号、8号、9号楼位置上，故在房管楼出图后尽早安排开工，并在结构完成后只做简易装修，用作施工用房（此时将7号、8号、9号楼位置上的暂设拆除），作为最后交工栋号。

第四阶段：9号、8号、7号楼（14000m²/栋），第3年度4月～第5年度10月。

此3栋的开工顺序根据其地基上的暂设房拆除的条件来决定，计划先拆除混凝土搅拌站、操作棚，后拆除仓库、办公室，故开工栋号顺序为9号→8号→7号。此外，餐厅、幼儿园、花房、垃圾站等工程可作为调剂劳动力的部分，以达到均衡施工的目的。

室外管线由于出图较晚，不可能完全做到先期施工，而且该小区管网为整体设计，布设的范围广、工程量大，普遍开花不能满足公寓分期交付使用的要求，故宜配合各期竣工栋号施工，并采取临时封闭措施，以达到各阶段自成系统分期使用的目的。但每栋公寓基槽范围内的管线应在回填土前完成。

（二）流水段划分

地下车库以每一库为一大流水段，各段又按自然层分3层进行台阶式流水。一期车库先从5号库开始（为3号楼开工创造条件），分别向7号及1号库方向流水。二期车库从8号向11号方向流水，见附图3-2。

公寓结构阶段分5段流水，常温阶段每天一段，5d一层，见附图3-3。

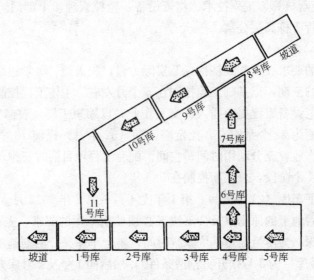

附图3-2 地下车库施工顺序示意图

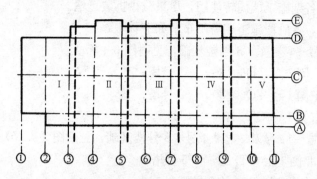

附图3-3 公寓施工段划分示意图

(三)主要施工方法

1. 基础挖方

(1)挖方:车库及公寓地下室底标高均为-11.00m,实际挖深9.50m,采用W100正铲挖土机开挖,配合推土机1台、自卸汽车10辆。挖土由市机械施工公司承包。

(2)放坡:土方分两层开挖,第一层由地面至地面以下5.50m,坡度1:0.6,留70cm平台。第二层4.00m左右,坡度1:0.7。

(3)排水措施:本工程槽底均在地下水位以上,地表水及雨水采用明沟、集水井、水泵系统排出场外。

(4)护坡处理:

1)地下车库护坡钉铅丝网、抹5cm厚豆石混凝土。

2)雨期施工中的公寓地下室同上(非雨期施工的地下室不做护坡)。

3)坡脚易塌方的部位用土袋码垛护坡。

(5)挖土至底层时,土中水分趋于饱和,可能影响挖土机械作业(主要是车库),要求准备一定量的级配砂石,必要时在机械作业范围内铺垫60cm厚级配砂石。

(6)为防止超挖或扰动老土,基底预留约20cm土,用人工清理,清理后及时覆盖,以防暴晒或受冻。

(7)地基打钎后请勘测及设计单位共同验槽。

2. 水平及垂直运输

(1)水平运输

预制构件用拖车、大宗材料用卡车、商品混凝土用罐车送至现场;场内运输,混凝土用小翻斗车、其他零星小件用手推车。

(2)结构阶段垂直运输

主要采用塔吊,塔吊的选型和布置根据下列因素决定:

① 车库及公寓基础坑坡口宽38m,最重构件2t,需要工作半径为30m,一般可采用TQ60/80或QT_4-10型塔吊。

② 公寓结构总高57.7m,最宽处18.6m,最重构件7.6t,位于建筑物北侧,一般情况塔吊可立在楼北面(4号、5号、7号、8号、9号),选用QT_4-10塔吊,有的公寓北侧不能立塔吊,如1、2、3号楼北侧是地下车库,6号楼北面临河道,则应用300t·m大塔;

塔吊的设置应考虑各期施工能周转使用，尽量减少拆装运输。

根据上述原则，各阶段施工期塔吊布置如下：

第一阶段：1号～7号库、3号楼基础，见附图3-4（a）。

1号～3号库北侧1台TQ60/80——1号塔；

1号～5号库东侧1台TQ60/80——2号塔；

1号～5号库东侧1台QT_4-10——3号塔。

第二阶段：8号～11号及3号、4号、5号楼基础，见附图3-4（b）。

8号～10号库北侧1台QT_4-10——5号塔；

11号库西侧1台TQ60/80——2号塔；

3号楼基础南侧1台QT_4-10——4号塔；

4、5号楼基础则在两栋楼间设1台QT_4-10，即3号塔。

第三阶段：3、4、5号楼结构，11号库继续施工，见附图3-4（c）。

3号楼因北面为车库不能立塔，基础阶段南面所立QT_4-10塔至结构阶段起重量不够，需换6.5m臂长大塔。

3号楼南侧1台H_3-36B——6号塔；

4号楼北侧1台QT_4-10——3号塔；

5号楼北侧1台QT_4-10——5号塔；

11号库西侧1台QT60/80——2号塔；

热力变电站在3号楼大塔工作半径以内，不另设塔。

第四阶段：6号、1号、2号楼基础、房管办公楼基础、结构，见附图3-4（d）。

6号楼北侧为河道，塔吊宜立在南侧，在3号楼结构完成后将6号塔吊移至此楼，基础及结构均用塔吊。

1号、2号楼基础合用1台QT_4-10——4号塔；

6号楼南侧1台H_3-36B——6号塔；

房管楼结构1台TQ60/80——2号塔。

第五阶段：6号、1号、2号楼结构，9号、8号、7号楼基础，见附图3-4（e）。

6号楼南侧1台H_3-36B——6号塔；

1号楼北侧1台QT_4-10——4号塔；

2号楼北侧1台QT_4-10——5号塔；

9号楼基础1台QT_4-10——3号塔；

8号楼基础1台TQ60/80——2号塔；

7号楼基础1台TQ60/80——1号塔。

第六阶段：9号、8号、7号楼结构，见附图3-4（f）。

9号楼北侧1台QT_4-10——3号塔；

8号楼北侧1台QT_4-10——4号塔；

7号楼北侧1台QT_4-10——5号塔。

公寓结构阶段采用QT_4-10自升塔时，塔中距建筑物外墙6m，均为固定式基础，上部在第7层和第13层处与墙体锚固，见附图3-5。

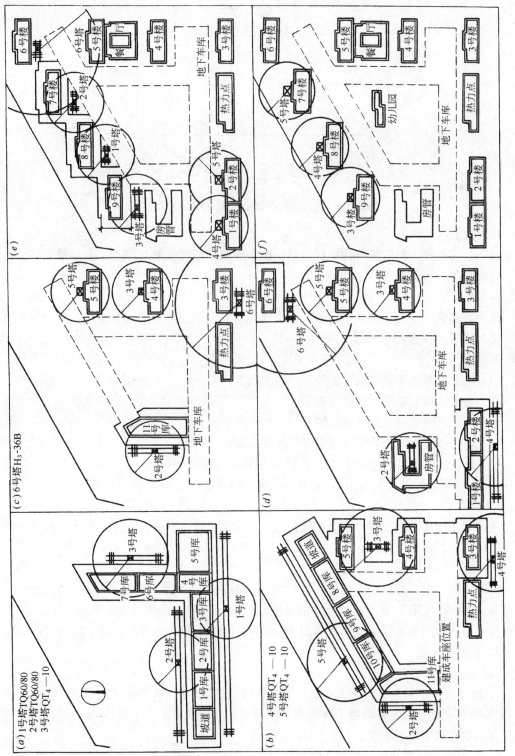

附图 3-4 塔吊布置示意图

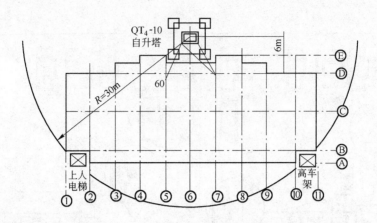

附图 3-5 公寓结构附设 QT_4-10 塔位示意图

（3）施工用电梯

每一公寓楼设 1 台双笼外用电梯，结构施工至第 7 层时安装，供上人及运输装修材料用，安装位置在楼北侧①～②/Ⓑ轴间。

（4）高车架

每一公寓设 1 台高车架，供运输装修、水电材料及架设施工上水管道用，结构施工至第 6 层时搭设，位置在⑩～⑪/Ⓑ轴间。

3. 架子工程

（1）地下车库全部采用钢管提升架、随支随拆。

（2）公寓结构主要用钢管插口架子。

（3）电梯间随结构施工搭钢管架子。

（4）现浇楼梯间外墙采用型钢制作的悬挑三脚架。

（5）外装修用双层吊篮架子，在第 15 层屋顶预埋锚环、挑 16 号工字钢挑梁，吊篮导轨用 128mm 钢丝绳，保险绳用 9.6mm 钢丝绳，提升吊篮 1.5t 手压葫芦。

4. 模板工程

主要采用钢模及钢支撑，不合钢模模数的部分用清水木模补充。不论是大平模或小钢模拼装，均应作模板设计。

（1）地下车库模板

立墙用大平模，配两个库的量。顶板模用小钢模及 ϕ48 钢管组成的可以平移的台模，台模以 3m×4m 左右为宜，具体尺寸由分项设计决定，配 2 个库的量。ϕ600 圆柱采用特制钢模，形式为两个半圆组成，板面用 3mm 钢板，柱箍用∟50×5，中距 400，共配 8 套，每套周转使用 25 次。

（2）公寓模板

1）地下室架空层先砌保护墙内贴油毡，利用保护墙作外模，内模用小钢模拼装。

2）架空层以上内外模均用小钢模拼装，但宜事先翻大样并将小钢模预拼成大片，以利提高工效并减少塔吊吊次。

3）顶板以预制叠合板、预应力薄板作模板，其支撑的要求见预制构件安装部分。

4）标准层模板按 5 段流水配置，墙模大部分用大平模，内纵墙每面一块，内横墙每面两块,上设 0.9m 宽操作平台,角模为固定式,门口为钢制假口。标准层模板共配置 2 套。

5) 电梯间模板采用自收式筒模,共配两套。

6) 山墙系现浇加预制复合墙体,利用预制外墙板作外模,在加工外墙板时应留设与内大模相对应的螺栓孔。

7) 楼梯间现浇混凝土外墙内外模均用大平模,外模为外承式,支承在下层墙体的三脚架上。

8) 第16、第17层为非标准层,应尽可能利用标准层的大平模,不合适的部分用小钢模拼装。

(3) 模板支拆

1) 支模前应弹模板位置线。

2) 竖向结构的模板与楼地面间的缝隙用砂浆勾严,墙内钢筋应加支杆,内外模用螺栓拉接。

3) 用预制山墙板作外模时,应在螺栓孔处加通长木方以增加受力面。

4) 顶板底模为永久性模板——预应力钢筋混凝土薄板,其安装及支顶要求见预制构件安装部分。现制梁板模板大龙骨间距 80cm,小龙骨间距 50cm,支柱间距 80cm。

5) 阳台板连续支顶不少于 3 层。

6) 模板应经常清理并涂刷有效的脱模剂。

7) 拆模强度按现行施工规范执行,楼板如需提前拆模,其混凝土强度应不低于设计强度的 85%,并加临时支撑。

8) 拆模时先拆除全部附件并先从模板下部撬松,然后再吊出。

5. 预制构件安装

公寓的预制构件有外墙板、预应力薄板、暖廊板及阳台拦板等。

(1) 设计要求外墙板之间的构造柱钢筋的上下搭接采用电弧焊,按通常外挂内浇的施工顺序立完外墙板先封模,就无法施焊,因此本公寓预制墙板及模板的施工顺序应为:外纵墙板→山墙板→墙体钢筋→焊构造柱筋→焊键槽筋→入内模。先安外墙板固定较为困难,须在楼板叠合层内预埋适当的预埋件,以固定临时支撑。

(2) 外墙板安装前,应先检查和修理防水构造。楼板相应位置应抹找平点,安装后及时捻塞干硬性砂浆。

(3) 外墙板的临时固定可用钢支撑。通过墙板窗口上钢筋与叠合楼板内的埋件连接,每块板设 2 根,并及时焊接键槽钢筋。

(4) 预制山墙板作为复合山墙的外模,临时支撑应不影响入内模。固定可分两步进行:第一步用可调钢支撑通过板中埋件与叠合层埋件连接固定后,焊接山墙板底及相邻墙板间连接件。第二步通过山墙板顶部埋件分别与外墙板的吊钩及内纵墙钢筋焊接拉牢,撤除可调支撑。入内模后穿螺栓将两者连接。

(5) 安装预应力薄板,薄板设硬架支撑,用 5cm×10cm 方木(或可调钢支撑)组成排架。7.2m 开间每行排架 7 根方木,6.6m 开间每行 6 根方木,该支撑应连续支顶 2 层,冬期连续支 3 层。

6. 钢筋工程

本工程钢筋总量约8000余t，大宗钢筋由公司加工厂统一配料成型，运至工地绑扎，现场只设少量小型加工设备如切断机、弯钩机等，以便零星加工。

(1) 本工程所用钢筋为Ⅰ、Ⅱ级钢，原材料由钢筋厂提供合格证。凡加工中采用焊接接头的钢筋由钢筋厂负责工艺试验并提供试验单。凡在施工现场发现钢筋脆断等异常现象时，由施工队取样作化学分析，在现场焊接的钢筋亦由施工队作工艺试验。

(2) 钢筋翻样由施工队负责。钢筋规格不符合设计要求时，应与设计人员洽商处理，不得任意代用。

(3) 所用钢筋均为散绑。墙体钢筋横筋在外、竖筋在内、上下错开接头50%。

(4) 组合柱、键槽钢筋焊接采用T50焊条。

(5) 钢筋绑扎要求：

1) 车库底板、顶板钢筋较密，上下层钢筋应分两次隐检。

2) 车库墙身的防水混凝土，钢筋顶杆加止水板。

3) 公寓外墙板组合柱钢筋一定要插入套箍内，并作10d搭接焊。

4) 墙体钢筋两网片间加钩支撑，间距1m，按梅花形布置。

7. 混凝土工程

混凝土现浇量共约7万m^3，其中防水混凝土约16000m^3，C25、S8用于地下车库，其他普通混凝土为C20～C30。

(1) 原材料及配合比

防水混凝土应使用425～525号水泥，冬期用普通硅酸盐水泥。所有混凝土掺加的粉煤灰应为袋装磨细粉煤灰，减水剂用木钙粉或建1型。每批材料均应作试配。

(2) 混凝土的配制

大体积混凝土（如底板、顶板）采用集中搅拌站供应的商品混凝土，外加剂在现场添加。防水混凝土及内墙、楼板叠合层混凝土由现场搅拌站供应。

(3) 混凝土浇筑

车库迎水面为防水混凝土，其他为普通混凝土。浇筑方法及要求为：每库底板混凝土一次浇筑，不设后浇缝，与外墙交接处留凸形水平施工缝。每库外墙中部留一道60cm宽竖直后浇缝。后浇缝在墙体混凝土龄期不小于28d后，用微膨胀混凝土补齐，并养护6周。

车库地下1层、2层底板（即车道）要求随打随抹，一次成活。柱子一次浇筑至板底。

公寓地下室及地上混凝土浇筑方法及要求为：底板与地下室墙身均不设后浇缝。内墙垂直施工缝根据流水段划分设置在门口处。组合柱、暖廊分户墙要与内横墙同时浇筑，墙体混凝土浇筑高度控制在叠合板以下10cm。竖向结构混凝土分层浇筑的高度，第一次不大于50cm，以上不大于1m。复合山墙板更应严格控制，不得用灰斗直接下灰。

(4) 混凝土养护

防水混凝土不论使用何种水泥，湿养护不得少于14昼夜。车库的车道为一次抹面，可先覆盖一层塑料薄膜，待混凝土强度达1.2MPa后，再改用湿草袋养护14昼夜。大模混凝土喷水养护不少于3d。

8. 防水工程

(1) 地下车库迎水面为防水混凝土,须作好下列处理:

1) 外墙过墙管应加法兰套管。

2) 变形缝止水带采用焊接,固定止水带不得用钉结合,应用铅丝将止水带固定在钢筋或模板上,下灰或振捣时不要碰止水带。

3) 补后浇缝应在混凝土龄期不少于 28d 后进行,并认真清理缝内杂物,将接茬两边松散部分剔除,安装附加钢筋,支模后浇水湿润 1 昼夜后再灌混凝土。后浇缝用微膨胀剂配置混凝土,强度等级提高一级,坍落度 4~6cm,配合比由试配确定。浇筑时用铁锹喂灰,每层厚度不超过 50cm,应认真振捣密实,湿养护 6 周。

4) 防水混凝土墙的螺栓孔用微膨胀剂配置的砂浆堵孔,另编操作工艺。

(2) 公寓地下室油毡防水:考虑土坡的安全,架空层以下先砌保护墙内贴油毡,利用保护墙作外模板。架空层以上先浇筑混凝土外贴油毡后砌保护墙。要注意做好接茬。

(3) 公寓屋顶为了外装修吊篮架子而预埋的 $\phi 12$ 锚环,应尽量设在暖沟内或靠近暖沟,并在屋面保温层做完后先铺一层油毡。

(4) 卫生间铺贴油毡后,禁止任意剔凿破坏,必须剔凿者,应通知油毡工及时修补。

(5) 外墙空腔防水。竖直、水平防水槽应经检查修理再吊装,板下坐浆要严实,安塑料条前应将空腔内清理干净,塑料条要按实测防水槽宽度、长度裁剪,护面砂浆要勾严。

9. 回填土工程

(1) 土方平衡措施

1) 两期车库及分期施工的公寓地下室应尽可能以挖补填。

2) 车库东西坡道及附属用房开工时间可灵活掌握,可作为取土回填的后备来源。

3) 在拆迁问题能提前解决的情况下,可利用未开工的公寓适当存土(如 1 号、2 号楼位置)。

4) 场外存土地点尽量就近解决。

(2) 回填土工程的几项要求

1) 车库三层台阶式流水施工,每一层结构完成后尽早回填土,以便安装上一层模板,免搭脚手架,有利于混凝土的养护,可防止防水混凝土裂缝。

2) 公寓架空层以下先砌保护墙并回填土,以利于边坡稳定。

上述两项如条件不允许时可一次回填。

1) 在回填土过程中,应尽可能将回填范围内的外管线一并完成。

2) 5 号车库与 3 号楼间的回填可在 3 号楼地下室完成后同时进行。

3) 分层回填土时,应有排水措施,并将原集水井随回填土升高,保持持续抽水。

4) 回填土压实采用蛙式打夯机。

10. 室外管线

室外管线出图较晚,不能做到先期施工,但在公寓分期竣工时,应配合完成有关部分。据了解,外线线路是按总的系统(9 栋公寓同时使用)设计的。为分期使用,在施工中还必须采取适当的临时措施,使每期公寓(3 栋)完成后,外线能形成各自的系统,创造分段使用的条件,在 9 栋公寓全部完成后,又可恢复原设计意图。

根据草图的情况，污水管线可不影响分期使用，其他管线处理的原则如下：

(1) 自来水：一次水有东、西两个进口，高压水分 1 号～4 号楼及 5 号～9 号楼两个区域，可根据分期要求加设阀门或加堵（还应考虑高位水箱的连接），但消防水管道不得加阀门。

(2) 煤气进口在东侧马路，分期使用可采取封口措施，但要注意接口时停气问题。

(3) 暖气及热水系统可加堵处理，但不要设在车库内。

(4) 雨水分两个出口通向西北侧道路雨水干线，请设计单位根据竣工次序稍加调整。

11. 室内管线及设备

(1) 认真熟悉图纸，重点注意专业与土建施工的矛盾及管道间的矛盾，并提前解决。

(2) 配合土建进行预埋铁件，箱及预留槽、洞、暗埋管线施工，设专人核对尺寸及看管。外墙的过墙管用防水套筒，卫生间管道穿楼板处用钢套管。

(3) 本工程管道系统比较符合标准化要求，应尽量预制。

(4) 结构施工至四层以上时可插入安装，试水分高压、低压两个阶段进行。

(5) 管道保温：污水托吊管用麻布油毡 3 道，采暖管用珍珠岩瓦块外抹石棉水泥壳。

(6) 散热片在地面、墙面做完后安装，浴盆在做饰面前安装，其他器具在做饰面后安装。

(7) 凡吊式灯具均在楼板内下钢筋吊环。

(8) 凡敷设在现浇混凝土内或焦渣层内的管线均应加堵，管子连接用丝扣，吊顶内管必须里外带螺母。

(9) 必须在所有电气设备装齐后，经绝缘摇测合格方可进行电气工程调试运转。

12. 装修工程

(1) 内装修与结构交叉进行，结构完成至 8 层时插入第一条装修线，由第 2～8 层逐层向上进行。结构完成后插入第二条装修线，由第 8 层逐层向上进行。外装修在第 8～15 层墙面冲筋及安完钢门窗后进行。预制马赛克墙面先自下而上修补，然后自上而下清洗。现浇外墙粘石渣先自下而上做窗口，后自上而下做机喷石。

装修工程以施工队为主，组织抹灰工、木工、粉石工等工种的混合队进行专业承包。油漆粉刷由专业队组织力量配合土建进度完成各项任务。水、暖、电、卫根据控制进度计划组织施工，装修进入 8 层施工时，专业管线必须安装完毕，水暖管线分低压、高压两个阶段试压，在装修终饰面以前完成。

(2) 施工准备

1) 进一步熟悉图纸，将各房间的做法标牌张挂在相应的房间。

2) 逐月逐旬落实加工订货及到货和质量情况。

3) 进行结构验收及专业项目的隐检或试压。

4) 要求先做样板墙、样板间，然后再大面积进行装修。

(3) 材料运输及堆放

1) 结构完成并拆除塔吊后，应调整施工平面布置。结构与装修交叉期间，装修材料以场外存放为主，楼周围留出周转用地。

2) 木制品及轻钢龙骨存放于仓库或地下室。

3) 瓷砖、马赛克、预制磨石及石渣临时放在露天时，应加盖苫布。

4) 安装上人及装修材料用电梯、高车架及高层联络通讯设备。

(4) 主要项目施工方法

1) 地面工程：基层清理应作为一道工序安排，并进行隐检。面层标高由楼道统一引向各房间，块材应由门口往里铺设。水泥地面及以水泥砂浆作结合层的地面应适当养护，并在3天以内不准上人。

2) 内墙装修：泡沫混凝土墙与混凝土墙交接处加贴10cm宽玻璃丝布。墙面抹灰均先在基层刷一道107胶或其他界面粘结剂。

混凝土墙面用107胶水泥浆贴瓷砖；加气混凝土墙贴瓷砖需先加一层0.8mm钢板网，刷一道107胶水泥浆后再做结合层。

3) 顶棚工程：凡石棉板吊顶处均事先在混凝土楼板内预留 $\phi 6$ 吊环，大龙骨用10号铅丝与吊环锚固。喷苯球顶棚先做试验，编制工艺卡后再施工。

4) 外墙装修：外装修架子用双层吊篮，自上而下进行装修。现浇外墙粘石用机喷，马赛克墙面修理应按正常工序要求，不得因面积小而减少工序，基层刷界面粘结剂。

13. 季节性施工措施

(1) 雨期施工的车库、公寓地下室基槽边坡应加钉铅丝网（拐过上口50～100cm），抹5cm厚豆石混凝土，槽口外加10cm高挡水台。

(2) 暑期施工大体积混凝土（如车库底板、地下室底板、车库顶板等），宜采用低水化热水泥和缓凝型减水剂，以防混凝土出现裂缝。

(3) 防水混凝土要注意防晒、防热和加强湿养护，不要过早涂刷热沥青层，以防吸热。

(4) 冬期挖槽不能连续施工时，槽底及下部槽帮应覆盖保温。如在严冬阶段施工钢筋混凝土底板，基槽应适当加深，铺垫20cm厚级配砂石并碾压密实。

(5) 冬期混凝土工程原则上采用综合蓄热法施工。现场设两台0.4t煤气锅炉及两个$1m^3$高位水箱。尽可能采用高标号普通硅酸盐水泥和高效抗冻早强剂。模板用高热阻材料保温，小钢模用5cm厚岩棉块填塞，大模板用5cm厚聚苯板紧贴板面再外封一层纤维板。严冬阶段大模应配2套。混凝土脱模强度应根据同条件试块或成熟度推算决定。现浇混凝土外墙因需挂外架子（安装挂架子时混凝土强度不低于4MPa），可增加远红外线热养护措施。公寓楼板叠合层及局部现浇楼板采用硫铝酸盐水泥配制的早强混凝土。凡采用此混凝土时，底模为木模者其表面应加一层纤维板。硫铝酸盐水泥混凝土的施工工艺应按专门规定执行。

(6) 室内装修利用正式热源及正式供热系统。

(7) 室外装修避免在严冬阶段进行。

(四) 主要管理措施

1. 技术质量管理

(1) 认真贯彻各项技术管理制度和岗位责任制。认真学习图纸、说明和有关施工的规程、规范、工艺标准。

(2) 施工组织设计要三结合编制，报上级技术部门审批。要加强中间检查制度，对施工方案、技术措施、材料试验等，应定期检查执行情况。

(3) 新材料、新工艺、新技术，要经过批准、试验、鉴定后再采用，并建立完整的资料档案。

(4) 工程质量要实行目标管理，推行全面质量管理。

1) 防水工程要抓好地下防水作法的各个环节，如防水混凝土，变形缝、止水带、穿墙管、螺栓孔的处理，外墙回填土的质量等。卫生间及屋面严禁任意剔凿，防水细部作法要认真处理。

2) 结构工程要抓好轴线标高（测设主轴线及水准点要用经纬仪闭合后确定）、混凝土配合比，预防大模板混凝土烂根及钢筋绑扎、焊接质量等问题。

3) 装修工程要抓好样板间，工序安排应合理。

4) 水暖电卫工程要抓好设备孔洞预留，土建与专业队均应设专人管理此事。

(5) 对成品保护，要制定详细的措施和奖惩办法。应抓好以下工作：

1) 带饰面外墙板的运输及堆放均应立放在插放架上，并有防碰撞措施。

2) 木装修及饰面块材、卫生陶瓷应存放在库内，运输时要轻拿轻放。

3) 严禁在装修终饰面上任意剔凿或搭设脚手架，不得在任何成品地面上拌和灰浆。

4) 进行油漆、喷浆等作业时，应在可能污染的范围内采取防护措施。

2. 消防安全管理

(1) 健全各级消防安全组织和专职人员，组织巡回检查，现场设驻场消防值班员。

(2) 各分项施工方案、工艺设计均应有详细的安全措施。针对本工程特点应重点抓好下面几个方面：

1) 现场主要出入口应设专人指挥车辆。

2) 基坑边坡上设护身栏，坑、槽、洞、井边设红灯标志。

3) 东侧马路上高压线应搭设防护架，塔臂吊物时距高压线的垂直距离不小于3m。

4) 现浇外墙所设计的三角挂架应有设计计算书，并进行荷载试验。各类架子组装后应由安全和技术部门验收，合格后方准使用。

5) 高层施工时应设联络通讯装置。

6) 冬施保温材料不得使用易燃物品。

7) 现场设高压水泵房。地面消火栓的有效范围为50m。每栋公寓设一根100mm消防立管，随结构层安装，分层设消火栓接口。冬施期间立管应做好保温。

8) 墙板插放架的高度应不小于构件高度的3/4。大平模堆放时要板面对板面，并有70°～80°倾角。吊运时须两边对称进行。

3. 降低成本措施

降低成本技术组织措施及效果见附表3-4。

降低成本技术组织措施效果统计表　　　　　　　　附表3-4

序号	措施项目内容	效果计算方法	工程量 单位	工程量 数量	经济效果(元)
1	现场储存土方	每 m^3 节约3.89元	m^3	10000	38900
2	就近存放土方	每 m^3 节约0.74元	m^3	50000	37000
3	利用现场存土回填	每 m^3 灰土节约3.18元	m^3	30000	95400
4	利用旧钢模板		m^3	57500	387550
5	钢筋集中配料		t	9041	126574
6	混凝土加减水剂粉煤灰		m^3	67554	101331
7	冬施混凝土蓄热法装修用正式热源	节约冬施费1/3(190万元×1/3)	项	1	633333

续表

序号	措施项目内容	效果计算方法	工程量 单位	工程量 数量	经济效果(元)
8	大模自带架子、工具架	每 m² 建筑面积节约 0.24 元	m²	126000	30240
9	支撑叠合板用钢支架	每 m² 叠合板节约 3.84 元	m²	4475	17184
10	外檐预贴马赛克	每 m² 节约 0.45 元	m²	40860	18387
11	外檐机喷面	每 m² 节约 0.67 元	m²	25200	16884
12	塔吊周转使用	节约进场费 16418 元	次	9	147762
13	小计				占直接费 3.7%

三、施工总进度计划

（一）工艺流程

本工程按以下工艺流程进行：

地下车库工艺流程为：

挖土→垫层→底板→架空层结构→回填土→地下二层结构→回填土→地下一层结构→回填土。

回填土如不能分层进行时，可在每一库结构完成后再回填。

公寓结构阶段工艺流程为：

挖槽→垫层→人防层保护墙、内贴油毡→人防层结构→回填土→地下二层结构→地下一层结构→回填土→立塔→1～7 层结构→8～17 层结构、7 层以下设备安装、内装修→ 8 层以上设备安装、内装修→ 外装修。

装修工程工艺流程如附图 3-6 所示。

附图 3-6　装修工程工艺流程

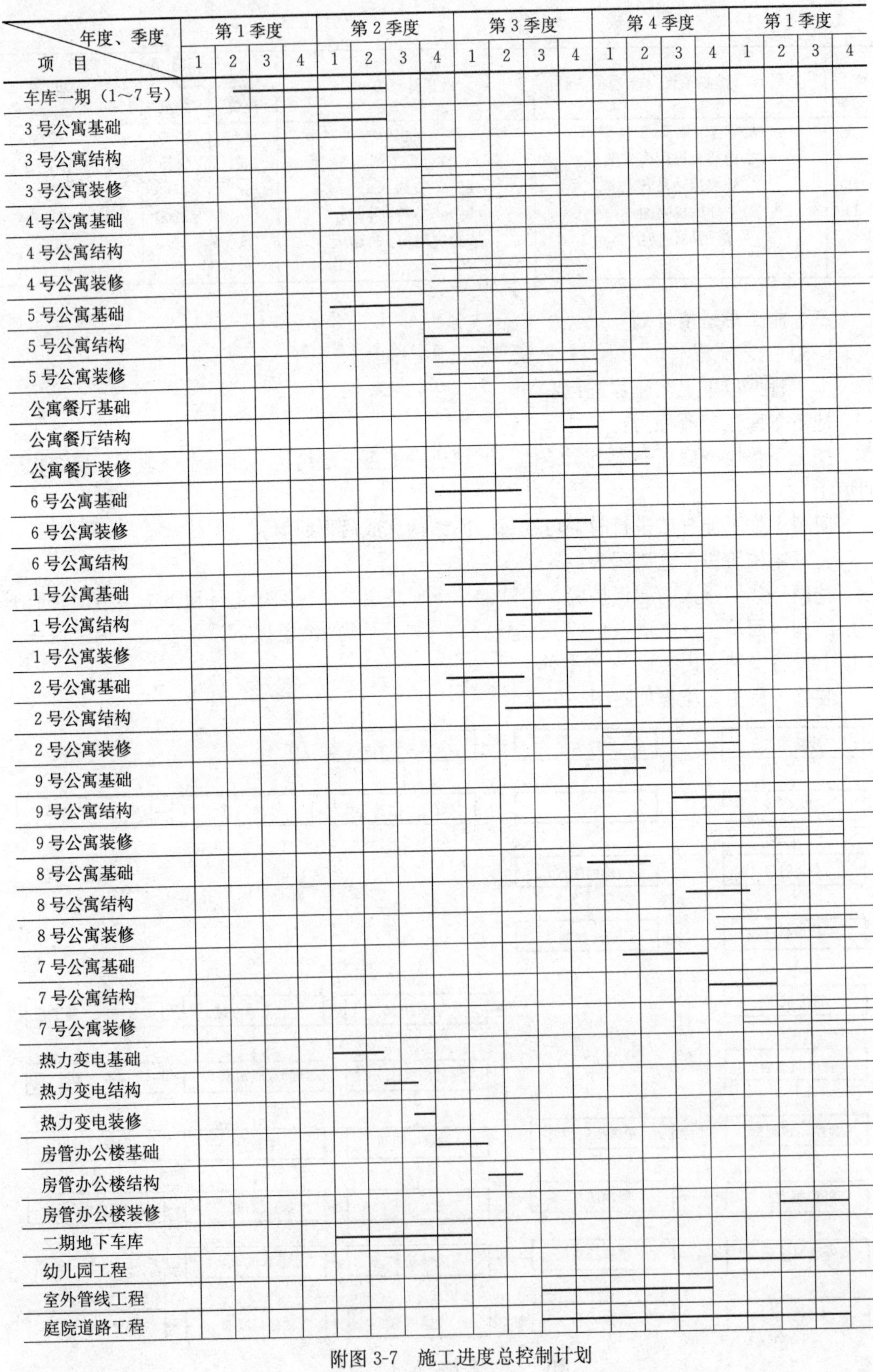

年度、季度 项目	第1季度				第2季度				第3季度				第4季度				第1季度			
	1	2	3	4	1	2	3	4	1	2	3	4	1	2	3	4	1	2	3	4
车库一期（1～7号）																				
3号公寓基础																				
3号公寓结构																				
3号公寓装修																				
4号公寓基础																				
4号公寓结构																				
4号公寓装修																				
5号公寓基础																				
5号公寓结构																				
5号公寓装修																				
公寓餐厅基础																				
公寓餐厅结构																				
公寓餐厅装修																				
6号公寓基础																				
6号公寓装修																				
6号公寓结构																				
1号公寓基础																				
1号公寓结构																				
1号公寓装修																				
2号公寓基础																				
2号公寓结构																				
2号公寓装修																				
9号公寓基础																				
9号公寓结构																				
9号公寓装修																				
8号公寓基础																				
8号公寓结构																				
8号公寓装修																				
7号公寓基础																				
7号公寓结构																				
7号公寓装修																				
热力变电基础																				
热力变电结构																				
热力变电装修																				
房管办公楼基础																				
房管办公楼结构																				
房管办公楼装修																				
二期地下车库																				
幼儿园工程																				
室外管线工程																				
庭院道路工程																				

附图 3-7　施工进度总控制计划

（二）施工进度总控制计划

本项目的施工进度总控制计划见附图3-7所示。

四、施工总平面图

施工总平面图见附图3-8所示。

其他各项设计略。

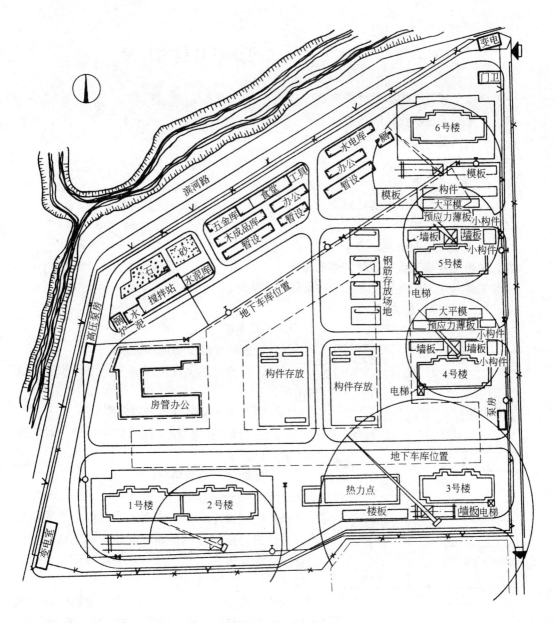

附图3-8 施工总平面图

第六章 单位工程施工组织设计及施工方案编制

第一节 单位工程施工组织设计编制综述

一、单位工程施工组织设计的内容
单位工程施工组织设计的内容如下：
(1) 工程概况。
(2) 施工部署。
(3) 施工进度计划。
(4) 施工准备与资源配置计划。
(5) 主要施工方案。
(6) 施工现场平面布置。

二、单位工程施工组织设计的编制程序
单位工程施工组织设计的编制程序见图 6-1 所示。

三、"工程概况"的内容

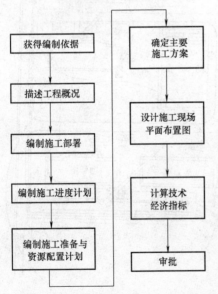

图 6-1 单位工程施工组织设计编制程序框图

1. 工程主要情况
(1) 工程名称性质和地理位置。
(2) 工程的勘察设计监理和总承包等相关单位的情况。
(3) 总承包范围和分包工程范围。
(4) 施工合同、招标文件或总承包单位对工程施工的重点要求。
(5) 其他应说明的情况。

2. 各专业设计简介
(1) 建筑设计简介。依据建设单位提供的建筑设计文件进行描述，包括建筑规模、建筑功能、建筑特点、建筑耐火、防水及节能要求等，并应简单描述工程的主要装修做法。
(2) 结构设计简介。依据建设单位提供的结构设计文件进行描述，包括结构形式、地基基础形式、结构安全等级、抗震设防级别、主要结构构件类型及要求等。

(3) 机电及设备安装专业设计简介。依据建设单位提供的各相关专业设计文件进行描述，包括给水、排水及采暖系统、通风与空调系统、电气系统、智能化系统、电梯等各个

专业系统的做法和要求。

3. 工程施工条件

当单位工程施工组织设计是施工组织总设计的一部分时，工程施工条件可包括"七通一平"情况，材料及预制加工品的供应情况，施工单位的机械、运输、劳动力和企业管理情况等。当单位工程施工组织设计不是施工组织总设计的一部分时，工程施工条件还应包括施工组织总设计的六项施工条件的主要相关内容。

第二节 施工部署和施工方案的编制

一、施工部署的编制

1. 工程施工目标

工程施工目标应根据施工合同、招标文件以及单位工程管理目标的要求确定，包括进度、质量、安全、环境和成本等目标。如果是施工组织总设计中的补充内容时，各目标应满足施工组织总设计中确定的总体目标。

2. 进度安排和空间组织

施工部署中的进度安排和空间组织应符合下列规定：

（1）对本工程的主要分部（分项）工程施工做出统筹安排，工程主要内容和里程碑节点应明确说明，施工顺序应符合工序逻辑关系。

（2）施工流水段结合工程具体情况分阶段进行划分，一般应包括地基基础、主体结构、装饰装修和机电设备安装三个阶段。要根据工程特点及工程量进行科学合理划分，说明划分依据、流水方向，确保均衡流水施工。

3. 施工的重点和难点分析

施工重点和施工难点分析应包括组织管理和施工技术两个方面。工程的重点和难点对不同的工程和不同的企业具有相对性。某些重点和难点工程的施工方法和管理方法可能已经通过专家论证成为企业工法或企业施工工艺标准，此时企业可直接引用。重点难点工程的施工方法选择着重考虑影响整个单位工程的分部（分项）工程，如工程量大、施工技术复杂或对工程质量起关键作用的分部（分项）工程。

4. 工程管理组织机构形式

单位工程施工管理组织的形式选择亦应按照第二章第二节的要求执行，用系统图（或称组织结构图）表达出来，确定项目经理部的部门设置、工作岗位设置及相应的职责划分，作为建立组织机构的科学依据。

5. "四新"要求

对于工程施工中计划开发的新技术和新工艺，选用的新技术和新工艺，都要认真做出部署，确定选题、计划和实施要点。对新材料、新设备的使用应提出明确的对象和技术及管理要求。

6. 分包单位选择

对分包单位的选择做出下列部署：对分包工程范围、招标规划、合同模式、管理方式等，进行简要说明。

二、施工方案的编制

1. 编制原则

（1）结合工程的具体情况和施工工艺、工法等，按照施工顺序进行阐述。

（2）先进性、可行性和经济性兼顾。

2. 施工方案的指定对象

（1）按《建筑工程施工质量验收统一标准》的划分原则，对主要分部（分项）工程制定施工方案。

（2）对脚手架工程、起重吊装工程、临时用水工程、临时用电工程、季节性施工等专项工程编制施工方案，并进行必要的验算和说明。

三、施工方案编制内容

施工方案包括两种情况：一种是专业承包公司独立承包项目中的分部（分项）工程或专项工程所编制的施工方案；另一种是作为单位工程施工组织设计的补充，由施工总承包单位编制的分部（分项）工程或专项工程所编制的施工方案。由施工总承包单位编制的分部（分项）工程或专项工程所编制的施工方案按照下列要求执行（单位工程中已包含的内容可省略）：

（一）工程概况

1. 工程主要情况

工程主要情况包括以下内容：

（1）分部（分项）工程或专项工程名称。

（2）工程参建单位的相关情况。

（3）工程施工范围。

（4）施工合同，招标文件。

（5）总承包单位对工程施工的要求。

2. 设计简介

主要介绍施工范围内的工程设计内容和相关要求。

3. 工程施工条件

重点说明与分部（分项）工程或专项工程相关的内容。

（二）施工安排

1. 工程施工目标

工程施工目标包括进度、质量、安全、环境和成本等目标，各目标应满足施工合同、招标文件和总承包单位对工程施工的要求。

2. 工程施工顺序及施工流水段划分

确定工程施工顺序和施工流水段划分。

3. 主要管理措施和技术措施

针对工程的重点和难点进行施工安排并简述主要管理措施和技术措施。

4. 工程管理组织机构

根据分部（分项）工程或专项工程的规模、特点、复杂程度、目标控制和总承包单位的要求设置工程管理的组织机构，该机构各种专业人员配备齐全，完善项目管理网络，建立健全岗位责任制。

（三）施工进度计划

1. 分部（分项）工程或专项工程进度计划应按照上述施工安排，并结合总承包单位的施工进度计划进行编制。施工进度计划应内容全面、安排合理、科学实用，反映出各施工区段或各工种之间的搭接关系、施工期限和开始、结束时间。施工进度计划应能体现和落实施工总进度计划的目标控制要求；通过编制分部（分项）工程或专项工程进度计划进而体现总进度计划的合理性。

2. 施工进度计划表达方式可以是网络计划或横道图计划，并附必要的说明。

（四）施工准备及资源配置计划

1. 施工准备

（1）技术准备。包括施工所需技术资料的准备，图纸深化和技术交底的要求，试验检验和测试工作计划，样板制作计划，与相关单位的技术交接计划。

（2）现场准备。包括生产、生活等临时设施的准备，与相关单位进行现场交接的计划等。

（3）资金准备。编制资金使用计划。

2. 资源配置计划

（1）劳动力配置计划。确定工程用工量，编制专业工种劳动力计划。

（2）物资配置计划。包括工程材料和设备配置计划，周转材料配置计划，施工机具配置计划，计量、测量和检验仪器配置计划等。

（五）施工方法及工艺要求

1. 施工方法是工程施工期间所采用的技术方案、工艺流程、组织措施、检验手段等。它直接影响施工进度、质量、安全以及工程成本。明确分部（分项）工程或专项工程施工方法，要抓住关键，并进行必要的技术核算。

2. 对易发生质量通病、易出现安全问题、施工难度大、技术含量高的分部（分项）工程或专项工程（工序）等做出重点说明。

3. 施工方法可采用目前国家和地方推广的新技术、新工艺、新材料、新设备，也可以根据工程具体情况由企业创新。企业创新的，要编制计划，制定理论和试验研究实施方案，并组织鉴定评价。

4. 对季节施工应提出具体要求。为此，可以根据施工地点的实际气候特点，提出具有针对性的施工措施。在施工过程中，还应根据气象部门提供的预报资料，对具体措施进行细化。

四、确定施工流向和施工程序

（一）施工流向的确定

施工流向的确定是指单位工程在平面上或竖向上施工开始的部位及展开方向。单层建筑物要确定出分段（跨）在平面上的施工流向；多层建筑物除了应确定每层平面上的流向外，还应确定其层或单元在竖向上的施工流向。竖向施工流水要在层数多的一段开始流水，以使工人不窝工。不同的施工流向可产生不同的质量、时间和成本效果。施工流向应当优化。确定施工流向应考虑以下因素：生产使用的先后，适当的施工区段划分，与材料、构件、土方的运输方向不发生矛盾，适应主导施工过程（工程量大、技术复杂、占用时间长的施工过程）的合理施工顺序，以及保证工人连续工作而不窝工。具体应注意以下

几点:

(1) 车间的生产工艺过程往往是确定施工流向的关键因素,故影响其试车投产的工段应先施工。

(2) 建设单位对生产或使用要求在先的部位应先施工。

(3) 技术复杂、工期长的部位应先施工。

(4) 当有高低层或高低跨并列时,应先从并列处开始;当基础埋深不同时应先深后浅。

(二) 确定施工程序

施工程序指分部工程、专业工程或施工阶段的先后施工关系。

1. 单位工程的施工程序应遵守"先地下、后地上","先土建、后设备","先主体、后围护","先结构、后装修"的基本要求

"先地下、后地上",指的是在地上工程开始之前,尽量把管道、线路等地下设施和土方工程做好或基本完成,以免对地上部分施工有干扰、带来不便、造成浪费、影响质量。

"先土建、后设备",就是说不论是工业建筑还是民用建筑,土建与水暖电卫设备的关系都需要摆正,尤其在装修阶段,要从保质量、讲节约的角度,处理好两者的关系。

"先结构、后装修",主要指框架结构。应注意在总的程序上有合理的搭接。一般来说,多层民用建筑工程结构与装修以不搭接为宜,而高层建筑则应尽量搭接施工,以有效地节约时间。

2. 设备基础与厂房基础之间的施工程序

一般工业厂房不但有柱基础,还有设备基础。特别是重工业厂房,设备基础埋置深,体积大,所需工期较长,比一般柱基础的施工要困难和复杂得多。由于设备基础施工顺序的不同,常会影响到主体结构的安装方法和设备安装投入的时间,因此对其施工顺序需仔细研究决定。一般有下述两种方案:

(1) 当厂房柱基础的埋置深度大于设备基础的埋置深度时,则厂房柱基础先施工,设备基础后施工,即封闭式施工程序。

一般来说,当厂房施工处于雨季或冬季时,可采取"封闭式"施工方案;若设备基础不大,在厂房结构安装后施工对厂房结构稳定性并无影响时,采用设备基础后施工的顺序。对于较大较深的设备基础,有时由于采用了特殊的施工方法(如沉井),也可以采用"封闭式"施工。

(2) 当设备基础埋置深度大于厂房柱基础的埋置深度时,厂房柱基础和设备基础应同时施工,即"开敞式"施工程序。

如果设备基础与柱基础的埋置深度相同或接近,则两种施工顺序均可以选择。只有当设备基础较大较深,其基坑的挖土范围已经与柱基础的基坑挖土范围连成一片,或深于厂房柱基础,以及厂房所在地点土质不佳时,往往采用设备基础先施工的顺序。

3. 设备安装与土建施工的程序关系也呈现复杂情况。土建施工要为设备安装施工提供工作面,在安装的过程中,两者要相互配合。一般在设备安装以后,土建还要做许多工作。总的来看,可以有3种程序关系:

(1) 封闭式施工。对于一般机械工业厂房,当主体结构完成之后,即可进行设备安装。对于精密设备的工业厂房,则应在装饰工程完成后才进行设备安装。这种程序称为

"封闭式施工"。

封闭式施工的优点是：土建施工时，工作面不受影响，有利于构件就地预制、拼装和安装，起重机械开行路线选择自由度大；设备基础能在室内施工，不受气候影响；厂房的桥式吊车可为设备基础施工及设备安装运输服务。

但封闭式施工也有以下缺点：部分柱基回填土要重新挖填，运输道路要重新铺设，故出现重复劳动；设备基础挖土难以利用机械操作；如土质不佳时，设备基础挖土可能影响柱基稳定，故要增加加固措施费；不能提前为设备安装提供工作面，形成土建与设备安装的依次作业，相应地时间较长。

(2) 敞开式施工。对于某些重型厂房，如冶金、电站用房等，一般是先安装工艺设备，然后建造厂房。由于设备安装露天进行，故称"敞开式施工"。敞开式施工的优缺点正与封闭式施工相反。

(3) 平行式施工。当土建为设备安装创造了必要条件后，同时又可采取措施防止设备污染，便可同时进行土建与安装施工，故称"平行式施工"。例如建造水泥厂时最经济的施工方法就是这一种。

4. 要及时完成有关的施工准备工作，为正式施工创造良好条件。包括砍伐树木，拆除已有的建筑物，清理场地，设置围墙，铺设施工需要的临时性道路以及供水、供电管网，建造临时性工房、办公用房、加工企业等。准备工作视施工需要，可以一次完成或者分期完成。

5. 正式施工前，应该先进行平整场地，铺设管网，修筑道路等全场性工程及可供施工使用的永久性建筑物，然后再进行各个工程项目的施工。在正式施工之初完成这些工程，有利于利用永久性管线、道路、房屋为施工服务，从而减少暂设工程，节约投资，并便于现场平面的管理。在安排管线道路施工程序时，一般宜先场外、后场内，场外由远而近，先主干、后分支；地下工程要先深后浅，排水要先下游、后上游。

6. 对于单个房屋和构筑物的施工程序，既要考虑空间程序，也要考虑工种之间的程序。空间程序是解决施工流向的问题，必须根据生产需要、缩短工期和保证工程质量的要求来决定。工种程序是解决时间上搭接的问题，它必须做到保证质量、工种之间互相创造条件、充分利用工作面、争取时间。

7. 在施工程序上要注意施工最后阶段的收尾、调试，生产和使用前的准备，以及交工验收。前有准备，后有收尾，这才是周密的安排。

(三) 划分施工段

见本书第三章第一节 (详略)。

五、施工方法和施工机械的选择

由于建筑产品的多样性、地区性和施工条件的不同，因而施工机械和施工方法的选择也是多种多样的。施工机械和施工方法的选择应当统一协调。也即是说，相应的施工方法要求选用相应的施工机械；不同的施工机械适用于不同的施工方法。选择时，要根据建筑物（构筑物）的结构特征、抗震要求、工程量大小、工期长短、物资供应条件、场地四周环境等因素，拟订可行方案，进行优选后再决策。具体应注意以下各项。

(一) 选择施工机械的原则

施工机械的选择应遵循切合需要、实际可能、经济合理的原则，具体考虑以下几点：

(1) 技术条件。包括技术性能，工作效率，工作质量，能源耗费，劳动力的节约，使用安全性和灵活性，通用性和专用性，维修的难易程度、耐用程度等。

(2) 经济条件。包括原始价值、使用寿命、使用费用、维修费用等。如果是租赁机械，应考虑其租赁费。

(3) 要进行定量的技术经济分析比较，以使机械选择最优。

(二) 选择施工机械的要求

(1) 选择施工机械时，首先应该选择主导工程的机械，根据工程特点决定其最适宜的类型。例如选择起重设备时，当工程量较大而又集中时，可采用塔式起重机或桅杆式起重机；当工程量较小或工程量虽大但又相当分散时，则采用无轨自行式起重机。

(2) 为了充分发挥主导机械的效率，应相应选好与其配套的辅助机械或运输工具，以使其生产能力协调一致，充分发挥主导机械的效率。起重机械与运输机械要配套，保证起重机械连续作业；土方机械如采用汽车运土，汽车的容量应为斗容量的整数倍，汽车数量应保证挖土机械连续工作。

(3) 应力求一机多用及综合利用。挖土机可用于挖土、装卸和打桩，起重机械可用于吊装和短距离水平运输。

(三) 制定施工方法的重点

考虑施工方法选择时，应着重于影响整个工程施工的分部（分项）工程的施工方法。对于按照常规做法和工人熟知的分项工程，则不予详细拟定，只要提出应注意的一些特殊问题即可，一般应考虑以下项目，并详细具体地做出设计。

(1) 工程量大，在单位工程中占有重要地位的分部（分项）工程。

(2) 施工技术复杂的或采用新技术、新工艺及对工程质量起关键作用的分部（分项）工程。

(3) 不熟悉的特殊结构工程或由专业施工单位施工的特殊专业工程。

(4) 方法可行，条件允许时，可以考虑满足施工工艺要求。

(5) 符合国家颁发的专业工程施工质量验收规范和《建筑工程施工质量验收统一标准》GB 50300—2001。

(6) 尽量选择那些经过试验鉴定的科学、先进、节约的方法，尽可能进行技术经济分析。

(7) 要与选择的施工机械及划分的施工段相协调。

(四) 主要分部（分项）工程施工方法的选择

1. 土石方工程

是否采用机械，开挖方法，放坡要求，石方的爆破方法及所需机具、材料，排水方法及所需设备，土石方的平衡调配。

2. 混凝土及钢筋混凝土工程

模板类型和支模方法，隔离剂的选用，钢筋加工、运输和安装方法，混凝土搅拌和运输方法，混凝土的浇筑顺序，施工缝位置，分层高度，工作班次，振捣方法和养护制度等。

在选择施工方法时，特别应注意大体积混凝土的施工，模板工程的工具化和钢筋、混凝土施工的机械化。

3. 结构吊装工程

根据选用的机械设备确定吊装方法,安排吊装顺序、机械位置和行驶路线,构件的制作和拼装方法,场地,构件的运输、装卸和堆放方法,所需的机具和设备型号、数量对运输道路的要求。

4. 现场垂直、水平运输

确定垂直运输量(有标准层的要确定标准层的运输量),选择垂直运输方式,脚手架的选择及搭设方式,水平运输方式及设备的型号、数量,配套使用的专用工具设备(如砖车、砖笼、混凝土车、灰浆车和料斗等),确定地面和楼层上水平运输的行驶路线,合理地布置垂直运输设施的位置,综合安排各种垂直运输设施的任务和服务范围,混凝土后台上料方式。

5. 装修工程

围绕室内装修、室外装修、门窗安装、木装修、油漆、玻璃等,确定采用工厂化、机械化施工方法并提出所需机械设备,确定工艺流程和劳动组织,组织流水施工,确定装修材料逐层配套堆放的数量和平面布置。

6. 特殊项目

如采用新结构、新材料、新工艺、新技术、高耸、大跨、重型构件,以及水下、深基和软弱地基项目等,应单独选择施工方法,阐明工艺流程,主要的平面、剖面示意图,施工方法,劳动组织,技术要求,质量与安全注意事项,施工进度,材料、构件和机械设备需用量。

六、技术组织措施的设计

技术组织措施是指在技术、组织方面对保证质量、安全、节约和季节施工、防止污染等所采用的方法。确定这些方法是施工组织设计编制者带有创造性的工作。

(一)保证质量措施

保证质量的关键是对施工组织设计的工程对象经常发生的质量通病制定防治措施,要从全面质量管理的角度,把措施定到实处,建立质量管理体系,保证"PDCA循环"的正常运转。对采用的新工艺、新材料、新技术和新结构,须制定有针对性的技术措施,以保证工程质量。认真制定放线定位正确无误的措施,确保地基基础特别是特殊、复杂地基基础的措施,保证主体结构中关键部位质量的措施,复杂特殊工程的施工技术组织措施等。

(二)安全施工措施

安全施工措施应贯彻《建设工程安全生产管理条例》和安全操作规程等,对施工中可能发生安全问题的危险源进行预测,提出预防措施。安全施工措施主要包括:

(1)对于采用的新工艺、新材料、新技术和新结构,制定有针对性的、行之有效的专门安全技术措施,以确保安全。

(2)预防自然灾害(防台风、防雷击、防洪水、防地震、防暑降温、防冻、防寒、防滑等)的措施。

(3)高空及立体交叉作业的防护和保护措施。

(4)防火防爆措施。

(5)安全用电和机电设备的保护措施。

(三)降低成本措施

降低成本措施的制定应以施工预算为标准，以企业（或项目经理部）年度、季度降低成本计划和技术组织措施计划为依据进行编制。要针对工程施工中降低成本潜力大的（工程量大、有采取措施的可能性、有条件的）项目，充分开动脑筋，把措施提出来，并计算出经济效果指标，加以评价、决策。这些措施必须是不影响质量的，能保证实施的，能保证安全的。降低成本措施应包括节约劳动力、节约材料、节约机械设备费用、节约工具费、节约间接费、节约临时设施费、节约资金等措施。一定要正确处理降低成本、提高质量和缩短工期三者的对立统一关系，对措施要计算经济效果。

（四）季节性施工措施

当工程施工跨越冬季和雨季时，就要制定冬期施工措施和雨期施工措施。制定这些措施的目的是保质量，保安全，保工期，保节约。雨期施工措施要根据工程所在地的雨量、雨期及施工工程的特点（如深基础，大量土方，使用的设备，施工设施，工程部位等）进行制定。要在防淋、防潮、防泡、防淹、防拖延工期等方面，分别采用"疏导"、"堵挡"、"遮盖"、"排水"、"防雷"、"合理储存"、"改变施工顺序"、"避雨施工"、"加固防陷"等措施。

在冬季，因为气温、降雪量不同，工程部位及施工内容不同，施工单位的条件不同，则应采用不同的冬期施工措施。北方地区冬期施工措施必须严格、周密。要按照《冬期施工手册》或有关资料（科研成果）选用措施，以达到保温、防冻、改善操作环境、保证质量、控制工期、安全施工、减少浪费的目的。

（五）防止环境污染的措施

为了保护环境，防止污染，尤其是防止在城市施工中造成污染，在编制施工方案时应提出防止污染的措施。主要应对以下方面提出措施：

（1）防止施工废水污染的措施。如搅拌机冲洗废水，油漆废液，灰浆水等。

（2）防止废气污染的措施。如熬制沥青、熟化石灰等。

（3）防止垃圾粉尘污染的措施。如运输土方与垃圾，白灰堆放，散装材料运输等。

（4）防止噪声污染的措施。如打桩、搅拌混凝土、混凝土振捣等。

因此，为防止污染，必须遵守有关施工现场及环境保护的有关规定，设计出防止污染的有效办法，列进施工组织设计之中。

第三节 单位工程施工进度计划的编制

单位工程施工进度计划按照其施工部署中的"进度安排和空间组织"进行编制，对工程的施工顺序，各个项目的持续时间及项目之间的搭接关系，工程的开工时间、竣工时间及计划工期等做出安排。如果是施工组织总设计中的单位工程，还应满足施工总进度计划的要求。在这个基础上，可以编制劳动力计划，材料供应计划，成品、半成品计划，机械需用量计划等。所以，施工进度计划是施工组织设计中一项非常重要的内容。

绘制网络计划图或流水施工进度计划横道图。规模大或较复杂的单位工程，宜采用网络计划技术，用计算机管理。

一、单位工程施工进度计划的编制依据

单位工程施工进度计划的编制依据包括：施工总进度计划，施工方案，施工预算，预算定额,施工定额,资源供应状况,领导对工期的要求,建设单位对工期的要求(合同要求)等。这些依据中,有的是通过调查研究得到的。

二、单位工程施工进度计划的编制程序

单位工程施工进度计划的编制程序如图 6-2 所示。

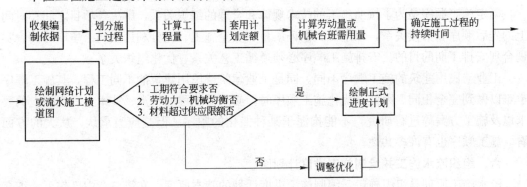

图 6-2 单位工程施工进度计划编制程序

三、划分施工过程

施工过程是进度计划的基本组成单元,其包含的内容多少、划分的粗细程度,应该根据计划的需要来决定。一般说来,单位工程进度计划的施工过程应明确到分项工程或更具体,以满足指导施工作业的要求。通常划分施工过程应按顺序列成表格,编排序号,查对是否遗漏或重复。凡是与工程对象现场施工直接有关的内容均应列入。辅助性内容和服务性内容则不必列入。划分施工过程应与施工方案一致。大型工程常编制控制性进度计划,其施工过程较粗。在这种情况下,还必须编制详细的实施性计划,不能以"控制"代替"实施"。

四、计算工程量和持续时间

计算工程量应针对划分的每一个施工过程分段计算。可套用施工预算的工程量,也可以由编制者根据图纸并按施工方案安排自行计算,或根据施工预算加工整理。施工过程的持续时间最好是按正常情况确定,它的费用一般是最低的。待编制出初始计划并经过计算再结合实际情况作必要的调整,这是避免因盲目抢工而造成浪费的有效办法。按照实际施工条件来估算项目的持续时间是较为简便的办法,现在一般也多采用这种办法。具体计算法也有以下两种,即定额计算法和经验估计法(第三章公式 3-2,3-3)。

注意,公式中的 S,最好是本施工单位的实际水平,也可以参照地区施工定额水平。如果项目是综合性的,它也应是综合的,计算公式是:

$$\overline{S} = \frac{\sum_{i=1}^{n} Q_i}{\dfrac{Q_1}{S_1} + \dfrac{Q_2}{S_2} + \cdots + \dfrac{Q_n}{S_n}} \tag{6-1}$$

式中 $Q_1, Q_2, \cdots, Q_n$——同一性质的各分项工程的工程量;
$S_1, S_2, \cdots, S_n$——同一性质的各分项工程的产量定额;
$\overline{S}$——综合产量定额。

五、确定施工过程的施工顺序

施工顺序是在施工方案中确定的施工流向和施工程序的基础上,按照所选施工方法和

施工机械的要求确定的。有的施工组织设计放在施工方案中确定，有的施工组织设计在编制施工进度计划时具体确定。由于施工顺序是在施工进度计划中正式定案的（编制施工进度计划往往要对施工顺序进行反复调整），所以最好在施工进度计划编制时具体研究确定施工顺序。

确定施工顺序是为了按照施工的技术规律和合理的组织关系，解决各项目之间在时间上的先后顺序和搭接关系，以期做到保证质量、安全施工、充分利用空间、争取时间、实现合理安排工期的目的。安排施工顺序必须遵循工艺关系、优化组织关系。

工业与民用建筑的施工顺序不同。同是工业建筑或民用建筑的不同工程，其施工顺序也难以做到完全相同。因此，优化施工顺序时，必须对工程的特点、技术上和组织上的要求以及施工方案等进行研究，不能拘泥于某种僵化的顺序。但是应当承认，从大的方面看，施工顺序也有许多共性。

六、组织流水施工并绘制施工进度计划图

流水施工原理是组织施工、编制施工进度计划的基本原理，在第三章中已作了详细介绍。编制施工进度计划时，应在做完了以上各项工作之后，编制施工进度计划图，此时应注意以下几点：

(1) 首先应选择进度图的形式。可以是横道图，也可以是网络图。为了方便与国际交往，使用计算机计算、调整和优化，提倡使用网络计划。使用网络计划可以是无时标的，也可以是有时标的。当计划定案后，最好绘制时标网络计划，使执行者更直观地了解计划。

(2) 安排计划时应先安排各分部工程的计划，然后再组合成单位工程施工进度计划。

(3) 安排各分部工程施工进度计划应首先确定主导施工过程，并以它为主导，尽量组织等节奏流水或异节奏流水，从而组织单位工程的分别流水。

(4) 施工进度计划图编制以后要计算总工期并进行判别，看是否满足工期目标要求，如不满足，应进行调整或优化。然后绘制资源动态曲线（主要是劳动力动态曲线），进行资源均衡程度的判别，如不满足要求，再进行资源优化，主要是"工期规定、资源均衡"的优化。

(5) 优化完成以后再绘制正式的单位工程施工进度计划图，付诸实施。

七、施工进度计划的主要评价指标

施工进度计划的主要评价指标有以下几项：

(1) 计划工期　　自开工之日到竣工之日的全部日历天数　　　　　　　(6-2)

(2) 提前时间　　提前时间＝上级要求或合同要求工期－计划工期　　　(6-3)

(3) 劳动力不均衡系数

$$劳动力不均衡系数 = \frac{高峰人数}{平均人数} \tag{6-4}$$

式中，平均人数为每日人数之和被计划工期除得之商。劳动力不均衡系数在 2 以内为好，超过 2 则不正常。

(4) 单方用工数

$$单位工程单方用工数 = \frac{总用工数(工日)}{建筑面积(m^2)} \tag{6-5}$$

(5) 工日节约率

$$总工日节约率 = \frac{施工预算用工数(工日) - 计划用工数(工日)}{施工预算用工数(工日)} \times 100\% \quad (6-6)$$

(6) 大型机械单方台班用量

$$大型机械单方台班用量 = \frac{大型机械台班用量(台班)}{建筑面积(m^2)} \quad (6-7)$$

(7) 建安工人日产值

$$建安工人日产值 = \frac{计划施工工程造价(元)}{进度计划日期 \times 每日平均人数(工日)} \quad (6-8)$$

第四节 施工准备工作和资源配置计划的编制

一、施工准备工作

施工准备工作既是单位工程开工的条件，也是施工中的一项重要内容。开工之前必须为开工创造条件，开工后必须为施工创造条件。因此，它贯穿于施工过程的始终。所以，在施工组织设计中必须进行规划，实行责任制，且宜在施工进度计划编制完成后进行。单位工程施工组织设计的施工准备比起施工组织总设计的相应部分应相对具体，也包括技术准备、现场准备和资金准备。

1. 技术准备

技术准备包括施工所需资料的准备，施工方案编制计划，试验检验及设备调试工作计划，样板制作计划等。要求如下：

(1) 主要分部（分项）工程和专项工程在施工前应单独编制施工方案，施工方案可根据工程进展情况，分阶段编制完成。对需要编制的主要施工方案应制定编制计划。

(2) 试验检验及设备调试工作计划应根据现行规范、标准中的有关要求及工程规模、进度等实际情况制定。

(3) 样板制作计划应根据施工合同或招标文件的要求并结合工程特点制定。

2. 现场准备

现场准备应根据现场施工条件和工程实际需要进行，包括绘制施工现场平面布置图、准备生产临时设施、生活临时设施。

3. 资金准备

应根据施工进度计划编制资金使用计划。

施工准备工作计划表见表6-1。

单位工程施工准备工作计划   表6-1

序号	准备工作项目	简要内容	负责单位	负责人	起止日期		备注
					日/月	日/月	

二、资源配置计划

1. 资源配置计划的种类

(1) 劳动力配置计划。应包括确定施工阶段用工量和根据施工进度计划确定各施工阶段劳动力配置计划。

（2）物资配置计划

物资配置计划包括：

1）主要材料和设备的配置计划。应根据施工进度计划确定，包括施工阶段所需主要工程材料、设备的种类和数量；

2）工程主要周转材料和施工机具的配置计划。应根据施工部署和施工进度计划确定，包括各施工阶段所需主要周转材料、施工机具的种类和数量。

2. 单位工程劳动力需要量计划

单位工程劳动力需要量计划是根据单位工程施工进度计划编制的，可用于调配劳动力，安排生活福利设施，优化劳动组合。将单位工程施工进度计划表内所列的各施工过程每天（每旬、每日）所需的工人人数按工种进行汇总即可得出每天（每旬、每月）所需的各工种人数。表式如表6-2所示。

单位工程劳动力需要量计划　　　　表6-2

序号	工种名称	人数	时间（ ）																
			1	2	3	4	5	6	7	8	9	10	11	12	13	14	15	16	17	18	…

3. 单位工程主要材料需要量计划

单位工程主要材料需要量计划可用以备料、组织运输和建库（堆场）。可将进度表中的工程量与消耗定额相乘、加以汇总、并考虑储备定额计算求出，也可根据施工预算和进度计划进行计算，其计划表式如表6-3所示。

单位工程主要材料需要量计划　　　　表6-3

序号	材料名称	规格	需要量		供应时间	备注
			单位	数量		

4. 单位工程构件需要量计划

构件需要量计划用以与加工单位签订合同，组织运输，设置堆场位置和面积。应根据施工图和施工进度计划编制。单位工程构件需要量计划如表6-4所示。

单位工程构件需要量计划　　　　表6-4

序号	品名	规格	图号	需要量		使用部位	加工单位	备注
				单位	数量			

5. 单位工程施工机械需要量计划

施工机械需要量计划用以供应施工机械，安排机械进场、工作和退场日期，可根据施工方案和施工进度计划进行编制。单位工程施工机械需要量计划表式如表6-5所示。

单位工程施工机械需要量计划 表 6-5

序号	机械名称	类型型号	需要量		来源	使用起止时间	备注
			单位	数量			

第五节 单位工程施工平面图设计和技术经济指标

一、单位工程施工现场平面布置图

（一）单位工程施工现场平面布置图（以下简称施工平面图）概述

施工平面图是布置施工现场的依据，也是施工准备工作的一项重要依据，是实现文明施工，节约土地，减少临时设施费用的先决条件。其绘制比例一般为 1：200～1：500。如果单位工程施工平面图是拟建建筑群的组成部分，它的施工平面图就是全工地总施工平面图的一部分，应受到全工地总施工平面图的约束，并应具体化。

1. 施工平面布置图的布置原则和要求

施工现场平面布置图的布置原则和要求与第五章第二节之"七"中的内容相同。

2. 施工现场平面布置图应包括的内容

（1）工程施工场地状况。

（2）拟建建（构）筑物的位置、轮廓尺寸、层数等。

（3）工程施工现场的加工设施、存储设备、办公和生活用房等的位置和面积，包括：材料、加工半成品、构件和机具的堆场，生产、生活用临时设施。如搅拌站、高压泵站、钢筋棚、木工棚、仓库、办公室、供水管、供电线路、消防设施、安全设施、道路以及其他需搭建或建造的设施。

（4）在施工现场的垂直运输设施（移动式起重机的开行路线及垂直运输设施的位置）、供电设施、供水设施、排水排污设施和临时施工道路等。

（5）施工现场必备的安全消防、保卫和环境保护等设施。

（6）相邻的地上、地下既有建（构）筑物及相关环境。

（7）测量放线标桩、地形等高线和取舍土地点。

（8）必要的图例、比例尺，方向及风向标记。

上述内容可根据建筑总平面图、施工图、现场地形图、现有水源和电源、场地大小、可利用的已有房屋和设施、调查得来的资料、施工组织总设计、施工方案、施工进度计划等，经过科学的计算甚至优化，并遵照国家有关规定来进行设计。

3. 单位工程施工平面图的设计步骤

单位工程施工平面图的一般设计步骤是：

确定起重机的位置→确定搅拌站、仓库、材料和构件堆场、加工厂的位置→布置运输道路→布置行政管理、文化、生活、福利用临时设施→布置水电管线→计算技术经济指标。合理的设计步骤有利于节约时间、降低成本、减少矛盾。

（二）单位工程施工平面图的设计要点

1. 起重设施布置

井架、门架等固定式垂直运输设备的布置，要结合建筑物的平面形状、高度、材料及构件的重量，考虑机械的负荷能力和服务范围，做到便于运送，便于组织分层分段流水施工，便于楼层和地面的运输，缩短运距。

塔式起重机的布置要结合建筑物的形状及四周的场地情况布置。起重高度、幅度及起重量要满足要求，使材料和构件可达建筑物的任何使用地点。路基按规定进行设计和建造。

履带吊和轮胎吊等自行式起重机的行驶路线要考虑吊装顺序、构件重量、建筑物的平面形状、高度、堆放场位置以及吊装方法等。

还要注意避免机械能力的浪费。

2. 搅拌站、加工厂、仓库、材料、构件堆场的布置

它们要尽量靠近使用地点或在起重机起重能力范围内，运输、装卸要方便。

搅拌站要与砂、石堆场及水泥库一起考虑，既要靠近，又要便于大宗材料的运输装卸。木材棚、钢筋棚和水电加工棚可离建筑物稍远，并有相应的堆场。

仓库、堆场的布置，应进行计算，能适应各个施工阶段的需要。按照材料使用的先后，同一场地可以供多种材料或构件堆放。易燃、易爆品的仓库位置，须遵守防火、防爆安全距离的要求。

石灰、淋灰池要接近灰浆搅拌站布置。在允许现场进行沥青熬制时，地点要离开易燃品库，均应布置在下风向。在城市施工时，应使用沥青厂的沥青，不准在现场熬制。

构件重量大的，要在起重机臂下，构件重量小的，可离起重机稍远。

3. 运输道路的修筑

应按材料和构件运输的需要，沿着仓库和堆场进行布置，使之畅行无阻。宽度要符合规定，单行道不小于3～3.5m，双车道不小于5.5～6m。路基要经过设计，转弯半径要满足运输要求。要结合地形在道路两侧设排水沟。总的说来，现场应设环形路，在易燃品附近也要尽量设计成进出容易的道路。木材场两侧应有6m宽通道，端头处应有12m×12m回车场。消防车道宽度应不小于3.5m。

4. 行政管理、文化、生活、福利用临时设施的布置

应使用方便，不妨碍施工，符合防火、安全的要求，一般建在工地出入口附近。要努力节约，尽量利用已有设施或正式工程，必须修建时要经过计算确定面积。

5. 供水设施的布置

临时供水首先要经过计算、设计，然后进行设置，其中包括水源选择、取水设施、贮水设施、用水量计算（施工用水、机械用水、生活用水、消防用水）、配水布置、管径的计算等。单位工程施工组织设计的供水计算和设计可以简化或根据经验进行安排。一般5000～10000m^{2}的建筑物施工用水主管径为50mm，支管径为40mm或25mm。消防用水一般利用城市或建设单位的永久消防设施。如自行安排，应按有关规定设置。消防水管线直径不小于100mm，消火栓间距不大于120m，布置应靠近十字路口或道边，距道边不大于2m，距房屋不少于5m。高层建筑施工用水要设置蓄水池和加压泵，以满足高处用水需要。管线布置应使线路总长度小，消防管和生产、生活用水管可以合并设置。

6. 临时供电设施

临时供电设计，包括用电量计算、电源选择、电力系统选择和配置。用电量包括电动

机用电量、电焊机用电量、室内和室外照明容量。如果是扩建的单位工程，可计算出施工用电总数，请建设单位解决，不另设变压器。独立的单位工程施工，要计算出现场施工用电和照明用电的数量，选用变压器和导线的截面及类型。变压器应布置在现场边缘高压线接入处，离地应大于30cm，在2m以外四周用高度大于1.7m铁丝网围住以保安全，但不要布置在交通要道口处。

（三）单位工程施工平面图的评价指标

为评价单位工程施工平面图的设计质量，可以计算下列技术经济指标并加以分析，以有助于施工平面图的最终合理定案。

(1) 施工用地面积及施工占地系数：

$$施工占地系数 = \frac{施工占地面积(m^2)}{建筑面积(m^2)} \times 100\% \tag{6-9}$$

(2) 施工场地利用率：

$$施工场地利用率 = \frac{施工设施占用面积(m^2)}{施工用地面积(m^2)} \times 100\% \tag{6-10}$$

(3) 临时设施投资率：

$$临时设施投资率 = \frac{临时设施费用总和(元)}{工程总造价(元)} \times 100\% \tag{6-11}$$

二、单位工程施工组织设计主要技术经济指标体系

单位工程施工组织设计中技术经济指标应包括：工期指标；劳动生产率指标；质量指标；安全指标；降低成本率；主要工程工种机械化程度；三大材料节约指标。这些指标应在施工组织设计基本完成后进行计算，并反映在施工组织设计的文件中，作为考核的依据。

施工组织设计技术经济分析主要指标应是：

(1) 计划工期指标（见施工进度计划评价指标）。

(2) 单方用工（见公式6-5）。

(3) 质量等级。这是在施工组织设计中确定的控制目标。主要通过保证质量措施实现，可分别对单位工程、分部分项工程确定。

(4) 主要材料节约指标。可分别计算主要材料节约量，主要材料节约额或主要材料节约率，而以主要材料节约率为主。

$$主要材料节约量 = 技术组织措施节约量 \tag{6-12}$$

或

$$主要材料节约量 = 预算用量 - 施工组织设计计划用量 \tag{6-13}$$

$$主要材料节约率 = \frac{主要材料计划节约额(元)}{主要材料预算金额(元)} \times 100\% \tag{6-14}$$

或

$$主要材料节约率 = \frac{主要材料节约量}{主要材料预算用量} \times 100\% \tag{6-15}$$

(5) 大型机械耗用台班用量（见公式6-7）及费用。

$$单方大型机械费 = \frac{计划大型机械费(元)}{建筑面积(m^2)} \tag{6-16}$$

(6) 降低成本指标。

$$降低成本额 = 承包成本 - 施工组织设计计划成本 \tag{6-17}$$

$$降低成本率 = \frac{降低成本额(元)}{承包成本(元)} \times 100\% \tag{6-18}$$

图 6-3 是施工组织设计技术经济分析指标体系；以上所列 6 项指标是其中的主要指标，应重点掌握。

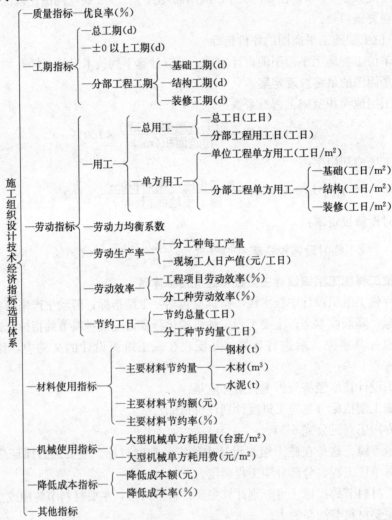

图 6-3 施工组织设计技术经济分析指标体系

附件四

单位工程施工组织设计实例
（电信大厦工程施工组织设计）

一、工程概况

本工程由主楼、附楼两部分组成，主楼建筑面积 27005m²，附楼建筑面积 3000m²。

主楼为框架-筒体结构，平面尺寸 30m×30m（轴距），地下 2 层，地上楼体 23 层，塔楼 8 层，共 33 层。首层层高 3.9m，2 层 3.6m，3～23 层 4.2m，建筑物总高 150m（附图 4-1）。主楼为箱形基础，底板下皮标高 −11.50m，自然地坪标高 −1.9m，基础埋深 9.60m。底板厚 1.8m，底板下为直径 800mm、长 32.1m 的钢筋混凝土灌注桩 248 根。

主楼平面双向均为 5 个开间，柱网间距分 6m、7m 两种，四角为 4 个筒体，其余部分为框架。除筒体外整个楼板为钢筋混凝土现浇密肋楼盖，密肋梁中距 1.2m。主楼局部外墙、附楼外墙采用混凝土空心砌块，内墙采用轻质隔墙。标准层平面见附图 4-2。

外檐装饰 1～3 层为花岗石板，3 层以上为银白色复合铝合金板及玻璃幕墙。内墙除普通抹灰外，营业厅有花岗石墙面，会议室有吸声墙面，电池室有耐酸瓷砖墙面等。楼地面有花岗石、水磨石、地面砖、耐酸瓷砖、木地板等。吊顶为吸声顶棚、防潮顶棚、保温顶棚等。

楼内设两部楼梯，三部电梯。工艺用房有机房、线房、非话机房、发展机房、微波机房、电力电池房、数据库、电话会议室、交换台、充气室、线务室、办公室等。附楼内为办公及营业大厅。

设备管线系统有供水系统（冷、热），排水系统，空调系统，供电系统，供热系统，火警系统，烟感温感自动灭火系统。

通信方面内设两个方向 128 孔，有微波通信、非话通信、移动通信、长途自动交换台，微波天线为四方八面布置。

主楼主要实物工作量见附表 4-1。

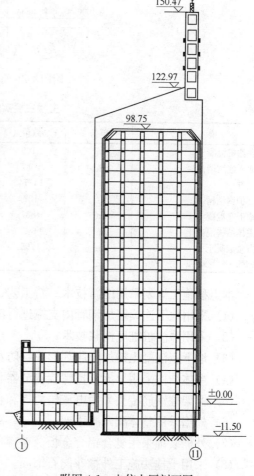

附图 4-1 电信大厦剖面图

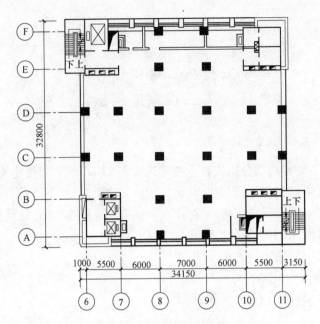

附图 4-2 标准层平面图

主楼主要实物工作量表　　　　　　　　　　　　　　　　　附表 4-1

项 目	单位	数量	项 目	单位	数量
灌注桩混凝土	m³	5199	内檐墙柱抹灰	m²	22158
地下连续墙混凝土	m³	1087	吊顶顶棚	m²	6700
土方	m³	14774	花岗石地面	m²	1560
支护钢结构	t	127	水磨石地面	m²	17500
地下室混凝土	m³	4837	水泥地面	m²	3040
主体结构混凝土	m³	14800	外墙玻璃幕	m²	6990
塔楼混凝土	m³	1165	外墙铝合金墙板	m²	7290
砌体	m³	3770			

本工程施工计划采用的新技术、新工艺、新材料如下：

(1) 采用地下连续墙加钢管内支撑进行深基坑支护；
(2) 采用灌注桩桩底注浆技术；
(3) 地下室混凝土掺加膨胀剂形成自防水混凝土；
(4) 主体结构采用早拆支撑螺旋调节器和塑料模壳支模；
(5) 框架柱钢筋接头采用电渣压力焊和直螺纹连接；
(6) 外檐采用整体爬升脚手架；
(7) 外檐装饰采用复合铝合金板及玻璃幕；
(8) 采用干挂法施工外檐花岗石饰面。

二、项目管理目标

1. 质量目标

本工程将严格按照 ISO 9000 国际标准进行管理、施工，实现"主体坚固，安装精确，装修精致，充分体现设计意图"，确保工程质量达到国家验收规范合格标准，争创市（省）级优质工程。

2. 工期目标

满足工程合同的工期要求，在 195d 内完成桩基、基坑支护及地下工程，部位达到 ±0.00，再用 285d 完成主体及塔楼工程，总工期为 30 个月。

3. 安全目标

严格按照国家、地方和企业安全生产法规和规范，以 GB/T 18001 职业健康安全管理体系标准组织生产，按企业在施工程的最高标准采取切实可行措施和进行充足的投入，确保安全生产达标。现场设置电视、电脑监控系统，做到统一标识，封闭施工，严格管理。保证各种设施机具安全、良好、可靠，各种防护措施安全有效。现场设专职交通管理员，对施工设备和车辆进行专业管理，保证运行畅通，无行车事故，无交通堵塞现象，无机械事故，无重大伤亡、火警事故，一般工伤频率控制在 1.5‰ 以内，交通事故率为零。

现场消防设施布置合理，齐全有效，设置专职消防人员 24h 值班巡视。

进入现场人员实行分类胸卡管理，专业保安员管理。

4. 成本目标

成本降低达到 3.5%。

5. 文明施工目标

严格按照 GB/T 14001 环境管理体系实施，充分体现"绿色环保"理念，坚持办公区域、生活区域、临建设施标准化，现场布置规范化，施工管理科学化，日干日清经常化的"六化"标准。积极维护市容市貌，密切配合交通部门做好交通疏导工作，达到市级文明施工样板工地。

6. 环境保护目标

按照 GB/T 14001 环境管理体系的要求进行管理。严格执行对易燃、易爆、污染、化学物料的标准化管理，对产生粉尘、噪声、电磁污染的工艺进行防治，最大限度地减少机械噪声，做好防尘，不污染环境。现场重点对防止跑冒滴漏的水、油及粉尘的控制，做到办公区域花园化，集体宿舍军事化。

三、施工部署

(1) 本工程组建项目经理部。项目经理部由项目经理、项目工程师、工长、计划员、质量员、安全员、预算员、成本员、器材组组成。

(2) 总施工顺序：场地处理→地下连续墙施工→灌注桩施工→土方开挖→基础结构施工→回填土→主体结构施工→附楼主体施工→主、附楼装修施工→设备管道安装→室外配套工程施工→竣工。

主体平面面积较小，主体施工不分流水段。

(3) 施工进度计划：

桩基及地下连续墙工程	3 个月	
土方及支撑安装	1 个月	
地下室结构	2.5 个月	
地上主体结构	7.5 个月	
塔楼结构	2 个月	
内外装饰工程	15.5 个月	（与塔楼及主体穿插进行）
安装工程	8.5 个月	

室外工程		1.5个月
总工期		30个月

各阶段实行穿插作业，主体到达8层时插入砌墙施工，主体到16层时插入内檐底灰施工，在8层、16层设隔离层，把漏水孔洞控制在最小限度，防止上层抹灰浇水时对下层抹灰的冲刷。

具体计划见施工进度网络图（附图4-3）。

（4）垂直运输设备布置：在建筑物西侧设德国利勃海尔200HC塔吊一台，最大工作幅度60m，最大起重量8t，最小起重量2.3t，吊钩高度可达180m，负责钢筋、模板的运输。主体到8层时设龙门架两台，主体到10层后，在建筑物南侧设一台附壁式人货电梯，负责砌墙、抹灰材料的运输。

因受塔节数量限制，该塔吊只能完成100m以下的垂直运输，因此塔楼施工时在98m屋顶上靠塔楼搭设龙门架一座，塔楼施工所需的工具和混凝土先由塔吊运至98m屋顶，再用龙门架运至施工面。

四、施工准备

（1）施工现场非常狭窄，现场内不能形成循环道路，因此在西面、南面设两个进出口，进出口处的现场浇筑60mm厚混凝土地面。

（2）场地原有老房基础影响桩机钻孔，进场后先对地下障碍进行处理，用挖土机泛槽1.5m，清出地下障碍物，然后进行平整碾压。

（3）组织技术人员收集学习深基坑支护的有关资料，掌握深基坑支护技术的概况和现状。

（4）摸清大直径钢管支撑的货源、价格，了解灌注桩、地下连续墙施工队伍的设备、技术水平等状况，为选择可靠的分包队伍作准备。

（5）经计算，现场施工用电设两台315kVA变压器（计算过程略）。

（6）该工程由于采用预拌混凝土，结构施工用水量不大，装修阶段用水量一般，经过比较，基础灌注桩、地下连续墙施工用水量最大，因此以灌注桩、地下连续墙及消防用水为依据，计算出供水管径为100mm（计算过程略）。

（7）施工设备机具计划见附表4-2。

施工设备机具计划　　　　　　　　　　附表4-2

名称	规格	单位	数量	名称	规格	单位	数量
推土机	T_3-100型	台	1	砂浆搅拌机	HJZ-200	台	3
潜水钻机		台	3	高压水泵	2B-19型	台	2
液压抓斗	BH12	台	1	混凝土输送泵	IPF-185B	台	2
挖土机		台	1	发电机		台	1
塔吊	200HC	台	1	蛙夯	HW-201型	台	2
电梯	76-Ⅱ	台	1	磨石机		台	20
电焊机	BX_3-250	台	12	纸筋灰浆机		台	2
对焊机	100kW	台	2	电锯		台	2
切断机	GJ5-40	台	2	无齿锯	Φ350	台	4
吊车	16t、40t	台	各1	电动吊篮		套	16
卷扬机	JJM-3	台	2	龙门架		套	3

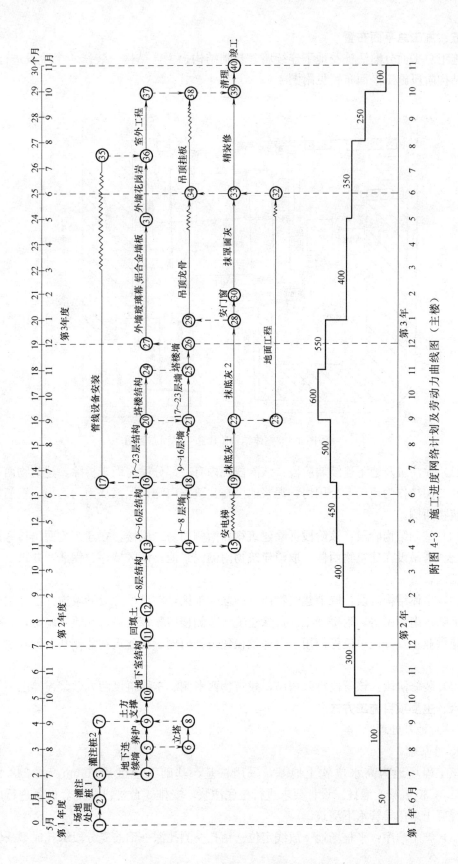

附图 4-3 施工进度网络计划及劳动力曲线图（主楼）

五、施工总平面布置

施工总平面分灌注桩及地下连续墙、基础结构、主体结构、装修4个阶段进行布置，主体结构阶段施工平面布置见附图4-4。

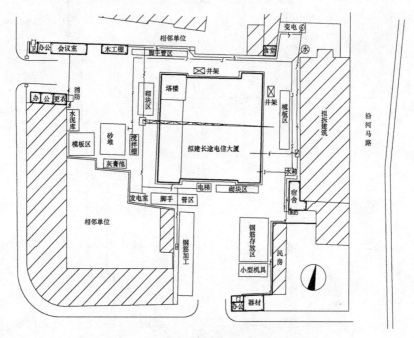

附图4-4 主体结构阶段施工平面布置图

（1）灌注桩及地下连续墙阶段：该阶段院内有一部分民房尚未拆除，建筑物西南侧有一简易二层楼作为现场办公用房，泥浆池设在建筑物南侧，泥浆从南门运出。钢筋加工设在建筑物西侧。

（2）基础结构阶段：该阶段拆除建筑物西南侧简易二层楼，在建筑物西出口旁搭设临建办公。塔吊设在建筑物西侧，取消建筑物南侧泥浆池。该区域存放钢筋，并再设一处钢筋加工区。

（3）主体结构阶段：取消建筑物西侧钢筋加工区，在塔吊旁设砂浆搅拌区。主体施工后期拆除东南侧民房，附楼开工。拆除建筑物东侧楼房，该处进行地热井施工，并搭设部分临建供业主及分包单位等使用。电梯设在建筑物南侧，在建筑物北侧和东侧各设一台龙门架。

（4）装修阶段：该阶段拆除塔吊，建筑物西南侧、东侧再设两处砂浆搅拌区。

六、主要项目施工方法

（一）地基处理

1. 桩基础

该工程场地为高水位软土地基，采用桩基，基础工程桩 $\phi 800mm$，共248根，长32.1m，C30混凝土灌柱。设计要求进行桩底注浆，安排3台桩机及配套设备进行成孔施工。混凝土采用导管水下浇筑。

（1）施工顺序：平整场地→放线定位→钻孔→测孔深→钢筋笼分段绑扎成型→验筋→

下钢筋笼→浇筑混凝土。

(2) 钻孔倾斜的预防措施：选择大功率和大扭矩的钻机，施工场地做硬化处理，铺设素混凝土（C10），预留出桩位，确保钻机就位后地基坚实不塌陷。

钻机每台配备 2 根 6～9m 钢轨作为移动轨道，先在硬化地面铺设枕木，然后根据测量定位铺设钢轨并予以固定，保证钻机的平稳，减少钻孔倾斜，并能防止桩位偏移。

钻机就位后，开钻前用水平尺调整水平和钻杆的垂直度。在钻进过程中每 10m 定时检查和调整钻机水平钻杆的垂直度，发现问题及时修复。

在钻进中，加大钻具的配重，实行减压钻进，可以保证钻具处于铅垂状态，有效地解决钻进中钻孔倾斜。成孔之后，使用精密仪器检测钻孔质量，如发现问题及时进行修孔。

(3) 钢筋笼分 3 段绑扎，每吊放进孔内 1 段后在孔口焊接第 2 段，混凝土由搅拌站用罐车供至现场，采用导管浇筑，导管上端安装料斗，罐车内混凝土直接放入料斗浇筑。

桩顶混凝土浇筑应比设计标高多浇筑 60cm，以保证凿除桩顶夹杂浮浆后桩顶标高能符合设计要求。

(4) 钻孔灌注桩后注浆：

1) 压浆管布设：每根桩对称地布置两根冷轧管（管径 26mm）。第一节（喷头）底部超出钢筋笼底端 300mm，预先焊接在钢筋笼上，其底端封死。在离底端 500～800mm 范围内采用十字交叉法钻小孔（ϕ5mm@50mm），以便于水泥浆的压注。为防止浆液堵塞压浆管，在下放压浆管之前先用生胶带和自行车内胎或三轮车内胎包住孔眼并用细铁丝绑牢。其余压浆管连接好后绑扎在钢筋笼上，随钢筋笼下放。每节压浆管之间，采用丝扣连接，连接时丝扣处需用防水胶带缠绕。

2) 压力注浆设备：BW150 压浆泵；JW180 灰浆搅拌机；地面管线。

3) 压力灌浆工艺流程：灌注混凝土→连接临时管线→试压水→配制水泥→压力注浆→卸除并清洗临时地面管线。

4) 压浆参数：

压浆时间：成柱后 24h 后清洗压浆管，3d 后压浆。

浆液配合比：水灰比 0.5～0.6，使用 32.5 级水泥。

灌浆压力：桩底端不大于 3.5MPa。

压浆泵排量：初压桩端时，排量用 BW150 泵的次低排量（80～90L/min），正常后排量可适当提高（120～150L/min）。

压浆终止条件：满足单桩设计定量终止压浆。

5) 注浆质量保证措施

成孔时要保证钻孔垂直度，尽量避免缩径，减少孔底沉渣，以保证钢筋笼和压浆管顺利下入，否则钢筋笼上下提动多次，会将包扎压浆管端部喷头上的防水胶皮擦破，导致水泥浆进入压浆管道形成堵塞，日后无法压浆。

桩底的喷头超出钢筋笼端部，钢筋笼到孔底时，喷头则靠钢筋笼的重力压入桩端土或孔底沉渣内。

下钢筋笼前，孔内沉渣过多时必须及时处理，然后方可下钢筋笼。

压浆管接头要牢固、密封，接好后注清水检查是否有渗漏现象，压浆管高出地面 30cm，并用堵头堵严，以防泥浆进入，并设标志。

压浆前应检查设备是否能正常运转。压浆完毕要及时清洗地面管路及灰浆泵。

水泥浆搅拌时间应大于 3min，且不超过 4h，超过 4h 没有灌注的水泥浆作废浆处理。

2. 降水

采用大口井降水。由于地下连续墙有止水作用，因此只对槽内降水。沿地下连续墙内侧角部各设一口大口井，两角之间再设一口，共 8 口。井管直径 500mm，井深 16m，开挖后在槽底四周设明沟，明沟与大口井连通，井内置潜水泵，井内水经潜水泵抽至槽上沉淀池，经沉淀后排入市政排水管道。降水在开挖前两周开始进行。

3. 基坑支护设计与施工

（1）基坑支护结构由施工单位自行设计。基坑深 9.6m，基坑北侧 13m 处有一框架结构 8 层楼房（桩基），东侧 13m 处有一待拆二层楼房（现场办公用）。地下水位埋深 1.6m 左右。根据场地、周围环境及地质情况，经过多种方案比较，决定采用地下连续墙加钢管内支撑的支护结构（附图 4-5）。

地下连续墙深 16.6m，厚 600mm，开挖后悬臂 9.6m（包括冒梁），嵌固深度约 7m。冒梁高 60mm，宽 700mm。混凝土强度等级 C30，抗渗等级 P6。支撑采用直径 609mm、

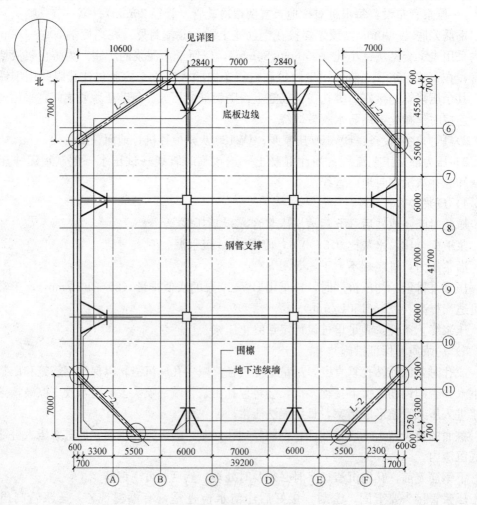

附图 4-5 深基坑支护平面图

壁厚11mm钢管,"井"字形布置,四角再设角撑,围檩采用四根30号槽钢组合拼成。

(2) 施工顺序:放线→导槽施工→成槽→钢筋笼绑扎成型→验筋验槽→下钢筋笼→下接头管→下混凝土导管→浇筑混凝土→拔出导管。

(3) 地下连续墙成槽采用意大利BH-12型液压抓斗一台,每5.7m为一段,分段成槽,分段浇筑。段与段之间采用哑铃式接头管,每段混凝土浇筑完初凝后拔出接头管。

为防槽壁坍塌,采用膨润土泥浆护壁。在挖槽过程中随着槽孔的加深向槽内不断加入泥浆,保持泥浆对槽壁的压力。

钢筋笼下槽采用40t和16t两台汽车吊配合施工,避免笼体一端着力而变形。为满足钢筋笼吊起下槽时的整体刚度,在钢筋笼两排筋之间设三道纵向钢筋桁架,钢筋笼水平吊运时在笼内插设脚手管。

地下连续墙混凝土在泥浆中利用导管连续浇筑,槽孔内混凝土面上升速度每小时不小于2m,混凝土面高差小于0.5m。浇筑时导管埋入混凝土面的深度控制在1~4m,避免脱空。混凝土面距槽口5m左右时加快排除槽口泥浆,减少泥浆对混凝土的压力。

地下连续墙分段浇筑完毕后,清理导槽,剔除夹杂层,绑冒梁钢筋。利用700mm宽导槽作冒梁模板,直接浇筑冒梁混凝土。冒梁上每隔2m下一块埋件,以备焊钢筋提拉围檩。

(4) 地下连续墙及冒梁达到设计强度70%后,进行第一步挖土,先挖深4m,安装围檩和钢管支撑。钢管支撑就位后先用千斤顶施加预应力,然后在钢管支撑与围檩之间塞进钢垫板或钢楔。

钢管支撑与第二步挖土交替进行,挖一段土安一段钢管支撑,尽量减少第二步土中人工挖土量,甩下的土人工挖后装入土斗用塔吊运至槽上。

在第二步挖土过程中,边挖边对钢管支撑加竖向临时支柱,支柱采用φ200钢管,下端支在桩头上,支柱埋在底板混凝土内的一段焊两道环形止水板,见附图4-6。

支撑拆除后,在底板混凝土上皮割去竖向支柱钢管,埋在混凝土内的钢管内填膨胀混凝土,然后封焊钢板。

从开挖土方开始,每天对地下连续墙的位移观测两次,做好记录,如位移过大,及时停止挖土,研究制定对策。

(5) 钢管支撑的位置在地下二层楼板以上,地下二层结构完成以后钢管支撑暂不拆除,继续地下一层结构施工,让钢管支撑从地下一层墙体中穿过,将来拆除后堵塞孔洞时做防水处理。

基础结构完成后,外槽回填2:8灰土,分层夯实回填到钢管支撑位置时,再拆除钢管支撑

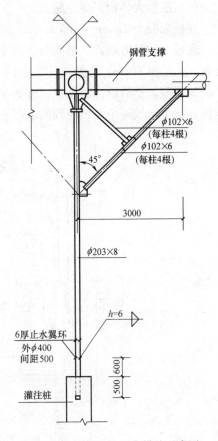

附图4-6 钢管立柱稳定措施示意图

系统。

4. 监测项目和方法

（1）监测项目

基坑周边地面沉降监测；坑内外地下水位观测；地下连续墙内不同深度的变形监测（测斜）；横支撑轴向力的监测；围护结构内力监测；地下连续墙墙顶沉降及水平位移监测；周围建筑物沉降、裂缝观察及倾斜监测；基坑外土体变形监测（分层沉降）；基底回弹监测。

（2）监测工艺及方法（略）。

（二）基础结构施工

（1）施工顺序：底板混凝土施工→地下二层混凝土施工→地下一层混凝土施工→外槽回填土→钢管支撑系统拆除。

（2）底板钢筋保护层采用废弃的混凝土试块作垫块，每 m^2 一块。底板上皮筋采用 $\phi25$ 钢筋凳子架立，每 m^2 一个。地下室柱筋采用电渣压力焊接头，墙筋采用搭接接头。

（3）墙、柱、楼板支模采用组合钢模板，墙模每隔 700mm 夹一 50mm 宽方木，方木上打眼安穿墙螺栓，用双管做楞加固墙模板，外墙穿墙螺栓中间设两道止水板。外墙底板上部、地下二层上部的施工缝设止水钢板，板宽 300mm，厚 2mm。楼板模板使用满堂脚手架做支撑，立管的横纵间距不大于 1m。

（4）底板大体积混凝土施工：

底板混凝土 2300m^3，厚 1.8m，强度等级 C40，抗渗等级 P8。浇筑时正值冬季。

底板大致呈方形，从中间分为两个区，安排两台混凝土输送泵，采用斜面分层的方法浇筑，每层厚 50cm，自然流淌宽度约 8m。从南北两侧分别向中线浇筑直至汇合，完成一个浇筑流程，然后返回起始点，开始下一个流程的浇筑。各个流程的积累浇筑方向是由东向西，每个区域一个浇筑流程的混凝土量约为 80m^3，见附图 4-7。

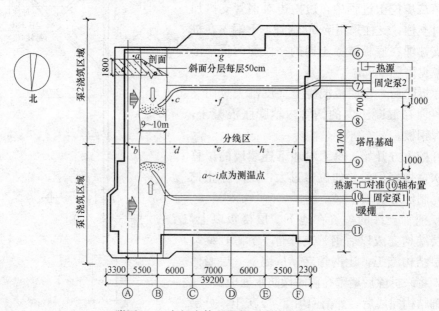

附图 4-7　底板大体积混凝土浇筑流程图

底板混凝土掺入缓凝减水剂后，混凝土运输、浇筑和间隙的时间由规范规定的3h可延至5.5h，预估运输混凝土时间为0.75h，因此要求每个浇筑流程的混凝土应在3.75h内浇筑完毕，并覆盖下一层混凝土，这样才能做到不留施工缝，所以混凝土泵送速度为80÷4.75＝16.8(m³/h)，考虑需有一些时间储备，对泵送速度的要求定为最低20m³/h。

(5) 混凝土输送泵台数计算：

$$N=\frac{Q_h}{Q_{max} \cdot \eta}=\frac{20}{72 \times 0.43}=0.65(台) \quad 每个浇筑区取1台。$$

式中 N——泵车台数；

Q_h——每小时计划的混凝土浇筑量（m³/h）；

Q_{max}——泵车额定最大输送量（本工程为72m³/h）；

η——泵车工作效率（基础施工时取0.43）。

经上式计算出一个浇筑区需一台混凝土输送泵，共安排两台浇筑底板混凝土。

(6) 混凝土搅拌运输车台数计算：

$$n=\frac{Q_m}{60V}\left(\frac{60L}{S}+T\right)=\frac{20}{60 \times 5}(60 \times 1.5+30)=8(台)$$

式中 n——搅拌运输车台数；

Q_m——泵车计划每小时输送量（本工程取20m³/h）；

V——搅拌运输车混凝土容量（本工程取5m³）；

L——搅拌运输车往返一次的距离（km）；

S——搅拌运输车平均车速（本工程L/S取1.5h）；

T——一个运行周期总停歇时间，包括装卸料、等待、冲洗等，本工程T取30min。

经上式计算两台混凝土输送泵各配备混凝土搅拌运输车8台。

(7) 大体积混凝土温控技术措施：

1) 采用优质砂石，控制砂石含泥量：砂≤3%，石≤1%。

2) 与搅拌站订立混凝土供应合同时，明确要求混凝土的入模温度不低于+5℃。

3) 混凝土内掺加YNH-2缓凝早强剂，可推迟高温峰，延缓水化热释放，降低峰值。

4) 混凝土内掺加微膨胀剂。

5) 经计算混凝土浇筑后内部最高温度为51℃。混凝土浇筑完毕表面苫盖一层塑料，两层草帘（计算略）。

6) 在混凝土表面初凝前用木抹子反复抹压3次。

7) 采用SDW型数字点温仪进行混凝土测温，测温点共设9处，每处分三层埋设传感器3个，传感器拉开距离绑在一根ϕ10钢筋上，钢筋与底板钢筋固定好，注意传感器不要接触钢筋，传感器的插头用塑料包好。

每4h测温一次，做好记录，直至混凝土内外温差小于25℃，混凝土表面温度与气温之差小于25℃时停止测温。

8) 如测温过程中发现混凝土内外温差超过25℃，及时增加苫盖层数。

(三) 主体结构施工

主体为框筒结构，建筑物四角为4个筒体，筒内分别为电梯间、楼梯间、管道井等，其余部位为框架，柱截面1.2m×1.2m，共20根。除筒体部位外，楼板为密肋楼盖，密肋梁中距 1.2m，肋梁高 400mm。

1. 施工工艺

主体平面面积不大，平面不再分段，竖向亦不分段，柱、梁、密肋楼盖一次支模，一次连续浇筑。

标准层施工顺序：放线→绑柱、墙筋→支柱、墙模板→搭满堂支撑架子→铺设模壳→绑梁、板钢筋→验筋→浇筑柱、梁、板混凝土。

2. 施工测量

该工程周围场地狭窄，普通经纬仪仰角不能满足轴线投测的要求，因此使用激光经纬仪、内控法进行轴线投测。在建筑物首层 4 个筒体墙旁设 4 个控制点，以上各层均在相应位置预留直径 100mm 圆孔，各层放线时将激光经纬仪安在首层控制点处，在放线层用一块毛玻璃盖在预留孔处接收激光点，毛玻璃接到激光点后旋转激光经纬仪底盘 360°，激光点在毛玻璃上划出一个圆，取圆心为该层控制点。

第一道标高控制线设在±0.00 处，50m 以下各层楼板标高均由第一道控制线直接向上丈量。在+50m 处设第二道标高控制线，50m 以上各层楼板标高均由第二道线直接丈量。

3. 钢筋工程

带弯曲的钢筋由钢筋厂加工，直筋的断料、接长在现场进行，现场设对焊机 1 台，剪断机 1 台。

柱筋接头每层 1400 多个，1/2 的柱筋接头采用电渣压力焊，现场配备 4 台焊机，10 套卡具。另 1/2 的柱筋接头采用直螺纹连接。

柱子截面随建筑物的增高分几次缩小截面，在变截面处提前一层即开始钢筋缩径，逐步缩小箍筋尺寸，使之到上一层楼板时正好缩至设计要求的柱截面。图纸要求柱子分别在 5、9、13、23 层变截面，因此施工时柱筋分别从第 4、8、12、22 层开始收缩。

4. 模板工程

柱、墙模板均采用多层板模板拼装，柱模竖向龙骨用 5×10 方木，用 [12 槽钢作柱箍加固，加固间距为 600mm。

密肋楼盖采用 1200mm×1200mm 塑料模壳支设，模壳下用满堂架子加早拆支撑螺旋调节器支撑。厂家生产的模壳四周有一圈 25mm 宽的角钢加固框，支设后相邻两模壳之间净距还有 15mm。早拆支撑的螺杆直径 35mm，顶部平板 80mm 见方，为使早拆支撑的顶部平板能顶在密肋梁底，将模壳周围原来封闭的一圈角钢在模壳角部截成 90°开口状，当模壳都就位后，每四块模壳角部相临处就形成一 65mm×65mm 的方孔，早拆支撑都设在模壳交角处，间距 1.2m，这样早拆支撑 35mm 粗的螺杆就可通过 65mm 的方孔，使顶部平板顶在肋梁底部，见附图 4-8。

在早拆支撑的两翼上放钢管做龙骨，模壳架在钢管龙骨上，模壳摆好后在密肋梁底两模壳之间 15mm 的缝隙上铺 80mm 宽油毡条，防止漏浆。

摆放模壳时，在一个柱网内从中间向四周铺设，钢筋绑扎时放好垫块，每块模壳上至少一块。

模壳支设顺序：在楼板上弹密肋梁中线→在横竖线交点处安立管→搭满堂支撑架子→在立管顶部安插早拆支撑螺旋调节器→在早拆支撑两翼摆放钢管龙骨→在龙骨上铺设模壳→铺肋梁底油毡条。

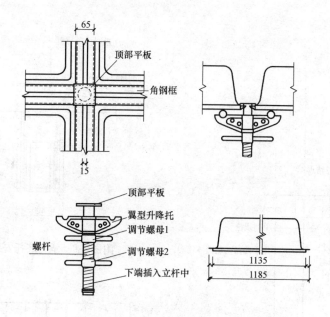

附图 4-8 早拆支撑使用示意图

其他处模板均采用组合钢模板，模数不符时用木模板调整，支撑、加固楞均用钢管。

5. 脚手架工程

主体施工外檐采用整体爬升脚手架，塔楼局部采用悬挑脚手架，外檐装修采用悬挂吊篮。

(1) 整体爬升外脚手架的安装和使用：

脚手架以不大于 7m 的跨度为一个单元，共设 30 个承力底托（附图 4-9），30 个挑梁及电动葫芦，架体共 12 步加一步护身栏，总高 18.6m，横竖杆间距 1.4m 左右，双排架子宽 0.8m，里排杆距建筑物 0.5m，见附图 4-10、附图 4-11，架体最下面一步架为承力桁架，承力桁架部分每个节间均设斜腹杆。承力桁架两端坐落在承力底托上，承力底托里端用 M22 螺栓与建筑物边梁固定，外端用 $\phi 25$ 斜拉杆与上一层边梁拉结。悬挂电动葫芦的挑梁固定方法同承力底托。

安装工艺流程：搭设操作平台架子→安装承力底托→搭设承力桁架→搭设整个架体→设立拉结点→架体铺板、挂网→安装挑梁、电动葫芦→连接葫芦与承力底托→安装防外倾装置→安装防坠落装置→检查验收。

提升工艺流程：检查挂钩→松开所有固定拉结点→撤离架体上所有活荷载→短暂开动葫芦，绷紧链条→调整葫芦链条使之受力均匀→拆除承力底托与建筑物的连接→开机提升，观察同步情况→提升到位安装承力底托→安装承力底托拉结点→检查验收后提供使用。

在使用期间将挑梁、电动葫芦升至上一层以备下次提升。

架体每次提升一个层高，提升时间 1~2h。

(2) 爬升脚手架的设计计算：

1) 承力桁架内力计算：

承力桁架为每个单元架体最下面一步架，承受架体上部传来的荷载为 P，见附图 4-12，承力桁架被承力托简支。

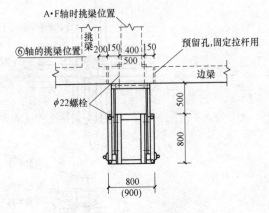

附图 4-9 承力底托安装示意图

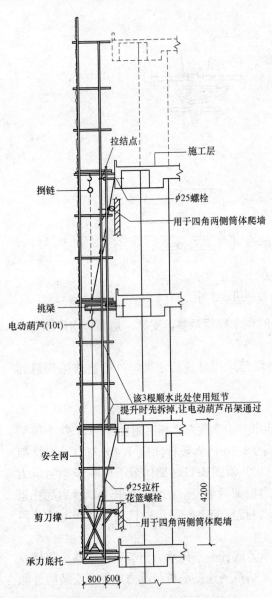

附图 4-10 整体爬升外脚手架图

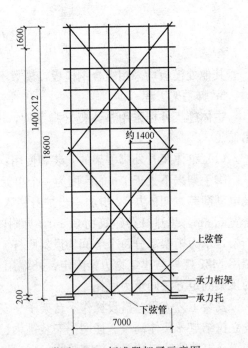

附图 4-11 标准段架子示意图

① 荷载 P 计算：

P 由脚手架自重、脚手架附设构件重量（脚手板、安全网、护栏）、施工荷载三部分组成。可参考《高层建筑施工手册》（略）。

② 杆件内力计算：

由平衡方程求得支反力 $Y_A = 35.66$ kN，$Y_B = 35.66$ kN

用节点平衡法计算出：

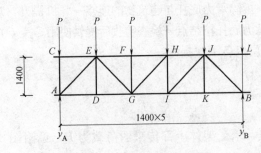

附图 4-12 承力桁架受力简图

受拉力最大的杆为下弦杆 GI　$N_1=35.65$kN

受压力最大的杆为上弦杆 FH 等，$N_2=35.65$kN

斜腹杆中压力最大的为杆 BJ 等，$N_3=33.64$kN

③ 杆件强度及稳定计算：

上、下弦杆强度验算：$\sigma=N_1/A=35650\div489=72.9N/mm^2<f=205$N/mm^2

稳定验算取较长的腹杆

$$N_3/\varphi A=33640\div(0.423\times489)=162\text{N/mm}^2<f=205\text{N/mm}^2$$

2）承力托斜拉杆及连接螺栓的强度计算：

承力托与建筑物连接处的螺栓承受剪力，斜拉杆承受拉力。计算简图如附图 4-13（a）所示，AB 为双排架子的宽度，BC 为里排杆距建筑物的宽度，P' 为由承力桁架传来的荷载，N' 为斜拉杆内力，Y_C 为螺栓承受的剪力。

每个承力托承受一个单元架体的荷载。每个架体单元有 6 根立杆。

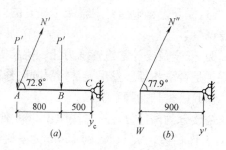

附图 4-13　爬升脚手架计算简图

故 $P'=6P=11.885\times6=71.31$kN

由平衡方程求得 $N'=126.94$kN，$Y_C=43.88$kN

选用 2 根 $\phi 25 A_3$ 钢为斜拉杆，选用两根 $\phi 25$ 的普通螺栓。

　　　　斜拉杆 $\sigma=N'/A=126940\div(2\times490.62)=129.37<210$N/mm^2

　　　　螺栓 $\sigma=Y_C/A=43880\div(2\times3.14\times12.5^2)=44.72<130$N/mm^2

3）电动葫芦挑梁与建筑物连接强度计算：

电动葫芦挂在挑梁下，位于双排架子中间，故距建筑物距离为 $400+500=900$mm，计算简图如附图 4-13（b）所示。N'' 为斜拉杆内力，W 为一单元架体的荷载，Y' 为连接螺栓的剪力。

由平衡方程算得：

$$W=2P'=2\times71.31=142.62\text{kN}$$
$$N''=145.83\text{kN}\quad Y'=0$$

斜拉杆及螺栓的规格同承力托

　　　　斜拉杆 $\sigma=N''/A=145830\div(2\times490.62)=148.62<210$kN/mm^2

4）电动葫芦起重量确定：

由于规定了在架子爬升时要卸下所有的施工荷载，故电动葫芦的起重量不必达到 $W=14.2$t，而只取脚手架自重及附设构件两项荷载。

故　　$N_W=1.2\times(5.044+3.33)=10.05$kN（一个立杆纵距的荷载）

$$W'=10.05\times6=60.3\text{kN}$$

以 $W'=6.03$t 确定电动葫芦的起重量即可。

(3) 爬升脚手架的技术、安全措施：

1）架子安装好后，必须经过安全部门检查合格后才能使用。

2）架体施工时模板的支撑系统不能支在该脚手架上，模板、脚手管等不能存放在该脚手架上。砌外墙时外脚手架上不宜存放机砖、砌块、砂浆桶等。外檐装修时可存放部分装饰材料,但不能超过设计计算时确定的施工荷载。

3) 进行脚手架设计时,施工荷载可取每 m^2 投影面积 4~5kN,使用过程中严禁超载,且应为均布荷载。

4) 架子外围和兜底,全部使用密目网封严,每个层高满铺一层板。

5) 由专人组成爬升架子操作班,负责架子的安装、爬升、维修和安全监护,其他人不能随意改动架子。

6) 每次提升前先检查架子与建筑物是否有连接,确定无误后再开始提升。

7) 提升过程中随时观察架子提升的同步情况,如发现不同步应暂停,开动单个葫芦进行调整。

8) 安全员要经常检查承力托、挑梁等处的焊缝是否开焊,检查承力桁架上下弦杆上的扣件是否滑扣等,发现异常情况随时修整。

(4) 塔楼悬挑脚手架:

塔楼分为两部分,从主楼屋顶98m处到118m处为塔楼底座,平面尺寸为38.15m×7m,三面临边。从118m到150m为塔楼,平面尺寸5.5m×5.5m,处在建筑平面的西北角,塔楼底座的一端。

塔楼底座里侧一面的架子直接在98m屋顶上搭起架子,立管下面垫5cm厚木板和10号槽钢,立管立在槽内。其余三面采用悬挑脚手架,从98m到122m挑一步,挑梁采用14号工字钢,工字钢外端用20mm斜拉杆与上层边梁拉结(附图4-14)。从122m到150m挑一步,该步不使用挑梁,从122m处塔楼外侧檐上戳立管,斜挑出去向上搭设,以上每层设 $\phi 16mm$ 斜拉杆拉于塔楼角部(附图4-15)。

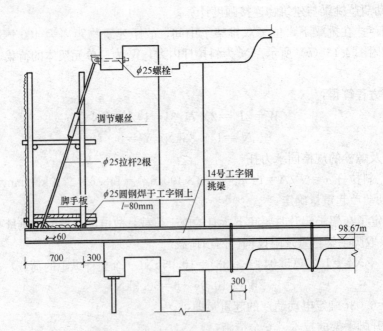

附图 4-14 塔楼底座悬挑脚手架做法

(5) 电梯井内搭设满堂脚手架,外檐装修阶段采用吊篮,其他部位脚手架均采用常规搭设方法。

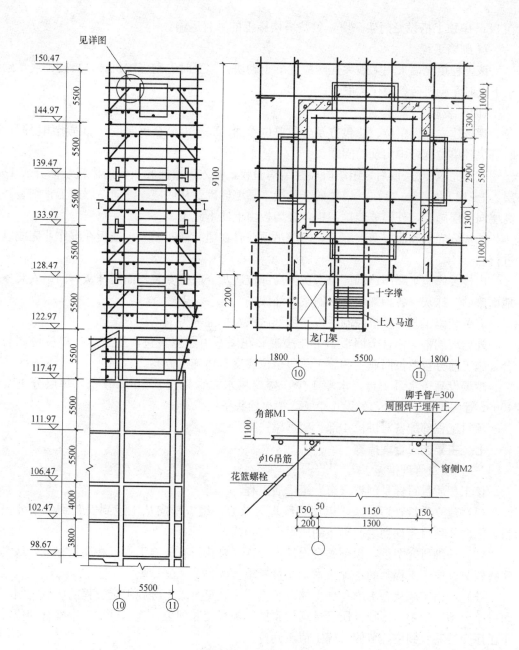

附图 4-15 塔楼脚手架

6. 混凝土工程

主体结构全部采用预拌混凝土,每层 550m³,每次浇筑安排两台混凝土输送泵,4 层以下采用移动式输送泵,便于布料,4 层以上采用固定式混凝土输送泵,管道设在筒体墙一侧的预留孔处,每层用脚手管搭设管道架,托夹住管道,沿壁筒从预留孔处向上敷设。

混凝土内根据运输、泵送、浇筑的技术要求分别掺加缓凝剂、减水剂、泵送剂,冬期施工掺加抗冻剂。

现场质检人员在接收混凝土时作坍落度检查。

塔楼混凝土每次浇筑量少,浇筑速度慢,不能再泵送。塔吊也只能运到 98m 屋顶,在98m屋顶上搭设龙门架一座,负责塔楼施工的垂直运输。

7. 砌墙工程

该工程填充墙采用无砂大孔陶粒混凝土砌块,施工时先砌三皮机砖,再砌砌块,砌到梁下皮时斗砌机砖斜顶住梁底。

(四)装修工程

现场建立建设单位、总包方及分包单位参加的联合办公会议制度,加强组织协调,随时解决各单位配合中出现的问题。

主体完成10层以后,组织阶段性结构验收,插入内檐抹底灰,内檐粗装修分成1～8层、9～16层、17～23层、塔楼四个阶段,随墙体砌筑从底层逐渐向高层施工,细装修由高层向低层施工,外檐玻璃幕、铝合金墙板由上向下施工。

抹灰分底灰和面层两次施工,内檐吊顶龙骨在粗装修时插入,挂板在湿作业完成以后进行。

内檐装修施工顺序:低部位底灰→高部位底灰→门框安装→面层抹灰→门扇安装→楼地面镶贴、抹灰→各种细装修→刷浆、油漆。

有关装修工艺、质量控制手段、细部做法及标准等另编创优方案。

外檐玻璃幕、铝合金墙板、干挂法镶贴花岗石由业主转包,施工总包单位协调与配合,施工前分包单位向业主和施工总包单位递交具体施工方案。

现场设高压水泵1台,水箱1个,楼内供水立管采用$\phi 65mm$管径,每层分设2个40mm管头供施工用水,另设1个$\phi 65$消火栓头备用。

项目工程部配备对讲机4部,望远镜一架。

七、主要施工管理措施

(一)质量管理措施

该工程质量目标是创省(市)级优质工程。

(1)建立质量管理体系,以项目经理为核心,组成横向从土建到安装到各项分包项目,纵向从项目经理到生产班组的质量管理网络。

(2)仔细研究图纸,深刻领会设计意图,严格执行有关施工规范和质量标准,认真落实投资方、监理工程师的各项技术、质量要求。

(3)严格实施从施工准备到主体、装修、安装直至竣工等施工全过程的质量控制,在每一个分项工程中,工长、质量员均做到操作规程交底到位,施工过程当中检查到位,上下工序交接验收到位,节假日施工值班到位。

(4)优化劳组合,择优选择劳务作业队,组织各劳务队进行质量竞赛,进行阶段性评比。根据优胜劣汰原则,对施工质量差的队伍减少工作量、作业面直至取消继续施工的资格。

(5)对各分包队及劳务队在订立承包合同时,首先明确质量要求,在分包价格上实行优质优价,分项工程达不到优质要求的分包队,在经济上给予处罚。

(6)在分项工程施工中,每进入一项新工序,首先做好质量样板,经各级质量控制人员检查认可后,组织操作者观摩、交底,然后再展开施工。

(7)对各种建筑材料、半成品,按要求实行质量控制,对于双控材料,要检查出厂合格证(或质量认证)和试验报告,有问题的材料拒绝接收。

(8)水准点及放线的依据要会同业主代表双方亲临现场认定,做出明确标记。水准点控制桩引进现场后设置在坚固、防震、不受新建筑物沉降影响的物体上,轴线控制桩做好维护,防止在施工中因碰撞而发生位移。

(9) 工地设专人负责放线并保存测量仪器,非专业人员不许乱拿乱用,以保证测量仪器的准确性。测量仪器定期鉴定,过期未经计量部门鉴定的仪器禁止使用。

(10) 主附楼之间沉降缝两侧首层墙砌筑完以后,在变形缝内设八字形两根木或杉槁,其直径相当于缝宽,高的一头用砌在砖缝内的钢筋棍托住,低的一端伸到变形缝外,遗落在缝内的杂物可沿杉槁滑出缝外,附楼主体及屋面完工后,将其从缝内抽出,然后封闭变形缝。

(11) 根据公司质量管理体系程序文件的要求,本工程确定"地下室抗渗混凝土"施工和"地下卷材防水"施工为"特殊过程",在特殊过程施工时,由质量员进行过程监控,监控频次为每半天一次,并做好监控记录。

(二) 安全措施

(1) 实行"谁主管、谁负责"的安全工作项目经理责任制,项目工程部设专职安全员。

(2) 施工队伍进场首先进行安全教育,各分部分项工程施工前工长均对作业队进行安全技术交底,将书面安全技术交底签字归档。

(3) 各特殊工种,如电工、焊工、机械操作工均进行专业培训后持证上岗。

(4) 施工用电施行三级配电,两级漏电保护。线路驾空或埋地,埋地的线路加套管保护,进入楼内的电缆亦加套管保护。楼内每层设分配闸箱,闸箱编号上锁,"一机、一闸、一漏",由电工管理。动力、照明分线供电,施工照明采用低压电。

(5) 深基坑槽边设1.2m高钢管护栏,下槽设专用人行梯道。

(6) 主体阶段在建筑物北面、东面狭窄地区人行通道上面搭防护棚,棚高4m,棚上盖一层脚手板、一层竹笆。

(7) 主体施工期间楼梯设临时钢管栏杆,电梯间门口用高1.2m的钢筋门栏封挡,小于1m的楼板孔洞用$\phi 10$的钢筋焊制篦子盖好,大于1m的楼板孔洞周围设高1.2m围栏,各楼层外墙未砌筑前设1.2m高护栏与框架柱固定好。

(8) 电梯上料口设安全门,安全门用钢筋焊制,门框用钢管制作。安全门与门框之间设碰卡,无人出入时保持关闭状态。

(9) 外檐爬升架子下面每隔4层支一层平网,建筑物周围地面以上4m处支一层平网。电梯井内操作层满铺板,以下每隔4层挂一层平网。

(10) 装修用吊篮设防坠落装置。塔吊有超高、变幅限位器和力矩限位器。

(11) 根据公司职业健康安全管理体系程序文件的要求,确定本项目的重大危险源见附表4-3。

重大危险源清单 附表4-3

序号	作业活动	危险(危害)因素描述	可能导致的事故或事件		危险源等级
			事故或事件现象	事故类别	
1	施工用电	漏电保护器失灵	人员触电	触电	Ⅱ
2	施工用电	设备未做接地保护	人员触电	触电	Ⅱ
3	基坑支护	钢支撑失稳	槽壁坍塌	坍塌	Ⅱ
4	脚手架	外封立网不严密	落物伤人	物体打击	Ⅱ

续表

序号	作业活动	危险(危害)因素描述	可能导致的事故或事件		危险源等级
			事故或事件现象	事故类别	
5	脚手架	操作层无护栏	人员坠落	高处坠落	Ⅰ
6	脚手架	拉结点距离超规范	变形倾倒	坍塌	Ⅰ
7	脚手架	隔离网未封严	人员坠落	高处坠落	Ⅱ
8	爬升、悬挑脚手架	坠落	架体、人员坠落	高处坠落	Ⅱ
9	临边防护	楼层边未封闭	人员坠落	高处坠落	Ⅱ
10	临边防护	栏杆不设挡脚板,未封密目网	落物伤人	物体打击	Ⅰ
11	模板支撑架	杆件间距不符合规定	坍塌	坍塌	Ⅱ
12	模板支撑架	未设横纵向扫地杆	坍塌	坍塌	Ⅱ
13	模板支撑架	未设横纵向剪刀撑	坍塌	坍塌	Ⅱ
14	电气焊作业	操作面有易燃物	起火	火灾	Ⅰ
15	机械设备	塔吊限位失灵	塔吊毁坏伤人	坍塌	Ⅰ
16	机械设备	电梯限位失灵	机械事故伤人	高处坠落	Ⅱ
17	施工现场	作业人员不戴安全帽	被物体击伤	物体打击	Ⅰ
18	施工现场	高处作业不按标准佩戴安全带	失身坠落	高处坠落	Ⅰ
19	四口防护	外用电梯未及时安装台口门	人员坠落	高处坠落	Ⅰ

(12) 针对项目的重大危险源,另行编制安全管理方案。由项目经理组织实施,安全员按照国家和行业有关规范标准,负责对重大危险源的控制进行监督,确保安全管理方案及时有效的实施。

(三) 消防措施

(1) 明火作业先申请,批准后才可作业。电气焊施工要设专人监护。易燃易爆物设专库专人保管。

(2) 现场设消防水桶、灭火器,装修阶段楼内每5层设一组消防器。

(3) 楼内每层设 $\phi 65mm$ 消火栓头备用。

(4) 装修阶段的施工下脚料及时处理,禁止在楼内堆积存放。

(四) 降低成本措施

(1) 采用早拆支撑支模,加快模壳周转速度,减少模壳购置量。

(2) 外檐采用整体爬升脚手架,节约外脚手架钢管用量。

(3) 采用电渣压力焊施工部分钢筋接头,减少接头钢筋用量。

(4) 对劳务队采取 m^2 包干的承包方法,人工费一次包死,限制清工发生。

(5) 机械、大型工具用完及时清退,避免闲置。

(6) 备料有计算、有计划、有审批。各种工程变更、增项做好签证。

(7) 现场设粉碎机一台,落地混凝土、落地灰经粉碎后代替砂子抹灰使用。

(五) 文明施工与环境保护措施

(1) 现场进口搭设门楼,书写反映企业精神、企业形象的标语。

(2) 工地办公室、更衣室、宿舍、库房等搭设整齐,风格统一,现场场地平整,主要办公、生活区域做混凝土地面。现场门口设花坛、花盆，现场卫生有专人负责。

（3）管理人员胸前佩戴上岗卡，待人接物要文明，禁止讲粗话、野话。

（4）现场向外运泥浆、土、施工垃圾时，安排清扫小组监护出场车辆，车辆出场先清理轮胎、车身，车辆对场外道路有污染时及时清扫。

（5）现场所有料具按规划区域码放整齐，插牌标识，禁止乱堆乱放。

（6）根据公司环境管理体系程序文件的要求，识别并确定本项目的重要环境因素，见附表4-4。

重要影响环境因素清单　　　　　　　　　　　　　　　　附表4-4

序号	环境因素	类别	活动点、工序、部位	环境影响
1	噪声排放	I	打桩、混凝土浇筑、钢模板支设作业、钢模板拆除作业	影响人身健康和社区居民休息
			施工机械、挖掘机、装载机、钻孔桩机、混凝土输送泵、木工电锯、无齿锯作业、压刨、云石锯、混凝土振捣棒	
			施工现场：石材；墙地砖；木材加工；钢管、钢模板及装卸	
2	扬尘排放	I	挖槽；工地未设围挡；建筑物围挡缝隙过大封闭不严；施工现场未做硬地面；施工现场无冲洗车辆设施	污染大气，影响居民身体健康
			施工现场水泥、砂石、煤炭、生石灰、腻子、炉灰搬运储存	
3	污水排放	I	挖排水沟、现场排水、冲洗车辆无排水沟及沉淀池	污染水体
			现场钻孔桩机、搅拌区、各种机械班后冲刷	
			食堂、厕所	
4	固体废弃物的排放	I	工程垃圾	侵占土地，污染土壤
			施工现场（油手套、含油棉纱棉布），各种机械设备维修保养废渣	
			施工现场油漆、涂料、胶粘剂、油毡纸、防水材料、包装物处理	
5	火灾、爆炸的发生	I	电、气焊作业	污染大气，影响居民身体健康
			食堂液化气瓶	
6	电消耗	II	施工现场及库房长明灯	资源浪费
7	生产、基地的水能消耗	II	现场不合理使用	资源浪费
			基地用水不合理使用	

（7）针对项目的重要环境因素，另行编制环境管理方案。由项目经理组织实施。控制施工现场的噪声、污水、扬尘、废弃物的处理做到符合有关法律、法规的要求。

八、季节性施工措施

（一）冬期施工措施

（1）冬期施工采用综合蓄热法。

（2）该工程基础和主体后期需进行冬期施工，基础、主体混凝土采用预拌混凝土，限定搅拌站提供的混凝土入模温度不低于+5℃，罐车车身包裹保温，泵送管道用岩棉被包裹保温，混凝土输送泵停放处搭暖棚。-5℃以上时混凝土内掺加早强减水剂，-5℃以下时掺加抗冻剂（底板混凝土除外）。

（3）柱子混凝土浇筑后包裹草帘被，楼板混凝土浇筑后苫盖一层塑料布，两层草帘被。

（4）冬期主体施工期间，电梯间门口、楼梯间门洞口均挂草帘被封严，减少冷空气对流。

（5）冬期砌墙机械棚内点炉火，砂浆用热水搅拌，砂浆内掺加氯盐或抗冻剂。

（6）冬施期间设专人负责测温，监测混凝土的入模温度及养护温度，直至混凝土达到抗冻临界强度。

（7）注意收听天气预报，在大风降温期间不安排混凝土浇筑。

（二）雨期施工措施

（1）雨季之前做好排水设施，保证雨季进场道路通畅。

（2）水泥等怕潮材料入库垫高码放，先收先发，后收后发，存放期超过3个月重新做试验，按实际强度使用。

（3）混凝土浇筑时遇大雨用塑料布、油毡等覆盖新浇筑的混凝土。预知有雨天气不安排混凝土浇筑。

（4）塔吊、电梯、建筑物保证有效接地，防止雷击。

九、项目风险管理

（一）施工风险分析及管理流程

1. 风险管理的目的

本工程具有规模大、技术新颖、持续时间长、参加单位多等特点，通过辨别、测量、分析、报告、监控和处理面临的各种风险，实现风险规模与结构的优化，以及风险与回报的平衡。制订、实施相应的对策，使风险被控制在所能接受的范围内。

2. 风险的阶段性分析

按本工程的进展阶段的不同，风险可分为施工阶段风险和试运行阶段风险。

（1）施工阶段风险：施工阶段风险是从本工程正式开工建设开始计算。项目动工后，大量的资金将投入到工程机械、材料设备采购、支付工程款等方面，风险也随之而来，主要包括：工程质量风险、工期风险、施工方案的合理性风险、施工安全风险、组织协调风险。随着施工的不断推进，风险也将不断地被预测、衡量、优化和解决。

（2）试运行阶段风险：该阶段主要的风险是，如果系统的运行不能达到设计要求，就意味着在设计、施工、设备采购等的工作中存在问题，这将可能引起费用的增加和总工期的拖延。

3. 风险的管理流程

对风险的管理包括风险的识别、评估与衡量等的认知阶段，风险的转移、保险、控制和规避等的控制阶段，其管理流程见附图4-16。

本项目拟在人员、资金、工作程序、外部支持等各方面，建立完善的风险管理体系，以确保工程的顺利实施。

（二）施工风险防范的重点及对策

1. 风险防范的重点

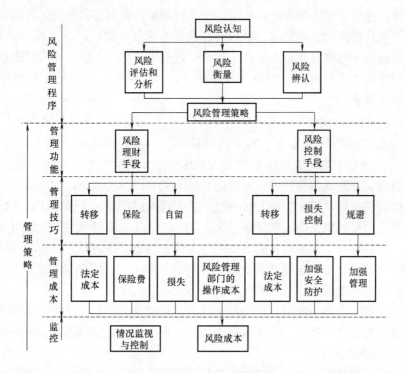

附图 4-16 风险管理流程

(1) 周围建筑物和道路的伤害风险：指在施工过程中因工程降水方法、时间不正确或降水监测不到位，使周围底层失水，或基坑开挖及安装支撑的失误对工程周边环境造成的伤害风险。

(2) 工程进度风险：指在工程施工期间，因组织、质量、材料供应、不可抗力等因素而发生实际进度与计划进度的差异。

(3) 施工人员安全风险：对本工程而言，在基坑开挖和钢管支撑的安装过程如果不严格按照既定方案执行，按信息反馈快速反应，将有基坑坍塌、引起人员伤亡和周围建筑物与道路管线损坏的风险。

(4) 分包商信用风险：分包商不履行或不完全履行义务，包括施工质量、工期和不遵守现场安全、环保等规定时所带来损失的风险。

(5) 采购风险：指因市场材料的价格、质量波动而使承包商不能获得预期产品或增加投资的风险。

(6) 管理运行风险：指总承包管理体系的不完善或在执行过程中，没有有效解决发生的矛盾而使个别目标在落实中产生困难甚至出现损失的风险。它可能表现为：信息不畅、审核不利、工作流程出现错误或控制失效等。

(7) 设计变更风险：指由于设计图纸的不完善、不够深度、各专业统筹不足，甚至存在设计失误等，将造成施工的返工、增加造价、影响工期，甚至影响使用功能等。

2. 对重点风险的防范

(1) 对周围建筑物伤害风险防范：该工程深 9.6m，对周围建筑物的伤害影响因素主要为降排地下水，降水拟分层、分部位、定时进行，避免一次降排水量过大、周围地层失水而引起沉降。降水施工前派专人对周围环境进行调查，并填写调查表，对损坏部位进行摄录，给重要照片加注图示或说明，并且由建筑物业主签字确认。设置观测井和回灌井，派专人进行基坑降水监测，严格控制地下水位，做到不超降、不少降。设置测量组对周围建筑物进行沉降监测，对每个监测点进行详细记录，建筑物沉降数据和降水监测综合分析，来调整降水方案。

（2）工程进度风险防范：本工程30个月的工期，工期相对宽松，风险较小，可能影响工期的部位是较深的桩基施工、地下连续墙施工、基坑支护和开挖。另外塔楼到达150m，施工材料运输困难，安全防护难度大，施工速度将会放慢。为应对进度风险，将分别从组织管理、资源储备和技术三方面进行风险应对。即发挥公司"总部控制、风险管理、专业保障"的优势，统一协调、统一组织，实现共同作战、全面保证的目标。一旦出现开工时间滞后需要压缩工期或者过程进度失控，将成立以总公司为依托的指挥部，调派全公司的施工力量进行工程组织实施。提前与各劳务基地、各材料分包商、机械租赁商签订预租、预约合同，储备一定量的劳动力、材料、工具，一旦需启动进度风险应急措施，能在极短的时间内保证各种材料、机械和劳动力及时投入生产。

（3）施工人员安全风险防范：对基坑支护方案和爬升脚手架、塔楼悬挑脚手架制定周密的施工方案，对操作人员进行全面认真的技术、安全交底，在操作过程中由专人进行监控，确保按既定的程序施工。

（4）分包商信用风险防范：认真进行分包商的信誉调研，甄选合格并能满足本工程特殊需求的分包商。通过与选定分包商的详细交底和反复磋商，达成最大程度的共识，使双方对可能发生的问题都心中有数。通过合同签订前的合同评审工作，集中各方意见，其中包括技术、经济、现场协调、管理等各方要求，使合同能全面、细致地涵盖全部控制点。通过合同执行过程中的监控，及时集中各部门在分包商执行合同过程中所出现的问题，及时给予指导和纠偏，通过管理和经济等手段避免可能出现的问题。听取和落实分包商的合理要求，给予各方面可能的支持，严格按照合同条款支付工程款。

（5）采购风险防范：做好国内外材料及设备市场的价格、质量的调研分析。通过与材料、设备供应商的详细技术交底，使其完全了解总承包商对产品的质量、供应时间、到场方式、验收方式等需求，并要求其在报价时考虑到各方面因素。认真选择材料、设备的国外进口渠道和运输方式，做好运输费用的评估工作，确保运输费用在财务预测的范围内。通过合同签订前的合同评审工作，集中技术、质量、经济、工期、物流管理等各方要求，使合同能全面、细致地涵盖全部控制点。通过合同执行过程中的监控，及时解决出现的问题，通过管理和经济等手段避免问题的出现。如可能，将通过签订长期的供货合同锁定产品的价格，合同中规定的材料设备的购买价格要涵盖生产及供应商的全部费用，且在整个施工期内有效。制定替代性原材料应急计划以及其他替代方案。

（6）设计变更风险防范：对图纸进行充分、细致地审核，力求将全部问题发现在正式施工之前，尽量避免设计问题引起的经济索赔。与设计单位保持密切联系和沟通，协调设计单位的设计变更，使设计变更不影响工程的预期进度要求。组织人员绘制细部大样图、综合图用以指导施工。对可能出现的设计失误，本着对业主负责的精神提出专业性建议，并协助业主及设计单位妥善解决。

（7）疫情风险防范：由于建筑行业属于人口流动性较强的部门，做好有关疫情的防

范,防止疫情的传播亦可减少相应的损失,应对策略如下:

1) 建立重大事项通报制度:当现场总包管理机构内有疫情发生时,在采取相应的应对措施的同时,立即将有关事项通报主管部门,积极配合有关部门做好信息的披露,这不仅将对防止疫情的进一步蔓延起到实质性的作用,而且还可以遏制人群中的恐慌事态。

2) 培养工作人员健康生活方式:在项目部内时常开展健康教育,增加工作人员的基本卫生知识,增强他们对各种社会压力和风险、危机事件的心理承受能力。通过各种宣传教育手段促使工作人员更多地反思个人的各种行为,包括如何培养健康的生活方式和卫生习惯,如何处理人与动物、人与环境之间的关系,以及如何进一步发扬集体主义精神以形成更有效应付危机事件的社会群体机制等。

3) 设立救助基金:现场管理机构将提取一部分资金建立救助基金,用于应对突发事件的影响。该费用将会对团队中的个人及其家庭在遭遇突发灾难时,给予特殊的救助或在项目遇到突发疫情后,在需要处理及应对该疫情时,从费用上给予适当的协助。

4) 成立应急救助小组:成立应急救助小组,建立严密的管理办法和程序等。该小组将会加强对基金的管理和使用,同时还时常保持与卫生防疫部门进行联系,获取相关的信息和资料,增强应对能力。

十、主要技术经济指标

(1) 工期:满足工程合同的工期要求。
(2) 质量:竣工验收达到市级(省)优质工程水平。
(3) 成本降低:3.5%。
(4) 工伤频率:1.5‰。
(5) 文明施工:每月检查得分不低于600分。
(6) 工程收款率:每月达80%以上。

第七章　施工项目管理实务

第一节　施工项目进度管理

一、施工项目进度管理目标和施工进度计划

（一）施工项目进度管理目标

项目进度管理的程序是：确定进度管理目标→编制施工进度计划→申请开工并按指令日期开工→实施施工进度计划→进度管理总结→编写施工进度管理报告。因此，项目进度管理的第一项任务就是确定进度管理目标。项目进度管理应以实现合同约定的竣工日期为最终目标。这个目标首先是由企业管理层承担的，企业管理层根据经营方针在"项目管理目标责任书"中确定项目经理部的进度管理目标，项目经理部根据这个目标在"施工项目管理实施规划"中编制施工进度计划，确定计划进度管理目标，并进行进度目标分解。总进度目标分解可按单位工程分解为交工分目标，可按承包的专业分解为完工分目标，亦可按年、季、月计划期分解为时间目标。

（二）施工进度计划

施工进度计划是进度管理的依据。因此，如何编制施工进度计划以提高进度管理的质量便成为进度管理的关键问题。由于施工进度计划分为施工总进度计划和单位工程施工进度计划两类，故其编制应分别对待。

1. 施工总进度计划的编制

见第五章第三节。

2. 单位工程施工进度计划的编制

见第六章第三节。

二、施工进度计划的实施

施工进度计划的实施实际上就是进度目标的过程管理，是 PDCA 循环的 D（DO）阶段。在这一阶段中主要应做好以下工作：

（1）编制并执行时间周期计划。时间周期计划包括年、季、月、旬、周施工进度计划。该计划落实施工进度计划，并以短期计划落实、调整并实施长期计划，做到短期保长期、周期保进度（计划）、进度（计划）保目标。

（2）用施工任务书把计划任务落实到班组。施工任务书是几十年来我国坚持使用的有效班组管理工具，是管理层向作业人员下达任务的好形式，可用来进行作业控制和核算，特别有利于进度管理，故应当坚持使用。它的内容包括：施工任务单，考勤表和限额领料单。

（3）坚持进度过程管理。应做好以下工作：跟踪监督并加强调度，记录实际进度，执行施工合同对进度管理的承诺，跟踪进行统计与分析，落实进度管理措施，处理进度索赔，确保资源供应进度计划实现，等等。

（4）加强分包进度管理，措施如下：由分包人根据施工进度计划编制分包工程施工进度计划并组织实施；项目经理部将分包工程施工进度计划纳入项目进度管理范畴；项目经理部协助分包人解决进度管理中的相关问题。

三、施工进度检查

施工进度的检查与进度计划的执行是融汇在一起的。计划检查是计划执行信息的主要来源，是施工进度调整和分析的依据，因此是进度管理的关键步骤。

进度计划的检查方法主要是对比法，即实际进度与计划进度进行对比，从而发现偏差，以便调整或修改计划。最好是在图上对比。故计划图形的不同便产生了多种检查方法。

1. 利用横道计划检查

在图 7-1 中，粗线表示计划进度，在计划图上记录的细线表示实际进度。图中显示，由于工序 E、F、K 提前 0.5d 完成，使整个计划提前完成了 0.5d。

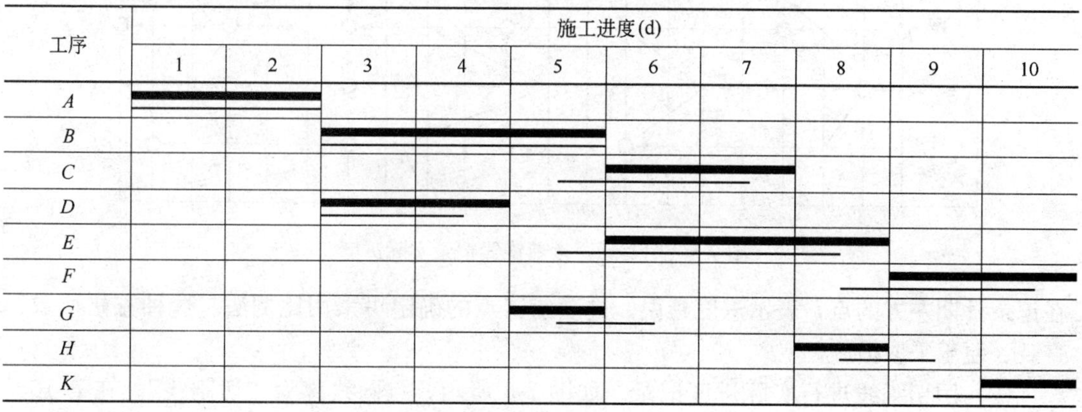

图 7-1 利用横道计划记录施工进度

2. 利用网络计划检查

利用网络计划进行施工进度检查在第四章第六节中已经详述，现举例如下：

（1）记录实际作业时间。例如某项工作计划为 8d，实际进度为 7d，如图 7-2 所示，将实际进度记录于括弧中，显示进度提前 1d。

（2）记录工作的开始日期和结束日期。例如图 7-3 所示为某项工作计划为 8d，实际进度为 7d（5月8日晚至5月15日晚），亦表示实际进度提前 1d。

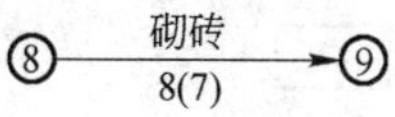

图 7-2 记录实际作业时间 　　　　　图 7-3 记录工作实际开始与结束日期

（3）标注已完工作。可以在网络图上用特殊的符号或颜色记录其已完成部分，如图 7-4 所示，阴影部分为已完成部分。

（4）当采用时标网络计划时，可以用"实际进度前锋线"记录实际进度，如图 7-5 所示。图中的折线是实际进度前锋的连线，在记录日期右方的点，表示提前完成进度计划，

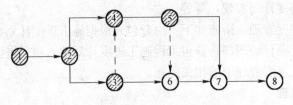

图 7-4 已完工作记录

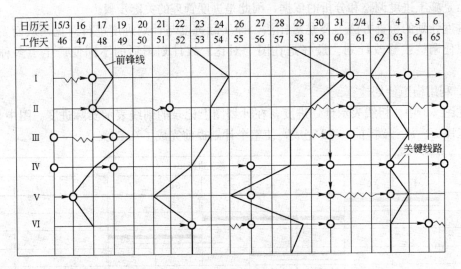

图 7-5 用实际进度前锋线记录实际进度

在记录日期左方的点，表示进度延误。进度前锋点的确定可采用比例法。这种方法形象、直观、便于采取措施。

（5）用切割线进行实际进度记录。如图 7-6 所示，点画线称为"切割线"。在第 10d 进行记录时，D 工作尚需 1d（方括号内的数）才能完成，G 工作尚需 8d 才能完成，L 工作尚需 2d 才能完成。这种检查方法可利用表 7-1 进行分析。经过计算，判断进度进行情况是：D、L 工作正常，G 延误 1d。由于 G 工作是关键工作，所以它的延误很有可能影响整个计划导致拖期，故应调整计划，追回损失的时间。

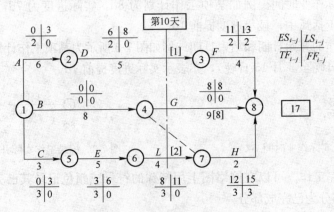

图 7-6 用切割线记录实际进度

注：□内数字是第 10d 检查工作尚需时间。

网络计划进行到第10d的检查结果表　　　　　　　　　　　　　　表 7-1

工作编号	工作代号	检查时尚需时间	到计划最迟完成前尚有时间	原有总时差	尚有总时差	情况判断
2—3	D	1	13−10=3	2	3−1=2	正常
4—8	G	8	17−10=7	0	7−8=−1	拖期1d
6—7	L	2	15−10=5	3	5−2=3	正常

3. 利用"香蕉"曲线进行检查

图7-7是根据计划绘制的累计完成数量与时间对应关系的轨迹。A线是按最早开始时间绘制的计划曲线，B线是按最迟完成时间绘制的计划曲线，P线是实际进度记录线。由于一项工程开始、中间和结束时曲线的斜率不相同，总的呈"S"形，故称"S"形曲线。又由于A线与B线所围面积构成香蕉状，故有的称为"香蕉"曲线。

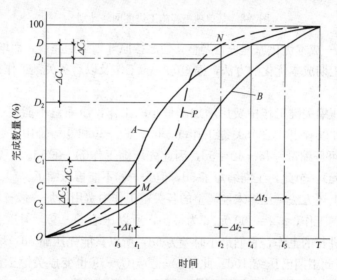

图 7-7　"香蕉"曲线图

检查方法是：当计划进行到时间t_1时，实际完成数量记录在M点。这个进度比最早开始时间计划曲线A的要求少完成$\Delta C_1=OC_1-OC$；比最迟完成时间计划曲线B的要求多完成$\Delta C_2=OC-OC_2$。由于它的进度比最迟时间要求提前，故不会影响总工期，只要控制得好有可能提前$\Delta t_1=Ot_1-Ot_3$完成全部计划。同理可分析t_2时间的进度状况。

四、施工进度计划调整

施工进度计划调整的依据是施工进度计划的检查结果。调整的内容包括：施工内容，工程量，起止时间，持续时间，工作关系和资源供应。调整施工进度计划应采用科学方法，如网络计划计算机调整方法，并应编制调整后的施工进度计划付诸实施。

利用网络计划对进度进行调整的理论在第四章第六节中已经阐述。较为有效的方法是采用工期—成本优化原理，就是当进度拖期以后进行赶工时，要逐次缩短那些有压缩可能，且费用最低的关键工作。

【例 7-1】 图7-8中：箭线上数字是缩短一天需增加的费用（元/d）；箭线下括弧外数字是工作正常施工时间；箭线下括弧内数字是工作最短施工时间。原计划工期是210d。假设在第95d进行检查，工作④—⑤（垫层）前已全部完成，工作⑤—⑥（构件安装）刚开工，即延误了15d。因为工作⑤—⑥是关键工作，它延误15d，将可能导致总工期延长

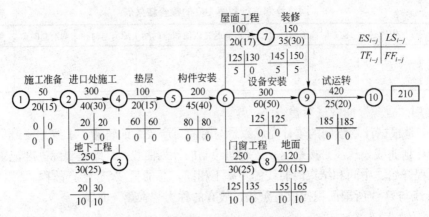

图 7-8 某单项工程施工进度网络计划

15d。要求按工期—成本优化原理进行调整,使之按原计划工期完成,而增加的费用最少。

【解】 按照工期成本优化的方法,缩短⑤—⑥工作及以后各关键工作持续时间,步骤如下:

第一步:先压缩关键工作中费用增加率最小的工作,压缩量不能超过实际可能压缩值。从图 7-8 中可以看出,三个关键工作⑤—⑥、⑥—⑨和⑨—⑩中,赶工费最低的是 $a_{5-6}=200$ 元/d,可压缩量$=45-40=5$d,因此先压缩工作⑤—⑥5d。于是需支出压缩费 $5\times 200=1000$(元)。至此,工期缩短了 5d,但⑤—⑥不能再压缩了。

第二步:按上述方法,压缩未经调整的各关键工作中费用增加率最省者。比较⑥—⑨和⑨—⑩两个关键工作,$a_{6-9}=300$ 元/d 为最小,所以压缩⑥—⑨。但压缩⑥—⑨工作必须考虑与其平行进行的工作,它们最小时差为 5d,所以只能先压缩 5d,增加费用 $5\times 300=1500$(元),至此工期已压缩 10d。此时⑥—⑦与⑦—⑨也变成关键工作。如⑥—⑨再加压缩还需考虑⑥—⑦或⑦—⑨同时压缩,不然不能缩短工期。

第三步:⑥—⑦与⑥—⑨同时压缩,但压缩量是⑥—⑦小,只有 3d,故先各压缩 3d,费用增加了 $3\times 100+3\times 300=1200$(元),至此,工期已压缩了 13d。

第四步:分析仍能压缩的关键工作,⑥—⑨与⑦—⑨同时压缩,费用增加了 $a_{6-9}+a_{7-9}=300+150=450$ 元/d,而⑨—⑩工作 $a_{9-10}=420$ 元/d,因此,⑨—⑩工作较节省,压缩⑨—⑩2d,费用增加为 $2\times 420=840$(元),至此,工期压缩 15d 已完成。总增加费用为 $1000+1500+1200+840=4540$(元)。

压缩调整后的网络计划如图 7-9 所示。调整后的计划工期仍是 210d,但各工作的开工时间和部分工作作业时间有变动。劳动力、物资,机械计划及平面布置按调整后的进度计划作相应调整。

【例 7-2】 仍用图 7-8 的资料,如果按合同规定:工期提前一天完工,发包单位奖给承包单位 400 元,迟延一天每天罚款 300 元。在第 25d 检查时,发现施工准备刚结束,问承包单位的进度计划应作何决策?

【解】 分析图 7-8 得知,第一项工作工期就拖后了 5d,如果不作调整,承包单位将被罚 1500 元。如按表 7-2 的步骤调整,将工期确定为 187d,承包单位可多得 2000 元,是最高收益值。

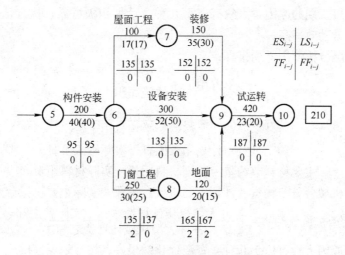

图 7-9 压缩调整后的网络计划

调整计划计算表　　　　　　　　　　　　　　　　表 7-2

计划方案	工期(d)	压缩天数(d)	增加的压缩费(元)	增加的累计压缩费(元)	奖罚值(元)	承包单位损益(元)
压缩④—⑤	210	5	−500	−500	0	−500
压缩⑤—⑥	205	5	−1000	−1500	+2000	+500
压缩②—④	195	10	−3000	−4500	+6000	+1500
压缩⑥—⑨	190	5	−1500	−6000	+8000	+2000
压缩⑥—⑦	187	3	−1200	−7200	+9200	+2000
压缩⑨—⑩	182	5	−2100	−9300	+11200	+1900
压缩⑥—⑨ ⑦—⑨	180	2	−900	−10200	+12000	+1800

五、进度管理的分析与总结

（一）进度管理分析

进度管理的分析阶段比其他阶段更为重要，因为它对实现管理循环和信息反馈起重要作用。进度管理分析是对进度管理进行评价的前提，是提高管理水平的阶梯。

1. 进度管理分析的内容

进度管理分析阶段的主要工作内容是：各项目标的完成情况分析；进度管理中的问题及原因分析；进度管理中经验的分析；提高进度管理工作水平的措施。

2. 目标完成情况分析

（1）时间目标完成情况的分析应计算下列指标：

$$合同工期节约值 = 合同工期 - 实际工期 \tag{7-1}$$

$$指令工期节约值 = 指令工期 - 实际工期 \tag{7-2}$$

$$定额工期节约值 = 定额工期 - 实际工期 \tag{7-3}$$

$$计划工期提前率 = \frac{计划工期 - 实际工期}{计划工期} \times 100\% \tag{7-4}$$

$$缩短工期的经济效益 = 缩短一天产生的经济效益 \times 缩短工期天数 \tag{7-5}$$

还要分析缩短工期的原因,大致有以下几种:计划积极可靠;执行认真;控制得力;协调及时有效;劳动效率高。

(2) 资源情况分析使用下列指标:

$$单方用工 = \frac{总用工数}{建筑面积} \qquad (7-6)$$

$$劳动力不均衡系数 = \frac{最高日用工数}{平均日用工数} \qquad (7-7)$$

$$节约工日数 = 计划用工工日 - 实际用工工日 \qquad (7-8)$$

$$主要材料节约量 = 计划材料用量 - 实际材料用量 \qquad (7-9)$$

$$主要机械台班节约量 = 计划主要机械台班数 - 实际主要机械台班数 \qquad (7-10)$$

$$主要大型机械节约率 = \frac{各种大型机械计划费之和 - 实际费之和}{各种大型机械计划费之和} \times 100\% \qquad (7-11)$$

资源节约的原因大致有以下几种:资源优化效果好;按计划保证供应;认真制定并实施了节约措施;协调及时得力;劳动力及机械的效率高。

(3) 成本目标分析

成本分析的主要指标如下:

$$降低成本额 = 计划成本 - 实际成本 \qquad (7-12)$$

$$降低成本率 = \frac{降低成本额}{计划成本} \times 100\% \qquad (7-13)$$

节约成本的原因主要是:计划积极可靠;成本优化效果好;认真制定并执行了节约成本措施;成本核算及成本分析工作效果好。

3. 进度管理的问题分析

这里所指的问题是:某些进度管理目标没有实现,或在计划执行中存在缺陷。在总结分析时可以定量计算(指标与前项分析相同);也可以定性地分析。对产生问题的原因也要从编制和执行计划中去找。问题要找够,原因要摆透,不能文过饰非。遗留的问题应反馈到下一循环解决。

进度管理中大致有以下一些问题:工期拖后,资源浪费,成本浪费,计划变化太大等。管理中出现上述问题的原因大致是:计划本身的原因,资源供应和使用中的原因,协调方面的原因,环境方面的原因,业主方面的原因,设计方面的原因等。

4. 进度管理的经验教训分析

经验、教训是指对成绩、问题及其原因进行分析以后,归纳出来的可以为以后进度管理借鉴的本质的、规律性的东西。分析进度管理的经验、教训可以从以下几方面进行:

(1) 怎样编制计划,编制什么样的计划才能取得更大效益,包括准备、绘图、计算。

(2) 怎样优化计划才更有实际意义,包括优化目标的确定、优化方法的选择、优化计算、优化结果的评审、计算机应用等。

(3) 怎样实施、调整与管理计划,包括组织保证、宣传、培训、建立责任制、信息反馈、调度、统计、记录、检查、调整、修改、成本控制方法、资源节约措施等。

(4) 进度管理工作的创新。

总结出来的经验具有应用价值,是企业的创新,可通过企业和有关领导部门的审查与批准,形成规程、标准及制度,作为指导以后工作的参照执行文件。

5. 提高进度管理水平的措施
(1) 编制好计划的措施。
(2) 更好地执行计划的措施。
(3) 有效的控制措施。

6. 进度管理分析的方法
(1) 在计划编制执行中,应积累资料,作为分析的基础。
(2) 在分析之前应实际调查,取得原始记录中没有的情况和信息。
(3) 召开总结分析会议。
(4) 用定量的对比分析法。
(5) 尽量用计算机,以提高分析的速度和准确性。
(6) 分析资料要分类归档。

(二) 进度管理总结

(1) 施工进度计划实施检查后,应向企业提供月度施工进度报告,这是进度管理的中间总结。总结的内容是:进度执行情况的综合描述,实际施工进度图,工程变更,价格调整,索赔及工程款收支情况,进度偏差的状况及导致偏差的原因分析,解决问题的措施,计划调整意见。

(2) 在施工进度计划完成后,进行进度管理最终总结。总结的依据是:施工进度计划,实际记录,检查结果,调整资料。总结的内容是:合同工期目标及计划工期目标完成情况,施工进度管理经验,施工进度管理中存在的问题及分析,科学的施工进度计划方法的应用情况,施工进度管理的改进意见。

施工进度管理总结是进度管理持续改进的重要一环,是信息积累和信息反馈的主要方法,必须高度重视。

第二节 施工项目质量与技术管理

一、质量管理体系

"质量"是一组固有特性满足要求的程度。"要求"指明示的、通常隐含的或必须履行的需求或期望。质量管理体系是在质量方面指挥和控制组织的管理体系。质量方针是由组织的最高管理者正式发布的关于质量方面的全部意图和方向。质量目标是在质量方面所追求的目的。

由中国国家质量监督检验检疫总局、中国国家标准化管理委员会发布的现行质量体系标准有《质量管理体系 基础和术语》GB/T 19000—2008/ISO 9000:2005 和《质量管理体系 要求》GB/T 19001—2008/ISO 9001:2008 等。以下质量管理体系内容依据该两项标准。

(一) 质量管理原则

成功地领导和运作一个组织,需要采用系统和透明的方式进行管理。针对所有相关方的需求,实施并保持持续改进其业绩的管理体系,可使组织获得成功。质量管理是组织各项管理的内容之一。以下的八项质量管理原则被确定为最高管理者用于领导组织进行业绩改进的指导原则。

1. 以顾客为关注焦点

组织依存于顾客。因此，组织应当理解顾客当前和未来的需求，满足顾客要求并争取超越顾客期望。

2. 领导作用

领导者确保组织统一的宗旨目的及方向的一致性。他们应当创造并保持良好的内部环境，使员工能充分参与实现组织目标的活动。

3. 全员参与

各级人员都是组织之本，唯有他们的充分参与，才能使他们为组织的利益发挥其才干。

4. 过程方法

将活动和相关资源作为过程进行管理，可以更高效地得到期望的结果。

5. 管理的系统方法

将相互关联的过程作为体系来看待、理解和管理，有助于组织提高实现目标的有效性和效率。

6. 持续改进

持续改进总体业绩应当是组织的永恒目标。

7. 基于事实的决策方法

有效决策建立在数据和信息分析的基础上。

8. 与供方互利的关系

组织与供方相互依存，互利的关系可增强双方创造价值的能力。

这八项质量管理原则形成了 GB/T 19000 族质量管理体系标准的基础。

（二）质量管理体系基础

1. 质量管理体系的理论说明

质量管理体系能够帮助组织增进顾客满意。

顾客要求产品具有满足其需求和期望的特性，这些需求和期望在产品规范中表述，并集中归结为顾客要求。顾客要求可以由顾客以合同方式规定或由组织自己确定。在任一情况下，产品是否可接受最终由顾客确定。因为顾客的需求和期望是不断变化的，以及竞争的压力和技术的发展，这些都促使组织持续地改进产品和过程。

质量管理体系方法鼓励组织分析顾客要求，规定相关的过程，并使其持续受控，以实现顾客能接受的产品。质量管理体系能提供持续改进的框架，以增加组织提升顾客和其他相关方满意的几率。质量管理体系还能够针对提供持续满足要求的产品向组织及其顾客提供信任。

2. 质量管理体系要求与产品要求

GB/T 19000 族标准区分了质量管理体系要求和产品要求。

GB/T 19001 规定了质量管理体系要求。质量管理体系要求是通用的，适用于所有行业或经济领域，不论其提供何种类别的产品。GB/T 19001 本身并不规定产品要求。

产品要求可由顾客规定，或由组织通过预测顾客的要求规定，或由法规规定。产品要求有时与相关的过程要求一起，被包含在诸如技术规范、产品标准、过程标准、合同协议和法规要求中。

3. 质量管理体系方法

建立和实施质量管理体系的方法包括以下步骤：

(1) 确定顾客和其他相关方的需求和期望。
(2) 建立组织的质量方针和质量目标。
(3) 确定实现质量目标必需的过程和职责。
(4) 确定和提供实现质量目标必需的资源。
(5) 规定测量每个过程的有效性和效率的方法。
(6) 应用这些测量方法确定每个过程的有效性和效率。
(7) 确定防止不合格并消除产生原因的措施。
(8) 建立和应用持续改进质量管理体系的过程。

上述方法也适用于保持和改进现有的质量管理体系。

采用上述方法的组织能对其过程能力和产品质量树立信心，为持续改进提供基础，从而增进顾客和其他相关方满意并使组织成功。

4. 过程方法

任何使资源将输入转化为输出的任何一项或一组活动均可视为一个过程。

为使组织有效运行，必须识别和管理许多相互关联和相互作用的过程。通常，一个过程的输出将直接成为下一个过程的输入。系统地识别和管理组织所应用的过程，特别是这些过程之间的相互作用，称为"过程方法"。鼓励采用过程方法管理组织。

由 GB/T 19000 族标准表述的，以过程为基础的质量管理体系模式如图 7-10 所示。该图表明在向组织提供输入方面相关方起重要作用。监视相关方满意程度需要评价有关相

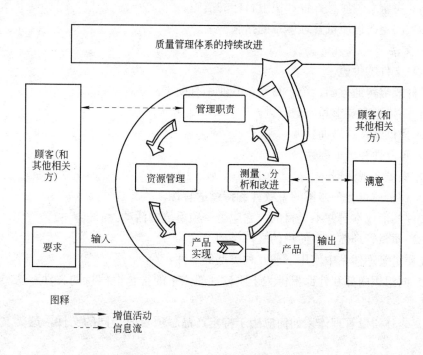

图 7-10 以过程为基础的质量管理体系模式
注：括号中的陈述不适用于 GB/T 19001。

关方感受的信息,这种信息可以表明其需求和期望已得到满足的程度。图 7-10 中的模式未表明更详细的过程。

5. 质量方针和质量目标

质量方针和质量目标的建立为组织提供了关注的焦点。两者确定了期望的结果,并帮助组织利用其资源得到这些结果。质量方针为建立和评审质量目标提供了框架。质量目标需要与质量方针和持续改进的承诺相一致,其实现须是可测量的。质量目标的实现对产品质量、运行有效性和财务业绩都有积极影响,因此对相关方的满意和信任也产生积极影响。

6. 最高管理者在质量管理体系中的作用

最高管理者通过其领导作用和实际行动,可以创造一个员工充分参与的环境,质量管理体系能够在这种环境中有效运行。最高管理者可以运用质量管理原则作为发挥以下作用的基础:

(1) 制定并保持组织的质量方针和质量目标。

(2) 通过在整个组织内宣传质量方针并促进质量目标的实现,增强员工的意识、积极性和参与程度。

(3) 确保整个组织关注顾客要求。

(4) 确保实施适宜的过程,以满足顾客和其他相关方要求并实现质量目标。

(5) 确保建立、实施和保持一个有效和高效的质量管理体系以实现这些质量目标。

(6) 确保获得必要资源。

(7) 定期评审质量管理体系。

(8) 决定有关质量方针和质量目标的措施。

(9) 决定改进质量管理体系的措施。

7. 文件

(1) 文件的价值

文件能够沟通意图、统一行动,其使用有助于:

1) 满足顾客要求和质量改进。

2) 提供适宜的培训。

3) 重复性和可追溯性。

4) 提供客观证据。

5) 评价质量管理体系的有效性和持续适宜性。

文件的形成本身并不是目的,它应是一项增值的活动。

(2) 质量管理体系中使用的文件类型

在质量管理体系中使用下述几种类型的文件:

1) 向组织内部和外部提供关于质量管理体系的符合性信息的文件,这类文件称为质量手册。

2) 表述质量管理体系如何应用于特定产品、项目或合同的文件,这类文件称为质量计划。

3) 阐明要求的文件,这类文件称为规范。

4) 阐明推荐的方法或建议的文件,这类文件称为指南。

5）提供使用过程能始终如一完成的信息的文件，这类文件包括形成文件的程序、作业指导书和图样。

6）为完成的活动或达到的结果提供客观证据的文件，这类文件称为记录。

每个组织确定其所需文件的数量和详略程度及使用的媒体。这取决于下列因素，诸如：组织的类型和规模、过程的复杂性和相互作用、产品的复杂性、顾客要求、适用的法规要求、经证实的人员能力以及满足质量管理体系要求所需证实的程度。

8. 质量管理体系评价

(1) 质量管理体系过程的评价

评价质量管理体系时，应当对每一个被评价的过程提出如下四个基本问题：

1）过程是否已被识别并适当规定？

2）职责是否已被分配？

3）程序是否得到实施和保持？

4）在实现所要求的结果方面，过程是否有效？

综合上述问题的答案可以确定评价结果。质量管理体系评价可在不同的范围内通过一系列活动来开展，如审核和评审质量管理体系以及自我评定。

(2) 质量管理体系审核

审核用于确定符合质量管理体系要求的程度。审核发现用于评定质量管理体系的有效性和识别改进的机会。

第一方审核由组织自己或以组织的名义进行，用于内部目的，可作为组织自我合格声明的基础。

第二方审核由组织的顾客或由其他人以顾客的名义进行。

第三方审核由外部独立的组织进行。这类组织通常是经认可的，提供符合（如 GB/T 19001）的认证。

(3) 质量管理体系评审

最高管理者的任务之一是对质量方针和质量目标，定期和系统地评价质量管理体系的适宜性、充分性、有效性和效率。这种评审可包括考虑是否需要修改质量方针和质量目标，以响应相关方需求和期望的变化。评审包括确定是否需要采取措施。审核报告与其他信息源一同用于质量管理体系的评审。

(4) 自我评定

组织的自我评定是一种参照质量管理体系或卓越模式，对组织的活动和结果所进行的全面和系统的评审。

自我评定可对组织业绩和质量管理体系成熟程度提供全面的情况。它还有助于识别组织中需要改进的领域并确定优先开展的事项。

9. 持续改进

持续改进质量管理体系的目的在于增加顾客和其他相关方满意的几率，改进包括下列活动：

(1) 分析和评价现状，以识别改进区域。

(2) 确定改进目标。

(3) 寻找可能的解决办法，以实现这些目标。

(4) 评价这些解决办法并做出选择。

(5) 实施选定的解决办法。

(6) 测量、验证、分析和评价实施的结果,以确定这些目标已经实现。

(7) 正式采纳更改。

必要时,对结果进行评审,以确定进一步改进的机会。从这种意义上说,改进是一种持续活动。顾客和其他相关方的反馈及质量管理体系的审核和评审均能用于识别改进的机会。

10. 统计技术的作用

应用统计技术可帮助组织了解变异,从而有助于组织解决问题并提高有效性和效率。这些技术也有助于更好地利用可获得的数据进行决策。

在许多活动的状态和结果中,甚至是在明显的稳定条件下,均可观察到变异。这种变异可通过产品和过程可测量的特性观察到,也可以在产品的整个寿命周期(从市场调研到顾客服务和最终处置)的不同阶段中看到。

统计技术有助于对这类变异进行测量、描述、分析、解释和建立模型,甚至在数据相对有限的情况下也可实现。这种数据的统计分析能对更好地理解变异的性质、程度和原因提供帮助,从而有助于解决,甚至防止由变异引起的问题,并促进持续改进。

11. 质量管理体系与其他管理体系的关注点

质量管理体系是组织的管理体系的一部分,它致力于使与质量目标有关的结果适当地满足相关方的需求、期望和要求。组织的质量目标补充其他目标,如增长、筹资、收益性、环境及职业健康与安全等目标。一个组织的若干个管理体系,可以与质量管理体系合成一个使用通用要素的综合管理体系。这将有利于策划、资源配置、确定互补的目标以及评价组织的整体有效性。组织的管理体系可以对照其要求进行评价,也可以对照国家标准如 GB/T 19001 和 GB/T 24001 的要求进行审核。这些审核可以分开进行,也可以合并进行。

12. 质量管理体系与卓越模式之间的关系

GB/T 19000 族标准和组织卓越模式提出的质量管理体系方法均依据共同的原则。它们两者均使组织能够识别它的强项和弱项;均包含对照通用模式进行评价的规定;均为持续改进提供基础;均包含外部承认的规定。GB/T 19000 族质量管理体系与卓越模式之间的差别在于它们应用范围不同,GB/T 19000 族提出了质量管理体系要求和业绩改进指南。质量管理体系评价可确定这些要求是否得到满足;卓越模式包含能够对组织业绩进行比较评价的准则,并能适用于组织的全部活动和所有相关方。卓越模式评定准则提供了一个组织与其他组织进行业绩比较的基础。

(三)质量管理体系要求

1. 总要求

组织应按 GB/T 19001—2008 建立质量管理体系,形成文件,加以实施和保持,并持续改进其有效性。

2. 文件要求

(1) 总则。质量体系文件应包括:形成文件的质量方针和质量目标;质量手册;GB/T 19001—2008 要求的形成文件的程序和记录;组织确定的为确保其过程有效策划、运行和控制所需的文件,包括记录。

(2) 质量手册。组织应编制和保持质量手册。质量手册包括:质量管理体系的范围,包括任何删减的细节和正当的理由;为质量管理体系编制的形成文件的程序或对其引用;质量管理体系过程之间的相互作用的表述。

(3) 文件控制。应编制形成文件的程序,以规定以下方面所需的控制:为使文件是充分与适宜的,文件发布前得到批准;必要时对文件进行评审与更新,并再次批准;确保文件的更改和现行修订状态得到识别;确保在使用处可获得适用文件的有关版本;确保文件保持清晰、易于识别;确保组织所确定的策划和运行质量管理体系所需的外来文件得到识别,并控制其分发;防止作废文件的非预期使用,如果出于某种目的而保留作废文件,对这些文件进行适当标识。

(4) 记录控制。为提供符合要求和质量管理体系有效运行的证据而建立的记录应得到控制。组织应编制形成文件的程序,以规定记录的标识、贮存、保护、检索、保留和处置所需的控制。记录应保持清晰、易于识别和检索。

3. 管理职责

(1) 管理承诺。最高管理者应通过以下活动对其建立、实施质量管理体系并持续改进其有效性的承诺提供证据;向组织传达满足顾客和法律法规要求的重要性;制定质量方针;确保质量目标的制定;进行管理评审;确保资源的获得。

(2) 以顾客为关注焦点。最高管理者应以增强顾客满意为目的,确保顾客的要求得到确定并予以满足。

(3) 质量方针。最高管理者应确保质量方针与组织的宗旨相适应;质量方针应包括对满足要求和持续改进质量管理体系有效性的承诺;提供制定和评审目标的框架;在组织内得到沟通和理解;在持续适宜性方面得到评审。

(4) 策划。策划的内容包括:质量目标和质量管理体系。

(5) 职责、权限与沟通。最高管理者应指定一名管理者代表使其有以下职责和权限:确保质量管理体系所需的过程得到建立、实施和保持;向最高管理者报告质量管理体系的绩效和任何改进的需求;确保在整个组织内提高满足顾客要求的意识。

(6) 管理评审。最高管理者应按策划的时间间隔评审质量管理体系,以确保其持续的适宜性、充分性和有效性。评审应包括评价改进的机会和质量管理体系变更的需求,包括质量方针和质量目标变更的需求。应保持管理评审的记录。

4. 资源管理

(1) 资源提供。组织应确定并提供以下方面所需资源:实施、保持质量管理体系并持续改进其有效性;通过满足顾客要求,增强顾客满意。

(2) 人力资源。基于适当的教育、培训、技能和经验,从事影响产品要求符合性工作的人员应是能够胜任的。组织应确定从事影响产品要求符合性工作的人员所需的能力;适用时,提供培训或采取其他措施以获得所需的能力;评价所采取措施的有效性;确保组织的人员认识到所从事活动的相关性和重要性,以及如何为实现质量目标做出贡献;保持教育、培训、技能和经验的适当记录。

(3) 基础设施。组织应确定、提供并维护为达到产品符合要求所需的基础设施。适用时,基础设施包括:建筑物、工作场所和相关设施,过程设备(硬件和软件),支持性服务（如运输、通讯或信息系统）。

（4）工作环境。组织应确定并管理为达到产品符合要求所需的工作环境。

5．产品实现

（1）产品实现策划。组织应策划和开发产品实现所需的过程。产品实现的策划应与质量管理体系其他过程的要求相一致。

（2）与顾客有关的过程。包括：与产品有关的要求的确定；与产品有关的要求的评审；顾客沟通。

（3）设计和开发。包括：设计和开发策划；设计和开发输入；设计和开发输出；设计和开发评审；设计和开发验证；设计和开发更改的控制。

（4）采购。组织应确保采购的产品符合规定的采购要求。对供方及采购产品的控制类型和程度应取决于采购产品对随后的产品实现或最终产品的影响。组织应根据供方按组织的要求提供产品的能力评价和选择供方，应制定选择、评价和重新评价的准则，评价结果及评价所引起的任何必要措施的记录应予保持。在与供方沟通前，组织应确保所规定的采购要求是充分与适宜的。组织应确定并实施检验或其他必要的活动，以确保采购的产品满足规定的采购要求。

（5）生产和服务提供。包括：生产和服务提供的控制；生产和服务提供过程的确认；标识和可追溯性；爱护在组织控制下或使用的顾客财产；在产品内部处理和交付到预定地点期间对其提供防护，以保持符合要求。

（6）监视和测量装置的控制。组织应确定需实施的监视和测量以及所需的监视和测量设备，为产品符合确定的要求提供证据。组织应建立过程，以确保监视和测量活动可行并以与监视和测量的要求相一致的方式实施。

6．测量、分析和改进

组织应策划并实施以下监视、测量、分析和改进过程：证实产品的符合性；确保质量管理体系的符合性；持续改进质量管理体系的有效性。

（1）监视和测量。内容包括：顾客满意；内部审核；过程的监视和测量；产品的监视和测量。

（2）不合格品控制。组织应通过下列一种或几种途径处置不合格品：采取措施，消除已发现的不合格；经授权人员批准，适用时经顾客批准，让步使用、放行或接收不合格品；采取措施，防止其原预期的使用或应用。当在交付或开始使用后发现产品不合格时，组织应采取与不合格的影响或潜在影响的程度相适应的措施。

（3）数据分析。数据分析应提供以下信息：顾客满意；与产品要求的符合性；过程和产品的特性及趋势，包括采取预防措施的机会；供方。

（4）改进。包括：持续改进；纠正措施；预防措施。

二、施工项目质量管理的主要环节

（一）质量管理程序

无论是项目承包人还是分包人，进行质量管理均应依次完成下列工作内容：

（1）确定项目质量目标。一般说来，该目标是指质量验收标准的合格要求。国家规定了分项工程、分部工程和单位工程的质量验收标准。国家系列标准《建筑工程施工质量验收规范》就是工程项目的质量目标。有时项目质量目标是发包人提出的质量要求。发包人在实施质量标准的前提下，也可以根据自身的经营方针确定计划质量目标。

（2）编制项目质量计划。项目质量计划是规定项目由谁及何时应使用哪些程序和相关资源的文件。这些程序通常包括所涉及的那些质量管理过程和工程实现过程。通常，质量计划引用质量手册的部分内容和程序文件。质量计划通常是质量策划的结果之一。对施工项目而言，质量计划主要是针对特定项目所编制的规定程序和相应资源的文件。

（3）项目质量计划实施。项目质量计划实施通常是按阶段进行的，包括施工准备阶段的质量管理，施工阶段的质量管理和竣工验收阶段的质量管理。

（4）项目质量持续改进与检查、验证。项目质量持续改进指对项目质量增强满足要求的能力的循环活动。该循环活动通过不断制定改进目标和寻求改进机会实现。该过程使用审核发现、审核结论、数据分析、管理评审或其他方法，其结果通常导致纠正措施或预防措施。项目检查、验证，是对项目质量计划执行情况组织的检查、内部审核和考核评价，验证实施效果。对考核中出现的问题、缺陷或不合格，应召开有关专业人员参加的质量分析会，并制定整改措施。

（二）项目质量计划

1. 项目质量计划的作用和内容

项目质量计划的第一项作用是为质量控制提供依据，使工程的特殊质量要求能通过有效的措施得以满足；其第二项作用是在合同情况下，供方用质量计划向顾客证明其如何满足特定合同的特殊质量要求，并作为顾客实施质量监督的依据。根据以上作用的要求，项目质量计划应包括的内容是：编制依据；项目概况；质量目标；组织机构；质量控制及管理组织协调的系统描述；必要的质量控制手段，施工过程、服务、检验和试验程序等；确定关键工序和特殊过程的作业指导书；与施工阶段相适应的检验、试验、测量、验证要求；更改和完善质量计划的程序。

2. 质量计划的编制

编制项目质量计划应注意以下几点：

（1）由于项目质量计划的重要作用，作为最高领导者的项目经理应亲自主持编制。

（2）项目质量计划应集体编制。编制者应有丰富的知识、实践经验、较强的沟通能力和创新精神。

（3）始终以业主为关注焦点，准确无误地找出关键质量问题，反复征询对质量计划草案的意见以修改完善。

（4）质量计划应体现从工序、分项工程、分部工程、单位工程的过程控制，且应体现从资源投入到完成工程质量最终检验和试验的全过程控制，使质量计划成为对外质量保证和对内质量控制的依据。

3. 质量计划的实施与验证

质量计划实施时，质量管理人员应按照分工进行控制，按规定保存质量控制记录。当发生质量缺陷或事故时，必须分析原因、分清责任，进行整改。项目负责人应定期组织具有资格的质量检查人员和内部质量审检员验证质量计划的实施效果。发现质量控制中的问题或隐患时，提出措施予以解决。对重复出现的不合格，责任人应按规定承担责任，并依据验证评价的结果进行处罚。

（三）施工准备阶段的质量控制

1. 技术资料及文件准备的质量控制

(1) 施工项目所在地的自然条件和技术经济条件调查资料应做到周密、详细、科学、妥善保存,为施工准备提供依据。

(2) 施工组织设计文件的质量控制要求是:一要使施工顺序、施工方法和技术措施等能保证质量,二要进行技术经济比较,使质量好,经济效果也好。

(3) 要认真收集并学习有关质量管理方面的法律、法规和质量验收标准、质量管理体系标准等。

(4) 工程测量控制资料应按规定收集、整理和保管。

2. 设计交底和图纸审核的质量控制

应通过设计交底、图纸审核(或会审),使施工者了解设计意图、工程特点、工艺要求和质量要求,发现、纠正和减少设计差错,消灭图纸中的质量隐患,做好记录,以保证工程质量。

3. 采购和分包质量控制

(1) 项目经理应按质量计划中的物资采购和分包的规定选择和评价供应人,并保存评价记录。

(2) 采购要求包括:产品质量要求或外包服务要求;有关产品提供的程序要求;对供方人员资格的要求;对供方质量管理体系的要求。采购要求的形式可以是合同、订单、技术协议、询价单及采购计划等。

(3) 物资采购应符合设计文件、标准、规范、相关法规及承包合同的要求。

(4) 对采购的产品应根据验证要求规定验证部门及验证方式,当拟在供方现场实施验证时,应在采购要求中事先做出规定。

(5) 对各种分包服务选用的控制应根据其规模和控制的复杂程度区别对待,一般通过分包合同对分包服务进行动态控制。

4. 质量教育与培训

通过质量教育培训,增强质量意识和顾客意识,使员工具有所从事的质量工作要求的能力。

可以通过考试或实际操作等方式检查培训的有效性,并保存教育、培训及技能认可的记录。

(四) 施工阶段的质量控制

1. 施工阶段质量控制的内容

施工阶段质量控制的内容涉及范围包括:技术交底,工程测量,材料,机械设备,环境,计量,工序,特殊过程,工程变更,质量事故处理等。

2. 施工阶段质量控制的要求

(1) 技术交底的质量控制应注意:交底时间,交底分工,交底内容,交底方式(书面)和交底资料保存。

(2) 工程测量的质量控制应注意:编制控制方案;由技术负责人管理;保存测量记录;保护测量点线。还应注意对原有基准点、基准线、参考标高、控制网的复测和测量结果的复核。

(3) 材料的质量控制应注意:在合格材料供应人名录中选供应人;按计划采购;按

规定进行搬运和储存；进行标识；不合格的材料不准投入使用；发包人供应的材料应按规定检验和验收；监理工程师对承包人供应的材料进行验证等。

（4）机械设备的质量控制应注意：按计划进行调配；满足施工需要；配套合理使用；操作人员应进行确认并持证上岗；搞好维修与保养等。

（5）为保证项目质量，对环境的要求是：建立环境控制体系；实施环境监控；对影响环境的因素进行监控，包括工程技术环境、工程管理环境和劳动环境。

（6）计量工作的主要任务是统一计量单位，组织量值传递，保证量值的统一。对计量质量控制的要求是：建立计量管理部门、配备计量人员；建立计量规章制度；开展计量意识教育；按规定控制计量器具的使用、保管、维修和检验。

（7）工序质量控制应注意：作业人员按规定经考核后持证上岗；按操作规程、作业指导书和技术交底文件进行施工；工序的检验和试验应符合过程检验和试验的规定；对查出的质量缺陷按不合格控制程序及时处理；记录工序施工情况；把质量的波动限制在要求的界限内；以对因素的控制保证工序的质量。

（8）特殊过程是指在质量计划中规定的特殊过程，其质量控制要求是：设置其工序质量控制点；由专业技术人员编制专门的作业指导书，经技术负责人审批后执行。

（9）工程变更质量控制要求：严格按程序变更并办理批准手续；管理和控制那些能引起工程变更的因素和条件；要分析提出工程变更的合理性和可行性；当变更发生时，应进行管理；注意分析工程变更引起的风险。

（10）成品保护要求：首先要加强教育，提高成品保护意识；其次要合理安排施工顺序，采取有效的成品保护措施。成品保护措施包括护、包、盖、封，可根据需要选择。

（五）竣工验收阶段的质量控制

竣工验收阶段的质量控制包括最终质量检验和试验，技术资料的整理，施工质量缺陷的处理，工程竣工验收文件的编制和移交准备，产品防护，撤场计划。这个阶段的质量控制要求主要有以下几点：

（1）最终质量检验和试验指单位工程竣工验收前的质量检验和试验，必须按施工质量验收规范的要求进行检验和试验。

（2）对查出的质量缺陷应按不合格控制程序进行处理，处理方案包括：修补处理、返工处理、限制使用和不做处理。

（3）应按规定整理技术资料、竣工资料和档案，做好移交准备。

（4）在最终检验和试验合格后，对产品采取防护措施，防止丢失或损坏。

（5）工程交工后应编制符合文明施工要求和环境保护要求的撤场计划，拆除、运走多余物资，达到场清、地平乃至树活、草青的目的。

（六）质量持续改进

质量持续改进指增强满足要求的能力的循环活动。持续改进的规定如下：

（1）项目经理部应分析和评价项目控制现状，识别质量持续改进区域，确定改进目标，实施选定的解决办法。

（2）质量持续改进应按全面质量管理的方法进行。

（3）项目经理部按规定控制不合格：按程序控制不合格；按规定对不合格产品进行鉴别、标识、记录、评价、隔离和处置；进行不合格评审；根据不合格严重程度，按返工、返修或让步接受、降级使用、拒收或报废四种情况进行处理；构成等级质量事故的不合格，按法律、法规进行处理；对返修或返工后的产品，应按规定重新进行检验和试验，并保存记录；进行不合格让步接收时，承发包双方签字确认让步接收协议和标准；对影响主体结构安全和使用功能的不合格，各方共同确定处理方案；保存不合格控制记录。

(4) 采取"纠正措施"，包括：对各单位提出的质量问题进行分析，找出原因，制定纠正措施；对已发生的潜在的不合格信息进行分析并记录结果；由项目技术负责人对质量问题判定不合格程度，制定纠正措施；对严重的不合格或重大事故，必须实施纠正措施；实施纠正措施的结果应验证、记录；项目经理部或责任单位应定期评价纠正措施的有效性。

(5) 采取"预防措施"，包括：项目经理部定期召开质量分析会，对影响质量的潜在原因采取预防措施；对可能出现的不合格制定防止再发生的措施并实施；采取预防质量通病的措施；对潜在的严重不合格实施预防措施程序；项目经理部定期评价预防措施的有效性。

三、建筑工程施工质量验收

《建筑工程施工质量验收统一标准》GB 50300—2001，为加强工程质量管理，统一建筑工程施工质量的验收，保证工程质量提供了依据。其主要内容如下：

(一) 基本规定

1. 施工现场质量管理应有相应的施工技术标准，健全的质量管理体系、施工质量检验制度和综合施工质量水平评定考核制度。

2. 建筑工程应按下列规定进行施工质量控制：

(1) 建筑工程采用的主要材料、半成品、成品、建筑构配件、器具和设备应进行现场验收。凡涉及安全、功能的有关产品，应按各专业工程质量验收规范规定进行复验，并应经监理工程师（建设单位技术负责人）检查认可。

(2) 各工序应按施工技术标准进行质量控制，每道工序完成后，应进行检查。

(3) 相关各专业工种之间，应进行交接检验，并形成记录。未经监理工程师（建设单位技术负责人）检查认可，不得进行下道工序施工。

3. 建筑工程施工质量应按下列要求进行验收：（以下10条均为强制性条文）

(1) 建筑工程施工质量应符合本标准和相关专业验收规范的规定。

(2) 建筑工程施工应符合工程勘察、设计文件的要求。

(3) 参加工程施工质量验收的各方人员应具备规定的资格。

(4) 工程质量的验收均应在施工单位自行检查评定的基础上进行。

(5) 隐蔽工程在隐蔽前应由施工单位通知有关单位进行验收，并应形成验收文件。

(6) 涉及结构安全的试块、试件以及有关材料，应按规定进行见证取样检测。

(7) 检验批的质量应按主控项目和一般项目验收。

(8) 对涉及结构安全和使用功能的重要分部工程应进行抽样检测。

(9) 承担见证取样检测及有关结构安全检测的单位应具有相应资质。

(10) 工程的观感质量应由验收人员通过现场检查，并应共同确认。

4. 检验批的质量检验，应根据检验项目的特点在下列抽样方案中进行选择：

(1) 计量、计数或计量—计数等抽样方案。

(2) 一次、二次或多次抽样方案。

(3) 根据生产连续性和生产控制稳定性情况，尚可采用调整型抽样方案。

(4) 对重要的检验项目，当采用简易快速的检验方法时，可选用全数检验方案。

(5) 经实践检验有效的抽样方案。

5. 在制定检验批的抽样方案时，对生产方风险（或错判概率 α）和使用方风险（或漏判概率 β）可按下列规定采取：

(1) 主控项目：对应于合格质量水平的 α 和 β 均不宜超过5%。

(2) 一般项目：对应于合格质量水平的 α 不宜超过5%，β 不宜超过10%。

6. 上述的主要术语解释如下：

(1) 检验批：按同一的生产条件或按规定的方式汇总起来供检验用的，由一定数量样本组成的检验体。

(2) 检验：对检验项目中的性能进行量测、检查、试验等，并将结果与标准规定要求进行比较，以确定每项性能是否合格所进行的活动。

(3) 见证取样检测：在监理单位或建设单位监督下，由施工单位有关人员现场取样，并送至具备相应资质的检测单位所进行的检测。

(4) 交接检验：由施工的承接方与完成方经双方检查并对可否继续施工做出确认的活动。

(5) 主控项目：建筑工程中的对安全、卫生、环境保护和公众利益起决定性作用的检验项目。

(6) 一般项目：除主控项目以外的检验项目。

(7) 抽样检验：按照规定的抽样方案，随机地从进场的材料、构配件、设备或建筑工程检验项目中，按检验批抽取一定数量的样本所进行的检验。

(8) 抽样方案：根据检验项目的特性所确定的抽样数量和方法。

(9) 计数检验：在抽样的样本中，记录每一个体有某种属性或计算每一个体中的缺陷数目的检查方法。

(10) 计量检验：在抽样检验的样本中，对每一个体测量其某个定量特性的检查方法。

(11) 观感质量：通过观察和必要的量测所反映的工程外在质量。

(二) 建筑工程质量验收的划分

1. 建筑工程质量验收划分

建筑工程质量验收应划分为单位（子单位）工程、分部（子分部）工程、分项工程和检验批。

2. 单位工程的划分原则

(1) 具备独立施工条件并能形成独立使用功能的建筑物及构筑物为一个单位工程。

(2) 建筑规模较大的单位工程，可将其能形成独立使用功能的部分作为一个子单位工程。

3. 分部工程的划分原则

(1) 分部工程的划分应按专业性质、建筑部位确定。

(2) 当分部工程较大或较复杂时，可按材料种类、施工特点、施工程序、专业系统及类别等划分为若干子分部工程。

4. 分项工程的划分

分项工程应按主要工种、材料、施工工艺、设备类别等进行划分。

建筑工程的分部工程有 9 个：地基与基础、主体结构、建筑装饰装修、建筑屋面、建筑给水排水与采暖、建筑电气、智能建筑、通风与空调、电梯。

5. 分项工程可由一个或若干检验批组成，检验批可根据施工、质量控制和专业验收需要按楼层、施工段、变形缝等进行划分。

6. 室外工程的划分

室外工程可根据专业类别和工程规模划分单位（子单位）工程。

室外单位工程（子单位工程）划分为：室外建筑环境（附属建筑，室外环境）和室外安装（给排水与采暖，电气）。

（三）建筑工程质量验收

1. 检验批合格质量应符合下列规定：
（1）主控项目和一般项目的质量经抽样检验合格。
（2）具有完整的施工操作依据、质量检查记录。

2. 分项工程质量验收合格应符合下列规定：
（1）分项工程所含的检验批均应符合合格质量的规定。
（2）分项工程所含的检验批的质量验收记录应完整。

3. 分部（子分部）工程质量验收合格应符合下列规定：
（1）分部（子分部）工程所含分项工程的质量均应验收合格。
（2）质量控制资料应完整。
（3）地基与基础、主体结构和设备安装等分部工程有关安全及功能的检验和抽样检测结果应符合有关规定。
（4）观感质量验收应符合要求。

4. 单位（子单位）工程质量验收合格应符合下列规定：
（1）单位（子单位）工程所含分部（子分部）工程的质量均应验收合格。
（2）质量管理资料应完整。
（3）单位（子单位）工程所含分部工程有关安全和功能的检测资料应完整。
（4）主要功能项目的抽查结果应符合相关专业质量验收规范的规定。
（5）观感质量验收应符合要求。

5. 建筑工程质量验收进行记录时，检验批质量验收、分项工程质量验收、分部（子分部）工程质量验收，单位（子单位）工程质量验收，质量控制资料核查，安全和功能检验资料核查及主要功能抽查记录，均应按规定内容和表式进行。

6. 当建筑工程质量不符合要求时，应按下列规定进行处理：
（1）经返工重做或更换器具、设备的检验批，应重新进行验收。
（2）经有资质的检测单位检测鉴定能够达到设计要求的检验批，应予以验收。
（3）经有资质的检测单位检测鉴定达不到设计要求、但经原设计单位核算认可能够满足结构安全和使用功能的检验批，可予以验收。
（4）经返修或加固处理的分项、分部工程，虽然改变外形尺寸但仍能满足安全使用要求，可按技术处理方案和协商文件进行验收。

7. 通过返修或加固处理仍不能满足安全使用要求的分部工程、单位（子单位）工程，严禁验收。

（四）建筑工程质量验收程序和组织

1. 检验批及分项工程应由监理工程师（建设单位项目技术负责人）组织施工单位项目专业质量（技术）负责人等进行验收。

2. 分部工程应由总监理工程师（建设单位项目负责人）组织施工单位项目负责人和技术、质量负责人等进行验收；地基与基础、主体结构分部工程的勘察、设计单位工程项目负责人和施工单位技术、质量部门负责人也应参加相关分部工程验收。

3. 单位工程完工后，施工单位应自行组织有关人员进行检查评定，并向建设单位提交工程验收报告。

4. 建设单位收到工程验收报告后，应由建设单位（项目）负责人组织施工（含分包单位）、设计、监理等单位（项目）负责人进行单位（子单位）工程验收。

5. 单位工程有分包单位施工时，分包单位对所承包的工程项目应按本标准规定的程序检查评定，总包单位应派人参加。分包工程完成后，应将工程有关资料交总包单位。

6. 当参加验收各方对工程质量验收意见不一致时，可请当地建设行政主管部门或工程质量监督机构协调处理。

7. 单位工程质量验收合格后，建设单位应在规定时间内将工程竣工验收报告和有关文件，报建设行政管理部门备案。

四、质量管理的数理统计方法

1. 排列图法

排列图又称主次因素排列图。它是根据意大利经济学家帕累托（Pareto）提出的"关键的少数和次要的多数"的原理，由美国质量管理专家朱兰（J. M. Juran）运用于质量管理中而发明的一种质量管理图形。其作用是寻找主要质量问题或影响质量的主要原因，以便抓住提高质量的关键，取得好的效果。图7-11是根据表7-3绘制的排列图。1、2项问题是主要问题（在A区），3项问题是次要问题（在B区），其他问题是一般问题（在C区）。

柱子不合格点频数频率统计表　　表7-3

序号	项目	容许偏差(mm)	不合格点数	频率(%)	累计频率(%)
1	轴线位移	5	35	46.05	46.05
2	柱高	±5	24	31.58	77.63
3	截面尺寸	±5	8	10.53	88.16
4	垂直度	5	4	5.26	93.42
5	表面平整度	8	2	2.63	96.05
6	预埋钢板中心偏移	10	1	1.32	97.37
7	其他	——	2	2.63	100.00
	合计		76	100.00	

2. 因果分析图

因果分析图，按其形状又可称为鱼刺图或树枝图，也叫特性要因图。所谓特性，就是施工中出现的质量问题。所谓要因，也就是对质量问题有影响的因素或原因，一般包括

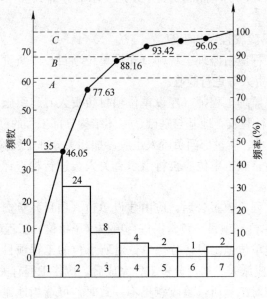

图 7-11 排列图

人、材料、工艺、设备、环境等大原因。

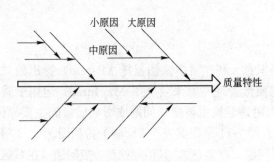

图 7-12 因果分析图

因果分析图是一种用来逐步深入地研究和讨论质量问题，寻找其影响因素，以便从重要的因素着手进行解决的一种工具，其形状如图 7-12 所示。因果分析图也像座谈会的小结提纲，可以供人们集体地、一步一步地，像顺藤摸瓜一样地去寻找影响质量特性的大原因、中原因和小原因。找出原因后便可以有针对性地制定相应的对策加以改进。对策表见表 7-4。

对策表　　　　　　　　　　　　　　表 7-4

序号	项目	现状	目标	措施	地点	负责人	完成期	备注

3. 频数分布直方图

所谓频数，是在重复试验中，随机事件重复出现的次数，或一批数据中某个数据（或某组数据）重复出现的次数。

产品在生产过程中，质量状况总是会有波动的。其波动的原因，正如因果分析图中所提到的，一般有人的因素、材料的因素、工艺的因素、设备的因素和环境的因素。

为了了解上述各种因素对产品质量的影响情况，在现场随机地实测一批产品的有关数据，将实测得来的这批数据进行分组整理，统计每组数据出现的频数。然后，在直角坐标的横坐标轴上自小至大标出各分组点，在纵坐标轴上标出对应的频数。画出其高度值为其频数值的一系列直方形,即成为频数分布直方图,图7-13是根据表7-5绘制的频数分布直方图。

频数分布直方图的作用是,通过对数据的加工、整理、绘图,掌握数据的分布状况,从而判断加工能力、加工质量,以及估计产品的不合格品率。频率分布直方图又是控制图产生的直接理论基础。

4. 控制图

控制图又称管理图,是能够表达

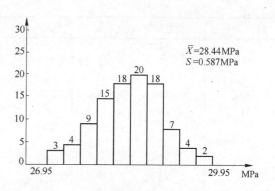

图7-13 频数分布直方图

施工过程中质量波动状态的一种图形。使用控制图能够及时地提供施工中质量状态偏离控制目标的信息,提醒人们不失时机地采取措施,使质量始终处于控制状态。使用控制图使工序质量的控制由事后检查转变为以预防为主,使质量管理产生了一个飞跃。1924年美国人休哈特发明了这种图形,此后在质量管理中得到了日益广泛的应用。

数据表 表7-5

数据(MPa)										最大值	最小值
29.4	27.3	28.2	27.1	28.3	28.5	28.9	28.3	29.9*	28.0	29.9*	27.1
28.9	27.9	28.1	28.3	28.9	28.3	27.8	27.5	28.4	27.9	28.9	27.5
28.8	27.1	27.1	27.9	28.0	28.5	28.6	28.3	28.9	28.8	28.9	27.1*
28.5	29.1	28.1	29.0	28.6	28.9	27.9	27.8	28.6	28.4	29.1	27.8
28.7	29.2	29.0	29.1	28.0	28.9	27.7	27.9	27.7	28.7	29.2	27.7
29.1	29.0	28.7	27.6	28.3	28.6	28.0	28.3	28.5	29.1	29.1	27.6
28.5	28.7	28.3	28.3	28.7	28.3	29.1	28.5	27.7	29.3	29.3	27.7
28.8	28.3	27.8	28.1	28.4	28.9	28.1	27.3	27.5	28.4	28.9	27.3
28.4	29.0	28.9	28.3	28.6	27.7	28.7	27.7	29.0	29.4	29.4	27.7
29.3	28.1	29.7	28.5	28.9	29.0	28.8	28.1	29.4	27.9	29.7	27.9

控制图与前述各统计方法的根本区别在于,前述各种方法所提供的数据是静态的,而控制图则可提供动态的质量数据,使人们有可能控制异常状态的产生和蔓延。

如前所述,质量的特性总是有波动的,波动的原因主要有人、材料、设备、工艺、环境五个方面。控制图就是通过分析不同状态下统计数据的变化,判断五个系统因素是否有异常而影响着质量,也就是要及时发现异常因素加以控制,保证工序处于正常状态。它通过子样数据判断总体状态,以预防不良产品的产生。图7-14是根据表7-6绘制的控制图。

混凝土构件强度数据表(单位:MPa) 表7-6

组 号	测定日期	X_1	X_2	X_3	X_4	X_5	$\overline{X}$	R
1	10—10	21.0	19.0	19.0	22.0	20.0	20.2	3.0
2	11	23.0	17.0	18.0	19.0	21.0	19.6	6.0
3	12	21.0	21.0	22.0	21.0	22.0	21.4	1.0
4	13	20.0	19.0	19.0	23.0	20.0	20.8	4.0
5	14	21.0	22.0	20.0	20.0	21.0	20.8	2.0
6	15	21.0	17.0	18.0	17.0	22.0	19.0	5.0

续表

组 号	测定日期	X_1	X_2	X_3	X_4	X_5	$\overline{X}$	R
7	16	18.0	18.0	20.0	19.0	20.0	19.0	2.0
8	17	22.0	22.0	19.0	20.0	19.0	20.4	3.0
9	18	20.0	18.0	20.0	19.0	20.0	19.4	2.0
10	19	18.0	17.0	20.0	20.0	17.0	18.4	3.0
11	20	18.0	19.0	19.0	24.0	21.0	20.2	6.0
12	21	19.0	22.0	20.0	20.0	20.0	20.2	3.0
13	22	22.0	19.0	16.0	19.0	18.0	18.8	6.0
14	23	20.0	22.0	21.0	21.0	18.8	20.0	3.0
15	24	19.0	19.0	21.0	21.0	20.0	19.8	3.0
16	25	16.0	18.0	19.0	20.0	20.0	18.6	4.0
17	26	21.0	22.0	21.0	20.0	18.0	20.4	4.0
18	27	18.0	18.0	16.0	21.0	22.0	19.0	6.0
19	28	21.0	21.0	21.0	21.0	20.0	21.4	4.0
20	29	21.0	19.0	19.0	19.0	19.0	19.4	2.0
21	30	20.0	19.0	19.0	20.0	22.0	20.0	3.0
22	31	20.0	20.0	23.0	22.0	18.0	20.6	5.0
23	11—1	22.0	22.0	20.0	18.0	22.0	20.8	4.0
24	2	19.0	19.0	20.0	24.0	22.0	20.4	5.0
25	3	17.0	21.0	21.0	18.0	19.0	19.2	4.0
合 计							497.2	93.0

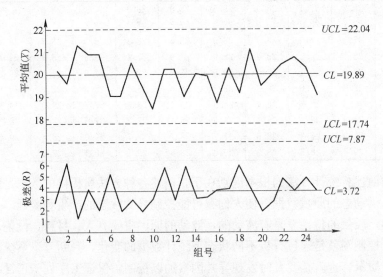

图 7-14 X-R 控制图

5. 相关图

相关图又叫散布图。它不同于前述各种方法之处是，不是对一种数据进行处理和分析，而是对两种测定数据之间的相关关系进行处理、分析和判断。它也是一种动态的分析方法。在工程施工中，工程质量的相关关系有三种类型：第一种是质量特性和影响因素之间的关系，例如混凝土强度与温度的关系；第二种是质量特性与质量特性之间的关系，如混凝土强度与水泥强度之间的关系，钢筋强度与钢筋混凝土强度之间的关系等；第三种是影响因素与影响因素之间的关系，如混凝土密度与抗渗能力之间的关系，沥青的粘结力与沥青的延伸率之间的关系等。

通过对相关关系的分析、判断，可以给人们提供对质量目标进行控制的信息。

分析质量结果与产生原因之间的相关关系，有时从数据上比较容易看清，但有时从数据上很难看清，这就必须借助于相关图为进行相关分析提供方便。

使用相关图，就是通过绘图、计算与观察，判断两种数据之间究竟是什么关系，建立相关方程，从而通过控制一种数据达到控制另一种数据的目的。正如我们掌握了在弹性极限内钢材的应力和应变的正相关关系（直线关系）可以通过控制拉伸长

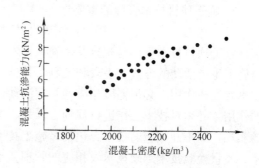

图 7-15 混凝土密度与抗渗相关图

度（应变）而达到提高钢材强度的目的一样（冷拉的原理）。图 7-15 是根据表 7-7 绘制的相关图。

混凝土密度与抗渗的关系 表 7-7

抗渗	密度	抗渗	密度	抗渗	密度	抗渗	密度	抗渗	密度
780	2290	650	2080	480	1850	580	2040	550	1940
500	1919	700	2150	730	2200	590	2050	680	2140
550	1960	840	2520	750	2240	640	2060	620	2110
810	2400	520	1900	810	2440	780	2350	630	2120
800	2350	750	2250	690	2170	350	2300	700	2200

注：单位为抗渗能力 kN/m^2，混凝土密度 kg/m^3。

五、施工项目技术管理

（一）施工项目技术管理概述

1. 施工项目技术管理的概念

施工项目技术管理是对工程项目全过程中相关的技术工作进行的计划、组织、指挥、协调、监督与控制的总和。包括：技术标准管理、施工组织设计管理、工程测量管理、实验工作管理、技术交底管理、新技术的推广与应用管理、施工质量检验技术管理、图纸与设计变更文件管理、技术信息管理、工程技术人员培训管理、施工技术资料管理、工法管理等。

2. 施工项目技术管理的作用

（1）以技术管理工作保证工程质量，实现质量管理目标。这也是技术管理工作的中心任务。

（2）建立施工项目技术管理组织体系和技术管理制度，明确施工项目技术管理人员的工作职责。

（3）做好技术策划和技术准备，为工程项目施工正常进行创造技术条件。

（4）进行技术服务和技术处置，解决施工中的技术难题，保证施工正常进行。

（5）进行工程施工技术创新，满足施工需要，促进施工技术发展。

(6) 推广应用新技术，发展施工技术和生产力。
(7) 收集、整理技术资料，总结技术管理经验，编制工法，创造与积累技术资源。

3. 施工项目技术管理的重要性

(1) 施工项目技术管理是实现质量目标的支柱。

施工项目技术管理是充分发挥施工技术作用的管理活动。技术是生产力的要素之一，是施工生产活动的方法、手段和工具，是施工活动得以开展必不可少的要素之一。但是，技术要发挥作用，必须辅以相应的管理活动。也就是说，充分发挥技术要素在施工生产中的作用，必须对技术工作进行规划、计划、组织、检查、监督和处理。施工项目质量目标的实现，离不开相应的技术，包括：施工技术、统计技术、测量技术、试验技术、起重技术、质量检验技术等硬技术及相应的管理活动。但是以往在进行项目管理及质量目标管理的时候，往往忽视技术管理，缺乏对技术管理规律的认识；更有甚者，把技术管理排除在项目管理范围之外，造成了施工项目管理学科的一大缺憾。

(2) 施工项目技术管理是施工项目技术创新的法宝。

当今时代，各种技术爆炸性地发展，新技术不断涌现。体现在建设工程中的新技术有两种：一种是新技术在建设工程中不断地被采用，从而构成（形成）新的、更高技术含量的或更高档次的建筑物或构筑物；另一种是为了建造新的建筑物或构筑物，需要采用新的施工技术，使施工活动得以成功，设计成果能够实现。正是这后一种新技术，促成了施工项目中的大量技术创新。施工项目的技术管理好坏，对技术创新成果具有极大关系。例如，在2008北京奥运工程的建设中，正是因为进行了卓越的技术管理，才完成了大量的技术创新，实现了绿色、科技、人文三大理念，开创了绿色施工并把它推到了施工和项目管理的发展之路，也出色地实现了全部奥运工程的施工任务。我国的建设事业无论从规模上或科技水平上，都正在飞速发展，使得几乎每一个大型建筑施工企业、每一项大型工程，都承担着必须完成的技术创新任务。工程项目管理中的技术管理担子越来越重，因为它是施工项目技术创新的法宝。

(3) 施工项目技术管理是推动技术进步与发展的强大动力。

施工项目应用新技术必然要求加强施工技术管理，使每一项新技术的应用都能成功。截至2010年，原建设部曾多次发布10项推广的新技术，每次发布的新技术项目都是在前次推广的新技术项目的基础上增加了更多的新水平、新难度的子项目，以此推进我国建设技术的快速发展。许多建筑业企业在进行一项工程施工之前，都做出推广应用这些新技术的规划；在施工过程中，努力实现这些规划；完成一项工程之后，把推广应用新技术的成果总结出来，作为衡量项目管理成果的重要指标。因此，要求每个施工项目管理团队在应用新技术时都要重视并搞好技术管理，把成功的施工项目技术管理作为建筑技术发展的强大动力。

(4) 施工项目技术管理是提高技术活动效果的催化剂。

按照施工项目管理团队进行技术活动的规律来说，在施工项目中的技术活动大体有以下环节：学习和审查图纸，设计变更洽商，编制施工方案和施工组织设计，进行施工技术准备（如测量、试验、编制施工方案、技术交底等），在施工中应用传统技术和新技术，计量，处理技术难题，对完成的分项工程进行质量检验和验收，整理技术资料并存档，编写工法，等等。这些技术活动环节都要进行相应的管理，做好其组织、计划、控制、监督、检查、处理等管理工作，以提高技术活动的效果。

（二）技术管理工作内容与技术工作流程

1. 技术管理工作内容

技术管理工作由技术管理基础工作与技术管理基本工作两部分组成。

（1）技术管理基础工作。包括：建立健全技术管理体系；提高技术人员和职工素质；制定技术管理制度；加强技术情报、技术档案管理；执行技术标准与技术规程；技术开发、引进与推广；技术经济分析与评价。

（2）技术管理基本工作。包括：图纸会审；技术交底；技术问题处理；设计变更。

2. 技术工作流程

技术工作流程如下：

（1）第一阶段，施工准备技术工作：

中标文件熟悉审查，建址测量定位，临建设计布置，混凝土原材料及配合比确定，施工图纸会审，编制施工组织设计，技术培训，技术交底，新技术、新工艺、新材料试验。

（2）第二阶段，施工过程技术工作：

材料检验，技术检验，质量检查评定，工程变更与洽商，技术问题处理，施工技术日志，规程、规范、标准贯彻与实施。

（3）第三阶段，竣工阶段技术工作：

施工技术总结，建立技术档案，整理、移交技术资料。

（三）施工项目技术管理组织

（1）施工项目技术管理组织体系

项目经理部设立总工程师（或技术负责人）1人，接受项目经理的领导和企业技术管理部门的业务指导；根据项目的规模和技术复杂程度，设立若干名副总工程师，接受总工程师的领导；设若干名专业工程师（或设立若干名技术员），组成技术部门，接受总工程师和主管副总工程师的领导。

（2）施工项目技术管理职责

在项目经理部，总工程师（或技术负责人）全面负责项目经理部的技术管理工作，组织建立项目经理部技术管理体系与规章制度，明确项目经理部技术人员的岗位责任；积极应用和推广新技术，组织编制施工组织设计和施工方案，进行技术交底，参加施工中质量事故处理，制定技术处理方案，对本项目进行技术标准管理、试验管理、计量和测量管理、技术培训工作、工法编写等。

（四）新技术推广应用管理

1. 新技术推广应用基本要求

新技术指经过鉴定、评估的先进、成熟、适用的技术、材料、工艺、产品。其推广应用的基本要求如下：

（1）新技术推广工作应依据《中华人民共和国科技成果转化法》、住房和城乡建设部《建设领域推广应用新技术管理规定》等法律、法规，重点围绕住房和城乡建设部及地方发布的新技术推广应用项目进行。

（2）对技术进步有重大作用的新技术，在充分论证的基础上，可以采用行政和经济等措施予以推广。

(3) 从事新技术推广应用的有关人员应当具备一定的专业知识和技能，具有较丰富的工程实践经验。

(4) 工程中推广的新技术、新材料、新产品，应有法定鉴定证书和检测报告，使用前应进行复验并得到设计、监理认可。

2. 新技术推广立项

新技术推广项目立项应符合以下条件：

(1) 符合重点实施领域、技术公告和科技成果推广应用的需要。

(2) 通过鉴定的时间在一年以上。

(3) 具备完整、配套且指导性强的标准化应用技术文件。

(4) 技术先进、成熟、辐射能力强，适合推广应用。

(5) 申报单位必须是成果持有单位，且具备较强的技术服务能力。

(6) 没有成果或其权属的争议。

3. 新技术推广应用实施管理

(1) 企业对列入推广计划的项目应进行过程检查与总结。

(2) 对于未能按期执行的项目，应分析原因并对该项目予以撤销或延期执行。

(3) 对新技术推广工作做出突出贡献的单位和个人，应按"促进科技成果转化法"给予奖励。

4. 新技术应用示范工程管理

(1) 新技术应用示范工程，是指采用了先进实用的成套建筑应用技术，在建筑节能、环保技术应用等方面有突出示范作用，并且工程质量达到优质工程要求的建筑工程。

(2) 示范工程的过程管理与验收应符合下列要求：

1) 列入示范工程计划的项目应认真组织实施。实施单位应进行示范工程年度总结或阶段性总结，并将实施进展情况报上级主管部门备案。主管部门进行必要检查。

2) 示范工程完成后应进行总结验收。实施单位应在验收前提交验收申请。

3) 验收文件应包括：《示范工程申报书》及批准文件、单项技术总结、质量证明文件、效益分析证明（经济、社会、环境），示范工程总结的技术规程、工法等规范性文件，以及示范工程技术录像及其他相关技术创新资料等。

(五) 技术信息管理

1. 技术信息管理的概念

技术信息包括技术资料、技术图纸、技术情报资料、技术成果、专利信息以及标准、规范等。

技术信息管理主要是指技术信息系统的建立，相关信息的收集、分类、整理、检索、汇编、翻译、报道与交流等。包括编制技术信息工作规划和计划，建立技术信息管理网络，形成技术信息有序的传递和反馈，开展技术信息的调查、分析、汇总，组织技术交流等。

技术信息工作是一个组织技术工作的重要组成部分，为组织的生产、经营及发展服务，为组织的产业结构和产品结构调整、工程建设、科技开发、技术引进、信息化施工、技术推广等提供信息。

2. 技术信息管理要点

（1）企业和项目应配备具有必要专业知识和技能的技术信息专、兼职人员，形成有效的技术信息网络。有条件时，建立计算机信息库，逐步实现计算机网络化管理。

（2）技术信息工作以现代信息技术作为依托，充分应用计算机技术、声、光、文字资料、图形、图像作为载体进行管理。

（3）组织应加强技术信息交流，开展产、学、研相结合的信息交流活动，统一收集、整理技术信息。

（4）技术信息系统所形成的信息资料应坚持技术性、资料性、系统性，力求及时、准确、适用。

（5）技术信息管理工作中，应注意知识产权的保护和技术保密工作。

（六）试验工作管理

1. 施工现场试验管理

（1）现场试验室应按工程规模配备不少于1名专职试验员，专职试验员应持有权力部门颁发的试验上岗证。现场试验工应经过培训，考核合格后持证上岗。现场试验工作由项目技术部门领导。

（2）现场试验室负责原材料和砂浆、混凝土试块的送试及简易的土工、砂石试验等。现场试验室自行试验的项目，应经上一级主管部门审查批准、备案。

（3）单位工程施工前，应由项目技术人员与试验员结合工程进度编写工程试验计划，包括见证取样和实体检验计划。当施工进度计划或材料变更等情况发生时，应及时调整试验计划。

（4）现场试验员应按计划取样送检，各种材料取样和样品的制作应符合相关规定，确保样品的真实性和可靠性。

（5）试件送试后，应及时取回试验报告，对不合格项目应通知项目负责人，并按有关规定处理。

（6）现场试验室应建立台账与记录，包括：原材料送试台账，混凝土试块台账，计量器具、试验设备台账和检定记录，砂、石含水率检测记录，坍落度测定记录，养护室温度测定记录，现场自检回填土干密度试验记录，大气测温记录等。

2. 有见证取样管理

（1）施工单位的现场试验人员应在建设单位或监理人员的见证下，对工程中涉及结构安全的试块、试件进行现场取样，送至有见证检测资质的建筑工程检测单位进行检测。

（2）单位工程施工前，项目技术负责人应与建设、监理单位共同制定有见证取样的送检计划，并确定承担有见证试验的检测机构。每个单位工程只能选定一个承担有见证试验的检测机构。承担该工程的企业试验室不得担负该工程的有见证试验业务。

（3）各种有见证取样和送检试验资料必须真实、完整，不得伪造、涂改、抽换或丢失。

（4）对涉及结构安全和使用功能的重要分部工程应进行抽样检测，并应按照各专业分部（子分部）验收计划，在分部（子分部）工程验收前完成。抽测工作实行见证取样。

（七）图纸与设计变更文件的管理

1. 图纸审查管理

（1）施工单位在领取图纸后，应由项目技术负责人组织技术、生产、预算、测量、翻样及分包方等有关部门和人员对图纸进行审查。

(2) 应重点审查图纸的有效性、对施工条件的适应性、各专业之间和全图与样图之间的协调一致性等。

(3) 图纸审查应形成记录，将审查中各方所提出的问题按专业整理、汇总后，报建设（监理）单位提交给设计单位做设计交底准备。

(4) 图纸会审由建设单位组织设计、监理和施工单位技术负责人及有关人员参加。施工单位负责将设计交底内容按专业汇总、整理，形成图纸会审记录。

(5) 图纸会审记录应由建设、设计、监理和施工单位的相关负责人签认，形成正式会审记录。不得擅自在会审记录上涂改或变更其内容。

2. 设计变更与工程技术洽商管理

工程项目施工的范围变更主要是由于设计（范围）变更引起的。因此，设计变更管理便成为施工项目十分重视的技术管理内容。设计变更与技术洽商管理要点如下：

(1) 工程技术洽商的内容应具体准确。对于原设计的变更处，均应详细标明相关图纸的页号、轴线位置和修改内容。

(2) 设计变更洽商可由技术人员办理，水电、设备安装等专业的洽商由相应专业工程师负责办理。工程分承包方的有关设计变更洽商记录，应经工程总承包单位确认后方可办理。

(3) 工程洽商内容若涉及其他专业、部门及分承包方，应征得有关专业部门、分承包方同意后，方可办理。

(4) 工程洽商应有建设单位、监理单位、设计单位、施工单位项目负责人或其委托人共同签认后生效。设计单位如委托建设或监理单位办理签认，应依法办理书面委托书，才能由被委托方代为签认。

(5) 设计图纸交底后，应办理一次性洽商记录。

(6) 凡需设计变更的项目，应在收到有效的设计变更通知或办理工程洽商后，再进行施工。

(7) 施工单位在签收或签认设计单位签发的设计变更通知书或设计变更图纸时，如对施工进度或施工准备情况产生影响，应及时向建设单位说明情况，并办理经济洽商。

(8) 施工过程中增发、续发、更换施工图纸时，应同时签办洽商记录，确定新发图纸的起用日期、应用范围及与原图的关系；如有已按原图施工的情况，要说明处理意见。

(9) 各责任人在收到工程洽商记录后，应及时在施工图纸上对应部位标注洽商记录日期、编号、更改内容。

(10) 工程洽商记录需进行修改时，应在原洽商记录中写清原洽商记录日期、编号、更改内容，并在原洽商被修正的条款上注明"作废"标记。

(11) 同一地区内相同的工程如需同一个洽商（同一设计单位，工程的类型、变更洽商的内容和部位相同），可采用复印件或抄件，但应注明原件存放处。

（八）技术交底管理

1. 技术交底内容

技术交底包括施工组织设计交底、专项施工方案技术交底、分项工程施工技术交底、"四新"技术交底和设计变更技术交底等。

2. 施工组织设计交底

(1) 施工组织设计交底包括主要设计要求、施工措施以及重要事项等。

(2) 施工组织设计交底由项目技术负责人组织专业技术人员、生产经理、质检人员、安全员及分承包方有关人员等进行交底。重点和大型工程施工组织设计由企业的技术负责人进行交底。

3. 专项施工方案技术交底

(1) 专项施工方案技术交底，应结合工程的特点和实际情况，对设计要求、现场情况、工程难点、施工部位及工期要求、劳动组织及职责分工、施工准备、主要施工方法及措施、质量标准和验收，以及施工、安全防护、消防、临时用电、环保注意事项等进行交底。

(2) 季节性施工方案的技术交底还应重点明确季节性施工特殊用工的组织管理、设备及料具准备计划、分项工程施工方法及技术措施、消防安全措施等项内容。

(3) 专项施工方案技术交底应由项目技术负责人负责，根据专项施工方案对专业工长进行交底。

4. 分项工程施工技术交底

(1) 分项工程施工技术交底是将管理层所确定的施工方法向操作者进行交底，是施工方案的具体细化。按照各分部分项工程的顺序、进度，独立编写。根据工程特点明确作业条件、施工工艺及施工操作要点、质量要求及注意事项等内容。

(2) 分项工程施工技术交底以工艺为主，应有工艺流程图。在交底中应详细说明每个分项工程各道工序如何按工艺要求进行正确施工。

(3) 应详细介绍分项工程关键点、重点、难点工序的主要施工要求和方法。对关键部位、重点部位的施工方法应详图进行说明。

(4) 分项工程施工技术交底应由专业工长对专业施工班组（或专业分包）进行。

5. "四新"技术交底

(1) 对于难度较大的"四新"技术，施工前要编制技术交底。结合工程使用的新技术、新材料、新工艺、新产品的特点、难点，明确"四新"技术的使用计划、主要施工方法与措施，以及注意事项。

(2) "四新"技术交底由项目技术负责人组织相关专业技术人员编制并对专业工长交底。

6. 设计变更技术交底

(1) 修改量大、变更内容复杂的设计变更及技术洽商应编制设计变更、洽商交底文件。

(2) 设计变更交底应由项目技术部门根据变更要求，并结合具体施工步骤、措施及注意事项等对专业工长进行交底。

7. 技术交底注意事项

(1) 技术交底必须在该交底对应项目施工前进行，并为施工留出足够的准备时间。技术交底不得后补。

(2) 技术交底应以书面形式进行，并辅以口头讲解。交底人和被交底人应履行交接签字手续。技术交底应及时归档。

(3) 技术交底应根据施工过程的变化，及时补充新内容。施工方案、方法改变时也要及时进行重新交底。

(4) 分包单位应负责其分包范围内技术交底资料的收集整理,并应在规定时间内向总包单位移交。总包单位负责对各分包单位技术交底工作进行监督检查。

(九) 工程隐检和预检技术管理

(1) 施工项目技术负责人全面负责本工程的工程隐检、预检项目的计划、组织、管理工作。

(2) 用预检对重要工序进行预先控制,纠正施工过程中的质量偏差,防止可能发生的差错造成质量事故。预检由项目技术负责人组织,质量检查员、工长参加,做好记录。监理单位负责对预检工作进行监督并予以审核。

(3) 隐蔽工程检查是保证工程质量与安全的重要过程,应分专业、分系统、分区段、分部位、分工序、分层次进行。隐检由项目技术负责人、质量检查员、工长、建设(监理)单位参加并签署意见。

(4) 预检、隐检项目内容及要求应符合规范及相关标准的规定。检查记录必须随施工部位及时办理,严禁后补。凡一次验收不符合要求的,必须经改正后重新办理复查验收。隐检、预检未经检查或检查未通过,不允许进行下道工序的施工。

第三节 施工项目安全管理

一、《建筑法》对建筑安全生产管理的规定

1. 建筑工程安全生产管理必须坚持安全第一,预防为主的方针,建立健全安全生产的责任制度和群防群治制度。

2. 建筑工程设计应当符合按照国家规定制定的建筑安全规程和技术规范,保证工程的安全性能。

3. 建筑施工企业在编制施工组织设计时,应当根据建筑工程的特点制定相应的安全技术措施;对专业性较强的工程项目,应当编制专项安全施工组织设计,并采取安全技术措施。

4. 建筑施工企业应当在施工现场采取维护安全、防范危险、预防火灾等措施;有条件的,应当对施工现场实行封闭管理。施工现场对毗邻的建筑物、构筑物和特殊作业环境可能造成损害的,建筑施工企业应当采取安全防护措施。

5. 建设单位应当向建筑施工企业提供与施工现场相关的地下管线资料,建筑施工企业应当采取措施加以保护。

6. 建筑施工企业应当遵守有关环境保护和安全生产的法律、法规的规定,采取控制和处理施工现场的各种粉尘、废气、废水、固体废物以及噪声、振动对环境的污染和危害的措施。

7. 有下列情形之一的,建设单位应当按照国家有关规定办理申请批准手续:

(1) 需要临时占用规划批准范围以外场地的。

(2) 可能损坏道路、管线、电力、邮电通讯等公共设施的。

(3) 需要临时停水、停电、中断道路交通的。

(4) 需要进行爆破作业的。

（5）法律、法规规定需要办理报批手续的其他情形。

8. 建设行政主管部门负责建筑安全生产的管理，并依法接受劳动行政主管部门对建筑安全生产的指导和监督。

9. 建筑施工企业必须依法加强对建筑安全生产的管理，执行安全生产责任制度，采取有效措施，防止伤亡和其他安全生产事故的发生。

建筑施工企业的法定代表人对本企业的安全生产负责。

10. 施工现场安全由建筑施工企业负责。实行施工总承包的，由总承包单位负责。分包单位向总承包单位负责，服从总承包单位对施工现场的安全生产管理。

11. 建筑施工企业应当建立健全劳动安全生产教育培训制度，加强对职工安全生产的教育培训；未经安全生产教育培训的人员，不得上岗作业。

12. 建筑施工企业和作业人员在施工过程中，应当遵守有关安全生产的法律、法规和建筑行业安全规章、规程，不得违章指挥或者违章作业。作业人员有权对影响人身健康的作业程序和作业条件提出改进意见，有权获得安全生产所需的防护用品。作业人员对危及生命安全和人身健康的行为有权提出批评、检举和控告。

13. 建筑施工企业必须为从事危险作业的职工办理意外伤害保险，支付保险费。

14. 涉及建筑主体和承重结构变动的装修工程，建设单位应当在施工前委托原设计单位或者具有相应资质条件的设计单位提出设计方案；没有设计方案的，不得施工。

15. 房屋拆除应当由具备保证安全条件的建筑施工单位承担，由建筑施工单位负责人对安全负责。

16. 施工中发生事故时，建筑施工企业应当采取紧急措施减少人员伤亡和事故损失，并按照国家有关规定及时向有关部门报告。

二、《建设工程安全生产管理条例》的主要规定

（一）总则

1. 建设工程安全生产管理，坚持安全第一、预防为主的方针。

2. 建设单位、勘察单位、设计单位、施工单位、工程监理单位及其他与建设工程安全生产有关的单位，必须遵守安全生产法律、法规的规定，保证建设工程安全生产，依法承担建设工程安全生产责任。

3. 国家鼓励建设工程安全生产的科学技术研究和先进技术的推广应用，推进建设工程安全生产的科学管理。

（二）建设单位的安全责任

1. 建设单位应当向施工单位提供施工现场及毗邻区域内供水、排水、供电、供气、供热、通信、广播电视等地下管线资料，气象和水文观测资料，相邻建筑物和构筑物、地下工程的有关资料，并保证资料的真实、准确、完整。

建设单位因建设工程需要，向有关部门或者单位查询前款规定的资料时，有关部门或者单位应当及时提供。

2. 建设单位不得对勘察、设计、施工、工程监理等单位提出不符合建设工程安全生产法律、法规和强制性标准规定的要求，不得压缩合同约定的工期。

3. 建设单位在编制工程概算时，应当确定建设工程安全作业环境及安全施工措施所需费用。

4. 建设单位不得明示或者暗示施工单位购买、租赁、使用不符合安全施工要求的安全防护用具、机械设备、施工机具及配件、消防设施和器材。

5. 建设单位在申请领取施工许可证时，应当提供建设工程有关安全施工措施的资料。

依法批准开工报告的建设工程，建设单位应当自开工报告批准之日起 15 日内，将保证安全施工的措施报送建设工程所在地的县级以上地方人民政府建设行政主管部门或者其他有关部门备案。

6. 建设单位应当将拆除工程发包给具有相应资质等级的施工单位。

（三）勘察、设计、工程监理及其他有关单位的安全责任

1. 勘察单位应当按照法律、法规和工程建设强制性标准进行勘察，提供的勘察文件应当真实、准确，满足建设工程安全生产的需要。

勘察单位在勘察作业时，应当严格执行操作规程，采取措施保证各类管线、设施和周边建筑物、构筑物的安全。

2. 设计单位应当按照法律、法规和工程建设强制性标准进行设计，防止因设计不合理导致生产安全事故的发生。

设计单位应当考虑施工安全操作和防护的需要，对涉及施工安全的重点部位和环节在设计文件中注明，并对防范生产安全事故提出指导意见。

采用新结构、新材料、新工艺的建设工程和特殊结构的建设工程，设计单位应当在设计中提出保障施工作业人员安全和预防生产安全事故的措施建议。

设计单位和注册建筑师等注册执业人员应当对其设计负责。

3. 工程监理单位应当审查施工组织设计中的安全技术措施或者专项施工方案是否符合工程建设强制性标准。

工程监理单位在实施监理过程中，发现存在安全事故隐患的，应当要求施工单位整改；情况严重的，应当要求施工单位暂时停止施工，并及时报告建设单位。施工单位拒不整改或者不停止施工的，工程监理单位应当及时向有关主管部门报告。

工程监理单位和监理工程师应当按照法律、法规和工程建设强制性标准实施监理，并对建设工程安全生产承担监理责任。

4. 为建设工程提供机械设备和配件的单位，应当按照安全施工的要求配备齐全有效的保险、限位等安全设施和装置。

5. 出租的机械设备和施工机具及配件，应当具有生产（制造）许可证、产品合格证。

出租单位应当对出租的机械设备和施工机具及配件的安全性能进行检测，在签订租赁协议时，应当出具检测合格证明。

6. 禁止出租检测不合格的机械设备和施工机具及配件。

在施工现场安装、拆卸施工起重机械和整体提升脚手架、模板等自升式架设设施，必须由具有相应资质的单位承担。

安装、拆卸施工起重机械和整体提升脚手架、模板等自升式架设设施，应当编制拆装方案、制定安全施工措施，并由专业技术人员现场监督。

施工起重机械和整体提升脚手架、模板等自升式架设设施安装完毕后，安装单位应当自检，出具自检合格证明，并向施工单位进行安全使用说明，办理验收手续并签字。

7. 施工起重机械和整体提升脚手架、模板等自升式架设设施的使用达到国家规定的

检验检测期限的，必须经具有专业资质的检验检测机构检测。经检测不合格的，不得继续使用。

8. 检验检测机构对检测合格的施工起重机械和整体提升脚手架、模板等自升式架设设施，应当出具安全合格证明文件，并对检测结果负责。

（四）施工单位的安全责任

1. 施工单位从事建设工程的新建、扩建、改建和拆除等活动，应当具备国家规定的注册资本、专业技术人员、技术装备和安全生产等条件，依法取得相应等级的资质证书，并在其资质等级许可的范围内承揽工程。

2. 施工单位主要负责人依法对本单位的安全生产工作全面负责。施工单位应当建立健全安全生产责任制度和安全生产教育培训制度，制定安全生产规章制度和操作规程，保证本单位安全生产条件所需资金的投入，对所承担的建设工程进行定期和专项安全检查，并做好安全检查记录。

施工单位的项目负责人应当由取得相应执业资格的人员担任，对建设工程项目的安全施工负责，落实安全生产责任制度、安全生产规章制度和操作规程，确保安全生产费用的有效使用，并根据工程的特点组织制定安全施工措施，消除安全事故隐患，及时、如实报告生产安全事故。

3. 施工单位对列入建设工程概算的安全作业环境及安全施工措施所需费用，应当用于施工安全防护用具及设施的采购和更新、安全施工措施的落实、安全生产条件的改善，不得挪作他用。

4. 施工单位应当设立安全生产管理机构，配备专职安全生产管理人员。

专职安全生产管理人员负责对安全生产进行现场监督检查。发现安全事故隐患，应当及时向项目负责人和安全生产管理机构报告；对违章指挥、违章操作的，应当立即制止。

专职安全生产管理人员的配备办法由国务院建设行政主管部门会同国务院其他有关部门制定。

5. 建设工程实行施工总承包的，由总承包单位对施工现场的安全生产负总责。总承包单位应当自行完成建设工程主体结构的施工。总承包单位依法将建设工程分包给其他单位的，分包合同中应当明确各自的安全生产方面的权利、义务。总承包单位和分包单位对分包工程的安全生产承担连带责任。分包单位应当服从总承包单位的安全生产管理，分包单位不服从管理导致生产安全事故的，由分包单位承担主要责任。

6. 垂直运输机械作业人员、安装拆卸工、爆破作业人员、起重信号工、登高架设作业人员等特种作业人员，必须按照国家有关规定经过专门的安全作业培训，并取得特种作业操作资格证书后，方可上岗作业。

7. 施工单位应当在施工组织设计中编制安全技术措施和施工现场临时用电方案，对下列达到一定规模的危险性较大的分部分项工程编制专项施工方案，并附具安全验算结果，经施工单位技术负责人、总监理工程师签字后实施，由专职安全生产管理人员进行现场监督：基坑支护与降水工程；土方开挖工程；模板工程；起重吊装工程；脚手架工程；拆除、爆破工程；国务院建设行政主管部门或者其他有关部门规定的其他危险性较大的工程。对这些工程中涉及深基坑、地下暗挖工程、高大模板工程的专项施工方案，施工单位还应当组织专家进行论证、审查。

8. 建设工程施工前，施工单位负责项目管理的技术人员应当对有关安全施工的技术要求向施工作业班组、作业人员做出详细说明，并由双方签字确认。

9. 施工单位应当在施工现场入口处、施工起重机械、临时用电设施、脚手架、出入通道口、楼梯口、电梯井口、孔洞口、桥梁口、隧道口、基坑边沿、爆破物及有害危险气体和液体存放处等危险部位，设置明显的安全警示标志。安全警示标志必须符合国家标准。

施工单位应当根据不同施工阶段和周围环境及季节、气候的变化，在施工现场采取相应的安全施工措施。施工现场暂时停止施工的，施工单位应当做好现场防护，所需费用由责任方承担，或者按照合同约定执行。

10. 施工单位应当将施工现场的办公、生活区与作业区分开设置，并保持安全距离；办公、生活区的选址应当符合安全性要求。职工的膳食、饮水、休息场所等应当符合卫生标准。施工单位不得在尚未竣工的建筑物内设置员工集体宿舍。

施工现场临时搭建的建筑物应当符合安全使用要求。施工现场使用的装配式活动房屋应当具有产品合格证。

11. 施工单位对因建设工程施工可能造成损害的毗邻建筑物、构筑物和地下管线等，应当采取专项防护措施。

施工单位应当遵守有关环境保护法律、法规的规定，在施工现场采取措施，防止或者减少粉尘、废气、废水、固体废物、噪声、振动和施工照明对人和环境的危害和污染。

在城市市区内的建设工程，施工单位应当对施工现场实行封闭围挡。

12. 施工单位应当在施工现场建立消防安全责任制度，确定消防安全责任人，制定用火、用电、使用易燃易爆材料等各项消防安全管理制度和操作规程，设置消防通道、消防水源，配备消防设施和灭火器材，并在施工现场入口处设置明显标志。

13. 施工单位应当向作业人员提供安全防护用具和安全防护服装，并书面告知危险岗位的操作规程和违章操作的危害。

作业人员有权对施工现场的作业条件、作业程序和作业方式中存在的安全问题提出批评、检举和控告，有权拒绝违章指挥和强令冒险作业。

在施工中发生危及人身安全的紧急情况时，作业人员有权立即停止作业或者在采取必要的应急措施后撤离危险区域。

14. 作业人员应当遵守安全施工的强制性标准、规章制度和操作规程，正确使用安全防护用具、机械设备等。

15. 施工单位采购、租赁的安全防护用具、机械设备、施工机具及配件，应当具有生产（制造）许可证、产品合格证，并在进入施工现场前进行查验。

施工现场的安全防护用具、机械设备、施工机具及配件必须由专人管理，定期进行检查、维修和保养，建立相应的资料档案，并按照国家有关规定及时报废。

16. 施工单位在使用施工起重机械和整体提升脚手架、模板等自升式架设设施前，应当组织有关单位进行验收，也可以委托具有相应资质的检验检测机构进行验收；使用承租的机械设备和施工机具及配件的，由施工总承包单位、分包单位、出租单位和安装单位共同进行验收。验收合格的方可使用。

《特种设备安全监察条例》规定的施工起重机械，在验收前应当经有相应资质的检验检测机构监督检验合格。

施工单位应当自施工起重机械和整体提升脚手架、模板等自升式架设设施验收合格之日起30日内,向建设行政主管部门或者其他有关部门登记。登记标志应当置于或者附着于该设备的显著位置。

17. 施工单位的主要负责人、项目负责人、专职安全生产管理人员应当经建设行政主管部门或者其他有关部门考核合格后方可任职。

施工单位应当对管理人员和作业人员每年至少进行一次安全生产教育培训,其教育培训情况记入个人工作档案。安全生产教育培训考核不合格的人员,不得上岗。

18. 作业人员进入新的岗位或者新的施工现场前,应当接受安全生产教育培训。未经教育培训或者教育培训考核不合格的人员,不得上岗作业。

施工单位在采用新技术、新工艺、新设备、新材料时,应当对作业人员进行相应的安全生产教育培训。

19. 施工单位应当为施工现场从事危险作业的人员办理意外伤害保险。

意外伤害保险费由施工单位支付。实行施工总承包的,由总承包单位支付意外伤害保险费。意外伤害保险期限自建设工程开工之日起至竣工验收合格止。

(五)监督管理

1. 国务院负责安全生产监督管理的部门依照《中华人民共和国安全生产法》的规定,对全国建设工程安全生产工作实施综合监督管理。

县级以上地方人民政府负责安全生产监督管理的部门依照《中华人民共和国安全生产法》的规定,对本行政区域内建设工程安全生产工作实施综合监督管理。

2. 国务院建设行政主管部门对全国的建设工程安全生产实施监督管理。国务院铁路、交通、水利等有关部门按照国务院规定的职责分工,负责有关专业建设工程安全生产的监督管理。

县级以上地方人民政府建设行政主管部门对本行政区域内的建设工程安全生产实施监督管理。县级以上地方人民政府交通、水利等有关部门在各自的职责范围内,负责本行政区域内的专业建设工程安全生产的监督管理。

3. 建设行政主管部门在审核发放施工许可证时,应当对建设工程是否有安全施工措施进行审查,对没有安全施工措施的,不得颁发施工许可证。

建设行政主管部门或者其他有关部门对建设工程是否有安全施工措施进行审查时,不得收取费用。

4. 县级以上人民政府负有建设工程安全生产监督管理职责的部门在各自的职责范围内履行安全监督检查职责时,有权采取下列措施:要求被检查单位提供有关建设工程安全生产的文件和资料;进入被检查单位施工现场进行检查;纠正施工中违反安全生产要求的行为;对检查中发现的安全事故隐患,责令立即排除;重大安全事故隐患排除前或者排除过程中无法保证安全的,责令从危险区域内撤出作业人员或者暂时停止施工。

5. 建设行政主管部门或者其他有关部门可以将施工现场的监督检查委托给建设工程安全监督机构具体实施。

6. 国家对严重危及施工安全的工艺、设备、材料实行淘汰制度。

7. 县级以上人民政府建设行政主管部门和其他有关部门应当及时受理对建设工程生

产安全事故及安全事故隐患的检举、控告和投诉。

（六）生产安全事故的应急救援和调查处理

1. 县级以上地方人民政府建设行政主管部门制定本行政区域内建设工程特大生产安全事故应急救援预案。

2. 施工单位应当制定本单位生产安全事故应急救援预案，建立应急救援组织或者配备应急救援人员，配备必要的应急救援器材、设备，并定期组织演练。

3. 施工单位应当根据建设工程施工的特点、范围，对施工现场易发生重大事故的部位、环节进行监控，制定施工现场生产安全事故应急救援预案。实行施工总承包的，由总承包单位统一组织编制建设工程生产安全事故应急救援预案，工程总承包单位和分包单位按照应急救援预案，各自建立应急救援组织或者配备应急救援人员，配备救援器材、设备，并定期组织演练。

4. 施工单位发生生产安全事故，应当按照国家有关伤亡事故报告和调查处理的规定，及时、如实地向负责安全生产监督管理的部门、建设行政主管部门或者其他有关部门报告；特种设备发生事故的，还应当同时向特种设备安全监督管理部门报告。接到报告的部门应当按照国家有关规定，如实上报。实行施工总承包的建设工程，由总承包单位负责上报事故。

5. 发生生产安全事故后，施工单位应当采取措施防止事故扩大，保护事故现场。需要移动现场物品时，应当做出标记和书面记录，妥善保管有关证物。

6. 建设工程生产安全事故的调查、对事故责任单位和责任人的处罚与处理，按照有关法律、法规的规定执行。

三、施工项目安全管理的依据、方针和程序

1. 施工项目安全管理的依据

施工项目安全管理的依据主要有：《中华人民共和国安全生产法》，《中华人民共和国建筑法》，《中华人民共和国消防法》，《中华人民共和国劳动法》，《企业职工伤亡事故报告和处理规定》（国务院第75号令），有关安全技术的国家标准，有关建筑施工安全强制性标准条文，安全技术行业标准，《环境管理系列标准》（GB/T 24000—ISO 14000），《职业健康安全管理体系—规范》GB/T 28001，《建设工程安全生产管理条例》等。员工应熟悉安全控制的依据，做好安全控制工作。

2. 施工项目安全管理的方针

根据安全生产法和建筑法的规定，施工项目安全管理的方针是"安全第一，预防为主"。"安全第一"体现了"以人为本"的理念，在生产中应把安全工作放在第一位，处理好安全与生产的辨证关系。"预防为主"是强调在生产中要做好预防工作，把事故消灭在发生之前，它是实现安全生产的基础。

3. 施工项目安全管理的程序

施工项目安全管理的程序是：确定施工安全目标→编制项目安全技术措施计划→项目安全技术措施计划实施→项目安全技术措施计划验证→持续改进直至兑现合同承诺。

4. 安全生产管理制度

根据国务院和建筑法的规定，建筑业企业应建立的安全生产管理制度有：安全生产责任制度，安全技术措施计划制度，安全生产教育制度，安全生产检查制度，伤亡事故、职业病统计报告和处理制度，安全监察制度、"三同时"制度，安全预评价制度等。项目经理部必须执行上述制度。

四、施工项目安全技术措施计划

1. 项目安全管理目标

项目的安全管理目标是施工中人的不安全行为、物的不安全状态、环境的不安全因素和管理缺陷，确保没有危险，不出事故，不造成人身伤亡和财产损失。项目的安全管理目标应按"目标管理"方法在以项目经理为首的安全管理体系内进行分解，然后制定责任制度，实现责任安全控制目标。

2. 危险源与事故

危险源是可能导致人身伤害或疾病、财产损失、工作环境破坏或以上情况组合的危险因素或有害因素。危险源可分为两类：

第一类危险源是可能发生意外释放的能量的载体或危险物质。如电线和电、硫酸容器和硫酸、爆炸物品等。

第二类危险源是造成约束、限制能量措施失效或破坏的各种不安全因素。如工人违反操作规程、不良的操作环境和条件、物的不安全状态等。

事故的发生是两类危险源共同作用的结果。第一类危险源是事故发生的前提，第二类危险源的出现是第一类危险源导致事故发生的必要条件。在事故的发生发展过程中，两类危险源相互依存，相辅相成。第一类危险源是事故发生的主体，决定事故的严重程度；第二类危险源的出现难易，决定事故发生的可能性大小。

3. 不安全因素分析

（1）人的不安全行为

管理靠人，人也是管理的对象。人的行为是安全的关键。人的不安全行为可能导致安全事故，所以要对人的不安全行为加以分析。

人的不安全行为是人的生理和心理特点的反映，主要表现在身体缺陷、错误行为和违纪违章三个方面。

身体缺陷指疾病、职业病、精神失常、智商过低、紧张、烦躁、疲劳、易冲动、易兴奋、运动迟钝、对自然条件和其他环境过敏、不适应复杂和快速工作、应变能力差等。

错误行为指嗜酒、吸毒、吸烟、赌博、玩耍、嬉闹、追逐、误视、误听、误嗅、误触、误动作、误判断、意外碰撞和受阻、误入险区等。

违纪违章指粗心大意、漫不经心、注意力不集中、不履行安全措施、安全检查不认真、不按工艺规程或标准操作、不按规定使用防护用品、玩忽职守、有意违章等。

统计资料表明：有88％的安全事故是由人的不安全行为所造成的，而人的生理和心理特点直接影响人的不安全行为。因此在安全管理中，一定要抓住人的不安全行为这一关键因素，采取相应对策。在采取对策时，又必须针对人的生理和心理特点对安全的影响，培养劳动者的自我保护能力，以结合自身生理和心理特点预防不安全行为发生，增强安全意识，搞好安全管理。

（2）物的不安全状态

如果人的心理和生理状态能适应物质和环境条件，而物质和环境条件又能满足劳动者生理和心理的需要，便不会产生不安全行为，反之就可能导致安全伤害事故。

物的不安全状态表现为三方面，即设备和装置的缺陷、作业场所的缺陷、物质和环境的危险源。

设备和装置的缺陷指机械设备装置的技术性能降低、强度不够、结构不良、磨损、老化、失灵、腐蚀、物理和化学性能达不到要求等。作业场所的缺陷指施工场地狭窄、立体交叉作业组织不当、多工种交叉作业不协调、道路狭窄、机械拥挤、多单位同时施工等。物质和环境的危险源有化学方面的、机械方面的、电气方面的、环境方面的等。

(3) 环境的不安全因素

物质和环境均有危险源存在，是产生安全事故的另一类主要因素。在安全管理中，必须根据施工的具体条件，采取有效的措施断绝危险源。当然，在分析物质、环境因素对安全的影响时，也不能忽视劳动者本身生理和心理的特点。故在创造和改善物质、环境的安全条件时，也应从劳动者生理和心理状态出发，使两方面能相互适应。解决采光照明、树立色彩标志、调节环境温度、加强现场管理等，都是将人的不安全行为导因和物的不安全状态的排除结合起来考虑，并将心理和生理特点结合考虑以控制安全事故、确保安全的重要措施。

4. 项目安全技术措施计划

在项目开工前，项目经理部应编制安全技术措施计划，经项目经理批准后实施。项目安全技术措施计划的作用是配置必要的资源，建立保证安全的组织和制度，明确安全责任，制定安全技术措施，确保安全目标实现。

项目安全技术措施计划的内容有：工程概况，控制目标，控制程序，组织结构，职责权限，规章制度，资源配置，安全措施，检查评价，奖惩制度。在编制安全技术措施计划时，以下几点特殊情况应予遵守：

(1) 专业性较强的施工项目，应编制专项安全施工组织设计并采取安全技术措施。

(2) 对结构复杂、施工难度大的项目，除制定项目总体安全技术措施计划外，还必须制定单位工程或分部分项工程的安全技术措施。

(3) 高空作业、井下作业等专业性强的作业，电器、压力容器等特殊工种作业，应制定单项安全技术方案和措施，并应对管理人员和操作人员的安全作业资格和身体状况进行合格检查。

(4) 安全预防的内容，归纳起来就是防火、防毒、防爆、防洪、防尘、防雷击、防触电、防高空坠落、防物体打击、防坍塌、防机械伤害、防溜车、防交通事故、防寒、防暑、防疫、防环境污染。

(5) 安全技术措施：

施工安全技术措施是在施工中为防止工伤事故和职业病危害，从技术上采取的措施，包括安全防护设施和安全预防措施，是安全技术措施计划的主要内容，是施工组织设计的组成部分。制定安全技术措施要有超前性、针对性、可靠性和操作性。由于工程分为结构共性较多的"一般工程"和结构比较复杂的"特殊工程"，故应当根据工程施工特点、不同的危险因素和季节要求，按照有关安全技术规程的规定，并结合以往的施工经验与教训，编制施工安全技术措施。工程开工前应进行施工安全技术措施交底。在施工中应通过下达施工任务书将施工安全技术措施落实到班组或个人。实施中应加强检查，进行监督，纠正违反安全技术措施的行为。

为了进行安全生产，保障工人的健康和安全，必须加强安全技术组织措施管理，编制安全技术组织措施计划，进行预防，并有下列有关规定。

1）所有工程的施工组织设计（施工方案）都必须有安全技术措施；爆破、吊装、水下、深坑、支模、拆除等大型特殊工程，都要编制单项安全技术方案，否则不得开工。安全技术措施要有针对性，要根据工程特点、施工方法、劳动组织和作业环境等情况来制定，防止一般化。施工现场道路、上下水及采暖管道、电气线路、材料堆放、临时和附属设施等的平面布置，都要符合安全、卫生和防火要求，并要加强管理，做到安全生产和文明生产。

2）企业在编制施工方案的同时，必须编制安全技术措施计划。安全技术措施所需的设备、材料应列入物资、技术供应计划。对于每项措施，应该确定实现的期限和负责人。企业的领导人应该对安全技术措施计划的编制和贯彻执行负责。

3）安全技术措施计划的范围，包括以改善劳动条件（主要指影响安全和健康的）、防止伤亡事故、预防职业病和职业中毒为目的的各项措施，不要与生产、基建和福利等措施混淆。

4）安全技术措施所需的经费列入工程造价的措施费之中。

5）企业编制和执行安全技术措施计划，必须走群众路线，计划要经过群众讨论，使其切合实际，力求做到花钱少、效果好。要组织群众定期检查，以保证计划的实现。

五、安全计划实施及安全管理的基本要求

（一）安全生产责任制

项目经理部应根据安全生产责任制的要求，把安全责任目标分解到岗，落实到人。安全生产责任制必须经项目经理批准后实施。

1. 项目经理安全职责

项目经理是项目安全生产第一责任人，应认真贯彻安全生产方针、政策、法规和各项规章制度，制定和执行安全生产管理办法，严格执行安全考核指标和安全生产奖惩办法，严格执行安全技术措施审批和施工安全技术措施交底制度；定期组织安全生产检查和分析，针对可能产生的安全隐患制定相应的预防措施；当施工过程中发生安全事故时，项目经理必须按安全事故处理的有关规定和程序及时上报和处置，并制定防止同类事故再次发生的措施。

2. 安全员安全职责

落实安全设施的设置；对施工全过程的安全进行监督，纠正违章作业，配合有关部门排除安全隐患，组织安全教育和全员安全活动，监督劳保用品质量和正确使用。

3. 作业队长安全职责

向作业人员进行安全技术措施交底，组织实施安全技术措施；对施工现场安全防护装置和设施进行验收；对作业人员进行安全操作规程培训，提高作业人员的安全意识，避免产生安全隐患；当发生重大或恶性工伤事故时，应保护现场，立即上报并参与事故调查处理。

4. 班组长安全职责

安排施工生产任务时，向本工种作业人员进行安全措施交底；严格执行本工种安全技术操作规程，拒绝违章指挥；作业前应对本次作业所使用的机具、设备、防护用具及作业环境进行安全检查，消除安全隐患，检查安全标牌是否按规定设置，标识方法和内容是否正确完整；组织班组开展安全活动，召开上岗前安全生产会；每周应进行安全讲评。

5. 操作工人安全职责

认真学习并严格执行安全技术操作规程，不违规作业；自觉遵守安全生产规章制度，执行安全技术交底和有关安全生产的规定；服从安全监督人员的指导，积极参加安全活动；爱护安全设施；正确使用防护用具；对不安全作业提出意见，拒绝违章指挥。

6. 承包人对分包人的安全生产责任

审查分包人的安全施工资格和安全生产保证体系，不应将工程分包给不具备安全生产条件的分包人；在分包合同中应明确分包人安全生产责任和义务；对分包人提出安全要求，并认真监督、检查；对违反安全规定冒险蛮干的分包人，应令其停工整改；承包人应统计分包人的伤亡事故，按规定上报，并按分包合同约定协助处理分包人的伤亡事故。

7. 分包人安全生产责任

分包人对本施工现场的安全工作负责，认真履行分包合同规定的安全生产责任；遵守承包人的有关安全生产制度，服从承包人的安全生产管理，及时向承包人报告伤亡事故并参与调查，处理善后事宜。

施工中发生安全事故时，项目经理必须按国务院安全行政主管部门的规定及时报告并协助有关人员进行处理。

（二）实施安全教育

根据住房和城乡建设部的规定，建筑企业应实施三级安全教育，即公司、项目经理部和班组三级安全教育：

（1）公司的教育内容：国家和地方有关安全生产的方针、政策、法规、标准、规范、规程和企业的安全规章制度等，包括《建筑法》和《建设工程安全管理条例》的有关规定。

（2）项目经理部的安全教育内容：施工现场安全管理制度，施工现场环境管理制度，预防施工现场的不安全因素等。

（3）施工班组的安全教育内容：本工种的安全操作规程，安全劳动纪律，事故案例剖析，正确使用安全防护装置（设施）及个人劳动防护用品的知识，本班组作业中的不安全因素及防范对策，作业环境安全知识，所使用的机具安全知识等。

（三）安全技术交底的实施

（1）单位工程开工前，项目经理部的技术负责人必须将工程概况、施工方法、施工工艺、施工程序、安全技术措施，向承担施工的作业队负责人、工长、班组长和相关人员进行交底。

（2）结构复杂的分部分项工程施工前，项目经理部的技术负责人应有针对性地进行全面、详细的安全技术交底。

（3）项目经理部应保存双方签字确认的安全技术交底记录。

（四）安全检查

安全检查是为了预知危险和消除危险。它告诉人们如何去识别危险和防止事故的发生。安全检查的目标是预防伤亡事故，不断改善生产条件和作业环境，达到最佳安全状态。安全检查的方式有：定期检查，日常巡回检查，季节性和节假日安全检查，班组的自检查和交接检查。安全检查的内容主要是查思想，查制度，查机械设备，查安全设施，查安全教育培训，查操作行为，查劳保用品使用，查伤亡事故的处理等"八查"。要求如下：

（1）定期对安全管理计划的执行情况进行检查和考核评价。

（2）根据施工过程的特点和安全目标的要求确定安全检查的内容。

（3）安全检查应配备必要的设备或器具。

（4）检查应采取随机抽样、现场观察和实地检测的方法，并记录检查结果，纠正违章指挥和违章作业。

（5）对检查结果进行分析，找出安全隐患部位，确定危险程度。

（6）编写安全检查报告并上报。

（7）安全检查可使用以下方法：

1）一般方法。常采用看、听、嗅、问、查、测、验、析等八种方法。

看：看现场环境和作业条件，看实物和实际操作，看记录和资料等。

听：听汇报、听介绍、听反映、听意见或批评、听机械设备的运转响声或承重物发出的微弱声等。

嗅：对挥发物、腐蚀物、有毒气体进行辨别。

问：对影响安全的问题，详细询问，寻根究底。

查：查明问题、查对数据、查清原因，追查责任。

测：测量、测试、监测。

验：进行必要的试验或化验。

析：分析安全事故的隐患、原因。

2）安全检查表法。是一种原始的、初步的定性分析方法，它通过事先拟定的安全检查明细表或清单，对安全生产进行初步的诊断和控制。

（五）安全控制的基本要求

（1）只有在取得了安全行政主管部门颁发的《安全施工许可证》后方可施工。

（2）总包单位和分包单位都应持有《施工企业安全资格审查认可证》方可组织施工。

（3）各类人员必须具备相应的安全资格方可上岗。

（4）所有施工人员必须经过三级安全教育。

（5）特殊工程作业人员必须持有特种作业操作证。

（6）对查出的安全隐患要做到"五定"：定整改责任人；定整改措施；定整改完成时间；定整改完成人；定整改验收人。

（7）必须把好安全生产"六关"：措施关、交底关、教育关、防护关、检查关、改进关。

（六）安全隐患

（1）区别通病、顽症、首次出现、不可抗力等类型，修订和完善安全整改措施。

（2）对查出的隐患立即发出整改通知单，由受检单位分析原因，制定纠正和预防措施。

（3）当场指出检查出的违章指挥和违章作业，限期纠正。

（4）跟踪检查与记录纠正措施和预防措施的执行情况。

（七）职业健康安全事故分类

1. 职业伤害事故

职业伤害事故分为 20 类,包括:物体打击,车辆伤害,机械伤害,起重伤害,触电,淹溺,灼烫,火灾,高处坠落,坍塌,冒顶片帮,透水,放炮,火药爆炸,瓦斯爆炸,锅炉爆炸,容器爆炸,其他爆炸,中毒窒息,其他伤害。

2. 按事故后果严重程度分类

(1) 轻伤事故:造成职工肢体或者某些器官功能性或器质性轻度损伤,表现为劳动能力轻度或暂时丧失的伤害,一般每个受伤人员休息 1 个工作日以上,105 个工作日以下。

(2) 重伤事故:一般指受伤人员肢体残缺或视觉、听觉等器官受到严重损伤,能引起人体长期存在功能障碍或劳动能力有重大损失的伤害,或造成每个受伤人员损失 105 工作日以上的失能伤害。

(3) 死亡事故:一次事故中死亡职工 1~2 人的事故。

(4) 重大伤亡事故:一次事故中死亡 3 人以上(含 3 人)的事故。

(5) 特大伤亡事故:一次死亡 10 人以上(含 10 人)的事故。

3. 职业病

经诊断因从事接触有毒有害物质或不良环境的工作而造成急慢性疾病。职业病分为 10 大类共 115 种。主要包括:尘肺,职业性放射性疾病,职业中毒,物理因素所致职业病,生物因素所致职业病,职业性皮肤病,职业性眼病,职业性耳鼻喉口腔疾病,职业性肿瘤,其他职业病。

(八) 安全事故处理

1. 坚持"四不放过"的原则

事故原因不清楚不放过,事故责任者和员工没有受到教育不放过,事故责任者没有处理不放过,没有制定防范措施不放过。

2. 安全事故处理程序

(1) 报告安全事故:安全事故发生后,受伤者或最先发现事故的人员应立即用最快的传递手段,将发生事故的时间、地点、伤亡人数、事故原因等情况,上报至企业安全主管部门。企业安全主管部门视事故造成的伤亡人数或直接经济损失情况,按规定向政府主管部门报告。

(2) 事故处理:抢救伤员、排除险情、防止事故蔓延扩大,做好标识,保护好现场。

(3) 事故调查:项目经理应指定技术、安全、质量等部门的人员,会同企业工会代表组成调查组,开展调查。

(4) 调查报告:调查组应把事故发生的经过、原因、性质、损失责任、处理意见、纠正和预防措施撰写成调查报告,并经调查组全体人员签字确认后报企业安全主管部门。

3. 伤亡事故处理

伤亡事故的处理程序是:迅速抢救伤员并保护好现场,组织调查组,现场勘察,分析事故原因,制定预防措施,写出调查报告,事故的审查和结案,员工伤亡事故登记记录。

(九) 建筑施工安全检查评定

《建筑施工安全检查标准》JGJ 59—99 对建筑施工安全检查评定做出下列规定:

(1) 对建筑施工中易发生伤亡事故的主要环节、部位和工艺等的完成情况作安全检查评价时,应采用检查评分表的形式,分为安全管理、文明工地、脚手架、基坑支护与模板工程、三宝(安全帽、安全带、安全网)四口(通道口、预留洞口、楼梯口、电梯井口)

防护、施工用电、物料提升机与外用电梯、塔吊、起重吊装、施工机具共10项分项检查评分表和一张检查评分汇总表。

（2）除三宝四口防护和施工机具外的检查评分表，均设立保证项目和一般项目，前者是检查的重点和关键。

（3）各分项检查评分表中，满分为100分。

（4）在检查评分中，当保证项目中有一项不得分或保证项目小计得分不足40分时，此检查评分表不得分。

（5）汇总表满分为100分，10个分项评分表分配如表7-8所示。

分项检查评分表在汇总报中所占分数表　　　　　表7-8

检查表名	安全管理	文明施工	脚手架	基坑支护与模板工程	三宝四口防护	施工用电	物料提升机与外用电梯	塔吊	起重吊装	施工机具
在汇总表中所占分数	10	20	10	10	10	10	10	10	5	5

（6）在汇总表中各分项项目实得分数按下式计算：

$$在汇总表中各分项项目实得分数 = \frac{汇总表中该项应得满分值 \times 该项检查表实得分数}{100}$$

（7）建筑施工安全检查评分，以汇总表的总得分及保证项目达标与否，作为对一个施工现场安全生产情况评价依据，分为优良、合格、不合格三个等级。

1）优良级：
保证项目均达到规定的评分标准，汇总表得分应在80分及其以上。

2）合格级：
① 保证项目均应达到规定的评分标准，汇总表得分应在80分及其以上。
② 有一个分表未得分，但汇总表得分值在75分及其以上。
③ 起重吊装检查评分表或施工机具检查评分表未得分，但汇总表得分值在80分及其以上。

3）不合格：
① 汇总表得分值不足70分。
② 有一个分表未得分，且汇总表得分在75分以下。
③ 起重吊装检查评分表或施工机具检查评分表未得分，且汇总表得分在80分以下。

第四节　施工项目环境管理

一、施工项目环境管理

（一）施工项目环境管理概述

1. 环境的概念

环境是组织运行活动的外部存在，包括人与社会、土地、水、空气、自然资源、动物、植物、现场以及以上各方之间的关系等。

2. 环境管理体系是组织整个管理体系的一部分，包括为制定、实施、实现、评审和保持环境方针所需的组织结构、计划活动、职责惯例、程序、过程和资源。

3. 工程项目环境管理的目的是控制作业现场可能产生污染的各种活动，保护生态环境，节约能源，避免资源浪费，进而为社会的经济发展与人类的生存环境相协调做出贡献。

（二）环境管理体系

1. 环境管理体系结构和要素

《环境管理体系要求及使用指南》GB/T 24001—2004 规定了环境管理体系的总体结构，包括：范围，引用标准，定义，环境管理体系要求四部分。其中环境管理体系要求有五个一级要素和与一级要素相对应的 17 个二级要素，如表 7-9 所示。

环境管理体系要素表　　　　　　表 7-9

一级要素	二级要素
（一）环境方针	1. 环境方针
（二）规划（策划）	2. 环境因素 3. 法律和其他要求 4. 目标和指标
（三）实施和运行	5. 资源、作用、职责与权限 6. 能力、意识与培训 7. 信息交流 8. 文件 9. 文件控制 10. 运行与控制 11. 应急准备与响应
（四）检查	12. 监测和测量 13. 合规性评价 14. 不符合，纠正与预防措施 15. 记录控制 16. 内部审核
（五）管理评审	17. 管理评审

2. 环境管理体系的运行模式

环境管理体系的运行模式是其一级要素按"计划—实施—检查—处置"的循环模式运行，体现了环境持续改进的理念（见图 7-16）。

（三）施工项目污染的防治

1. 大气污染的防治

（1）大气污染物有：气体污染物，粒子状态污染物，施工中产生的烟尘和粉尘。

（2）现场空气污染防治措施：

1）施工现场主要道路必须进行硬化处理。施工现场采取覆盖、固化、绿化、洒水措施，做到不泥泞、不扬尘。

2）四级以上大风不进行土方回填、转运以及其他可能扬尘的施工。

3）建筑物内施工垃圾清运采用封闭式垃圾道或封闭式容器调运。设密闭式垃圾站分类存放，垃圾清运时提前洒水。

4）水泥及其他易飞扬的细颗粒建筑材料密闭存放，使用中采取措施防止扬尘，土方集中存放，采取覆盖或固化措施。

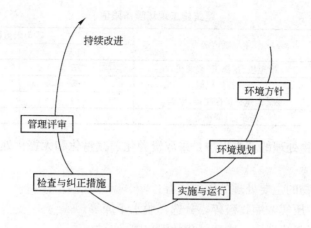

图 7-16 环境管理体系运行模式图

5) 土方、渣土和施工垃圾运输用密闭式车辆，施工现场出入口设置冲洗车辆的设备，出厂时冲洗车辆。

6) 施工现场使用清洁燃料，施工机械和车辆尾气排放应符合环保要求。

7) 拆除旧建筑物时，应随时洒水，减少扬尘。渣土在拆除完成后三日内清运完毕。

2. 水污染的防治

(1) 水污染源有：工业污染源、生活污染源、农业污染源。

(2) 水体污染物有：各种有机和无机有毒物质及热温；施工现场废水和固体废物随水流入水体部分。

(3) 防止水体污染的措施如下：

1) 搅拌机前台、混凝土输送泵及运输车辆清洗处设置沉淀池，废水不得排入市政管网，经二次沉淀后循环使用或用于洒水降尘。

2) 现场存放油料时，对库房进行防渗漏处理，防止油料泄漏污染土壤水体。

3) 食堂设隔油池定期掏油，防止污染。

3. 施工现场噪声控制

噪声控制技术有：声源控制、传播途径控制、接收者防护。

(1) 声源控制：采用低噪声设备和工艺；在声源处安装消声器消声；严格控制人为噪声。

(2) 传播途径控制：吸声；隔声；消声；减震降噪。

(3) 接收者的防护：让处于噪声环境下的人员使用耳塞、耳罩等防护用品。

(4) 现场的强噪声设备搭设封闭式机棚，尽可能远离居民区。

(5) 晚10点到次日早6点之间施工要申请批准，采取措施减少噪声。

(6) 施工现场噪声限值：在人口稠密区进行强噪声作业时，严格控制作业时间，一般在晚10点到次日早6点之间停止强噪声作业；根据《建筑施工现场噪声限值的要求》GB 12523—90 实施（见表 7-10）。

4. 施工现场固体废弃物处理

(1) 施工现场的固体废弃物包括：建筑渣土；废弃的散装建筑材料；生活垃圾；设备材料的包装物；粪便。

建筑施工现场噪声限值				表 7-10
施工阶段	主要噪声源	噪声限值(dB)		
		白天	夜间	
土石方	推土机、挖掘机、装载机	75	55	
打桩	各种打桩机械	85	禁止施工	
结构	混凝土搅拌机振捣棒、电锯	70	55	
装修	吊车、升降机等	65	55	

(2) 固体废弃物处理的基本思想是采取资源化、减量化和无害化处理，可综合利用和回收等。

(3) 固体废弃物的主要处理处置方法有：

1) 物理处理：压实浓缩，破碎，分选，脱水干燥等。

2) 化学处理：氧化还原，中和，化学浸出等。

3) 生物处理：好氧处理，厌氧处理。

4) 热处理：焚烧，热解，焙烧，烧结等。

5) 固化处理：水泥固化法，沥青固化法等。

6) 回收利用：回收利用和集中处理等资源化、减量化方法。

7) 处置：填埋，焚烧，贮留池贮存等。

(四) 环境管理措施

(1) 实行环境保护目标责任制，将环境保护责任落实到部门或人员，并明确项目经理是环境保护第一责任人。

(2) 加强环境检查和监控工作，以便采取有针对性的措施。

(3) 建立并有效运转环境管理体系，调动与现场有关组织的积极性，进行综合治理。

(4) 采取有效的技术措施（如前所述）。

(5) 加强现场管理，组织文明施工。

二、施工项目现场管理

(一) 施工项目现场管理的意义

施工项目现场指从事工程施工活动经批准占用的施工场地。该场地既包括红线以内占用的建筑用地和施工用地，又包括红线以外现场附近经批准占用的临时施工用地。施工项目现场管理是指这些场地如何科学筹划，合理使用，并与环境各因素保持协调关系，成为文明施工现场。施工项目现场管理的意义体现在以下 4 个方面。

(1) 良好的施工项目现场有助于施工活动正常进行。施工现场是施工的"枢纽站"，大量的物资进场后"停站"于施工现场。活动于现场的劳动力、机械设备和管理人员，通过施工活动将这些物资一步步地转变成建筑物或构筑物。这个"枢纽站"管理好坏，涉及人流、物流和财流是否畅通，涉及施工生产活动是否顺利进行。

(2) 施工项目现场是一个"绳结"，把各专业管理联系在一起。各项专业管理工作按合理分工分头进行，而又密切协作，相互影响，相互制约，很难截然分开。施工现场管理得好坏，直接关系到各项专业管理的技术经济效果。

(3) 工程施工现场管理是一面"镜子"，能照出施工单位的形象。通过观察工程施工现场，施工单位的精神面貌、管理面貌、施工面貌赫然显现。一个文明的施工现场有着重要的社会效益，会赢得很好的社会信誉。反之也会损害施工企业的社会信誉。

(4) 工程施工现场管理是贯彻执行有关法规的"焦点"。施工现场与许多城市管理法规有关,诸如:地产开发、城市规划、市政管理、环境保护、市容美化、环境卫生、城市绿化、交通运输、消防安全、文物保护、居民安全、人防建设、居民生活保障、工业生产保障、文明建设等。每一个在施工现场从事施工和管理工作的人员,都应当有法制观念,执法、守法、护法。每一个与施工现场管理发生联系的单位都注目于工程施工现场管理。所以施工现场管理是一个严肃的社会问题和政治问题,不能有半点疏忽。

(二) 施工项目现场管理的内容

1. 合理规划施工用地

首先要保证场内占地的合理使用。当场内空间不充分时,应会同建设单位按规定向规划部门和公安交通部门申请,经批准后才能获得并使用场外临时施工用地。

2. 在施工组织设计中,科学地进行施工总平面设计

施工组织设计是工程施工现场管理的重要内容和依据,尤其是施工总平面设计,目的就是对施工场地进行科学规划,以合理利用空间。在施工总平面图上,临时设施、大型机械、材料堆场、物资仓库、构件堆场、消防设施、道路及进出口、加工场地、水电管线、周转使用场地等,都应各得其所,关系合理合法,从而呈现出现场文明,有利于安全和环境保护,有利于节约,方便于工程施工。

3. 根据施工进展的具体需要,按阶段调整施工现场的平面布置

不同的施工阶段,施工的需要不同,现场的平面布置亦应进行调整。当然,施工内容变化是主要原因,另外分包单位也随之变化,他们也对施工现场提出新的要求。因此,不应当把施工现场当成一个固定不变的空间组合,而应当对它进行动态的管理和控制,调整也不能太频繁,以免造成浪费。一些重大设施应基本固定,调整的对象应是消费不大的规模小的设施,或已经实现功能失去作用的设施,代之以满足新需要的设施。

4. 加强对施工现场使用的检查

现场管理人员应经常检查现场布置是否依据施工平面图,是否符合各项规定,是否满足施工需要,还有哪些薄弱环节,从而为调整施工现场布置提供有用的信息,也使施工现场保持相对稳定,不被复杂的施工过程打乱或破坏。

5. 建立文明的施工现场

文明施工现场即指按照有关法规的要求,使施工现场和临时占地范围内秩序井然,文明安全,环境得到保持,绿地树木不被破坏,交通畅达,文物得以保存,防火设施完备,居民不受干扰,场容和环境卫生均符合要求。建立文明施工现场有利于提高工程质量和工作质量,提高企业信誉。为此,应当做到领导负责,系统把关,普遍检查,建章建制,责任到人,落实整改,严明奖惩。

(1) 领导负责,即公司和分公司均成立主要领导负责、各部门主管理人员参加的施工现场管理领导小组,在企业范围内建立以项目管理班子为核心的现场管理组织体系。

(2) 系统把关,即各管理业务系统对现场的管理进行分口负责,每月组织检查,发现问题便及时整改。

(3) 普遍检查,即对现场管理的检查内容,按达标要求逐项检查,填写检查报告,评定现场管理先进单位。

(4) 建章建制,即建立施工现场管理规章制度和实施办法,按章办事,不得违背。

(5) 责任到人，即管理责任不但明确到部门，而且各部门要明确到员工个人，以便落实管理工作。

(6) 落实整改，即对各种问题，一旦发现，必须采取措施纠正，避免再度发生。无论涉及哪一级、哪一部门、哪一个人，决不能姑息迁就，必须整改落实。

(7) 严明奖惩。如果成绩突出，便应按奖惩办法予以奖励；如果有问题，要按规定给予必要的处罚。

6. 及时清场转移

施工结束后，项目管理班子应及时组织清场，将临时设施拆除，剩余物资退场，组织向新工程转移，以便整治规划场地，恢复被临时占用土地，不留后遗症。

7. 坚持现场管理标准化，堵塞浪费漏洞

现场管理标准化的范围很广，比较突出而又需要特别关注的是现场平面布置管理和现场安全生产管理，稍有不慎，就会造成浪费和损失。

(1) 现场平面布置管理

施工现场的平面布置，是根据工程特点和场地条件，以配合施工为前提合理安排的，有一定的科学根据。但是，在施工过程中，往往会出现不执行现场平面布置，造成人力、物力浪费的情况。例如：

1) 材料、构件不按规定地点堆放，造成二次搬运，不仅浪费人力，材料、构件在搬运中还会受到损失。

2) 钢模和钢管脚手等周转设施，用后不予整修并堆放整齐，而是任意乱堆乱放，既影响场容整洁，又容易造成损失，特别是将周转设施放在路边，一旦车辆开过，轻则变形，重则报废。

3) 任意开挖道路，又不采取措施，造成交通中断，影响物资运输。

4) 排水系统不畅，一遇下雨，现场积水严重，造成电器设备受潮容易触电，水泥受潮就会变质报废。

由此可见，施工项目一定要强化现场平面布置的管理，堵塞一切可能发生的漏洞，争创"文明工地"。

(2) 现场安全生产管理

现场安全生产管理的目的，在于保护施工现场的人身安全和设备安全，减少和避免不必要的损失。要达到这个目的，就必须强调按规定的标准去管理，不允许有任何细小的疏忽。否则，将会造成难以估量的损失，其中包括人身、财产和资金等损失。

1) 不遵守现场安全操作规程，容易发生工伤事故，甚至死亡事故，不仅本人痛苦，家属痛苦，项目还要支付一笔可观的医药、抚恤费用，有时还会造成停工损失。

2) 不遵守机电设备的操作规程，容易发生一般设备事故，甚至重大设备事故，不仅会损坏机电设备，还会影响正常施工。

3) 忽视消防工作和消防设施的检查，容易发生火警，影响对火警的有效抢救，其后果更是不可想象。

(三) 施工现场防火

1. 施工现场防火的特点

(1) 建筑工地易燃建筑物多，且场地狭小，缺乏应有的安全距离。因此，一旦起火，容易蔓延成灾。

(2) 建筑工地易燃材料多,如木材、木模板、脚手架木、沥青、油漆、乙炔发生器、保温材料、油毡等。因此,应特别加强管理。

(3) 建筑工地临时用电线路多,容易漏电起火。

(4) 在施工期间,随着工程的进展,工种增多,施工方法不同,会出现不同的火灾隐患。

(5) 施工现场人员流动性大,交叉作业多,管理不便,火灾隐患不易发现。

(6) 施工现场消防水源和消防道路均系临时设置,消防条件差,一旦起火,灭火困难。

2. 施工现场的火灾隐患

(1) 石灰受潮发热起火。工地储存的生石灰遇水和受潮后,便会在熟化的过程中达到800℃左右温度,遇到可燃烧的材料后便会引火燃烧。

(2) 木屑自燃起火。大量木屑堆积时,就会发热,积热量增多后,再吸收氧气,便可能自燃起火。

(3) 熬沥青作业不慎起火。熬制沥青温度过高或加料过多,就会沸腾外溢,或产生易燃蒸气,接触炉火而起火。

(4) 仓库内的易燃物触及明火就会燃烧起火。这些易燃物有塑料、油类、木材、酒精、油漆、燃料、防护用品等。

(5) 焊接作业时火星溅到易燃物上引火。

(6) 电气设备短路或漏电,冬期施工用电热法养护不慎起火。

(7) 乱扔烟头,遇易燃物引火。

(8) 烟囱、炉灶、火炕、冬季炉火取暖或养护,管理不善起火。

(9) 雷击起火。

(10) 生活用房不慎起火,蔓延至施工现场。

3. 火灾预防管理工作

(1) 对上级有关消防工作的政策、法规、条例要认真贯彻执行,将防火纳入领导工作的议事日程,做到在计划、布置、检查、总结、评比时均考虑防火工作,制定各级领导防火责任制。

(2) 企业建立以下防火制度:

1) 各级安全防火责任制。

2) 工人安全防火岗位责任制。

3) 现场防火工具管理制度。

4) 重点部位安全防火制度。

5) 安全防火检查制度。

6) 火灾事故报告制度。

7) 易燃、易爆物品管理制度。

8) 用火、用电管理制度。

9) 防火宣传、教育制度。

(3) 建立安全防火委员会。由现场施工负责人主持,在进入现场后立即建立。有关技术、安全保卫、行政等部门参加。在项目经理的领导下开展工作。其职责是:

1) 贯彻国家消防工作方针、法律、文件及会议精神,结合本单位具体情况部署防火工作。

2) 定期召开防火委员会会议,研究布置现场安全防火工作。

3) 开展安全消防教育和宣传。

4) 组织安全防火检查,提出消除隐患措施,并监督落实。

5) 制定安全消防制度及保证防火的安全措施。

6) 对防火灭火有功人员奖励,对违反防火制度及造成事故的人员批评、处罚以至追究责任。

(4) 设专职、兼职防火员,成立义务消防组织。其职责是:

1) 监督、检查、落实防火责任制的情况。

2) 审查防火工作措施并督促实施。

3) 参加制订,修改防火工作制度。

4) 经常进行现场防火检查,协助解决防火问题,发现火灾隐患有权指令停止生产或查封,并立即报告有关领导研究解决。

5) 推广消防工作先进经验。

6) 对工人进行防火知识教育,组织义务消防队员培训和灭火演习。

7) 参加火灾事故调查、处理、上报。

(四) 施工项目现场管理评价

为了加强施工现场管理,提高施工现场管理水平,实现文明施工,确保工程质量和安全,应该对施工现场管理进行综合评价。评价内容应包括经营行为管理、工程质量管理、文明施工管理及施工队伍管理五个方面。

1. 经营行为管理评价

经营行为管理评价的主要内容是合同签订及履约、总分包、施工许可证、企业资质、施工组织设计及实施等情况。不得有下列行为:未取得施工许可证而擅自开工;企业资质等级与其承担的工程任务不符;层层转包;无施工组织设计;由于建筑施工企业的原因严重影响合同履约。

2. 工程质量管理评价

工程质量管理评价的主要内容是质量体系建立及运转情况、质量管理状况、质量保证资料情况。不得有下列情况:无质量体系;工程质量不合格;无质量保证资料。工程质量检查按有关标准规范执行。

3. 施工安全管理评价

施工安全管理评价的主要内容是:安全生产保证体系及执行,施工安全各项措施情况等。不得有下列情况:无安全生产保证体系;无安全施工许可证;施工现场的安全设施不合格;发生人员死亡事故。

4. 文明施工管理评价

文明施工管理的主要内容是场容场貌、料具管理、消防保卫、环境保护、职工生活状况等。不准有下列情况:施工现场的场容场貌严重混乱,不符合管理要求;无消防设施或消防设施不合格;职工集体食物中毒。

5. 施工队伍管理评价

施工队伍管理评价的主要内容是项目经理及其他人员持证上岗;民工的培训和使用;

社会治安综合治理情况等。

6. 评价方法

(1) 进行日常检查制,每个施工现场一个月综合评价一次。

(2) 检查之后评分,5个方面评分比重不同。假如总分满分为100分,可以给经营行为管理、工程质量管理、施工安全管理、文明施工管理、施工队伍管理分别评为20分、25分、25分、20分、10分。

(3) 综合评分结果可用作对企业资质实行动态管理的依据之一,作为企业申请资质等级升级的条件,作为对企业进行奖罚的依据。

(4) 一般说来,只有综合评分达70分及其以上,方可算作合格施工现场。如为不合格现场,应给该施工现场和项目经理警告或罚款。

三、绿色施工

(一) 绿色施工概述

1. 绿色施工的概念

绿色施工是指工程建设中,在保证质量、安全等基本要求的前提下,通过科学管理和技术进步,最大限度地节约资源,减少能源消耗(节能、节地、节水、节材),保护环境,降低施工活动对环境造成的不利影响,保护施工人员的安全与健康,提高施工人员的健康水平。

2. 绿色施工的意义

(1) 促进可持续发展。我国处于经济快速发展阶段,作为大量消耗资源、影响环境的建筑业,应全面实施绿色施工,承担起可持续发展的社会责任。

(2) 节约资源。建筑施工消耗大量资源,包括土地、能源、材料、水资源等,因此有着很大的节约潜力和巨大的经济效益。实施绿色施工,贯彻节约原则,利国、利民、利发展。

(3) 保护环境。建筑施工在广袤的露天里进行,消耗大量资源的同时也排放大量的废弃物、含碳气体、有害液体等,如果管理不善,会严重影响环境的净化和安全,危及人类健康和国家发展。绿色施工就是倡导并实施环境保护的原则,把施工活动的负面影响减少到最小。

(4) 促进经济社会可持续发展

绿色施工实施绿色战略思想;符合国家的法律、法规及相关的标准规范,实现经济效益、社会效益和环境效益的统一原则;实施绿色施工,依据因地制宜的原则,贯彻执行国家、行业和地方相关的技术经济政策;运用ISO 14000和ISO 18000管理体系,将绿色施工有关内容分解到管理体系目标中去,使绿色施工规范化、标准化;绿色施工鼓励各地区开展绿色施工的政策与技术研究,发展绿色施工的新技术、新设备、新材料与新工艺,推行应用示范工程。这一切都有利于我国经济社会的可持续发展。

3. 绿色施工的原则

(1) 把绿色施工作为工程项目全寿命期中的一个重要阶段。实施绿色施工,应进行总体方案优化。在规划、设计阶段,应充分考虑绿色施工的总体要求,为绿色施工提供基础条件。

(2) 实施绿色施工应对施工策划、材料采购、现场施工、工程验收等各阶段进行控制,加强对整个施工过程的管理和监督。

(3)实施绿色施工,必须建立绿色理念,坚持节约和环境保护,做好绿色施工的每一项内容,实现每一项指标,并注重取得实效。

4. 绿色施工的内容

绿色施工由施工管理、环境保护、节材与资源利用、节水与水资源利用、节能与能源利用、节地与施工用地保护六个方面组成。这六个方面涵盖了绿色施工的基本指标,同时包含了施工策划、材料采购、现场施工、工程验收等各阶段的指标的子集。具体列举如下:

(1)施工管理:组织管理,规划管理,实施管理,评价管理,人员安全与健康管理。

(2)环境保护:扬尘控制,噪声振动控制,光污染控制,水污染控制,土壤保护,建筑垃圾控制,地下设施、文物和资源保护。

(3)节材与材料资源利用:节材措施,结构材料,维护材料,装饰装修材料,周转材料。

(4)节水与水资源利用:提高用水效率,非传统水资源利用,用水安全。

(5)节能与能源利用:节能措施,机械设备与机具,生产、生活及办公临时设施,施工用电及照明。

(6)节地与施工用地保护:临时用地指标,临时用地保护,施工总平面布置。

(二)绿色施工职责

绿色施工应由建设单位、监理单位和施工单位共同负责。

1. 建设单位职责

(1)向施工单位提供建设工程绿色施工的相关资料。

(2)在工程预算和招标文件中明确绿色施工的要求,提供场地、环境、工期、资金等方面的保障。

(3)协调参建各方的绿色施工活动。

2. 监理单位职责

(1)对工程绿色施工承担监理责任。

(2)审查施工组织设计中的绿色施工方案(或技术措施),并在实施中监督检查。

3. 施工单位职责

(1)总承包单位应对施工现场的绿色施工负总体责任。分包单位服从总承包单位的绿色施工管理,并对所承包工程的绿色施工负责。

(2)建立以项目经理为第一责任人的绿色施工管理体系,制定绿色施工管理责任制度,定期开展自检、考核和评比工作。

(3)在施工组织设计(项目管理实施规划)中编制绿色施工方案(或技术措施),确保绿色施工费用的有效使用。

(4)对施工现场的绿色施工进行检查记录。

(5)在施工现场的办公区和生活区设置节水、节电、节材警示标识和警示标志。

(6)施工前制定施工现场环境保护和人员安全与健康等突发事件的应急预案。

(三)绿色施工管理

绿色施工管理主要包括组织管理、规划管理、实施管理、评价管理和人员安全与健康管理五个方面。

1. 组织管理

(1) 建立绿色施工管理体系，制定相应的管理制度与目标。
(2) 项目经理为项目绿色施工第一责任人，负责绿色施工的组织实施及目标实现，并指定绿色施工管理人员和监督人员。

2. 规划管理

规划管理是指编制绿色施工方案，该方案应在施工组织设计（项目管理实施规划）中独立成章，并按有关规定进行审批。

绿色施工方案应包括以下内容：

(1) 环境保护措施：制定环境管理计划及应急救援预案，采取有效措施，降低环境负荷，保护地下设施和文物等资源。
(2) 节材措施：在保证工程安全与质量的前提下，制定节材措施。如进行施工方案的节材优化，建筑垃圾减量化，尽量利用可循环材料等。
(3) 节水措施：根据工程所在地的水资源状况，制定节水措施。
(4) 节能措施：进行施工节能策划，确定目标，制定节能措施。
(5) 节地与施工用地保护措施：制定临时用地指标、施工总平面布置规划及临时用地节地措施等。

3. 实施管理

(1) 绿色施工应对整个施工过程实施动态管理，加强对施工策划、施工准备、材料采购、现场施工、工程验收等各阶段的管理和监督。
(2) 应结合工程项目的特点，有针对性地对绿色施工作相应的宣传，通过宣传营造绿色施工的氛围。
(3) 定期对职工进行绿色施工知识培训，增强职工绿色施工意识。

4. 评价管理

(1) 对照本导则的指标体系，结合工程特点，对绿色施工的效果及采用的新技术、新设备、新材料与新工艺进行自评估。
(2) 成立专家评估小组，对绿色施工方案、实施过程至项目竣工进行综合评估。

5. 人员安全与健康管理

(1) 制订施工防尘、防毒、防辐射等防止职业危害的措施，保障施工人员的长期职业健康。
(2) 合理布置施工场地，保护生活及办公区不受施工活动的有害影响。施工现场建立卫生急救、保健防疫制度，在安全事故和疾病疫情出现时提供及时救助。
(3) 提供卫生、健康的工作与生活环境，加强对施工人员的住宿、膳食、饮用水等生活与环境卫生等管理，明显改善施工人员的生活条件。

(四) 环境保护技术

1. 扬尘控制

(1) 运送土方、垃圾、设备及建筑材料等，不污损场外道路。运输容易散落、飞扬、流漏的物料的车辆，必须采取措施封闭严密，保证车辆清洁。施工现场出口应设置洗车槽。
(2) 土方作业阶段，采取洒水、覆盖等措施，达到作业区目测扬尘高度小于1.5m，不扩散到场区外。
(3) 结构施工、安装装饰装修材料阶段，作业区目测扬尘高度小于0.5m。对易产生扬尘的堆放材料应采取覆盖措施；对粉末状材料应封闭存放；场区内可能引起扬尘的材料及建筑垃圾搬运应有降尘措施，如覆盖、洒水等；浇筑混凝土前清理灰尘和垃圾时尽量使用吸尘器，避免使用吹风器等易产生扬尘的设备；机械剔凿作业时可用局部遮挡、掩盖、水淋等防护措施；高层或多层建筑清理垃圾应搭设封闭性临时专用道或采用容器吊运。

（4）施工现场非作业区达到目测无扬尘的要求。对现场易飞扬物质采取有效措施，如洒水、地面硬化、围挡、密网覆盖、封闭等，防止扬尘产生。

（5）构筑物机械拆除前，做好扬尘控制计划。可采取清理积尘、拆除体洒水、设置隔挡等措施。

（6）构筑物爆破拆除前，做好扬尘控制计划。可采用清理积尘、淋湿地面、预湿墙体、屋面敷水袋、楼面蓄水、建筑外设高压喷雾状水系统、搭设防尘排栅和直升机投水弹等综合降尘。选择风力小的天气进行爆破作业。

（7）在场界四周隔挡高度位置测得的大气总悬浮颗粒物（TSP）月平均浓度与城市背景值的差值不大于 $0.08mg/m^3$。

2. 噪音与振动控制

（1）现场噪音排放不得超过国家标准《建筑施工场界噪声限值》GB 12523—90 的规定。

（2）在施工场界对噪音进行实时监测与控制。监测方法执行国家标准《建筑施工场界噪声测量方法》（GB 12524—90）。

（3）使用低噪音、低振动的机具，采取隔音与隔振措施，避免或减少施工噪音和振动。

3. 光污染控制

（1）尽量避免或减少施工过程中的光污染。夜间室外照明灯加设灯罩，透光方向集中在施工范围。

（2）电焊作业采取遮挡措施，避免电焊弧光外泄。

4. 水污染控制

（1）施工现场污水排放应达到国家标准《污水综合排放标准》GB 8978—1996 的要求。

（2）在施工现场应针对不同的污水，设置相应的处理设施，如沉淀池、隔油池、化粪池等。

（3）污水排放应委托有资质的单位进行废水水质检测，提供相应的污水检测报告。

（4）保护地下水环境。采用隔水性能好的边坡支护技术。在缺水地区或地下水位持续下降的地区，基坑降水尽可能少地抽取地下水；当基坑开挖抽水量大于 50 万 m^3 时，应进行地下水回灌，并避免地下水被污染。

（5）对于化学品等有毒材料、油料的储存地，应有严格的隔水层设计，做好渗漏液收集和处理。

5. 土壤保护

（1）保护地表环境，防止土壤侵蚀、流失。因施工造成的裸土，及时覆盖砂石或种植速生草种，以减少土壤侵蚀；因施工造成容易发生地表径流土壤流失的情况，应采取设置地表排水系统、稳定斜坡、植被覆盖等措施，减少土壤流失。

（2）沉淀池、隔油池、化粪池等不发生堵塞、渗漏、溢出等现象。及时清掏各类池内沉淀物，并委托有资质的单位清运。

（3）对于有毒有害废弃物如电池、墨盒、油漆、涂料等，应回收后交有资质的单位处理，不能作为建筑垃圾外运，避免污染土壤和地下水。

（4）施工后应恢复施工活动破坏的植被（一般指临时占地内）。与当地园林、环保部门或当地植物研究机构进行合作，在先前开发地区种植当地或其他合适的植物，以恢复剩余空地地貌或科学绿化，补救施工活动中人为破坏植被和地貌造成的土壤侵蚀。

6. 建筑垃圾控制

（1）制定建筑垃圾减量化计划，如住宅建筑，每万 m^2 的建筑垃圾不宜超过 400t。

（2）加强建筑垃圾的回收再利用，力争建筑垃圾的再利用和回收率达到 30%，建筑物拆除产生的废弃物的再利用和回收率大于 40%。对于碎石类、土石方类建筑垃圾，可采用地基填埋、铺路等方式提高再利用率，力争再利用率大于 50%。

（3）施工现场生活区设置封闭式垃圾容器，施工场地生活垃圾实行袋装化，及时清运。对建筑垃圾进行分类，并收集到现场封闭式垃圾站，集中运出。

7. 地下设施、文物和资源保护

（1）施工前应调查清楚地下各种设施，做好保护计划，保证施工场地周边的各类管道、管线、建筑物、构筑物的安全运行。

（2）施工过程中一旦发现文物，立即停止施工，保护现场，通报文物部门并协助做好工作。

（3）避让、保护施工场区及周边的古树名木。

（4）逐步开展统计分析施工项目的 CO_2 排放量，以及各种不同植被和树种的 CO_2 固定量的工作。

（五）节材与材料资源利用技术

1. 节材措施

（1）图纸会审时，应审核节材与材料资源利用的相关内容，达到材料损耗率比定额损耗率降低 30%。

（2）根据施工进度、库存情况等合理安排材料的采购、进场时间和批次，减少库存。

（3）现场材料堆放有序。储存环境适宜，措施得当。保管制度健全，责任落实。

（4）材料运输工具适宜，装卸方法得当，防止损坏和遗洒。根据现场平面布置情况就近卸载，避免和减少二次搬运。

（5）采取技术和管理措施提高模板、脚手架等的周转次数。

（6）优化安装工程的预留、预埋、管线路径等方案。

（7）应就地取材，施工现场 500km 以内生产的建筑材料用量占建筑材料总重量的 70% 以上。

2. 结构材料

（1）推广使用预拌混凝土和商品砂浆。准确计算采购数量、供应频率、施工速度等，在施工过程中动态控制。结构工程使用散装水泥。

（2）推广使用高强钢筋和高性能混凝土，减少资源消耗。

（3）推广钢筋专业化加工和配送。

（4）优化钢筋配料和钢构件下料方案。钢筋及钢结构制作前应对下料单及样品进行复核，无误后方可批量下料。

(5) 优化钢结构制作和安装方法。大型钢结构宜采用工厂制作，现场拼装；宜采用分段吊装、整体提升、滑移、顶升等安装方法，减少方案的措施用材量。

(6) 采取数字化技术，对大体积混凝土、大跨度结构等专项施工方案进行优化。

3. 围护材料

(1) 门窗、屋面、外墙等围护结构选用耐候性及耐久性良好的材料，施工确保密封性、防水性和保温隔热性。

(2) 门窗采用密封性能、保温隔热性能、隔音性能良好的型材和玻璃等材料。

(3) 屋面材料、外墙材料具有良好的防水性能和保温隔热性能。

(4) 当屋面或墙体等部位采用基层加设保温隔热系统的方式施工时，应选择高效节能、耐久性好的保温隔热材料，以减小保温隔热层的厚度及材料用量。

(5) 屋面或墙体等部位的保温隔热系统采用专用的配套材料，以加强各层次之间的粘结或连接强度，确保系统的安全性和耐久性。

(6) 根据建筑物的实际特点，优选屋面或外墙的保温隔热材料系统和施工方式，例如保温板粘贴、保温板干挂、聚氨酯硬泡喷涂、保温浆料涂抹等，以保证保温隔热效果，并减少材料浪费。

(7) 加强保温隔热系统与围护结构的节点处理，尽量降低热桥效应。针对建筑物的不同部位保温隔热特点，选用不同的保温隔热材料及系统，以做到经济适用。

4. 装饰装修材料

(1) 贴面类材料在施工前，应进行总体排版策划，减少非整块材的数量。

(2) 采用非木质的新材料或人造板材代替木质板材。

(3) 防水卷材、壁纸、油漆及各类涂料基层必须符合要求，避免起皮、脱落。各类油漆及粘结剂应随用随开启，不用时及时封闭。

(4) 幕墙及各类预留预埋应与结构施工同步。

(5) 木制品及木装饰用料、玻璃等各类板材等宜在工厂采购或定制。

(6) 采用自粘类片材，减少现场液态粘结剂的使用量。

5. 周转材料

(1) 应选用耐用、维护与拆卸方便的周转材料和机具。

(2) 优先选用制作、安装、拆除一体化的专业队伍进行模板工程施工。

(3) 模板应以节约自然资源为原则，推广使用定型钢模、钢框竹模、竹胶板。

(4) 施工前应对模板工程的方案进行优化。多层、高层建筑使用可重复利用的模板体系，模板支撑宜采用工具式支撑。

(5) 优化高层建筑的外脚手架方案，采用整体提升、分段悬挑等方案。

(6) 推广采用外墙保温板替代混凝土施工模板的技术。

(7) 现场办公和生活用房采用周转式活动房。现场围挡应最大限度地利用已有围墙，或采用装配式可重复使用围挡封闭。力争工地临房、临时围挡材料的可重复使用率达到70%。

(六) 节水与水资源利用技术

1. 提高用水效率

(1) 施工中采用先进的节水施工工艺。

(2) 施工现场喷洒路面、绿化浇灌不宜使用市政自来水。现场搅拌用水、养护用水应采取有效的节水措施，严禁无措施浇水养护混凝土。

(3) 施工现场供水管网应根据用水量设计布置，管径合理、管路简捷，采取有效措施减少管网和用水器具的漏损。

(4) 现场机具、设备、车辆冲洗用水必须设立循环用水装置。施工现场办公区、生活区的生活用水采用节水系统和节水器具，提高节水器具配置比率。项目临时用水应使用节水型产品，安装计量装置，采取针对性的节水措施。

(5) 施工现场建立可再利用水的收集处理系统，使水资源得到梯级循环利用。

(6) 施工现场分别对生活用水与工程用水确定用水定额指标，并分别计量管理。

(7) 大型工程的不同单项工程、不同标段、不同分包生活区，凡具备条件的应分别计量用水量。在签订不同标段分包或劳务合同时，将节水定额指标纳入合同条款，进行计量考核。

(8) 对混凝土搅拌站点等用水集中的区域和工艺点进行专项计量考核。施工现场建立雨水、中水或可再利用水的搜集利用系统。

2. 非传统水源利用

(1) 优先采用中水搅拌、中水养护，有条件的地区和工程应收集雨水养护。

(2) 处于基坑降水阶段的工地，宜优先采用地下水作为混凝土搅拌用水、养护用水、冲洗用水和部分生活用水。

(3) 现场机具、设备、车辆冲洗、喷洒路面、绿化浇灌等用水，优先采用非传统水源，尽量不使用市政自来水。

(4) 大型施工现场，尤其是雨量充沛地区的大型施工现场建立雨水收集利用系统，充分收集自然降水用于施工和生活中适宜的部位。

(5) 力争施工中非传统水源和循环水的再利用量大于30%。

3. 用水安全

在非传统水源和现场循环再利用水的使用过程中，应制定有效的水质检测与卫生保障措施，确保避免对人体健康、工程质量以及周围环境产生不良影响。

（七）节能与能源利用的技术

1. 节能措施

(1) 制订合理施工能耗指标，提高施工能源利用率。

(2) 优先使用国家、行业推荐的节能、高效、环保的施工设备和机具，如选用变频技术的节能施工设备等。

(3) 施工现场分别设定生产、生活、办公和施工设备的用电控制指标，定期进行计量、核算、对比分析，并有预防与纠正措施。

(4) 在施工组织设计中，合理安排施工顺序、工作面，以减少作业区域的机具数量，相邻作业区充分利用共有的机具资源。安排施工工艺时，应优先考虑耗用电能的或其他能耗较少的施工工艺。避免设备额定功率远大于使用功率或超负荷使用设备的现象。

(5) 根据当地气候和自然资源条件，充分利用太阳能、地热等可再生能源。

2. 机械设备与机具

(1) 建立施工机械设备管理制度，开展用电、用油计量，完善设备档案，及时做好维修保养工作，使机械设备保持低耗、高效的状态。

(2) 选择功率与负载相匹配的施工机械设备，避免大功率施工机械设备低负载长时间运行。机电安装可采用节电型机械设备，如逆变式电焊机和能耗低、效率高的手持电动工具等，以利节电。机械设备宜使用节能型油料添加剂，在可能的情况下，考虑回收利用，节约油量。

(3) 合理安排工序，提高各种机械的使用率和满载率，降低各种设备的单位耗能。

3. 生产、生活及办公临时设施

(1) 利用场地自然条件，合理设计生产、生活及办公临时设施的体形、朝向、间距和窗墙面积比，使其获得良好的日照、通风和采光。南方地区可根据需要在其外墙窗设遮阳设施。

(2) 临时设施宜采用节能材料，墙体、屋面使用隔热性能好的材料，减少夏天空调、冬天取暖设备的使用时间及耗能量。

(3) 合理配置采暖、空调、风扇数量，规定使用时间，实行分段分时使用，节约用电。

4. 施工用电及照明

(1) 临时用电优先选用节能电线和节能灯具，临电线路合理设计、布置，临电设备宜采用自动控制装置。采用声控、光控等节能照明灯具。

(2) 照明设计以满足最低照度为原则，照度不应超过最低照度的20%。

(八) 节地与施工用地保护技术

1. 临时用地指标

(1) 根据施工规模及现场条件等因素合理确定临时设施，如临时加工厂、现场作业棚及材料堆场、办公生活设施等的占地指标。临时设施的占地面积应按用地指标所需的最低面积设计。

(2) 要求平面布置合理、紧凑，在满足环境、职业健康与安全及文明施工要求的前提下尽可能减少废弃地和死角，临时设施占地面积有效利用率大于90%。

2. 临时用地保护

(1) 应对深基坑施工方案进行优化，减少土方开挖和回填量，最大限度地减少对土地的扰动，保护周边自然生态环境。

(2) 红线外临时占地应尽量使用荒地、废地，少占用农田和耕地。工程完工后，及时对红线外占地恢复原地形、地貌，使施工活动对周边环境的影响降至最低。

(3) 利用和保护施工用地范围内原有绿色植被。对于施工周期较长的现场，可按建筑永久绿化的要求，安排场地新建绿化。

3. 施工总平面布置

(1) 施工总平面布置应做到科学、合理，充分利用原有建筑物、构筑物、道路、管线为施工服务。

(2) 施工现场搅拌站、仓库、加工厂、作业棚、材料堆场等布置应尽量靠近已有交通线路或即将修建的正式或临时交通线路，缩短运输距离。

(3) 临时办公和生活用房应采用经济、美观、占地面积小、对周边地貌环境影响较小，且适合于施工平面布置动态调整的多层轻钢活动板房、钢骨架水泥活动板房等标准化装配式结构。生活区与生产区应分开布置，并设置标准的分隔设施。

（4）施工现场围墙可采用连续封闭的轻钢结构预制装配式活动围挡，减少建筑垃圾，保护土地。

（5）施工现场道路按照永久道路和临时道路相结合的原则布置。施工现场内形成环形通路，减少道路占用土地。

（6）临时设施布置应注意远近结合（本期工程与下期工程），努力减少和避免大量临时建筑拆迁和场地搬迁。

（九）发展绿色施工的新技术、新设备、新材料与新工艺

（1）施工方案应建立推广、限制、淘汰公布制度和管理办法。发展适合绿色施工的资源利用与环境保护技术，对落后的施工方案进行限制或淘汰，鼓励绿色施工技术的发展，推动绿色施工技术的创新。

（2）大力发展现场监测技术、低噪音的施工技术、现场环境参数检测技术、自密实混凝土施工技术、清水混凝土施工技术、建筑固体废弃物再生产品在墙体材料中的应用技术、新型模板及脚手架技术的研究与应用。

（3）加强信息技术应用，如绿色施工的虚拟现实技术、三维建筑模型的工程量自动统计、绿色施工组织设计数据库建立与应用系统、数字化工地、基于电子商务的建筑工程材料、设备与物流管理系统等。通过应用信息技术，进行精密规划、设计、精心建造和优化集成，实现与提高绿色施工的各项指标。

第五节　施工项目成本管理

一、施工项目成本管理概述

（一）施工项目成本的概念

施工项目成本是指在施工项目上发生的全部费用总和，它包括直接成本和间接成本。其中直接成本包括人工费、材料费、机械费和措施费；间接成本指施工项目经理部发生的现场管理费。

（二）成本管理的环节

施工项目成本管理包括成本预测和决策、成本计划编制、成本计划实施、成本核算、成本检查、成本分析和考核等环节。其中成本计划编制与成本计划实施是关键环节。因此，进行施工项目成本管理，必须具体研究每个环节的有效工作方式和关键管理措施，从而取得施工项目整体的成本控制效果。

1. 施工项目成本预测

施工项目成本预测是其成本管理的首要环节，是事前控制的环节之一。成本预测的目的是预见成本的发展趋势，为成本管理决策和编制成本计划提供依据。

2. 施工项目成本决策

施工项目成本决策是根据成本预测情况，经过认真分析做出决定，确定成本管理目标。成本决策是先提出几个成本目标方案，然后再从中选择理想的成本目标做出决定。

3. 成本计划的编制

施工项目成本计划是实现成本目标的具体安排，是成本管理工作的行动纲领，是根据成本预测、决策结果，并考虑企业经营需要和经营水平编制的，它也是事先成本控制的环

节之一。成本控制必须以成本计划作依据。

4. 成本计划实施

施工项目计划实施即是根据成本计划所作的具体安排,对施工项目的各项费用实施有效控制,不断检查,收集实施信息,并与计划比较,发现偏差,分析原因,采取措施纠正偏差,从而实现成本目标。

5. 成本核算

施工项目成本核算是对施工中各种费用支出和成本的形成进行核算。项目经理部应作为企业的成本中心,加强施工项目成本核算,为成本控制各环节提供必要的资料。成本核算应贯穿于成本管理的全过程。

6. 成本检查

施工项目成本检查是根据核算资料及成本计划实施情况,检查成本计划完成的情况,以评价成本控制水平,并为企业调整与修正成本计划提供依据。

7. 成本分析与考核

施工项目成本分析分为中间成本分析和竣工成本分析,是对成本计划的执行情况和成本状况进行的分析,也是总结经验教训的重要方法和信息积累的关键步骤。成本考核的目的在于通过考察责任成本的完成情况,调动责任者成本管理的积极性。

以上各个环节构成成本管理的 PDCA 循环,每个施工项目在施工成本管理中,不断地进行着大大小小(工程组成部分)的成本管理循环,促使成本管理水平不断提高。

(三)施工项目成本管理的手段

1. 计划管理

计划管理即是用计划的手段对施工项目成本进行管理。施工项目的成本预测和决策为成本计划的编制提供依据。编制成本计划首先要设计降低成本技术组织措施,然后编制降低成本计划,将承包成本额降低而形成计划成本,成为施工过程中的成本管理标准。

2. 预算管理

预算是在施工前根据一定标准(如定额)或要求(如利润)计算的买卖(交易)价格,在市场经济中也可称为估算价格或承包价格。它作为一种收入的最高限额,减去预期利润,便是工程成本(预算成本)数额,也可用以作为成本的控制标准。用预算管理成本可分为两种类型:

一是包干预算,即一次包死预算总额,不论中间有何变化,成本总额不予调整。

二是弹性预算,即先确定包干总额,但可根据工程变更进行洽商,费用作相应的变更。我国目前大部分是弹性预算控制。

3. 会计管理

会计管理,是以会计方法为手段,以记录实际发生的经济业务及证明经济业务发生的合法凭证为依据,对成本支出进行核算与监督,从而发挥成本管理作用。会计控制方法系统性强、严格、具体、计算准确、政策性强,是理想的和必需的成本管理方法。

4. 制度管理

制度是对例行性活动应遵循的方法、程序、要求及标准所作的规定。成本的制度管理就是通过制定成本管理制度,对成本管理做出具体规定,作为行动准则,约束管理人员和工人,达到管理成本的目的。如成本管理责任制度、技术组织措施制度、成本管理制度、定额管理制度、材料管理制度、劳动工资管理制度、固定资产管理制度等，都与成本管理关系非常密切。

在施工项目管理中，上述手段是同时综合使用的，不应孤立地使用某一种成本控制手段。

（四）施工项目成本管理责任

项目经理部是成本管理的中心。首先，项目经理部应成立以项目经理为中心的成本管理体系；其次，应按内部各岗位和作业层进行成本目标分解；再次，应明确各管理人员和作业层的成本责任、权限及相互关系。项目经理部应对施工过程中发生的各种消耗和费用进行责任成本控制，并承担成本风险。

企业对项目经理部的成本管理提供服务。首先应通过"项目管理目标责任书"明确项目经理部应承担的成本责任和风险；其次应为成本管理创造优化配置生产要素和实施动态管理的环境和条件。企业不是项目成本管理的直接责任者，但是企业是项目经理部进行成本管理的支持者。企业的盈利目标有赖于项目成本的降低。

二、施工项目成本预测与计划

施工项目的成本预测与计划是施工项目成本的事前控制，它的任务是通过成本预测估计出施工项目的成本目标，并通过成本计划的编制做出成本控制的安排。因此施工项目成本的预测与计划的目的是提出一个可行的成本管理实施纲领和作业设计。

（一）施工项目成本预测

1. 施工项目成本预测的依据

（1）施工项目成本目标预测的首要依据是施工企业的利润目标对企业降低工程成本的要求。企业根据经营决策提出经营利润目标后，便对企业降低成本提出了总目标。每个施工项目的降低成本率水平应等于或高于企业的总降低成本率水平，以保证降低成本总目标的实现。在此基础上才能确定施工项目的降低成本目标和成本目标。

（2）施工项目的合同价格。施工项目的合同价格是其销售价格，是所能取得的收入总额。施工项目的成本目标就是合同价格与利润目标之差。这个利润目标是企业分配到该项目的降低成本要求。根据目标成本降低额，求出目标成本降低率，再与企业的目标成本降低率进行比较，如果前者等于或大于后者，则目标成本降低额可行，否则，应予调整。

（3）施工项目成本估算（概算或预算）。成本估算（概算或预算）是根据市场价格或定额价格（计划价格）对成本发生的社会水平做出估计，它既是合同价格的基础，又是成本决策的依据，是量入为出的标准。这是最主要的依据。

（4）施工企业同类施工项目的降低成本水平。这个水平，代表了企业的成本管理水平，是该施工项目可能达到的成本水平，可用以与成本管理目标进行比较，从而做出成本目标决策。

2. 施工项目成本预测的程序

第一步，进行施工项目成本估算，确定可以得到补偿的社会平均水平的成本。目前，主要是根据概算定额或工程量清单进行计算。

第二步，根据合同承包价格计算施工项目的承包成本，并与估算成本进行比较。一般承包成本应低于估算成本。如高于估算成本，应对工程索赔和降低成本做出可行性分析。

第三步，根据企业利润目标提出的施工项目降低成本要求，并根据企业同类工程的降低成本水平以及合同承包成本，做出降低成本决策；计算出降低成本率，对降低成本率水平进行评估,在评估的基础上作出决策。

第四步,根据降低成本率决策计算出决策降低成本额和决策施工项目成本额,在此基础上定出项目经理部责任成本额。

(二)施工项目成本计划

1. 成本计划的作用和编制程序

成本计划的作用是:作为成本控制的标准或依据;作为编制其他计划的基础;作为对生产消耗进行控制、分析和考核的依据。

成本计划的编制程序是:企业根据项目施工决策成本确定项目经理部的责任目标成本,通过"项目管理目标责任书"下达给项目经理部;项目经理部通过编制项目管理实施规划对降低成本的途径进行规划;项目经理部编制施工预算,确定计划目标成本;项目经理部对计划目标成本进行分解;项目经理部编制目标成本控制措施表,落实成本控制责任。

2. 责任目标成本

由企业确定的项目经理的责任目标成本是根据合同造价分解出来的。合同造价减去应缴税额、企业的预期经营利润、企业管理费、企业承担的风险费用等,便可把项目经理的责任目标成本剥离出来。在向项目经理下达责任目标成本之前,必须同项目经理进行协商并做出交底,然后才可写进"项目管理目标责任书"中。

3. 施工预算

施工预算实际上是项目经理部的成本计划。该计划的编制依据是责任目标成本、施工方案、本企业的管理水平、消耗定额、作业效率、市场价格信息、类似工程施工经验、招标文件(包括其中的工程量清单)。

施工预算的内容包括分部分项预算书、技术组织措施表和降低成本表。在编制施工预算时应首先设计降低成本的技术组织措施,再计算降低成本费用,最后形成分部分项工程预算书(直接成本)和间接成本预算书。施工预算应得出项目经理部的计划成本和计划成本降低额,这就是项目经理部的计划目标成本,是实现责任目标成本的策划结果,它应当比责任目标成本更积极可靠(更节约)。

4. 计划目标成本分解和责任落实

对计划目标成本分解的要求是:既要按工程部位进行成本分解,为分部分项工程成本核算提供依据,又要按成本项目进行成本分解,为生产要素的成本核算提供依据。

为了落实成本控制责任,项目经理部应编制"目标成本控制措施表"并将各分部分项工程成本控制目标和要求、各成本要素的控制目标和要求,连同控制措施,一并落实到责任者。

5. 降低施工项目成本的技术组织措施设计与降低成本计划

(1)降低成本的措施要从技术方面和组织方面进行全面设计。技术措施要从施工作业所涉及的生产要素方面进行设计,以降低生产消耗为宗旨。组织措施要从经营管理方面,尤其是从施工管理方面进行筹划,以降低固定成本、消灭非生产性损失、提高生产效率和组织管理效果为宗旨。

(2)从费用构成的要素方面考虑,首先应降低材料费用。因为材料费用占工程成本的大部分,降低成本的潜力最大。而降低材料费用首先应抓住关键性的 A 类材料,因为它们的品种少，而所占费用比重大，故不但容易抓住重点，而且易见成效。降低材料费用最有效的措施是改善设计或采用代用材料，它比改进施工工艺更有效，潜力更大。而在降低材料成本措施的设计中，ABC 分类法和价值分析法是有效的科学手段。

（3）降低机械使用费的主要途径是设计出提高机械利用率和机械效率，以充分发挥机械生产能力的措施。因此，科学的机械使用计划和完好的机械状态是必须重视的。随着施工机械化程度的不断提高，降低机械使用费的潜力也越来越大，必须做好施工机械使用的技术经济分析。

（4）降低人工费用的根本途径是提高劳动生产率。提高劳动生产率必须通过提高生产工人的劳动积极性实现。提高工人劳动积极性则与适当的分配制度、激励办法、责任制及思想工作有关。要正确应用行为科学的理论，进行有效的"激励"。

（5）降低成本计划的编制必须以施工组织设计为基础。在施工项目管理实施规划中必须有降低成本措施，施工进度计划所设计的工期，应与成本优化相结合。施工总平面图无论对施工准备费用支出或施工中的经济性都有重大影响。因此，施工项目管理规划既要做出技术和组织设计，也要做出成本设计。只有在施工项目管理实施规划基础上编制的成本计划，才是有可靠基础的、可操作的成本计划，也是考虑缜密的成本计划。

6. 用价值分析法确定降低成本对象

（1）价值分析原理。

价值分析的公式是 $V=F/C$，即功能与成本的比值，要求以最小的成本支出，取得更多的功能。根据公式分析，为使价值大于 1，提高价值的途径有 5 条：

① 功能提高，成本不变；

② 功能不变，成本降低；

③ 功能提高，成本降低；

④ 降低辅助功能，大幅度降低成本；

⑤ 功能大大提高，成本稍有提高。

其中②、③、④条途径也是降低成本的途径。

（2）价值分析的工程对象

价值分析对象的选择原则是：选择价值系数低、降低成本潜力大的工程作为价值分析的对象，寻求对成本的有效降低。故价值分析的对象应以下述内容为重点：

① 选择数量大，应用面广的构配件。

② 选择成本高的工程和构配件。

③ 选择结构复杂的工程和构配件。

④ 选择体积与重量大的工程和构配件。

⑤ 选择对产品功能提高起关键作用的构配件。

⑥ 选择在使用中维修费用高、耗能量大或使用期的总费用较大的工程和构配件。

⑦ 选择畅销产品，以保持优势，提高竞争力。

⑧ 选择在施工（生产）中容易保证质量的工程和构配件。

⑨ 选择施工（生产）难度大、多花费材料和工时的工程和构配件。

⑩ 选择可利用新材料、新设备、新工艺、新结构及在科研上已有先进成果的工程和构配件。

(3) 用价值分析法选择降低成本对象举例

【例 7-3】 为了节省某工程的施工成本，项目经理部将工程划分为挖土和基础工程、地下结构工程、主体结构工程、装饰装修工程，并对其进行功能评分，得出了其预算成本（见表 7-11）。企业在项目管理目标责任书中要求项目经理部降低成本 6%。请用价值分析的方法选择降低成本的对象。

功能评分和预算成本　　　　　　　　　　　　　　　　　　　表 7-11

功能评分	预算成本（万元）	功能评分	预算成本（万元）
9	2475	36	8445
13	4203	100	24463
42	9340		

【解】 将计算的结果列入表 7-12 中，步骤如下：

1）计算分部工程的评价系数、成本系数和价值系数：见表 7-12（1）～（6）列。

2）用价值分析求出降低成本的工程对象和目标：

企业要求的降低成本 6%，价值为 24463×6%＝1467.8 万元，即目标成本为 24463.00－1467.8＝22995.2 万元。

3）按评价系数分配目标成本 22995.2 万元，见表中的第（7）列。第（4）列和第（7）列之差填入第（8）列。

4）从第（8）列可见，降低成本潜力大的是地下结构工程，其降低成本目标是 1213.6 万元，占降低成本总任务的 82.7%，可作为降低成本的首选对象，设计降低成本措施。其次的降低成本对象是挖土和基础工程；再次是装饰装修工程。地上结构工程的目标成本比预算成本为高，故可不考虑降低成本。

价值工程计算表　　　　　　　　　　　　　　　　　　　　　表 7-12

分部工程	功能评分	评价系数	预算成本（万元）	成本系数	价值系数	目标成本	成本降低额（万元）
(1)	(2)	(3)	(4)	(5)	(6)	(7)	(8)
挖土和基础工程	9	0.09	2475	0.10	0.90	2069.6	405.4
地下结构工程	13	0.13	4203	0.17	0.76	2989.4	1213.6
主体结构工程	42	0.42	9340	0.38	1.10	9658.0	－318.0
装饰装修工程	36	0.36	8445	0.35	1.04	8278.2	166.8
合计	100	1.00	24463	100.00		22995.2	1467.8

三、施工项目成本控制运行

（一）控制要求

(1) 坚持增收节支、全面控制、责权利相结合的原则，用目标管理方法进行有效控制。

(2) 做好采购策划，优化配置、合理使用、动态管理生产要素。特别要控制好材料成本。

(3) 加强施工定额管理和施工任务单管理，控制活劳动和物化劳动的消耗。

(4) 加强调度工作，克服可能导致成本增加的各种干扰。

(5) 及时进行索赔，使实际成本支出真实。

(6) 做好月度成本原始资料的收集和整理，正确计算月度成本，分析月度计划成本和实际成本的差异，充分注意不利差异，认真分析有利差异的原因，特别重视盈亏比例异常现象的原因分析，并采取措施尽快消除异常现象。

(7) 在月度成本核算的基础上实行责任成本核算。即利用原有会计核算的资料，重新按责任部门或责任者归集成本费用，每月结算一次，并与责任成本进行对比，由责任者自己采取措施，纠正实际成本与责任成本之间的偏差。

(8) 必须强调对分包工程成本的控制。分包工程成本管理由分包单位自己负责，它也应当编制成本计划并按计划实施。但是分包工程成本影响项目经理部的工程成本，故项目经理部应当协助分包单位进行成本控制，作好服务、监督和考核工作。

(二) 质量成本管理

质量成本是指为达到和保证规定的质量水平所耗费的那些费用。其中包括预防成本、鉴定成本、内部损失成本和外部损失成本。

预防成本是致力于预防故障的费用；鉴定成本是为了确定保持规定质量所进行的试验、检验和验证所支出的费用；内部损失成本是由于交货前因产品或服务没有满足质量要求而造成的费用；外部损失成本是交货后因产品或服务没有满足质量要求而造成的费用。

质量成本控制应抓成本核算，计算各科目的实际发生额，然后进行分析（见表 7-13），根据分析找出的关键因素，采取有效措施加以控制。

质量成本分析表 表 7-13

质量成本项目		金额（元）	质量成本率(%)		对比分析(%)
			占本项	占总额	
预防成本	质量管理工作费	13800	10.37	0.94	预算成本 44175000 元
	质量情报费	8540	6.42	0.58	实际成本 38967650 元
	质量培训费	18750	14.09	1.28	降低成本 5207350 元
	质量技术宣传费	—	—	—	成本降低率 11.79%
	质量管理活动费	91980	69.12	6.28	① $\frac{质量成本}{实际成本}=\frac{1464700}{38967650}\times100\%=3.76\%$
	小　计	133070	100.00	9.08	
鉴定成本	材料检验费	11540	12.82	0.79	② $\frac{质量成本}{预算成本}=\frac{1464700}{44175000}\times100\%=3.32\%$
	工序质量检查费	78510	87.18	5.36	
	小　计	90050	100.00	6.15	③ $\frac{预防成本}{预算成本}=\frac{133070}{44175000}\times100\%=0.30\%$
内部损失成本	返工损失	538230	49.80	36.74	
	返修损失	279990	25.91	19.11	④ $\frac{鉴别成本}{预算成本}=\frac{90050}{44175000}\times100\%=0.21\%$
	事故分析处理费	19560	1.81	1.34	
	停工损失	24880	2.30	1.70	⑤ $\frac{内部损失成本}{预算成本}=\frac{1080790}{44175000}\times100\%=2.45\%$
	质量过剩支出	218130	20.18	14.90	
	技术超前支出费	—	—	—	⑥ $\frac{外部损失成本}{预算成本}=\frac{160790}{44175000}\times100\%=0.36\%$
	小　计	1080790	100.00	73.79	

续表

质量成本项目		金额（元）	质量成本率(%)		对比分析(%)
			占本项	占总额	
外部损失成本	回访修理费	44310	27.56	3.03	
	劣质材料额外支出	116480	72.44	7.95	
	小 计	160790	100.00	10.98	
质量成本支出额		1464700	100.00	100.00	

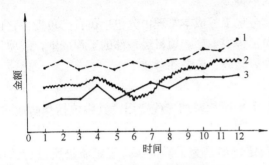

图 7-17 成本控制折线图
注：1—承包成本；2—计划成本；3—实际成本

（三）施工项目成本计划执行情况检查与协调

项目经理部应定期检查成本计划的执行情况，并在检查后及时分析，采取措施，控制成本支出，保证成本计划的实现。

（1）项目经理部应根据承包成本和计划成本，绘制月度成本折线图。在成本计划实施过程中，按月在同一图上打点，形成实际成本折线，如图 7-17 所示。该图不但可以看出成本发展动态，还可用以分析成本偏差。成本偏差有三种：

$$实际偏差＝实际成本－承包成本 \tag{7-14}$$

$$计划偏差＝承包成本－计划成本 \tag{7-15}$$

$$目标偏差＝实际成本－计划成本 \tag{7-16}$$

应尽量减少目标偏差，目标偏差越小，说明控制效果越好。目标偏差为计划偏差与实际偏差之和。

（2）根据成本偏差，用因果分析图分析产生的原因，然后设计纠偏措施，制定对策，协调成本计划。对策要列成对策表，落实执行责任。最后，应对责任的执行情况进行考核。

四、施工项目成本核算

1. 施工项目成本核算制

施工项目成本核算制是施工项目管理的基本制度之一。成本核算是实施成本核算制的关键环节，是搞好成本控制的首要条件。项目经理部应建立成本核算制，明确成本核算的原则、范围、程序、方法、内容、责任及要求。这项制度与项目经理责任制同等重要。

2. 成本核算的基础工作

由于成本核算是一项很复杂的工作，故应当具备一定的基础，除了建立成本核算制以外，主要有以下几项：

（1）建立健全原始记录制度。

（2）制定先进合理的企业成本核算标准（定额）。

（3）建立企业内部结算体制。

（4）对成本核算人员进行培训，使其具备熟练的必要核算技能。

3. 对施工项目成本核算的要求

（1）每一月为一个核算期，在月末进行。

（2）核算对象按单位工程划分，并与责任目标成本的界定范围相一致。

（3）坚持形象进度、施工产值统计、实际成本归集"三同步"。

（4）采取会计核算、统计核算和业务核算"三算结合"的方法。

（5）在核算中做好实际成本与责任目标成本的对比分析、实际成本与计划目标成本的对比分析。

（6）编制月度项目成本报告上报企业，以接受指导、检查和考核。

（7）每月末预测后期成本的变化趋势和状况，制定改善成本管理的措施。

（8）搞好施工产值和实际成本的归集：

1）应按统计人员提供的当月完成工程量的价值及有关规定，扣减各项上缴税费后，作为当期工程结算收入。

2）人工费应按照劳动管理人员提供的用工分析和受益对象进行账务处理，计入工程成本。

3）材料费应根据当月材料消耗和实际价格，计算当期消耗，计入工程成本；周转材料应实行内部租赁制，按照当月使用时间、数量、单价计算，计入工程成本。

4）机械使用费按照项目当月使用台班和单价计入工程成本。

5）措施费应根据有关核算资料进行账务处理，计入工程成本。

6）间接成本应根据现场发生的间接成本项目的有关资料进行账务处理，计入工程成本。

4. 施工项目成本核算信息关系

施工项目成本核算需要的各方面信息见图 7-18。

五、施工项目成本分析与考核

（一）施工项目成本分析

施工项目成本分析是根据会计核算、统计核算和业务核算提供的资料，对项目成本的形成过程和影响成本升降的因素进行分析，寻求进一步降低成本的途径，增强项目成本的透明度和可控性，为实现成本目标创造条件。成本分析的方法有许多种，主要有对比分析法、连环替代法、差额计算法、比率法和挣值法。

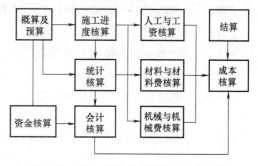

图 7-18 施工项目成本核算信息关系图

1. 对比法

对比法是通过实际完成成本与计划成本或承包成本进行对比，找出差异，分析其原因，以便改进。这种方法简便易行，但应注意使比较的指标所含的内容一致。

2. 因素分析法

因素分析法又可称为连环替代法，可用来分析各种因素对成本形成的影响。

【例 7-4】 某工程的材料成本资料见表 7-14 所示，试用因素分析法分析各因素的影响。

【解】 经计算分析，结果见表 7-15。分析的顺序是：先实物量指标，后货币量指标；先绝对量指标，后相对量指标。

材料成本情况表 表7-14

项目	单位	计划	实际	差异	差异率(%)
工程量	m³	100	110	+10	+10.0
单位材料耗量	kg	320	310	-10	-3.1
材料单价	元/kg	400	420	+20	+5.0
材料成本	元	12800000	14322000	+1522000	+12.0

材料成本影响因素分析法表 表7-15

计算顺序	替换因素	影响成本的变动因素			成本（元）	与前一次之差异（元）	差异原因
		工程量(m³)	单位材料耗量(kg)	单价(元)			
①替换基数		100	320	400	12800000		
②一次替换	工程量	110	320	400	14080000	1280000	工程量增加
③二次替换	单耗量	110	310	400	13640000	-440000	单位耗量节约
④三次替换	单价	110	310	420	14322000	682000	单价提高
合计						1522000	

3. 差额计算法

这是因素分析法的一种简化形式，它利用各因素计划与实际的差额计算其对成本的影响程度。

【例7-5】 按表7-14采用差额计算法进行成本分析。

【解】

(1) 由于工程量增加使成本增加：

$$(110-100) \times 320 \times 400 = 1280000 元$$

(2) 由于单位耗料量节约使成本降低：

$$(310-320) \times 110 \times 400 = -440000 元$$

(3) 由于单价提高使成本增加：

$$(420-400) \times 110 \times 310 = 682000 元$$

4. 比率法

比率法指用两个以上指标的比例进行分析的方法，该法的基本特点是先把对比分析的数值变为相对数，再观察其相互之间的关系。该法所用的比率有三种：

(1) 相关比率。该比率用两个性质不同而又相关的指标加以对比，得出比率，用来考查成本的状况，如成本利润率就是相关比率。

(2) 构成比率。某项费用占项目总成本的比重就是构成比率，可用来考查成本的构成情况，分析量、本、利的关系，为降低成本指明方向。

(3) 动态比率。将同类指标不同时期的成本数值进行对比，就可求得动态比率，包括定比比率和环比比率两类，可用来分析成本的变化方向和变化速度。

5. 挣值法

挣值法主要用来分析成本目标实施与期望之间的差异，是一种偏差分析方法。其分析过程如下：

(1) 明确三个关键中间变量：

第一，项目计划完成工作的预算成本（BCWS）。它是在成本估算阶段就确定的与项目活动时间相关的成本累积值，同成本绩效指标中的累积实际成本（CAC）是相同的含义，相同的数值。在项目的进度时间—预算成本坐标中，随着项目的进展，BCWS 呈 S 状曲线不断增加，直到项目结束，达到最大值。其计算公式为：BCWS＝计划工作量×预算单价。

第二，项目已完工作的实际成本（ACWP）。项目在计划时间内，实际完工投入的成本累积总额。它同样也随着项目的推进而不断增加。

第三，项目已完工作的预算成本（BCWP），即"挣值"。它是项目在计划时间内，实际完成工作量的预算成本总额，也就是说，以项目预算成本为依据，计算出的项目已创造的实际已完工作的计划支付成本。其计算公式为：BCWP＝已完成工作量×该工作量的预算单价。

(2) 明确两种偏差的计算：

第一，项目成本偏差 CV。其计算公式为：

$$CV = BCWP - ACWP \tag{7-17}$$

这个指标的含义为已完成工作量的预算成本与实际成本之间的绝对差异。当 CV 大于零时，表明项目实施处于节支状态，完成同样工作所花费的实际成本少于预算成本；当 CV 小于零时，表明项目处于超支状态，完成同样工作所花费的实际成本多于预算成本。

第二，项目进度偏差 SV。其计算公式为：

$$SV = BCWP - BCWS \tag{7-18}$$

这个指标的含义是截止到某一时点，实际已完成工作的预算成本同截止到该时点计划完成工作的预算成本之间的绝对差异。当 SV 大于零时，表明项目实施超过计划进度；当 SV 小于零时，表明项目实施落后于计划进度。

(3) 明确两个指数变量

第一，进度绩效指数 SCI。其计算公式为：

$$SCI = BCWP/BCWS \tag{7-19}$$

这个指标的含义为以截止到某一时点的预算成本的完成量为衡量标准，计算在该时点之前项目已完工作量占计划应完工作量的比例。当 SCI 大于 1 时，表明项目实际完成的工作量超过计划工作量；当 SCI 小于 1 时，表明项目实际完成的工作量少于计划工作量。

第二，成本绩效指数 CPI。其计算公式为：

$$CPI = ACWP/BCWP \tag{7-20}$$

这个指标的含义为已完工作实际所花费的成本是已完工作计划花费的预算成本的多少倍。即用来衡量资金的使用效率。当 CPI 大于 1 时，表明实际成本多于计划成本，资金使用效率较低；当 CPI 小于 1 时，表明实际成本少于计划成本，资金使用效率较高。

(4) 举例

【例 7-6】 某项目计划工期为 4 年，预算总成本为 800 万元。在项目的实施过程中，通过对成本的核算和有关成本与进度的记录得知，在开工后第二年年末的实际情况是：开工后两年末实际成本发生额为 200 万元，所完成工作的计划预算成本额为 100 万元。与项目预算成本比较可知：当工期过半时，项目的计划成本发生额应该为 400 万元。试分析项目的成本执行情况和进度情况，如图 7-19 所示。

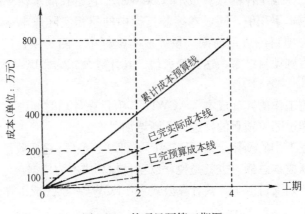

图 7-19　某项目预算工期图

【解】

（1）项目进行到两年时，使用挣值法所需的 3 个中间变量的数值分别为：

项目计划完成工作的预算成本（BCWS）＝400 万元

项目已完工作的实际成本（ACWP）＝200 万元

项目已完工作的预算成本（BCWP）＝100 万元

项目成本差异 CV＝BCWP－ACWP＝100 万元－200 万元＝－100 万元

项目进度差异 SV＝BCWP－BCWS＝100 万元－400 万元＝－300 万元

进度绩效指数 SCI＝BCWP/BCWS＝100/400＝25％

成本绩效指数 CPI＝ACWP/BCWP＝200/100＝200％

（2）项目成本差异为负，表明项目已完工作的实际支付成本超过计划预算成本，项目处于超支状态，超支额为 100 万元。

项目进度差异为负，表明在项目实施的前两年里项目的预算成本没有足额完成，项目实际施工进度落后于计划进度，落后额为 300 万元。

1）进度绩效指数小于 1，表明计划进度的实际完成程度只有 25％，在项目实施的两年时间里只完成了计划工作量的 25％，即对应的是 0.5 年工期的计划完工量。

2）成本绩效指数大于 2，表明同样的工作量实际发生的成本是预算成本的 2 倍。

（3）结论

虽然开工后第 2 年年末，项目实际成本发生额小于计划成本发生额 200 万元，但这不是由于节约了项目施工成本而导致的，而是因为项目实际施工进度少于计划进度 1.5 年，实际完成的工作量仅为相同工期计划完成工作量的 25％而导致的。项目不但没有节约成本，而且已完工作的实际成本还比计划预算成本多支出了 100 万元。如果不采取任何纠正措施，照此按线性规律发展下去，那么到第 4 年末的时候项目仅能完成全部工作量的 25％，而且对所完成的 25％的工作量，还会出现 200 万元的成本超支。

（二）成本考核

（1）施工项目成本考核的目的是通过衡量项目成本降低的实际成果，对成本指标完成情况进行总结和评价。

(2) 施工项目成本考核应分层进行：企业对项目经理部进行成本管理考核；项目经理部对项目内部各岗位及各作业队进行成本管理考核。

(3) 施工项目成本考核的内容是：既要对计划目标成本的完成情况进行考核，又要对成本管理工作业绩进行考核。

(4) 施工项目成本考核的要求：

1) 企业对项目经理部进行考核时，以责任目标成本为依据；

2) 项目经理部以控制过程为考核重点；

3) 成本考核要与进度、质量、安全指标的完成情况相联系；

4) 应形成考核文件，为对责任人进行奖罚提供依据。

第六节 施工项目风险管理

一、施工项目中的风险

（一）风险的概念

风险指可以通过分析，预测其发生概率、后果很可能造成损失的未来不确定性因素。风险包括三个基本要素：一是风险因素的存在性；二是风险因素导致风险事件的不确定性；三是风险发生后其产生损失量的不确定性。

项目的一次性使其不确定性要比其他经济活动大得多；而施工项目由于其特殊性，比其他项目的风险又大得多，使得它成为最突出的风险事业之一，因此风险管理的任务是很重的。根据风险产生原因的不同，可以将施工项目的风险因素进行分类，见表7-16所示。

风险因素分类表　　　　　　　　　　　　表7-16

风险分类		风险因素
技术风险	设计	设计内容不全，缺陷设计、错误和遗漏、规范不恰当，未考虑地质条件，未考虑施工可能性等
	施工	施工工艺的落后，不合理的施工技术和方案，施工安全措施不当，应用新技术新方案的失败，未考虑现场情况等
	其他	工艺设计未达到先进性指标，工艺流程不合理，未考虑操作安全性等
非技术风险	自然与环境	洪水、地震、火灾、台风、雷电等不可抗拒自然力，不明的水文气象条件，复杂的工程地质条件，恶劣的气候，施工对环境的影响等
	政治法律	法律及规章的变化，战争和骚乱、罢工、经济制裁或禁运等
	经济	通货膨胀，汇率的变动，市场的动荡，社会各种摊派和征费的变化等
	组织协调	业主和上级主管部门的协调不善，业主和设计方、施工方以及监理方的协调不当，业主内部的组织协调不周等
	合同	合同条款遗漏，表达有误，合同类型选择不当，承发包模式选择不当，索赔管理不力，合同纠纷等
	人员	业主人员、设计人员、监理人员、一般工人、技术员、管理人员的素质（能力、效率、责任心、品德）不高等
	材料	原材料、成品、半成品的供货不足或拖延，数量差错质量规格有问题，特殊材料和新材料的使用有问题，损耗和浪费等
	设备	施工设备供应不足，类型不配套，故障，安装失误、选型不当
	资金	资金筹措方式不合理，资金不到位，资金短缺

(二) 风险产生的原因及风险成本

1. 风险产生的原因

首要的原因是说明或结构的不确定性，即人们由于认识不足，不能清楚地描述和说明项目的目的、内容、范围、组成、性质以及项目同环境之间的关系。风险的未来性使这项原因成为最主要的原因。

二是计量的不确定性，即由于缺少必要的信息、尺度或准则而产生的项目变数数值大小的不确定性。因为在确定项目变数数值时，人们有时难以获取有关的准确数据，甚至难以确定采用何种计量尺度或准则。

三是事件后果的不确定性，即人们无法确认事件的预期结果及其发生的概率。

总之，风险产生的原因既由于项目外部环境的千变万化难以预料周详，又由于项目本身的复杂性，还源于人的认识和预测能力的局限性。

2. 风险成本

风险事件造成的损失或减少的收益，以及为防止风险事故发生而采取预防措施而支付的费用，均构成风险成本。风险成本包括有形成本、无形成本及预防与控制费用。

有形风险成本指风险事件造成的直接损失和间接损失。直接损失指财产损毁和人员伤亡的价值，如洪水冲走的材料损失及导致的人员伤亡费用等；间接损失指直接损失之外由于为减少直接损失或由直接损失导致的费用支出，如产生火险后灭火、停工等发生的费用支出。

无形风险成本指项目主体在风险事件发生前后付出的非物质和费用方面的代价，包括信誉损失、生产效率的损失以及资源重新配置而产生的损失。

风险预防及控制的费用是指预防和控制风险损失而采取的各种措施的支出，包括措施费，投保费，咨询费，培训费，工具设备维护费，地基、堤坝加固费等。

认真研究和计算风险成本是有意义的。当风险的不利后果超过为项目风险管理而付出的代价时，就有进行风险管理的必要。

二、施工项目风险管理

风险管理是识别风险，度量和评价风险，制定、选择和实施风险处理方案，从而达到风险控制目的的过程，见图7-20。

(一) 与风险管理有关的过程

按"GB/T 19016—2005/ISO 10006：2003"《质量管理体系——项目管理质量指南》的规定，项目风险是指与项目过程有关的和与项目产品有关的两个方面的风险。与风险管理有关的过程有4个：

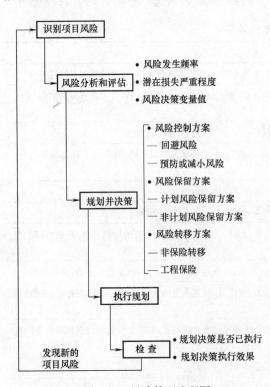

图7-20 风险管理流程图

(1) 风险识别。

(2) 风险评定。

(3) 风险处理。

(4) 风险控制。

以上过程就是风险管理的 4 个重要过程，见图 7-20。

(二) 风险识别

1. 风险识别的质量要求

GB/T 19016—2005 对风险识别的质量要求如下：

(1) 应识别项目过程和项目产品的风险以及确定风险何时超出接受极限的方法。为此，应使用以前的经验和历史资料。

(2) 在立项、进展评价以及做出重大决定的偶然事件时，应进行风险识别。

(3) 风险识别不应仅考虑成本、时间和产品方面，还应考虑保密、可信性、职业责任、信息、技术、安全性、健康和环境以及当前法律或法规要求，更应指出不同风险需求之间的相互影响。应识别关键技术和新技术。

(4) 应安排一名具备相应职责、权限的人员来管理一个经识别具有重要影响的风险，并为其配备相应的资源。

2. 风险识别活动

应从项目管理的目标出发，通过风险调查、数据整理、信息分析、专家咨询及实验论证等手段，对项目风险进行多维预测，从而全面认识风险，形成风险清单。风险识别程序见图 7-21。

从图 7-21 可见，风险识别是项目过程中不断进行的过程。风险识别的结果是形成风险清单，而风险清单中应列明编码、因素、事件和结果。它是风险管理其他过程的前提并影响风险管理的质量。

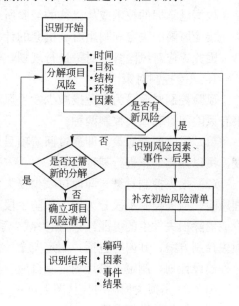

图 7-21 风险识别程序

(三) 风险评定

风险评定是对已识别的项目过程和项目产品的风险进行分析与评价的过程，它包括的内容是：确定风险事件发生的概率，对项目目标影响的严重程度，如经济损失量、工期迟延量等；确定项目总周期内对风险事件实际发生的经验、预测力及发生后的处理能力；评价所有风险的潜在影响，得到项目的风险决策变量值，作为项目决策的重要依据。

风险分析与评价的过程如图 7-22 所示。

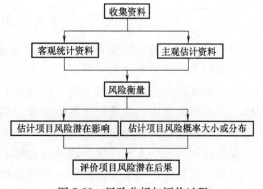

图 7-22 风险分析与评价过程

每一项风险都可用其出现的概率和潜在的损失值衡量。亦可借助于风险坐标进行分析，如图7-23所示，坐标上的九个格分别表示不同的风险量。

图7-22中，Ⅰ—可忽略风险；Ⅱ—可容许风险；Ⅲ—中度风险；Ⅳ—重大风险；Ⅴ—不容许风险。风险量化的方法很多，最常用的方法是求出风险期望值：

图7-23 风险坐标

$$R = P \cdot q \quad (7-21)$$

式中 R——风险期望值；
P——风险事件发生的概率；
q——潜在的损失值。

（四）风险处理

根据已掌握的技术或从以往的经验所获得的资料，可提出消除、缓和、转移风险的方法、接受风险的决定和利用有利机会的计划，从而避免产生新的风险。

因此，应对风险管理对策进行规划，该规划可从三方面制订方案。

1. 风险控制对策

风险控制对策是为避免或减少发生风险的可能性及各种潜在损失的对策。风险控制对策有风险回避和损失控制两种。

（1）风险回避对策。即通过回避项目风险因素而使潜在损失不发生。它通常是一种制度，用以强制禁止进行某种活动。

（2）损失控制对策。即通过减少损失发生的机会或通过降低所发生损失的严重性来处理风险。损失控制手段分为损失预防手段和损失减少手段两种。"损失预防手段"旨在减少或消除损失发生的可能性；"损失减少手段"是降低损失的潜在严重性。两者的组合是损失控制方案，其内容包括：制定安全计划，评估及监控有关系统及安全装置，重复检查工程建设计划，制定灾难计划，制订应急计划等。

图7-24是损失控制图。从图上可见，"安全计划"、"灾难计划"和"应急计划"是损失控制计划的关键组成部分。

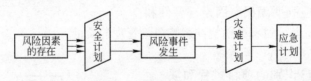

图7-24 损失控制图

损失控制计划的编制要点是：各部门配合编制；计划要列出所有影响项目实施的事件，明确各类人员的责任和义务。制订计划时应考虑：某种风险事件发生可能产生的后果，能采取哪些措施，该事件发生时应由哪个部门负责；应列入包括模拟训练的人员培训内容；应设立检查人员定期检查各项计划的实施情况。安全计划应包括一般性安全要求，特殊设备运转规程，各种保护措施。

灾难计划为现场人员提供明确的行动指南，以处理各种紧急事件。

应急计划是对付损失造成的局面的措施和职责。

表7-17是风险控制策划表。

风险控制策划表		表 7-17
风 险	措 施	
Ⅰ可忽略的	不采取措施,不必保存文件记录	
Ⅱ可容许的	不需要另外的控制措施,应考虑投资效果更佳的解决方案或不增加额外成本的改进措施,需要监视来确保控制措施得以维持	
Ⅲ中度的	应努力降低风险,但应仔细测定并限定预防成本,并在规定的时间期限内实施降低风险的措施。在中度风险与严重伤害后果相关的场合,必须进一步地评价,以更准确地确定伤害的可能性,以确定是否需要改进控制措施	
Ⅳ重大的	直至风险降低后才能开始工作。为降低风险,有时必须配给大量的资源。当风险涉及正在进行中的工作时,就应采取应急措施	
Ⅴ不容许的	只有当风险已经降低时,才能开始或继续工作。如果无限地资源投入也不能降低风险,就必须禁止工作	

2. 风险自留对策

风险自留是一种重要的财务性管理技术,由自己承担因风险所造成的损失。风险自留对策有两种,即非计划性风险自留和计划性风险自留。

(1) 非计划性风险自留。当风险管理人员没有认识到项目风险的存在因而没有处理项目风险的准备时,风险自留是非计划性的,且是被动的。应通过减少风险识别失误和风险分析失误而避免这种风险自留。

(2) 计划性风险自留。计划性风险自留是指风险管理人员有意识地、不断地降低风险的潜在损失。

3. 风险转移对策

(1) 合同转移。是指用合同规定双方的风险责任,从而将活动本身转移给对方以减少自身的损失。因此合同中应包含责任和风险两大要素。承包人合同转移的对象是发包人、供应人和分包人。

(2) 工程保险。是项目风险管理的最重要的转移技术,目的在于把项目进行中发生的大部分风险作为保险对策,以减轻与项目实施有关方的损失负担和可能由此而产生的纠纷。付出了保险费,却提高了损失控制效率,并能在损失发生后得到补偿。工程保险的目标是最优的工程保险费和最理想的保障。应通过保险合同投保。

(五) 风险控制

在整个项目过程中,应通过风险识别、风险评定和风险处理的反复过程对风险进行控制。项目管理中应考虑到风险的存在性,并鼓励人们预测和识别其风险,及时报告。应急计划应保持可用状态。应对风险情况进行监控,检查风险管理方案的实施情况,用实践效果评价风险管理决策效果。要确定在条件变化时的风险处理方案,检查是否有被遗漏的风险。对新发现的风险因素应及时提出对策。总之,在风险控制过程要抓检查、抓调整。还要及时编写风险报告,作为风险控制进展评价的一部分。

第七节　施工项目沟通管理与组织协调

一、施工项目沟通管理

(一) 施工项目沟通管理概述

1. 沟通管理的内涵

沟通就是信息的交流。项目沟通管理就是确保通过正式的结构和步骤，及时、适当地对项目信息进行收集、分发、储存和处理，并对非正式的沟通网络进行必要的控制，以利于项目目标的实现。

项目利益相关者之间良好有效的沟通是组织效率的切实保证，而管理者与被管理者之间的有效沟通是管理艺术的精髓。

2. 项目管理沟通的类型

沟通管理按照信息流向的不同，可分为下向沟通，上向沟通，平行沟通，外向沟通，单向沟通，双向沟通（见图 7-25）；按沟通的方法不同，可分为正式沟通，非正式沟通，书面沟通，口头沟通，言语沟通，体语沟通；按沟通渠道的不同可分为链式沟通，轮式沟通，环式沟通，Y 式沟通，全通道式沟通（见图 7-26）。现简述如下：

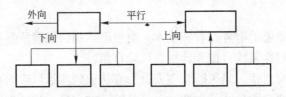

图 7-25　按信息流向区分的沟通方式

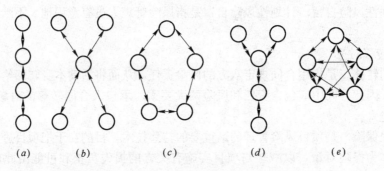

图 7-26　沟通渠道

(a) 链式；(b) 轮式；(c) 环式；(d) Y 式；(e) 全通道式

（1）正式沟通是制度规定的沟通方法，如命令、指示、文件、正式会议、法令、手册、简报、通知、公告等，以及上下级之间、同事之间的正式接触。其优点是沟通效果好严肃，有约束力，易于保密。缺点是沟通速度慢。

（2）非正式沟通是在正式沟通之外进行的信息传递与交流，如员工之间的私下交谈、小道消息等。它以社会关系为基础，超越了单位、部门及层次。其优点是沟通方便、速度快，可提供一些正式沟通难以提供的信息。其缺点是容易产生失真的信息，且产生与组织愿望违背的效果。

（3）上行沟通是指下级意见向上级反映。它有利于项目经理掌握情况。

（4）下行沟通是上级向下级提供信息，一般是以命令或指示的方式传达。其优点是有利于集中领导。

（5）平行沟通指组织中平行部门之间的信息交流。

(6) 单向沟通指一方只发送信息，另一方只接受信息，不需要信息反馈。

(7) 双向沟通指信息发送者和接受者之间的位置不断交换，如交谈、谈判。其优点是沟通信息准确性较高，信息接受者有反馈信息的机会。但是沟通速度较慢。

(8) 书面沟通指用文件形式进行的信息交流。其优点是可长期保存、反复查阅、沟通正式而严肃。

(9) 口头沟通：优点是传递消息较为准确，沟通比较灵活，速度快。

(10) 链式沟通：逐级传递信息，传递快，易失真。

(11) 轮式沟通：领导是信息中心，集中化程度高，沟通渠道少，成员满意率低。

(12) 环式沟通：主管人员与低层人员联系，上下层联系。能提高群体成员的士气。

(13) Y式沟通：链式和轮式的组合。集中化程度高，解决问题快，成员满意程度低。

(14) 全通道式：开放式的沟通，利于建立民主气氛和合作精神。

五种沟通的比较见表7-18。

五种沟通渠道的比较　　　　表7-18

沟通渠道	速度	信息精确度	组织化	领导人的产生	士气	工作变化弹性
链式	较快	较高	慢、稳定	较显著	低	慢
轮式	快	高	迅速、稳定	较显著	低	慢
环式	慢	低	不易	不发生	高	快
全通道式	最慢	最高	最慢、稳定	不发生	最高	最快
Y式	较快	较低	不一定	会易位	不一定	较快

3. 网络沟通

(1) 网络沟通的优势。

网络沟通可大大降低沟通成本，使沟通主体直观化，极大地缩小了信息存储空间，工作便利，安全性好，跨平台，容易集成。

(2) 网络沟通的方式。

网络沟通的方式包括：基于网络的信息处理平台；数据通信网络；互联网；基于互联网的项目专用网站（PSWS）；电子邮件；基于互联网的项目信息门户（PIP）。

4. 沟通在施工项目管理中的作用

项目经理最重要的工作之一就是沟通。通常花在这方面的时间应该占到全部工作的75%以上。沟通在施工项目管理中的作用如下：

(1) 激励——良好的组织沟通，可以起到振奋员工士气，提高工作效率的作用。

(2) 创新——在有效的沟通中，沟通者互相讨论，启发共同思考，探索，往往能迸发创新的火花。

(3) 交流——沟通的一个重要职能就是交流信息，例如，在一个具体的工程项目中，业主、设计方、施工方、监理方要通过定期经常的例会，以便各部门达成共识，更好的推进项目的进展。

(4) 联系——项目主管可通过信息沟通了解业主的需要，设备方的供应能力及其他外部环境信息。

(5) 信息分发——在信息社会中，获得信息的能力和对信息占有的数量及质量对于规避风险，管好项目是不可替代的。有不少项目缺乏效率甚至失败，就是因为没有很好地管理项目的信息资源。所谓信息分发，就是把有效信息及时准确地分发给项目的利益相关者。

(二) 施工项目沟通管理过程

在一个比较完整的沟通管理体系中，应该包含以下几个过程：沟通计划编制；信息分发；绩效报告；管理收尾。

1. 施工项目沟通计划

(1) 施工项目沟通计划的重要性。施工项目沟通计划是施工项目整体计划中的一部分，它的作用非常重要，但是也常常容易被忽视。沟通计划决定项目利益相关者的信息沟通需求：谁需要什么信息，什么时候需要，怎样获得。项目经理就位后的第一件事就是检查整个项目的沟通计划，因为在沟通计划中描述了项目信息的收集和归档结构、信息的发布方式、信息的内容、每类沟通产生的进度计划、约定的沟通方式等。只有把这些理解透彻，才能把握好沟通，在此基础之上熟悉项目的其他情况。很多项目中没有完整的沟通计划，导致沟通非常混乱。完全依靠客户关系或以前的项目经验，或者说完全靠项目经理个人能力的高低，对有的项目沟通也还有效；然而，严格说来，一种高效的体系不应该只在大脑中存在，落实到规范的计划编制中是很有必要的。在项目初始阶段应该编制沟通计划。在编制项目沟通计划时，最重要的是理解组织结构和做好项目利益相关者分析。

(2) 沟通计划的内容。

1) 详细说明不同类别信息的生成、收集和归档方式，以及对先前发布材料的更新和纠正程序。

2) 详细说明信息（状态报告、数据、进度计划、技术文档等）流程及其相应的发布方式。

3) 信息描述，如格式、内容、详细程度以及应采取的准则。

4) 沟通类型表。

5) 各种沟通类型之间的信息获取方式。

6) 随着项目的进展，更新和细化沟通管理计划的程序。

(3) 施工项目沟通计划编制的依据。

施工项目沟通计划编制的依据包括沟通要求、沟通技术、制约因素和假设。

1) 沟通要求。沟通要求是项目参加者的信息要求总和。项目沟通要求的信息一般包括：项目组织和各利益相关者之间的关系；该项目涉及的技术知识；项目本身的特点决定的信息特点；与项目组织外部的联系等。

2) 沟通技术。沟通技术即传递信息所使用的技术和方法。技术和方法很多，如何选择才能有效地、快捷地传递信息，取决于下列因素：对信息要求的紧迫程度，技术的取得性，预期的项目环境等。

3) 制约因素和假设。制约因素和假设是限制项目管理班子选择计划方案的因素，具有预测性，因此带有主观性，并使计划具有一定的不可预见因素。

4) 沟通计划编制的结果

沟通计划编制的结果包括：项目利益相关者分析结果，沟通计划文件。

2. 施工项目沟通管理要素

沟通过程就是发送者将信息通过选定的渠道传递给接收者的过程，沟通过程主要由以下六个要素构成：发送者；通道；接收者；信息反馈；障碍源；背景。如图 7-27 所示。

3. 沟通的技术方法

沟通可选择的方法众多，包括：会议与个别交流，指示与汇报，书面与口头内部刊物与宣传广告，意见箱与投诉站，技术方法等。其中技术方法包括：谈判，现代信息技术工具，执行情况报告及审查，偏差分析和趋势预测，语言。

4. 施工项目信息管理

（1）项目的信息管理是指有效的、有序的、有组织的对项目全过程的信息资源进行管理，这些信息资源包括项目整个生命期内不断产生的文件、报告、合同、照片、图纸、录像等。

（2）每个项目参与方既是项目信息的供方（源头），也是项目信息的需方（用户），每个项目参与方由于其在项目生命期中所处的阶段与工作不同，相应的项目管理信息系统的结构和功能会有所不同。

（3）项目信息管理系统（Management Information System）是针对项目信息管理构建的一系列的信息管理构架。一般包括：项目进度信息管理系统、项目造价信息管理系统、项目质量信息管理系统、项目安全信息管理系统、项目合同信息管理系统、项目财务信息管理系统、项目物资信息管理系统、项目图（文）档案信息管理系统、项目办公与决策信息管理系统等 9 大管理系统。如图 7-28 所示。

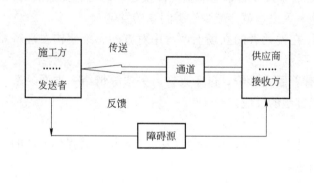

图 7-27 沟通要素案例

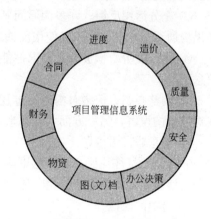

图 7-28 项目信息管理系统框架

（4）信息分发

1）信息分发就是把收集到的信息及时地传递到信息需求者手中。

2）信息分发以项目计划的工作结果、沟通管理计划及项目计划为依据。

3）信息分发方式如下：

① 通过项目利益相关者之间的沟通来实现信息交换。

② 通过信息检索系统使项目组成员能以各种方式共享信息。

③ 以各种信息分发方式诸如项目会议、拷贝文档分配、传真等实现并且最终形成项目记录、项目报告和项目说明。

④ 专人负责信息的分发。

⑤ 通过通讯方式分发信息。
⑥ 会议方式。

（三）沟通控制

沟通控制即是执行沟通计划，采取措施克服沟通障碍，解决冲突成功沟通，保证目标实现的过程。

1. 施工项目沟通障碍和沟通技巧

（1）施工项目沟通障碍

沟通障碍导致信息没有到达目的地，或使另一方产生误解，是导致项目失败的重要原因。

1) 沟通有两条关键原则，即尽早沟通和主动沟通。

2) 保持畅通的沟通渠道。如果要想最大程度保障沟通顺畅，就要当信息在媒介中传播时尽力避免各种干扰，使得信息在传递中保持原始状态。信息发送出去并接收到之后，双方必须对理解情况做检查和反馈，确保沟通的正确性。

3) 越过沟通障碍的方法

① 系统思考，充分准备。在进行沟通之前，信息发送者必须对其要传递的信息有详尽准备，并据此选择适宜的沟通通道、场所等。

② 沟通要因人制宜。信息发送者必须充分考虑接收者的心理特征、知识背景等状况，依次调整自己的谈话方式。

③ 充分运用反馈。许多沟通问题是由于接收者未能准确把握发送者的意思而造成的，如果沟通双方在沟通中积极使用反馈这一手段，就会减少这类问题的发生。

④ 积极倾听。积极倾听要求你能站在说话者的立场上，运用对方的思维架构去理解信息。

⑤ 调整心态。情绪对沟通的过程有着巨大影响，过于兴奋、失望等情绪一方面易造成对信息的误解，另一方面，也易造成过激的反应。

⑥ 注意非言语信息

非言语信息往往比言语信息更能打动人。因此，如果你是发送者，必须确保你发出的非语言信息能强化语言的作用。体语沟通非常重要。

⑦ 组织沟通检查

组织沟通检查是指检查沟通政策，沟通网络以及沟通活动的一种方法。这一方法把组织沟通看成实现组织目标的一种手段，而不是为沟通而沟通。

（2）施工项目沟通技巧

1) 项目管理者应有的素质。

一个成功的项目管理者在沟通时应具有的基本沟通素质：

① 能简明扼要的说明任务的性质。
② 应告知员工去做什么，如何去做。
③ 会鼓励员工圆满完成任务。
④ 能与员工建立和谐关系。
⑤ 能与员工一起探讨问题，并听取他们的意见。
⑥ 能有效地分配职责，并了解职员应该向你提出的问题。

⑦ 作为领导，恰当地解释在特定环境中你的失常行为。

2) 施工项目冲突管理。

① 施工项目冲突管理的目的就是引导冲突的结果向积极的、协作的、非破坏性的方向发展。项目进程中各种冲突源的平均强度见图 7-29 所示；项目生命期冲突分布情况如图 7-30 所示。

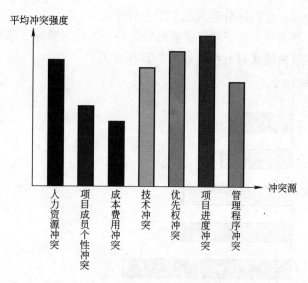

图 7-29 项目进程中各种冲突源的平均强度

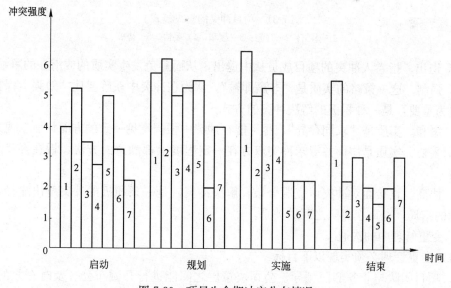

图 7-30 项目生命期冲突分布情况

A. 项目进度冲突：项目工作任务（或活动）的完成次序及所需时间的冲突。

B. 优先权冲突：项目参加者因对现实项目目标应该执行的工作活动和任务的次序关系意见不同而产生的冲突。

C. 人力资源冲突：由于来自不同职能部门而引发的有关项目团队成员支配问题等用人方面的冲突。

D. 技术冲突：在技术质量、技术性能要求、技术权衡以及实现性能的手段等技术问题上产生的冲突。

E. 管理程序冲突：围绕项目管理问题而产生的冲突。包括项目经理的报告关系界定、责任界定、项目工作范围、运行要求、实施计划、与其他组织协商的工作协议以及管理支持程序等方面。

F. 成本费用冲突：在费用分配问题上产生的冲突。

G. 项目成员个性冲突：由于项目成员的价值观、事物判断标准等不同而产生的冲突。

② 冲突的基本解决模式有五种（如图 7-31 所示）。

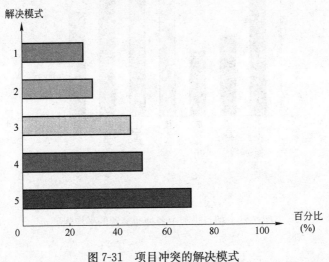

图 7-31 项目冲突的解决模式
1—退出；2—强制；3—缓和；4—妥协；5—协商

A. 退出。指卷入冲突的项目成员从中退出，从而避免发生实质的或潜在的争端。

B. 强制。这一策略的实质是"非赢即输"，认为在冲突中获胜要比"勉强"保持人际关系更为重要，是一种积极的解决冲突的方式。

C. 缓和。实质是"求同存异"，尽可能在冲突中强调意见一致的方面，而忽视差异。

D. 妥协。实质是协商并寻求冲突双方在一定程度上都满意的方法，旨在寻找一种折中方案。

E. 协商。直接面对冲突以克服分歧，解决冲突。是一条积极的冲突解决途径，既正视问题的结局，也重视团队之间的关系。

2. 变更管理中的沟通

（1）变更管理必须实现以下目标：

1) 项目团队与业务部门领导、公司决策层之间能进行开诚布公、及时有效的沟通，从而获得他们的支持、参与推动。

2) 项目团队内部能进行清楚高效的沟通，以保证项目团队成员的工作能协调一致，按时、保质、保量完成预期的交付成果，并得到认同和提升。

3) 所有员工都应理解项目实施的原因、意义及其对整个组织及组织内部每个功能、地域的影响。

4) 广大员工能看到公司高层领导通过实际行动所表现出来的对于项目实施的支持与

承诺。

5）保证组织合理安排员工的工作职责和角色转换，以及可能发生的组织结构调整。

6）对系统相关的最终用户进行教育与培训，使其以积极主动的心态迎接可能的变更，并具有相应的技能来适应这种变更。

7）加强内外部的宣传与沟通，为项目顺利推进营造一种适宜的组织氛围。

（2）变更管理工作的核心就是沟通。变更沟通必须做到：

1）培养用户对项目的价值与战略重要性的认同感。

2）保持信息的一致性与重复性，因为在长期变更中最容易受到影响的就是信息的清晰性。

3）通过行动的一致性来建立信任。

4）形成双向交流，就信息源所提出的问题及其回答给予回应。

5）了解不同的对象会有不同的需求、兴趣及理解事物的倾向性。

6）增强项目进度的透明度，确保包括各相关业务部门在内的各方了解项目的进展。

二、施工项目组织协调

1. 组织协调的概念

组织协调指以一定的组织形式、手段和方法，对项目中产生的关系不畅进行疏通，对产生的干扰和障碍予以排除的活动。

项目中之所以产生关系不畅就是因为有干扰。施工项目中的干扰来自多个方面：

（1）人为的干扰因素

人为的干扰因素主要包括：决策失误、计划不周、指挥不当、控制协调不力、责任不清、行为有误等。总之，人是管理的主体，人为的干扰是最主要的干扰。

（2）材料的干扰因素

材料的干扰因素主要包括：供应不及时，供应品种、规格、数量、质量不合乎要求，价格不合理，材料试验中出现问题，材料使用不当等。构件等预制品也可能发生类似材料的问题。

（3）机械设备干扰因素

机械设备干扰因素主要包括：选用决策不当，供应不及时，操作中出现问题，机械故障，维修不当，利用率低，效率发挥不好，更新不及时，取费不合理等。周转材料和工具产生的干扰与机械设备类似。

（4）工艺及技术干扰因素

工艺及技术方面的干扰因素主要包括：施工方案设计不周或没有优选，对施工方案实施不力，工艺方法选用和使用不当，在操作中出现问题，执行技术标准、工艺规程不力，检查不及时，管理点没有设计或没有执行好。

（5）资金干扰因素

资金干扰因素一般是资金不到位，其中又包括时间不及时和数量不足，也有在结算、索赔中发生矛盾影响施工的。

（6）环境干扰因素

环境因素的干扰极为复杂而多变。一是技术环境，如地质、水文、气象等；二是工程管理环境，如质量体系、管理制度不合要求等；三是劳动环境，如劳动组合不优，劳动工具不足或使用不便，工作面狭窄；四是社会环境，如环保、环卫、交通、治安、绿化、文物保护等的干扰；另外还有行政环境、政治环境方面的干扰等。

对干扰因素的排除，只能通过认真分析、研究，采取有针对性的措施，并加以实施使之成功，才能见效，这就是协调的作用。

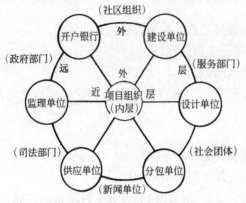

图7-32 项目协调管理的范围

2. 组织协调的范围

组织协调范围包括内部关系的协调、近外层关系的协调和远外层关系的协调，见图7-32。

(1) 内部关系包括项目经理部内部关系、项目经理部与企业的关系，项目经理部与作业层的关系。

(2) 近外层关系（图7-32中外层圈）是与承包人有直接的或间接合同的关系，包括与发包人、监理工程师、设计人、供应人、分包人、贷款人、保险人等的关系。近外层关系的协调应作为项目管理组织协调的重点。

(3) 远外层关系（图7-32中各近外层单位之间）是与承包人虽无直接或间接合同关系，但却有着法律、法规和社会公德等约束的关系，包括承包人与政府、环保、交通、环卫、绿化、文物、消防、公安、新闻、司法、社区等单位的关系。

3. 组织协调的内容

组织协调的内容包括人际关系、组织关系、供求关系、协作配合关系和约束关系等。

(1) 人际关系的协调，包括施工项目组织内部人际关系的协调和施工项目组织与关联单位的人际关系协调。

施工项目组织内部人际关系是指项目经理部各成员之间、项目经理部成员与班组之间、班组相互之间的人员工作关系的总称。

施工项目组织与关联单位的人际关系是指项目组织成员与企业管理层管理人员和职能部门成员、近外层关系单位工作人员、远外层关系单位工作人员之间的工作关系的总称。

(2) 组织关系协调主要是对施工项目组织内部各部门之间工作关系的协调，具体包括各部门之间的合理分工和有效协作。分工和协作同等重要，合理的分工能保证任务之间的平衡匹配，有效协作既避免了相互之间利益分割，又提高了工作效率。

(3) 供求关系的协调主要是保证项目实施过程中所发生的人力、材料、机械设备、技术、资金、信息等生产要素供应的优质、优价和适时、适量，避免相互之间的矛盾、保证项目目标的实现。

(4) 协作配合协调主要是指与近外层关系的协作配合协调和内部各部门、各层次之间协作关系的协调。

(5) 约束关系的协调包括法律、法规的约束关系的协调和合同约束关系的协调。法律法规的约束关系主要是通过提示、教育等手段提高关系双方的法律法规意识，避免产生矛盾，及时、有效地解决矛盾。合同约束关系主要通过过程监督和适时检查以及教育等手段主动杜绝冲突和矛盾，或者依照合同及时、有效地解决矛盾。

4. 组织协调的动态工作原则

施工项目在实施过程中，随着运行阶段的不同，所存在的关系和问题都有所不同，比如项目进行的初期主要是供求关系的协调，项目进行的后期主要是合同和法律、法规约束关系的协调。这就要求协调工作应根据不同的发展阶段，适时、准确地把握关系的发展，及时、有效地沟通关系、化解矛盾，提高项目运行的效率和效益。

5. 施工项目内部关系的组织协调运作

内部关系的组织协调运作应注意以下几点：

（1）施工项目内部人际关系的协调。施工项目内部人际关系的协调主要靠执行制度，坚持民主集中制，做好思想政治工作，充分调动每个人的积极性。要用人所长，责任分明、实事求是地对每个人的绩效进行评价和激励。在调解人与人之间矛盾时要注意方法，重在疏导。

（2）施工项目内部组织关系的协调。施工项目中的组织形成了系统，系统内部各组成部分构成一定的分工协作和信息沟通关系。组织关系协调，可以使组织运转正常，发挥组织力的作用。组织关系的协调应主要从以下几个方面进行：

一是设置组织机构要以职能划分为基础；二是要明确每个机构的职责；三要通过制度明确各机构在工作中的相互关系；四要建立信息沟通制度，制定工作流程图；五要根据矛盾冲突的具体情况及时灵活地加以解决，不使矛盾冲突扩大化。

（3）施工项目内部需求关系的协调。施工中需要资源。因此人力资源、材料、机械设备、动力等需求，实际上是求得施工项目的资源保证。需求关系协调的环节如下：

第一，满足人、财、物的需求要抓计划环节。计划的编制过程，就是生产要求与供应之间的平衡过程，用计划规定供应中的时间、规格、数量和质量。执行计划的过程，就是按计划供应的过程。

第二，抓住瓶颈环节，对需求进行平衡。瓶颈环节即关键环节，主要矛盾，对全局影响较大，因此协调抓瓶颈，就是抓重点和关键。

第三，加强调度工作，排除障碍。调度工作做的就是协调工作。调度人员是协调工作的责任者，应健全调度体系，充分发挥调度人员的作用。

6. 施工项目近外层关系的组织协调运作

施工项目的近外层关系都是合同涉及的关系或服务关系，应在平等的基础上进行协调。

（1）项目经理部与发包人关系的协调

这两者之间的关系从招投标开始，中间经过施工准备、施工中的检查与验收、进度款支付、工程变更、进度协调、交工验收等，关系非常密切。处理两者之间的关系主要是洽谈、签订和履行合同。有了纠纷，也以合同为依据解决。如果发包人委托监理单位进行监理，则施工项目与监理的关系就是监理与被监理的关系。施工项目经理部应接受监理，按监理制度协调关系。

1）在施工准备阶段发包人应做好的工作：

① 取得政府主管部门对该项建设任务的批准文件。

② 取得地质勘探资料及施工许可证。

③ 取得施工用地范围及施工用地许可证。

④ 取得施工现场附近的铁路支线可供使用的许可证。
⑤ 取得施工区域内地上、地下原有建筑物及管线资料。
⑥ 取得在施工区域内进行爆破的许可证。
⑦ 施工区域内征地、青苗补偿及居民迁移工作。
⑧ 施工区域内地面、地下原有建筑物及管线、坟墓、树木、杂物等障碍的拆迁、清理、平整工作。
⑨ 将水源、电源、道路接通至施工区域，电源一般由业主委托供电单位将规定的高压电送到施工区域，包括架设变压器（变压器由发包人提供）。
⑩ 向所在地区市容办公室申请办理施工用临时占地手续，负责缴纳应由发包人承担的费用。
⑪ 确定建筑物标高和坐标控制点及道路、管线的定位标桩。
⑫ 对国外提供的设计图纸，应组织人员按本地区的施工图标准及使用习惯进行翻译、放样及绘制工作。
⑬ 向项目经理部交送全部施工图纸及有关技术资料，并组织有关单位进行施工图交底。
⑭ 向项目经理部提供应由发包人供应的设备、材料、成品、半成品加工订货单，包括品种、规格、数量、供应时间及有关情况的说明。
⑮ 会审、签认项目经理部提出的《施工项目管理实施规划》（或施工组织设计）。
⑯ 向建设银行提交开户、拨款所需文件。
⑰ 指派工地代表并明确负责人，书面通知施工项目经理部。
2）在施工准备阶段，项目经理部应在规定时间内做好以下各项工作：
① 编制施工项目管理实施计划。
② 根据施工平面图的设计，搭建施工用临时设施。
③ 组织有关人员学习、会审施工图纸和有关技术文件，参加发包人组织的施工图交底与会审。
④ 根据出图情况，组织有关人员及时编制施工预算，并交发包人审核。
⑤ 向发包人提交应由发包人采购、加工、供应的材料、设备、成品、半成品的数量、规格清单，并明确进场时间。
⑥ 负责办理属于项目经理部供应的材料、成品、半成品的加工订货手续。
⑦ 如遇工程特殊（如结构复杂、需用异型钢模多、一次性投入的施工准备费用大等），需由发包人在开工前预拨资金和钢材指标时，应将钢材规格、数量、金额、预拨时间、抵扣办法等，在合同中加以明确。
3）项目经理部应及时向发包人提供生产计划、统计资料、工程事故报告等。
4）发包人应按规定向承包人提供下列技术资料：
① 发包人应将单位工程施工图纸，按规定时间送交给项目经理部。如遇外资工程，全部施工图纸不能一次交给项目经理部时，在不影响项目经理部施工准备工作和开工前签订合同的前提下，经项目经理部同意，可分期交付，但应列出分期交付时间明细表，作为合同的附件。
② 发包人应将设备的技术文件在规定时间内送交给承包人。

③ 国外设计工程，发包人应向承包人提供外文原文图纸及有关技术资料。

④ 如要求按外国规范施工时，发包人应向项目经理部提供翻译成中文的国外施工规范。

⑤ 项目经理部应及时向发包人提供该工程有关的生产计划、统计资料、工程事故报告等。

⑥ 如果发包人没有力量完成其负责的现场准备或拆迁改线工程时，可委托项目经理部代为施工，但费用由发包人承担。

(2) 施工项目经理部与监理单位关系的协调

在工程项目实施过程中，监理工程师不仅履行监理职能，同时也履行协调职能。监理工程师在很大程度上是项目组织与发包人、银行以及其他相关单位之间关系的协调者，因此项目经理部必须处理好与监理工程师之间的关系。处理关系时，应坚持相互信任、相互支持、相互尊重、共同负责的原则，以施工合同为准，确保项目实施质量。同时要按《建设工程监理规范》的规定，接受监督和相关管理，使双方的关系融洽起来。

(3) 施工项目经理部与设计人关系的协调

施工项目经理部与设计人同是承包单位，他们两者均与发包人订有合同，但两者之间没有合同关系。共同为发包人服务决定了施工方与设计方的密切关系，这种关系是图纸供应关系，设计与施工技术关系等。这些关系发生在设计交底、图纸会审、设计变更与修改、地基处理、隐蔽工程验收和竣工验收等环节中。项目的实施必须取得设计人的理解和支持，尽量避免冲突和矛盾，如果出现问题应及时协商或通过发包人和监理工程师解决。由于项目经理部与设计人之间的关系主要发生在设计交底、图纸会审、设计洽商变更、地基处理、隐蔽工程验收和交工验收等活动中，故应针对活动要求处理好协作关系。

(4) 施工项目经理部与供应人之间关系的协调

施工项目与供应人之间关系的协调分合同供应与市场供应，一要充分利用合同，二要充分利用市场机制。所谓合同供应关系是指项目资源的需求以合同的形式与供应人就资源供应数量、规格、质量、时间、配套服务等事项进行明确，减少资源采购风险，提高资源利用效率。所谓市场供应关系是指项目所需资源直接从市场通过价格、质量、服务等的对比择优获取。

(5) 施工项目组织与公用部门关系的协调

施工项目与公用部门的关系包括与道路、市政管理部门，自来水、煤气、热力、供电、电讯等单位的关系。由于项目建设中与这些单位的关系非常密切，他们往往与业主有合同关系，故应加强计划协调，主要是进行质量保证、施工协作、进度衔接方面的协调。

(6) 施工项目组织与分包单位关系的协调

在协调与分包单位关系方面，应注意选好具备相应营业资质等级及施工能力的分包单位；落实好总分包之间的责任；处理好总分包之间的经济利益；解决好总分包之间的纠纷；按合同办事。

7. 施工项目经理部与远外层关系的组织协调运作

远外层与项目组织不存在合同关系，关系的处理主要以法律、法规和社会公德为准绳，相互支持、密切配合、共同服务于项目目标。在处理关系和解决矛盾过程中，应充分发挥中介组织和社会管理机构的作用。在协调中注意以下各项：

(1) 项目经理部应要求作业队伍到建设行政主管部门办理分包队伍施工许可证。

(2) 隶属于项目经理部的安全监察部门应办理企业安全资格认可证、安全施工许可证、项目经理安全生产资格证等手续。

(3) 隶属于项目经理部的安全保卫部门应办理施工现场消防安全资格认可证；到交通管理部门办理通行证。

(4) 项目经理部应到当地户籍管理部门办理劳务人员暂住手续。

(5) 项目经理部应到当地城市管理部门办理街道临建审批手续。

(6) 项目经理部应到当地政府质量监督管理部门办理建设工程质量监督手续。

(7) 项目经理部应到市容监察部门审批运输不遗洒、污水不外流、垃圾清运、场容与场貌的保证措施方案和通行路线图。

(8) 项目经理部应配合环保部门做好施工现场的噪音检测工作，及时报送有关厕所、化粪池、道路等的现场平面布置图、管理措施及方案。

(9) 项目经理部因建设需要砍伐树木时必须提出申请，报市园林主管部门审批。

(10) 现有城市公共绿地和城市总体规划中确定的城市绿地及道路两侧的绿化带，如特殊原因确需临时占用时，需经城市园林部门、城市规划管理部门及公安部门同意并报当地政府批准。

(11) 大型项目施工或者在文物较密集地区进行施工，项目经理部应事先与省市文物部门联系，在开工范围内有可能埋藏文物的地方进行文物调查或者勘探工作，若发现文物，应共同商定处理办法。在开挖基坑、管沟或其他挖掘中，如果发现古墓葬、古遗址和其他文物，应立即停止作业，保护好现场，并报告当地政府文物管理机关。

(12) 项目经理部持建设项目批准文件、地形图、建筑总平面图、用电量资料等到城市供电管理部门办理施工用电报装手续。委托供电部门进行方案设计的应办理书面委托手续。

(13) 供电方案经城市规划管理部门批准后即可进行供电施工设计。外部供电图一般由供电部门设计，内部供电设计主要指三级配电系统的设计，既可由供电部门设计，也可由有资格的设计人设计，并报供电管理部门审批。

(14) 项目经理部在项目的用水量计算后，即应委托供水管理部门进行供水方案设计，同时应提供项目批准文件、标明建筑红线和建筑物位置的地形图、建设地点周围自来水管网情况、建设项目的用水量等资料。

(15) 供水方案经城市规划管理部门审查通过后，应在供水管理部门办理报装手续，并委托其进行相关的施工图设计。同时应准备建设用地许可证、地形图、总平面图、钉桩坐标成果通知单、施工许可证、供水方案批准文件等资料。由其他设计人员进行的自来水工程施工图设计，应送供水管理部门审查批准。

第八节 施工项目文化建设

一、施工项目文化建设的重要性

我国施工项目管理已经走过了20多年的历程，是日渐成熟、也是发展创新的20年，更是理念提升的20年。20多年来完善了项目管理知识体系，规范了项目管理实施行为，统一了行业认识，提高了人员层次，保证了工程质量，塑造了社会形象。但是对建筑行业未来的发展来说，项目管理水平的提高只是一个方面，更重要的是如何进一步加强项目文化建设。因为建筑业在社会发展和文明进步中起着举足轻重的作用，所以项目文化建设是全社会文化建设的一部分。把项目文化建设与技术进步、质量保证、人员素质提高、管理层次提升紧密结合起来。以文化建设促进社会进步、和谐发展和行业的可持续发展，是时代的要求，是社会前进的必需，也是企业进步的基础。

二、施工项目文化建设的关键内容

1. 营造和谐环境，创建和谐文化

落实科学发展观和创建和谐社会的核心在于和谐，和谐社会的主要成分是和谐企业。创建和谐企业包括三个方面：

（1）个体和谐。个体和谐靠先天养成，企业中的每个人自身都应是和谐的，德、智、体全面发展的。

（2）人与环境的和谐。人与环境的和谐靠物质建设，努力为职工营造好的工作环境和生活环境，让职工感到舒适、安逸、有归属感。

（3）人与人的和谐。人与人的和谐靠制度建设，完善制度，分工到位，减少矛盾和冲突，使得企业和谐运行。

和谐的项目文化建设，尤其应注重现场和谐、管理层与劳务层和谐、劳务层与劳务层之间和谐。现场和谐文化建设应充分发挥党、政、工、团的作用，充分利用好文体、卫生、教育等活动阵地，以人为本，实实在在地关心劳务作业人员的工作、生活，处处为他们着想，加强管理层与劳务层的深层次沟通，营造一种和谐的现场文化氛围。

2. 加强制度建设，规范项目行为

加强项目文化建设，必须强化制度建设。制度是规范行为的准则，是意识净化的标准，是激情动力的方向，是工作质量的保证。无论是管理层还是劳务作业层，无论是价值观念的统一还是行为举止的规范，都需要科学、合理、健全的制度体系。有的企业在企业文化研究工作中曾经制定过"理念识别规范手册"和"员工行为规范手册"，从企业宗旨、核心理念、市场观、质量观、职业道德、工作纪律和基本礼仪都作了规定，让广大员工有规可依，立矩必依。当今社会处于制度管理时代，项目管理人员要在制度建设上下工夫，善于制定制度，执行制度，用制度管人管事。要在项目内部建立理念制度、文化制度、学习制度、工作制度、行为制度、服务制度、形象制度、品牌制度和诚信制度。让制度促进项目文化，保障项目运行，提升组织水平。

3. 注重人才教育，提高职工素质

"百年大计，教育为本"。企业的发展，人才是关键。人才素质的提高，关键在教育。要从长远的高度，可持续发展的层面，形成人才教育体系。在企业内部营造学习氛围，形成全面教育机制。注重直接教育和间接教育相结合，常规教育和潜移默化相结合，思想政治工作和业务工作相结合。从技术与管理、安全与质量、思想与行为等全方位加强各层次人员的教育，确保职工的综合素质提高。项目管理层要做好劳务作业层的教育工作，让员工了解项目，理解管理，端正态度，全心投入，干好自己应干的工作；从大局和项目的整体利益出发体现自身价值；分清善恶，明辨美丑；培育为用户服务、为社会服务的思想情操，和谐工作氛围，和谐生活氛围；营造理想的项目运行环境，确保安全，确保健康。

4. 塑造项目品牌，扩大社会影响

品牌战略是企业的重要战略。品牌决定生存，主宰市场，影响成败。品牌是形象，品牌是质量，是认可，也是实力。建筑企业品牌的核心是项目品牌，项目品牌的主体是现场，现场的关键是管理和文化。

抓好现场管理，规范现场行为，保证项目实施过程和成果的高质量是树立品牌的根本。社会大众认可企业，首先认可的是项目，认可项目的第一对象是现场。通过现场人员的文明行为、文明语言、文明标识、文明宣传、废弃物的有效处理、周边环境保护以及工程质量等，定位企业和项目的品牌。应当坚持"干一个项目，树一座丰碑，创一个品牌，占一方市场"的经营理念，从长远利益考虑，做好每一个项目和每一项工作。

5. 强化诚信意识，健全服务体系

诚信是立足市场的法宝，服务是经营的根本宗旨。建筑企业应当加强诚信文化建设。诚信包含诚和信两个方面：诚，是诚恳、诚挚、诚实，即为人诚恳，待人诚挚，处事诚实；信，是信用、信誉、信心，即讲究信用，注重信誉，树立信心。企业、项目、经营人员、管理人员、劳务作业人员，都应当诚信经营，注重信用，言必信，行必果，努力满足发包人和用户的需求，诚信待人，团结同事，取信于各个合作方，共同营造和谐的项目文化环境。应当健全各个层次的服务体系，为社会服务，为企业服务，为项目服务，为发包人服务，为用户服务，为职工服务。要从管理理念、制度制定和执行上落实服务意识，注重服务质量。

附件五

2010年住房城乡建设部发布的建筑业10项新技术

1 地基基础和地下空间工程技术
  1.1 灌注桩后注浆技术
  1.2 长螺旋钻孔压灌桩技术
  1.3 水泥粉煤灰碎石桩（CFG桩）复合地基技术
  1.4 真空预压法加固软土地基技术
  1.5 土工合成材料应用技术
  1.6 复合土钉墙支护技术
  1.7 型钢水泥土复合搅拌桩支护结构技术
  1.8 工具式组合内支撑技术
  1.9 逆作法施工技术
  ※　　※　　※　　※　　※
  1.10 爆破挤淤法技术
  1.11 高边坡防护技术
  1.12 非开挖埋管施工技术
  1.13 大断面矩形地下通道掘进施工技术
  1.14 复杂盾构法施工技术
  1.15 智能化气压沉箱施工技术
  1.16 双聚能预裂与光面爆破综合技术

2 混凝土技术
  2.1 高耐久性混凝土
  2.2 高强高性能混凝土
  2.3 自密实混凝土技术
  2.4 轻骨料混凝土
  2.5 纤维混凝土
  2.6 混凝土裂缝控制技术
  2.7 超高泵送混凝土技术
  2.8 预制混凝土装配整体式结构施工技术

3 钢筋及预应力技术
  3.1 高强钢筋应用技术
  3.2 钢筋焊接网应用技术
  3.3 大直径钢筋直螺纹连接技术
  3.4 无粘结预应力技术
  3.5 有粘结预应力技术
  3.6 索结构预应力施工技术
  3.7 建筑用成型钢筋制品加工与配送

3.8 钢筋机械锚固技术

4 模板及脚手架技术
4.1 清水混凝土模板技术
4.2 钢（铝）框胶合板模板技术
4.3 塑料模板技术
4.4 组拼式大模板技术
4.5 早拆模板施工技术
4.6 液压爬升模板技术
4.7 大吨位长行程油缸整体顶升模板技术
4.8 贮仓筒壁滑模托带仓顶空间钢结构整体安装施工技术
4.9 插接式钢管脚手架及支撑架技术
4.10 盘销式钢管脚手架及支撑架技术
4.11 附着升降脚手架技术
4.12 电动桥式脚手架技术
　※　　※　　※　　※　　※
4.13 预制箱梁模板技术
4.14 挂篮悬臂施工技术
4.15 隧道模板台车技术
4.16 移动模架造桥技术

5 钢结构技术
5.1 深化设计技术
5.2 厚钢板焊接技术
5.3 大型钢结构滑移安装施工技术
5.4 钢结构与大型设备计算机控制整体顶升与提升安装施工技术
5.5 钢与混凝土组合结构技术
5.6 住宅钢结构技术
5.7 高强度钢材应用技术
5.8 大型复杂膜结构施工技术
5.9 模块式钢结构框架组装、吊装技术

6 机电安装工程技术
6.1 管线综合布置技术
6.2 金属矩形风管薄钢板法兰连接技术
6.3 变风量空调技术
6.4 非金属复合板风管施工技术
6.5 大管道闭式循环冲洗技术
6.6 薄壁金属管道新型连接方式
6.7 管道工厂化预制技术
6.8 超高层高压垂吊式电缆敷设技术
6.9 预分支电缆施工技术

6.10 电缆穿刺线夹施工技术

※　※　※　※　※

6.11 大型储罐施工技术

7　绿色施工技术

7.1 基坑施工封闭降水技术

7.2 施工过程水回收利用技术

7.3 预拌砂浆技术

7.4 外墙自保温体系施工技术

7.5 粘贴式外墙外保温隔热系统施工技术

7.6 现浇混凝土外墙外保温施工技术

7.7 硬泡聚氨酯外墙喷涂保温施工技术

7.8 工业废渣及（空心）砌块应用技术

7.9 铝合金窗断桥技术

7.10 太阳能与建筑一体化应用技术

7.11 供热计量技术

7.12 建筑外遮阳技术

7.13 植生混凝土

7.14 透水混凝土

8　防水技术

8.1 防水卷材机械固定施工技术

8.2 地下工程预铺反粘防水技术

8.3 预备注浆系统施工技术

8.4 遇水膨胀止水胶施工技术

8.5 丙烯酸盐灌浆液防渗施工技术

8.6 聚乙烯丙纶防水卷材与非固化型防水粘结料复合防水施工技术

8.7 聚氨酯防水涂料施工技术

9　抗震加固与监测技术

9.1 消能减震技术

9.2 建筑隔震技术

9.3 混凝土结构粘贴碳纤维、粘钢和外包钢加固技术

9.4 钢绞线网片聚合物砂浆加固技术

9.5 结构无损拆除技术

9.6 无粘结预应力混凝土结构拆除技术

9.7 深基坑施工监测技术

9.8 结构安全性监测（控）技术

9.9 开挖爆破监测技术

9.10 隧道变形远程自动监测系统

9.11 一机多天线 GPS 变形监测技术

10 信息化应用技术

- 10.1 虚拟仿真施工技术
- 10.2 高精度自动测量控制技术
- 10.3 施工现场远程监控管理及工程远程验收技术
- 10.4 工程量自动计算技术
- 10.5 工程项目管理信息化实施集成应用及基础信息规范分类编码技术
- 10.6 建设工程资源计划管理技术
- 10.7 项目多方协同管理信息化技术
- 10.8 塔式起重机安全监控管理系统应用技术

注：第1、4、6项"※"下的子项技术，主要适用于房建外的其他土木领域。

第八章 工程项目收尾管理

第一节 工程项目竣工验收

一、工程项目竣工验收的概念和意义

工程项目竣工验收交付使用,是项目生命期的最后一个阶段,是检验项目管理好坏和项目目标实现程度的关键阶段,也是工程项目从实施到投入运行使用的衔接转换阶段。

从宏观上看,工程项目竣工验收是国家全面考核项目建设成果,检验项目决策、设计、施工、设备制造、管理水平,总结工程项目建设经验的重要环节。一个工程项目建成投产交付使用后,能否取得预想的宏观效益,需经过国家权威性的管理部门按照技术规范、技术标准组织验收确认。

从投资者角度看,工程项目竣工验收是投资者全面检验项目目标实现程度,并就工程投资、工程进度和工程质量进行审查认可的关键。它不仅关系到投资者在项目建设周期的经济利益,也关系到项目投产后的运营效果。因此,投资者应重视和集中力量组织好竣工验收,并督促承包者抓紧收尾工程,通过验收发现隐患,消除隐患,为项目正常生产、迅速达到设计能力创造良好条件。

从承包者角度看,工程项目竣工验收是承包者对所承担施工的工程接受投资者全面检验,按合同全面履行义务、按完成的工程量收取工程价款、积极主动配合投资者组织好试生产、办理竣工工程移交手续的重要阶段。

工程项目竣工验收有大量检验、签证和协作配合,容易产生利益的冲突,故应严格管理。国家规定,凡已具备验收和投产条件,3个月内不办理验收投产和移交固定资产手续的,取消建设单位和主管部门(或地方)的基建试车收入分成,由银行监督全部上缴财政,并由银行冻结其基建贷款或停止贷款。如3个月内办理验收和移交固定资产手续确有困难,经验收主管部门批准,期限可以适当延长。竣工验收对促进建设项目及时投入生产、发挥投资效益,总结建设经验,有着重要的作用。

建设项目的竣工验收主要由建设单位负责组织和进行现场检查、收集与整理资料,设计、施工、设备制造单位有提供有关资料及竣工图纸的责任。在未办理竣工验收手续前,建设单位(或委托监理单位)对每一个单项工程要逐个组织检查,包括检查工程质量情况、隐蔽工程验收资料、关键部位施工记录、按图施工情况、有无漏项等,使工程达到竣工验收的条件。同时还要评定每个单位工程和整个工程项目质量的优劣、进度的快慢、投资的使用等情况以及尚需处理的问题和期限等。

大中型建设项目和指定由省、自治区、直辖市或国务院组织验收的项目,为使正式验收的准备工作做得更充分,有必要组织一次预验收,这对促进全面竣工、积极收尾和完善验收都有好处。预验收的范围和内容,可参照正式验收进行。对于小型建设项目的竣工验

收，根据国家有关规定，结合项目的具体情况，适当简化验收手续。

二、工程项目竣工验收的范围和依据

凡列入固定资产投资计划的建设项目或单项工程，按照上级批准的设计文件所规定的内容和施工图纸的要求全部建成，工业项目经负荷试车考核或试生产期能够正常生产合格产品，非工业项目符合设计要求、能够正常使用，不论新建、扩建、改造项目，都要及时组织验收，并办理固定资产交付使用的移交手续。使用技术改造资金进行的基本建设项目或技术改造项目，按现行的投资规模限额规定，亦应按国家关于竣工验收规定，办理竣工验收手续。

按国家现行规定，竣工验收的依据是经过上级审批机关批准的可行性研究报告、初步设计或扩大初步设计（技术设计）、施工图纸和说明、设备技术说明书、招标投标文件和工程施工合同、施工过程中的设计修改签证、现行的施工技术验收标准、规范以及主管部门有关审批、修改、调整文件等。建设项目的规模、工艺流程、工艺管线、土地使用、建筑结构形式、建筑面积、外形装饰、技术装备、技术标准、环境保护、单项工程等，必须与各种批准文件内容或工程施工合同内容相一致。其他协议规定的某一个国家或国际通用的工艺规程和技术标准、从国外引进技术或成套设备项目及中外合资建设的项目，还应按照签订的合同和国外提供的设计文件等资料进行验收。国外引进的项目合同中未规定标准的，按设计时采用的国内有关规定执行。若国内也无明确规定标准的，按建设单位规定的技术要求执行。由国外设计的土木、建筑、结构、安装工程验收标准，中外规范不一致时，参照有关规定协商，提出适用的规范。

三、工程项目竣工验收标准

工程项目竣工验收、交付生产和使用，必须有相应的标准以资遵循。一般有土建工程、安装工程、人防工程、管道工程、桥梁工程、电气工程及铁路建筑安装工程等的验收标准。此外，还可根据工程项目的重要性和繁简程度，对单位工程、分部工程和分项工程，分别制定国家标准、部门有关标准以及企业标准。

对于技术改造项目，可参照国家或部门有关标准，根据工程性质提出各自适用的竣工验收标准。

1. 竣工验收交付生产和使用标准

（1）生产性工程和辅助公用设施，已按设计要求建完，能满足生产使用。

（2）主要工艺设备配套，设备经联动负荷试车合格，形成生产能力，能够生产出设计文件所规定的产品。

（3）必要的生活设施已按设计要求建成。

（4）生产准备工作能适应投产的需要。

（5）环境保护设施，劳动安全卫生设施、消防设施等已按设计要求与主体工程同时建成使用。

2. 土建安装、人防、大型管道必须达到竣工验收标准

（1）土建工程

凡是生产性工程、辅助公用设施及生活设施，按照设计图纸、技术说明书在工程内容上按规定全部施工完毕，室内工程全部做完，室外的明沟、勒脚、踏步、斜道全部做完，内外粉刷完毕；建筑物、构筑物周围2m以内场地平整，障碍物清除，道路、给排水、用

电、通讯畅通，经验收组织单位按验收规范进行验收，使工程质量符合各项要求。

(2) 安装工程

凡是生产性工程，其工艺、物料、热力等各种管道均已安装完，并已做好清洗、试压、吹扫、油漆、保温等工作，各种设备、电气、空调、仪表、通讯等工程项目全部安装结束，经过单机、联动无负荷及投料试车，全部符合安装技术的质量要求，具备生产的条件，经验收组织单位按验收规范进行合格验收。

(3) 人防工程

凡有人防工程或结合建设项目搞人防工程的工程竣工验收，必须符合人防工程的有关规定，应按工程等级，安装好防护密闭门。室外通道在人防防护密闭门外的部位，增设防雨便门、设排风孔口。设备安装完毕，应做好内部粉刷并防潮。内部照明设备完全通电，必要的通讯设施安完通话，工程无漏水，做完回填土，使通道畅通无阻等。

(4) 大型管道工程

大型管道工程（包括铸铁管、钢管、混凝土管和钢筋混凝土预应力管等）和各种泵类电动机按照设计内容、设计要求、施工规范全部（或分段）按质按量铺设和安装完毕，管道内部积存物要清除，输油管道、自来水管道、热力管道等还要经过清洗和消毒，输气管道还要经过赶气、换气。这些管道均应做打压试验。在施工前，要对管道材质及防腐层（内壁及外壁）根据规定标准进行验收，钢管要注意焊接质量，并进行质量评定和验收。对设计中选定的闸阀产品质量要慎重检验。地下管道施工后，回填土要按施工规范要求分层夯实。经验收组织单位按验收规范验收合格，方能办理竣工验收手续，交付使用。

四、工程项目竣工验收程序和内容

1. 由施工单位作好竣工验收的准备

(1) 做好施工项目的收尾工作。

项目经理要组织有关人员逐层、逐段、逐房间地进行查项，看有无丢项、漏项，一旦发现丢项、漏项，必须确定专人逐项解决并加强检查。

对已经全部完成的部位或查项后修补完成的部位，要组织清理，保护好成品，防止损坏和丢失。高标准装修的建筑工程（如高级宾馆、饭店、写字楼、医院、使馆、有关公共建筑等），每个房间的装修和设备安装一旦完毕，立即加封，乃至派专人按层段加以看管。

要有计划地拆除施工现场的各种临时设施、临时管线，清扫施工现场，组织清运垃圾和杂物。有步骤地组织材料、工具及各种物资回收退库、向其他施工现场转移和进行相应处理。

做好电气线路和各种管道的交工前检查，进行电气工程的全负荷试验和管道的打压试验。有生产工艺设备的工程项目，要进行设备的单体试车，无负荷联动试车和有负荷联动试车。

(2) 组织工程技术人员绘制竣工图，清理和准备各项需向建设单位移交的工程档案资料，编制工程档案资料移交清单。

(3) 组织预算人员（为主）、生产、管理、技术、财务、劳资等管理人员编制竣工结算表。

(4) 准备工程竣工通知书、工程竣工报告、工程竣工验收证明书、工程保修证书。

(5) 组织好工程自验，报请企业管理层进行竣工验收检查，对检查出的问题及时进行处理和修补。

(6) 准备好工程质量评定的各项资料。按结构性能、使用功能、处理效果等方面对工程的地基基础、结构、装修及水、暖、电、卫、设备的安装等各个施工阶段所有质量检查资料，进行系统的整理，为评定工程质量提供依据，为技术档案移交归档做准备。

2. 进行工程初验

施工单位决定正式提请验收后，应向监理机构或建设单位送交验收申请报告，监理工程师或建设单位收到验收报告后，应根据工程施工合同、验收标准进行审查，若认为可以进行验收，则应组织验收班子对竣工的工程项目进行初验，在初验中发现质量问题后，及时以书面通知或备忘录的形式告诉施工单位，并令施工单位按有关质量要求进行修理甚至返工。

3. 正式验收

规模较小或较简单的工程项目，可以一次进行全部项目的竣工验收；规模较大或较复杂的工程项目，可分两个阶段验收。

第一阶段验收是单项工程验收，是指一个总体建设项目中，一个单项工程（或一个车间）已按设计规定的内容建完，能满足生产要求或具备使用条件，且已预验和初验，施工单位提出"验收交接申请报告"，说明工程完成情况、验收准备情况、设备试运转情况及申请办理交接日期，便可组织正式验收。

由几个建筑施工企业负责施工的单项工程，当其中某一个企业所负责的部分已按设计完成，也可组织正式验收，办理交工手续，但应请总承包单位参加。对于建成的住宅，可分幢进行正式验收。对于设备安装工程，要根据设备技术规范说明书的要求，逐项进行单体试车、无负荷联动试车、负荷联动试车。验收合格后，双方要签订"交工验收证明"。如发现有需要返工、补修的工程，要明确规定完成期限。验收通过后，由建设单位报主管部门批准进行生产或使用。验收合格的单项工程，在全部验收时，原则上不再办理验收手续。

第二阶段是全部验收。全部验收又称动用验收，是指整个建设项目按设计规定全部建成、达到竣工验收标准，可以使用（生产）时，由验收委员会（小组）组织进行的验收。

全部验收工作首先要由建设单位会同设计、施工单位或施工监理单位进行验收准备，其主要内容有：

(1) 财务决算分析。凡决算超过概算的，要报主管财务部门批准。

(2) 整理汇总技术资料（包括工程竣工图），装订成册，分类编目。

(3) 核实未完工程。列出未完工程一览表，包括项目、工程量、预算造价、完成日期等内容。

(4) 核实工程量并评定工程质量等级。

(5) 编制固定资产构成分析表，列出各项竣工决算价所占的百分比。

(6) 总结试车考核情况。

整个工程项目竣工验收，一般要经现场初验和正式验收两个阶段，即验收准备工作结束后，由上级主管部门组织现场初验，要对各项工程进行检验，进一步核实验收准备工作情况，在确认符合设计规定和工程配套的前提下，按有关标准对工作做出评价，对发现的问题提出处理意见，公正、合理地排除验收工作中的争议，协调厂外有关方面的关系，如把铁路、公路、电力、电讯等工程移交有关部门管理等。现场初验要草拟"竣工验收报告书"和"验收鉴定书"。对在现场初验中提出的问题处理完毕后，经竣工验收机构复验或抽查，确认对影响生产或使用的所有问题都已经解决，即可办理正式验收交接手续，竣工验收机构成员要审查竣工验收报告，并在验收鉴定书上签字，正式验收交接工作即告结束，然后迅速办理固定资产交付使用的转账手续。

竣工验收的证明文件包括：建筑工程竣工验收证明文件；设备竣工验收证明文件；建设项目交工、验收鉴定书；建设项目统计报告。

五、竣工验收的组织

1. 验收组织的要求

国有资产投资的工程项目的竣工验收的组织，要根据建设项目的重要性、规模大小和隶属关系而定。大中型基本建设项目和技术改造项目，由国家发改委或由国家发改委委托项目主管部门、地方政府部门组织验收；小型建设项目和技术改造项目，由项目主管部门或地方政府主管部门组织验收。竣工验收要根据工程规模大小和复杂程度组织验收委员会或验收小组。验收委员会或验收小组应由银行、物资、环保、劳动、统计、消防及其他有关部门组成，建设单位、接管单位、施工单位、勘察设计单位、施工监理单位参加验收工作。

2. 验收组织的职责

验收委员会或验收小组，负责审查工程建设的各个环节，听取各有关单位的工作报告，审阅工程档案资料，实地察验建筑工程和设备安装情况，对工程设计、施工和设备质量等方面做出全面评价。不合格的工程不予验收。对遗留问题提出具体解决意见，限期落实完成。其具体职责是：

（1）制定竣工验收工作计划。
（2）审查各种交工技术资料。
（3）审查工程决算。
（4）按验收规范对工程质量进行鉴定。
（5）负责试生产的监督与效果评定。
（6）签发工程项目竣工验收证书。
（7）对遗留问题作处理决定。
（8）提出竣工验收总结报告。

六、竣工资料移交

（一）移交资料的内容

各有关单位（包括设计、施工、监理单位）应在工程准备开始就建立起工程技术档案，汇集整理有关资料，把这项工作贯穿于整个施工过程，直到工程竣工验收结束。这些资料由建设单位分类立卷，在竣工验收时移交给生产单位（或使用单位）统一保管，作为今后维护、改造、扩建、科研、生产组织的重要依据。

凡是列入技术档案的技术文件、资料，都必须经有关技术负责人正式审定。所有的资料、文件都必须如实反映情况，不得擅自修改、伪造或事后补作。工程技术档案必须严加管理，不得遗失损坏，人员调动时要办理交接手续，重要资料（包括隐蔽工程照相）还应分别报送上级领导机关。技术资料按《建设工程文件归档整理规范》GB/T 50328—2001

执行。

(二)竣工图绘制

1. 竣工图绘制程序

建设项目竣工图,是准确、完整、真实记录各种地下、地上建筑物、构筑物等详细情况的技术文件,是工程竣工验收、交付使用后的维修、扩建、改建的依据,是生产(使用)单位必须长期妥善保存的技术档案。按现行规定绘制好竣工图是竣工验收的条件之一,在竣工验收前不能完成的,应在验收时明确商定补交竣工图的期限。

建设单位(或监理单位)要组织、督促和协助各设计、施工单位检查自己负责的竣工图绘制工作情况,发现有拖期、不准确或短缺时,要及时采用措施解决。

2. 竣工图绘制要求

(1) 按图施工没有变动的,可由施工单位(包括总包和分包)在原施工图上加盖"竣工图"标志,即作为竣工图;在施工中,虽有一般性设计变更,但能将原施工图加以修改补充作为竣工图的,可不再重新绘制,由施工单位负责在原施工图(必须是新蓝图)上注明修改的部分,并附以设计变更通知单和施工说明,加盖"竣工图"标志后,即可作为竣工图。

(2) 结构形式改变,工艺改变、平面布置改变、项目改变以及其他重大的改变,不宜在原施工图上修改、补充的,应重新绘制改变后的竣工图。由设计原因造成的,由设计单位负责重新绘制;由施工单位原因造成的,由施工单位重新绘制;由于其他原因造成的,由建设单位(或监理单位)自行绘制或委托设计单位绘制,施工单位负责在新图上加盖"竣工图"标志,并附以有关记录和说明,作为竣工图。重大的改建、扩建工程涉及原有工程项目变更时,应将相关项目的竣工图资料统一整理归档,并在原图案卷内增补必要的说明。

(3) 各项基本建设工程,特别是基础、地下建(构)筑物、管线、结构、井巷、洞室、桥梁、隧道、港口、水坝以及设备安装等隐蔽部位都要绘制竣工图。各种竣工图的绘制,在施工过程中就应着手准备,由现场技术人员负责,在施工时做好隐蔽工程检验记录,整理好设计变更文件,确保竣工图质量。

(4) 竣工图一定要与实际情况相符,要保证图纸质量,做到规格统一、图面整洁、字迹清楚,不得用圆珠笔或其他易于褪色的墨水绘制,并要经过承担施工的技术负责人审核签认。大中型建设项目和城市住宅小区建设的竣工图,不能少于两套,其中一套移交生产使用单位保管,一套交主管部门或技术档案部门长期保存。全国性特别重要的建设项目,应增交一套给国家档案馆保存。小型建设项目的竣工图至少具备一套,移交生产(使用)单位保管。

(三)工程技术档案资料管理

做好建设项目的工程技术档案资料工作,对保证各项工程建成后顺利地交付生产、使用以及为将来的维修、扩建、改建都有着十分重要的作用。各建设项目的管理、设计、施工、监理单位应对整个工程建设从建设项目的提出到竣工投产、交付使用的各个阶段所形成的文字材料、图纸、图表、计算材料、照片、录像、磁带等进行收集、整理、归档,并努力保管好。技术档案资料管理内容如下:

(1) 在建设项目的提出、调研、可行性研究、评估、决策、计划安排、勘测、设计、施工、生产准备、竣工验收、交付使用的全过程中，有关的上级主管机关、建设单位、勘察设计单位、施工单位、设备制造单位、监理单位以及有关的环保、市政、银行、统计等部门，都应重视该建设项目文件资料的形成、积累、整理、归档和保管工作，尤其要管好建筑物、构筑物和各种管线、设备的档案资料。

（2）在工程建设过程中，现场的指挥管理机构要有一位负责人分管档案资料工作，并建立与档案资料工作相适应的管理部门，配备能胜任工作的人员，制定管理制度，集中统一地管理好建设项目的档案资料。

（3）对于引进技术、引进设备的建设项目，应做好引进技术、设备的各种技术图纸、文件的收集工作。无论通过何种渠道得到的与引进技术、设备有关的档案资料都应交档案部门集中统一管理。

（4）竣工图是建设项目的实际反映，是工程的重要档案资料，施工单位在施工中要做好施工记录、检验记录，整理好变更文件，并及时做出竣工图，保证竣工图质量。

各级建设主管部门以及档案部门，要负责检查和指导本专业、本地区建设项目的档案资料工作，档案管理部门参加工程竣工验收中档案资料验收工作。

第二节 工法及其管理

为了提高建筑业企业的技术素质和管理水平，促进企业进行技术积累和技术跟踪，调动广大职工研究、开发和推广应用施工新技术的积极性，逐步形成使科研成果迅速转化为生产力的施工技术管理新机制，原建设部于1989年底决定，在全国建筑业企业中逐步实行工法制度。这是工程项目管理的一项重大举措，是有关工程项目管理总结阶段的关键内容，有力地促进了工程项目管理学科的发展和工作水平的提高。

一、工法的概念和特征

（一）"工法"的概念

"工法"一词来自日本，日本《建筑大字典》称工法是"建造建筑物（构筑物）的施工方法或建造方法"。日本的《国语大辞典》则称工法是"工艺方法和工程方法"。日本有"构法"一词，与工法有些相近，指"建筑物（构筑物）的构成方法"。和工法相近的词义，美、英称"Construction Method and System"，含义和日本的基本相近。

原建设部在颁发的《工程建设工法管理办法》中对工法下了如下的定义：工法"是以工程为对象，工艺为核心，运用系统工程的原理，把先进技术和科学原理结合起来，经过一定的工程建设实践形成的综合配套的施工方法"。

工法必须符合国家工程建设方针、政策和标准、规范，必须具有先进性、科学性和实用性，保证工程质量和安全，提高工程效率，降低工程成本，节约资源，保护环境等特点。

（二）工法的特征

从以上工法的定义出发，可以归纳出工法的以下特征。

（1）工法的针对性和实践性。工法的主要服务对象是工程建设。工法来自工程实践，并从中总结出确有经济效益和社会效益的施工规律，又要回到施工实践中去应用，为工程建设服务。

（2）工法既不是单纯的施工技术，也不是单项技术，而是技术和管理相结合、综合配套的施工技术。工法不仅有工艺特点（原理）、工艺程序等方面的内容，而且还要有配套的机具、质量标准、劳动组织、技术经济指标等方面的内容，综合地反映了技术和管理的结合，内容上类似于施工成套技术。

（3）工法是用系统工程原理和方法总结出来的施工经验，具有较强的系统性、科学性和实用性。系统有大有小，工法也有大小之分。如针对建筑群或单位工程的，可能是大系统；针对单位工程和分部分项工程的，可能是子系统，但都必须是一个完整的整体。因此，概括地说工法就是用系统工程原理总结出来的综合配套的施工方法。

（4）工法的核心是工艺。采用什么样的机械设备，如何去组织施工，以及保证质量、安全措施等，都是为了保证工艺这个核心。

（5）工法是企业标准的重要组成部分，是施工经验的总结，是企业宝贵的无形资产，并为管理层服务。工法应具有新颖性、适用性，从而对保证工程质量、提高施工效率、降低工程成本有重大的作用。

二、工法的内容

根据工法的定义，工法是以工程为对象、工艺为核心，包括先进技术与科学管理的综合配套技术，很显然，工法的内容也是综合配套的。但是，由于工法的对象有很大的差异，工法内容的综合配套程度和形式也必然有很大的区别。例如：工法的规模，大到工程项目、单位工程，小到分部或分项工程都可以成立工法。由于规模不同，先进技术和科学管理的内容就有显著的差异。一般来说，一个工序或工程部位可能是单纯技术问题，几乎涉及不到管理内容，但随着规模的扩大，管理内容的分量越来越大，甚至连技术问题也演化为系统工程。因此，施工工法的内容要视工法的具体情况而定。但是，施工工法内容也不是无规律可循的。根据工法的定义，工法的内容应该是在贯彻国家以及有关部门颁布的规范、规程等技术标准的前提下，通过本企业的科学管理和工程实践经验，指出开发应用科技成果或新技术的经验总结。也就是说，工法应在满足设计要求、符合质量标准的基础上，既有新技术发展概貌，又有具体的工艺特点、施工程序、机具设备以及综合效益等要求。从大量工法实例看出，工法的主要内容一般应包括：前言、工法特点、工艺程序（流程）、操作要点、机具设备及材料、质量标准、劳动组织及安全、效益分析、工程实例等。对于一些小型工法或特殊工法，不一定每项内容都有，也可能还要增加某些内容，但这些内容是一般工法应该具有的共性内容。具体内容要求如下。

1. 前言

说明工法的形成过程。包括：研究开发单位、鉴定时间、获奖情况及推广应用情况。

2. 工法的特点

说明工法的工艺原理及理论依据，如纯属应用方法的工法，仅说明工艺或使用功能上的特点。

3. 适用范围

工法适用的工程部位或范围以及要求满足的具体技术条件。

4. 施工工艺流程及操作要点

说明工法的工艺程序与作业特点，不但要讲明基本工艺过程，还要讲清程序间的衔接及关键所在。也可以用程序图（表格、框图）来表示。对于构造、材料或机具使用上的差异而引起的流程变化也应有所交代。有些专业操作技能要求较高的技艺，还应突出操作要点。

5. 材料与设备

采用本工法所必需的主要机械、设备、工具、仪器等，以及它们的规格、型号、性能、数量和合理配置；主要施工用料及工程辅助物料的需要量。

6. 质量控制

说明工法应遵循的国家、行业和企业的技术法规、标准，并列出关键部位、关键工序的质量要求，达到质量的主要措施。

7. 安全措施

说明工种构成、人员组织、应采取的安全措施、施工中应注意的安全事项等。

8. 环保措施

说明本工法可能遇到的环境、可能对环境的影响以及应采取的环境保护措施。

9. 效益分析

效益分析是对工法消耗的物料、工时、造价及费用等进行的综合分析。既要分析经济效益，也要分析社会效益。

10. 工程实例

介绍本工法曾经应用过的典型工程。

三、工法的编写要点

编写工法应注意以下几点：

（1）工法必须是经过工程应用，并证明是属于技术先进、效益显著、经济适用的项目。对于未经工程应用的新技术成果，不能称为工法。

（2）编写工法的选题要适当。每项工法都是一个系统。在初编工法时宜选择小一点的分部或分项工程的工法，如：锚杆支护深基坑开挖工法、现浇混凝土楼板一次抹面工法等，并与新技术推广紧密结合起来。

（3）编写工法不同于写工程施工总结。施工总结往往是先交代工程情况，然后讲施工方法与经验，再介绍施工体会，大多是工程的写实，而工法是对施工规律性的剖析与总结，要把工艺特点（原理）放在前面，而最后可引用一些典型实例加以说明。有人形象地比喻说，"工法是施工总结的倒写"。

（4）编写工法的目的是为了在工程实践中得到应用，并为企业积累财富。因此，在编写时既要文字简练，又要让人明白、看得懂。

四、工法的管理

1. 工法的等级

工法分为三个等级：国家级，省（部）级和企业级。分别由住房和城乡建设部、地方或部门、企业三个层次进行管理。

（1）企业根据承建工程的特点、科研开发规划和市场需求开发、编写的工法，经企业组织审定，为企业级工法。

（2）省（部）级工法由企业自愿申报，由省、自治区、直辖市建设主管部门或国务院主管部门（行业协会）负责审定和公布。

（3）国家级工法由企业自愿申报，由住房和城乡建设部审定和公布。

2. 国家级工法的申报条件

(1) 已公布的省（部）级工法。

(2) 工法的关键技术属国内领先水平；工法中采用的新技术、新工艺、新材料尚没有相应的国家工程建设技术标准的，应已经国务院建设行政主管部门或省、自治区、直辖市建设行政主管部门组织的建设技术专家委员会审定。

(3) 工法经过工程应用，经济效益和社会效益显著。

(4) 工法的整体技术立足于国内，必须是申报单位自行研制开发或会同其他单位联合研制开发。

(5) 工法的内容齐全完整，应包括：前言、工法特点、适用范围、工艺原理、施工工艺流程及操作要点、材料与设备、质量控制、安全措施、环保措施、效益分析和应用实例。

3. 国家级工法评审程序

(1) 从专家库中抽取专家组成国家级工法评审委员会；内设房屋建筑工程、土木工程、工业安装工程三个类别的评审组；专家人数不得少于7人。

(2) 主副审详细审阅材料，提出基本评审意见。

(3) 评审组审查材料，观看项目施工录像，听取主副审对工法的基本评审意见，提出专业评审组初审意见。评审组初审通过的工法项目提交评审委员会审核。

(4) 评审委员会听取评审组初审意见，进行问题答辩。无记名投票，三分之二（含）以上同意通过，形成评审委员会审核意见。

(5) 评审委员会主任委员签字后，报主管部门。

(6) 经公示无不同意见，由住房和城乡建设部将工法予以公布。

4. 工法的有效期

工法的有效期为6年。

5. 工法的修订

工法编制企业应注意技术跟踪，加大技术创新力度，及时修订，保持工法技术的先进性和适用性。

6. 工法的奖励

工法中的关键技术，凡符合国家专利法、国家发明奖条例和国家科学技术进步奖条例的，应积极申请专利、发明奖和科学技术进步奖。

各级建设行政主管部门对开发和应用工法有突出贡献的企业和个人，应给予表彰。

企业应对开发编写和推广应用工法有突出贡献的个人予以表彰和奖励。

各地建设行政主管部门应积极推动企业将技术领先、应用广泛、效益显著的工法纳入相关的国家标准、行业标准和地方标准。

第三节　工程项目的用后管理

一、工程项目保修

工程竣工投产交付使用之后，建立保修制度，是施工单位对工程正常发挥工程项目功能负责的具体体现，通过保修可以听取和了解使用单位对工程施工质量的评价和改进意见，维护自己的信誉，提高企业的管理水平。

建设单位与施工单位应在签订工程施工承包合同中根据不同行业，不同的工程情况，协商制订"建筑安装工程保修证书"，对工程保修范围、保修时间、保修内容等做出具体规定。

1. 保修范围

保修范围应在《工程质量保修书》中具体约定。根据《房屋建筑工程质量保修书（示范文本）》的要求，工程质量保修范围是"地基基础工程、主体结构工程，屋面防水工程、有防水要求的卫生间、房间和外墙面的防渗漏，供热与供冷系统，电气管线、给排水管道、设备安装和装修工程以及双方约定的其他项目"。保修书中要具体商定保修的内容。总之工程的各部位都应实行保修，具体内容应是由于施工单位的责任或者施工质量造成的问题。就过去已发生的情况分析，一般包括以下几方面：

（1）屋面、地下室、外墙、阳台、厕所、浴室、厨房以及厕浴间等处渗水、漏水者。

（2）各种通水管道（包括自来水、热水、污水、雨水等）漏水者，各种气体管道漏气以及通气孔和烟道不通者。

（3）水泥地面有较大面积的空鼓、裂缝或起砂者。

（4）内墙抹灰有较大面积起泡，乃至空鼓脱落或墙面浆活起碱脱皮者，外墙粉刷自动脱落者。

（5）暖气管线安装不良，局部不热，管线接口处及卫生器具接口处不严而造成漏水者。

（6）其他由于施工不良而造成的无法使用或使用功能不能正常发挥的工程部位。

凡是由于用户使用不当而造成建筑功能不良或损坏者，不属于保修范围；凡属工业产品项目发生问题，亦不属保修范围。以上两种情况应由建设单位自行组织修理。

2. 保修期

根据《建设工程质量管理条例》第40条规定，建设工程的最低保修期限为：

（1）基础设施工程、房屋建筑的地基基础工程和主体结构工程，为设计文件规定的该工程的合理使用年限。

（2）屋面防水工程、有防水要求的卫生间、房间和外墙面的防渗漏，为5年。

（3）供热与供冷系统，为2个采暖期、供冷期。

（4）电气管线、给排水管道、设备安装和装修工程，为2年。

其他项目的保修期限由发包方与承包方约定。

建设工程的保修期，自验收合格之日起计算。

3. 保修做法

（1）发送保修证书（或称《房屋保修卡》）

在工程竣工验收的同时（最迟不应超过3d到一周），由施工单位向建设单位发送《建筑安装工程保修证书》。保修证书目前在国内没有统一的格式或规定，应由施工单位拟定并印制。保修证书一般的主要内容包括：工程简况、房屋使用管理要求；保修范围和保修时间；保修说明；保修情况记录。此外，保修证书还应附有保修单位（即施工单位）的名称、详细地址、电话、联系接待部门（如科、室）和联系人，以便于建设单位联系。

(2) 要求检查和修理

在保修期内,建设单位或用户发现房屋的使用功能不良,又是由于施工质量而影响使用者,可以用口头或书面方式通知施工单位的有关保修部门,说明情况,要求派人前往检查修理,施工单位自接到保修通知书日起,必须在两周内到达现场,与建设单位共同明确责任方,商议返修内容。属于施工单位责任的,如施工单位未能按期到达现场,建设单位应再次通知施工单位;施工单位自接到再次通知书起的一周内仍不能到达时,建设单位有权自行返修,所发生的费用由原施工单位承担。不属施工单位责任的,建设单位应与施工单位联系,商议维修的具体期限。

(3) 验收

在发生问题的部位或项目修理完毕以后,要在保修证书的"保修记录"栏内做好记录,并经建设单位验收签认,以表示修理工作完结。

4. 维修的经济责任处理

(1) 施工单位未按国家有关规范、标准和设计要求施工,造成的质量缺陷,由施工单位负责返修并承担经济责任。

(2) 由于设计方面造成的质量缺陷,由设计单位承担经济责任。由施工单位负责维修,其费用按有关规定通过建设单位向设计单位索赔,不足部分由建设单位负责。

(3) 因建筑材料、构配件和设备质量不合格引起的质量缺陷,属于施工单位采购的或经其验收同意的,由施工单位承担经济责任;属于建设单位采购的,由建设单位承担经济责任。

(4) 因使用单位使用不当造成的质量缺陷,由使用单位自行负责。

(5) 因地震、洪水、台风等不可抗拒原因造成的质量问题,施工单位、设计单位不承担经济责任。

二、工程项目回访

1. 回访的方式

回访的方式一般有3种:一是季节性回访。大多数是雨季回访屋面、墙面的防水情况,冬期回访锅炉房及采暖系统的情况;发现问题采取有效措施,及时加以解决。二是技术性的回访。主要了解在工程施工过程中所采用的新材料、新技术、新工艺、新设备等的技术性能和使用后的效果,发现问题及时加以补救和解决;同时也便于总结经验,获取科学依据,不断改进与完善,并为进一步推广创造条件。这种回访既可定期进行,也可以不定期地进行。三是保修期满前的回访。这种回访一般是在保修即将届满之前,进行回访,既可以解决出现的问题,又标志着保修期即将结束。使建设单位注意建筑物的维修和使用。

2. 回访的方法

应由施工单位的领导组织生产、技术、质量、水电(也可以包括合同、预算)等有关方面的人员进行回访,必要时还可以邀请科研方面的人员参加。回访时,由建设单位组织座谈会或意见听取会,并察看建筑物和设备的运转情况等。回访必须认真,必须解决问题,并应该做出回访记录,必要时应写出回访纪要。

附件六

大跨度马鞍型钢结构支撑卸载工法
YJGF 016—2006
（北京城建集团有限责任公司）

一、前言

大跨度马鞍型钢结构正逐步被应用于体育场馆结构，但因其传力体系十分复杂，目前国内外钢结构施工单位对其卸载施工尚无成熟的技术和经验可借鉴，卸载过程不确定性因素较多、实施难度大。探索总结大跨度马鞍型钢结构支撑卸载施工技术对于推动大跨马鞍型钢结构在大型体育场馆的应用具有积极的创新意义，同时从节约资源的角度也符合我国的可持续发展国策。

本工法是北京城建集团有限责任公司根据《国家体育场大跨度马鞍型钢结构支撑卸载技术研究及应用》的研究成果，自行研制的兼具首创性和先进性的大跨度马鞍型钢结构支撑卸载工法。

本工法的关键技术是国家科技攻关项目《国家体育场结构设计与施工的安全关键技术研究》之子课题《国家体育场大跨度马鞍型钢结构支撑卸载技术研究及应用》的研究成果，该研究成果于2007年2月1日通过北京市建委组织的科技成果鉴定，鉴定结论是该项技术填补国内空白、达到国际先进水平。

本工法规定的卸载工艺流程、操作要点及质量控制要点等运用于国家体育场钢结构支撑卸载施工，卸载实时监测结果表明支撑反力变化实测值、屋盖卸载变形、主体钢结构应力实测值与理论计算值吻合良好，符合设计和相关规范标准要求，卸载实施取得了圆满的成功。该工程荣获北京市结构长城杯金杯、中国建筑钢结构金奖（国家优质工程）等殊荣。

二、工法特点

与传统钢结构卸载工艺相比较，本工法具有以下特点：

（1）根据马鞍型结构体系的受力变形特点以及安装支撑点的具体布置，通过卸载过程仿真对比计算分析，采用了分圈同步、分阶段整体同步的卸载步骤和由外向内的卸载顺序。

（2）针对大开口屋盖结构卸载存在的较大水平位移，提出了减小卸载点水平力的关键工艺。

（3）改良了传统的卸载工艺，突出强调了卸载过程液压系统的计算机同步、顶升反力和位移控制，并对卸载全过程进行实时监控量测，确保卸载过程的零风险。

（4）突出强调建立以总指挥为核心、以作业层为指令对象，专家顾问组对卸载全过程进行信息分析和技术指导的卸载组织机构。

三、适用范围

本工法适用于双向结构跨度均不大于333m的大跨度马鞍型钢结构工程的支撑卸载施工，其他结构体系的空间大跨度结构卸载施工可参考执行。

四、工艺原理

通过卸载仿真对比计算分析确定分圈同步、分阶段整体同步的卸载步骤和由外向内的卸载顺序；采取控制支撑点接触面摩擦系数措施以减小水平力作用；以计算机控制支撑反力、位移的集群液压千斤顶同步卸载系统为核心，实现卸载指令、卸载操作的自动化和集成化，辅以结构应力、变形等监测工作，以确保卸载安全顺利进行。

五、工艺流程及操作要点

（一）工艺流程

本工法的卸载工艺流程如附图6-1所示。

卸载时，为保证指令传递、信息反馈迅速、准确无误，应建立以总指挥为核心、以作业层为指令对象的组织机构，其指令及信息传递流程如附图6-2。

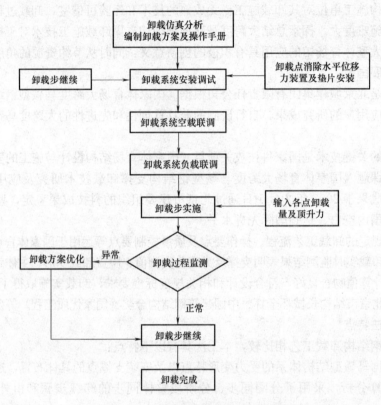

附图6-1 计算机液压控制卸载系统图

（二）操作要点

1. 卸载仿真计算、卸载方案及操作手册编制

（1）卸载前，应根据工程特点通过仿真分析对卸载步骤和顺序进行优化比选，最后确定卸载步骤和顺序以及卸载过程中的变形、应力控制点作为卸载位移和顶升力控制的依据。

（2）根据分析结果编制卸载专项方案和卸载操作程序手册，并据此对施工队进行全面的技术交底及培训工作，确保卸载工作的顺利进行。

2. 卸载系统安装调试

（1）卸载设备地面单机调试。

（2）卸载设备高空分区调试。

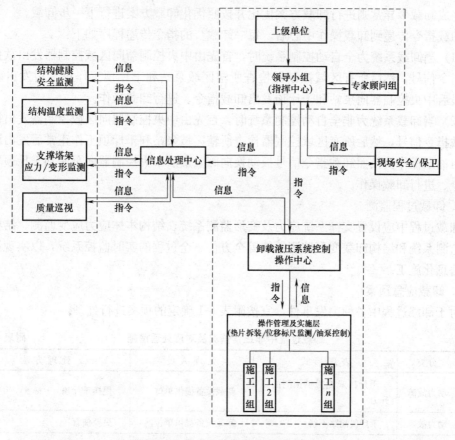

附图 6-2 卸载指令及信息传递流程图

(3) 卸载系统全面调试：卸载前，应对卸载系统进行空载联调和负载联调试验，检验液压千斤顶卸载系统的可靠性，实现对卸载操作人员的演练，检验卸载方案和卸载组织管理的可行性，总结卸载组织管理过程中的不足之处，确保卸载过程的零风险。

3. 卸载点水平位移消除

大开口马鞍型结构体系卸载时其卸载点的水平位移是相对较大的，该水平位移作用于液压千斤顶则表现较大的侧向力，其数值均超过液压千斤顶的抗侧向力的能力。因此，必须采取措施最大限度消除卸载点水平位移。

为消除卸载点水平位移，一般采取以下措施：

(1) 卸载时每个卸点应采取支撑垫块（片）与液压千斤顶交替作用的方式进行卸载。

(2) 通过加钢斜楔子措施使液压千斤顶与结构本体接触面由斜面接触改为平面接触，并在钢斜楔子与液压千斤顶之间垫不锈钢钢板并抹润滑油，最大限度地减小接触面的摩擦力。

(3) 选择带可旋转鞍座的液压千斤顶，使卸载设备本身具有较强的抗侧向力的能力。

4. 卸载实施程序

卸载前，先将每一步的卸载量和计算顶升力要求输入系统，然后按照确定的卸载步骤操作，每一卸载步进行卸载结构和支撑系统的全面监测和信息处理，以确定所完成卸载步是否正常、是否进行下一步卸载。如所完成卸载步正常则按照既定程序进行下一步卸载，如所完成卸载步异常则进行卸载方案优化并按照优化卸载方案进行下一步卸载。

卸载指令传递到卸载操作中心后,每一卸载步的指令传递程序如下:

(1) 当卸载系统为全自动控制系统时,首先由中央控制器向区域控制器发出欲执行的卸载指令信号,然后所有区域控制器检查所辖区域泵站和千斤顶工作正常后发出确认信号,最后中央控制器向泵站和千斤顶发出卸载指令、进行卸载操作。

(2) 当卸载系统为非全自动控制系统时,首先由中央控制器向区域控制器发出欲执行的卸载指令信号,然后所有区域控制器检查所辖区域泵站和千斤顶工作正常后发出确认信号并由油泵操作员按照卸载指令信号扳动换向阀,最后中央控制器向泵站和千斤顶发出卸载指令、进行卸载操作。

5. 卸载过程监测

卸载过程中应设置支撑系统应力及变形监测系统、结构本体应力应变监测、结构本体温度监测系统和结构卸载变形监测系统等全方位、全过程的实时监控系统,以实现卸载过程的信息化施工。

6. 卸载应急预案

对于卸载过程中各种突发事件,宜按附表 6-1 确定的预案进行处理。

卸载过程中非正常情况及对应处理措施　　　　　　附表 6-1

序号	分类	表现形式	处理人员	处理方法
1	动力故障	千斤顶未能提供预测的顶升力	卸载设备提供单位	更换千斤顶
2	动力故障	千斤顶油路不畅	卸载设备提供单位	更换油管
3	计算差异	称重过程中顶起 2mm 个别卸载点垫片与结构表面未脱离	信息处理中心 领导小组 专家组	确认继续顶升的必要 确认割除或敲出垫片
4	计算差异	卸载过程中,未达到卸载位移量时,单点失去支撑力	实用动力	回顶一次,接触为止,随下步卸载,至再次脱离为止
5	计算差异	卸载过程中,达到计算的位移量,单点支撑力仍然较大	信息处理组 领导小组 专家组	全面检查结构状态,确定是否继续卸载,或给定下一个位移截止值,修正卸载顺序,继续卸载
6	结构变形	钢结构出现异常响声	信息处理中心 领导小组 专家组	对出现异常部位进行检查,确认无误后,继续卸载;否则进行加固处理
7	塔架变形	监测到的塔架变形大于原要求	信息处理中心 领导小组 专家组	调整千斤顶位置,确保最小的偏心作用,调整临近的千斤顶顶升力,加固塔架
8	重大差异	突破设计院的最大位移截止值,仍有较大支撑力	信息处理中心 领导小组 专家组	现场暂时停止卸载,并将各点保持以原支撑状态,设计院详细核算,以及全面检查钢结构质量情况后,确定是否继续卸载
9	天气	突发暴雨	领导小组	立即停止卸载,用垫片将支撑点楔紧使各点保持到原支撑状态。雨后全面检查后恢复卸载

续表

序号	分类	表现形式	处理人员	处理方法
10	计算差异	卸载点局部受压破坏	信息处理中心 领导小组 专家组	立即停止卸载,用垫片将支撑点楔紧使各点保持到原支撑状态。加大千斤顶垫板尺寸
11	电力故障	突发停电	领导小组	立即停止卸载,用垫片将支撑点楔紧使各点保持到小立柱支撑状态。查明原因,紧急抢修

六、材料与设备

本工法涉及的主要设备与材料如附表6-2。

主要设备及材料　　　　　　　　　　　　　　　附表6-2

序号	设备名称	数量	主要用途	备注
1	千斤顶	每卸载点2台	顶升用	20台备用
2	油泵	同卸载点数量	加压用	6台备用
3	区域控制器	10台	区域控制	可根据卸载面积调整
4	中央控制器	1台	总控	
5	对讲设备	同卸载人员数量	沟通信息	
6	标尺	同卸载点数量	测量位移	
7	监测设备	—	应力应变监测	
8	气焊割枪	同卸载点数量	切割塔架垫块	
9	氧、乙炔瓶	同卸载点数量	切割塔架垫块	
10	榔头	同卸载点数	敲击垫片	
11	钢楔子	每卸载点2个	调整卸载量	
12	滑动块	同卸载点数	消除水平位移	

七、质量控制

1. 应执行的标准规范

本工法应执行的主要标准、规范有《钢结构施工质量验收规范》(GB 50205—2001)、《网架结构设计与施工规程》(JGJ 7—1991)、《网壳结构技术规程》(JGJ 61—2003)和《工程测量规范》(GB 50026—93)等。

2. 质量控制要点

本工法施工时,质量控制要点如下:

(1)卸载前钢结构制作、安装检验批及各分项工程验收完毕,工程实体质量验收完毕,且相应施工资料整理完毕并经监理单位签字确认。

(2)卸载过程中严格控制各卸载点卸载位移的同步精度,确定各卸载点不同步精度控制在3mm范围内。

(3)卸载过程中要及时处理结构本体的应力应变监测数据,对发生卸载点应力超过设计要求的点要及时处理,确保卸载过程中结构本体的安全。

(4)加强各卸载点结构本体变形控制,各卸载点的局部变形控制在允许范围内。

八、安全措施

1. 安全保护措施

（1）卸载前对作业人员进行卸载期间的安全教育。

（2）卸载前要仔细检查各卸载点的构造处理情况，保证符合技术要求。

（3）卸载前要清理屋面上的杂物及卸载作业区域内的杂物，卸载过程中，屋面上下不得进行其他作业。

（4）卸载过程中，协调与监视人员要时刻观察，保证作业人员的步调一致，如其中一个点出现问题，其他点的作业人员应停止卸载。

（5）作好安全通道，如遇意外，要立即组织人员撤离卸载区域。

（6）现场建立安全管理小组，由主抓生产的副经理主管安全活动，配备专职安全员，严格安全值班制度。卸载时安排专职安全员，分别负责屋面和支撑塔架及卸载作业点的安全巡视工作，发现安全隐患及时汇报，并停止卸载，立即采取相应措施。

（7）严格遵守和执行国家及市有关施工现场安全、消防保卫规定，加强施工现场消防保卫工作。

（8）加强领导，建立组织，明确责任，把消防保卫工作列入工作日程。经常进行教育，每日检查一次，做到时间、人员落实。

2. 卸载安全要点

强化指挥，服从指令，协调一致；前提条件，必须完成；全面检查，确认签字；技术交底、安全交底多次进行，全员参加；建立机构，组织充分，人员精干；禁止围观，无关人员不得入内；所有人员坚守岗位，不得离岗、串岗；五级以上风、雨、雾天气，停止作业；发现异常情况，及时汇报。

九、环保措施

本工法施工的环保措施主要从以下方面进行：

（1）对卸载操作人员配备必须的个人防护用品，采取措施保证切割操作时产生的火花不会伤及作业人员及卸载设备。

（2）强化职业卫生宣传教育及现场跟踪监测工作，对作业人员定期进行体检，以便及时发现问题，预防和控制职业病。

（3）及时收集、清理卸载作业人员产生的生活垃圾等废弃物。

（4）加强液压系统的管理与维护，避免因液压千斤顶、油管或油泵等设备漏油对结构本体的二次污染。

十、效益分析

本工法经济效益和环保节能效益是巨大的，社会效益是明显的。

1. 经济效益和环保节能效益分析

本工法的经济效益和环保节能效益是一致的，主要表现为工程工期延误造成的直接经济损失。以国家体育场钢结构工程为例，本工法的产生的经济效益和环保节能效益主要在于解决了国家体育场钢结构工程关键技术难题，保证了工程的顺利进行；以工期延误造成的损失计，工期每延误一个月将产生直接经济损失约1000万元。

2. 社会效益分析

本工法的社会效益主要表现为：顺利实现了国家体育场钢结构支撑的成功卸载，为国家体育场钢结构工程按期竣工奠定了基础。同时也对钢结构施工领域内大跨度、大吨位异型空间结构卸载具有借鉴作用和直接指导意义。

十一、工程实例

本工法的关键技术来源于《国家体育场大跨度马鞍型钢结构支撑卸载技术研究及应用》的研究成果，目前仅有国家体育场钢结构工程一个实例。但是，国家体育场钢结构工程的成功卸载表明该工法技术上是可靠的、经济上是合理的，可广泛应用于大跨度建筑钢结构领域，具有了广阔的推广应用前景。

国家体育场工程为2008年北京奥运会主会场，钢结构工程由24榀门式刚架围绕着体育场内部混凝土碗状看台区旋转而成，其主次结构编织成"鸟巢"的造型。钢结构屋面呈双曲面马鞍型，最高点高度为68.5m，最低点高度为40.1m；平面上呈椭圆形，长轴为332.3m、短轴为297.3m；屋盖中部的开口内环呈椭圆型，长轴为185.3m，短轴为127.5m。

工程设计用钢量约42000t，卸载吨位约12000t，卸载总面积约60000m^2，有78个卸载点、且单点卸载吨位大、最大点支撑力约300t，卸载难度大。

在进行支撑卸载施工时，按照本工法规定的卸载工艺流程、操作要点及质量控制要点等进行卸载施工。整个卸载工作历时三天半，监测结果显示屋盖的最大垂直位移量在内环短轴方向，与理论相符，平均最大位移为271mm，与设计计算的理论最大位移值286mm相差5％；主体钢结构的实测应力与理论计算值吻合良好。这标志着国家体育场钢结构支撑卸载获得圆满成功，并客观、真实地反映了国家体育场钢结构工程一流的施工质量。附图6-3是卸载完成后实物图片。

附图6-3 卸载完成后实物图片

（李久林、邱德隆、高树栋、万里程、杨庆德　执笔）

参 考 文 献

[1] 朱嬿，丛培经编著. 建筑施工组织. 北京：科学技术文献出版社，1994.
[2] 穆静波编著. 土木工程施工组织. 上海：同济大学出版社，2009.
[3] 彭圣浩主编. 建筑工程施工组织设计示例应用手册（第三版）. 北京：中国建筑工业出版社，2008.
[4] 建筑施工手册编写组. 建筑施工手册（第四版）. 北京：中国建筑工业出版社，2003.
[5] 中国建筑业协会等合编. 工程项目管理与总承包. 北京：中国建筑工业出版社，2005.
[6] 全国一级建造师考试用书编委会编写. 建筑工程管理与实务（第二版）. 北京：中国建筑工业出版社，2007.
[7] 国家质量监督检验检疫局，国家标准化管理委员会发布. 网络计划技术 第2部分：网络图画法的一般规定 GB/T 13400.2—2009. 北京：中国标准出版社，2009.
[8] 国家技术监督检验检疫局，国家标准化管理委员会发布. 网络计划技术 第3部分：网络计划技术在项目管理中应用的一般程序 GB/T 13400.3—2009. 北京：中国标准出版社，2009.
[9] 建设部，国家质量监督检验检疫局发布. 建筑施工组织设计规范 GB/T 50502—2009. 北京：中国建筑工业出版社，2009.
[10] 建设部，国家质量监督检验检疫局发布. 工程网络计划技术规程 JGJ/T 121—1999. 北京：中国建筑工业出版社，1999.
[11] 建设部建质〔2007〕223号发布.《绿色施工导则》. 建设部质安司，2007.
[12] 北京市建委，北京市质量技术监督局发布. 建筑工程施工组织设计管理规程 DB 11/T 363—2006，2006.
[13] 北京市建委，北京市质量技术监督局发布. 建筑工程施工技术管理规程 DB 01-80—2003，2003.
[14] 北京市建委，北京市质量技术监督局发布. 建设工程安全监理规程 DB 11/382—2006，2006.
[15] 《项目管理与建筑经理人》杂志编委会. 项目管理与建筑经理人 2009～2010年（合订本）. 北京.